Gissner

EUROPAVERLAG

JAN ILHAN KIZILHAN
ALEXANDRA CAVELIUS

DIE PSYCHOLOGIE DES IS

DIE LOGIK DER MASSENMÖRDER

EUROPAVERLAG

© 2016 Europa Verlag GmbH & Co. KG,
Berlin · München · Zürich · Wien
Umschlaggestaltung:
Hauptmann & Kompanie Werbeagentur, Zürich,
unter Verwendung eines Fotos von © Keystone
Layout und Satz: BuchHaus Robert Gigler, München
Druck und Bindung: Pustet, Regensburg
ISBN 978-3-95890-046-2

www.europa-verlag.com

INHALT

AUS DEM LEBEN EINES KINDERSOLDATEN: DAS MESSER AN DER KEHLE 222

SHIRINS KORAN-SCHULUNG: ALLE UNGLÄUBIGEN MÜSSEN UMGEBRACHT WERDEN! 263

EINLEITUNG

Wieder blutüberströmte Menschen auf den Straßen. Wieder Dutzende von Toten. Wieder Terror in Europa. Paris. Istanbul. Brüssel. Nizza. Dann ein Regionalzug in Deutschland. Als Nächstes ein Konzert. Irgendwo in der Provinz. Jenseits großer Menschenansammlungen. Die Abstände dazwischen schockierend kurz. Und wer weiß, wo es morgen krachen wird? Der IS bietet Ziellosen nicht nur eine Zielscheibe, sondern auch eine Projektionsfläche, in der sie bequem persönliche Probleme als politische verkaufen können. Die Zielscheibe kann überall sein und jeden jederzeit treffen. Im Privathaus, im Vorgarten, in der Kirche, im Café oder im Klub. Und dass dieser grausame Spuk des nahöstlichen Kalifats ein baldiges Ende findet, ist leider nicht zu erwarten.

Trotzdem könnten wir aufatmen, denn rein statistisch betrachtet, ist es in unserem Land wahrscheinlicher, an einer Grippe zu sterben oder von einem Blitz erschlagen zu werden, als Opfer eines Terroranschlags zu werden. Die Angst, diesem Irrationalen ausgeliefert zu sein, ist jedoch weit mächtiger als das Wissen, davor sicher zu sein. Je weniger wir über die Gefahr wissen, desto mächtiger ist die Angst. Es sind archaische Urängste, die uns Menschen in solch einem Fall aufscheuchen. Wie einst unsere Vorfahren müssen wir herausfinden, welche Gefahr da im Gebüsch auf uns lauert. Die richtige Einschätzung ist lebensentscheidend. Löwe oder Kaninchen? Es ist aber nicht nur die nackte Angst ums eigene Leben, sondern auch um das gewohnte Leben in einer sicheren Gesellschaft. Wo allerdings mit Angst gesät wird, gedeiht auch Hass. Denn oft hassen wir, was wir fürchten. Und Angst besitzt die Kraft einer Bombe, um zivilisierte Gesellschaften zu zersprengen.

Sollte es uns gelingen, die IS-Terroristen zu stoppen und ihre Führung auszuschalten, so werden sie sich womöglich zurückziehen, um sich bald darauf wieder andernorts als neue islamisierte Terrorgruppe zu erheben. Besatzung und Zerstörung in bereits zerrütteten Ländern werden zu neuen Verteilungskämpfen führen, denn Gewalt schafft neues Unrecht, das wiederum nach Vergeltung schreit.

Während der IS im Internet mit Hetzpredigern und weiteren Komplizen den Hass auf alle »Ungläubigen« schürt, verstärken sich gleichzeitig die Extreme in der Bevölkerung. Rechtspopulisten und andere Radikale nutzen die Angst der Menschen, die eine schnelle Veränderung dieses Zustands wünschen. Sie stacheln gegen Immigranten auf und setzen Flüchtlingsheime in Flammen. Auf beiden Seiten liefert simples Schwarz-Weiß-Denken den Scharfmachern die nötigen Argumente.

Die Faszination am romantisierten Bild des Dschihadisten-Daseins wird bei jungen Leuten in der arabischen, aber auch in der westlichen Welt nicht nachlassen. Jeder dieser neuen »Gotteskrieger« wird fortan nicht nur im Irak, in Syrien oder Libyen unschuldige Zivilisten töten, sondern gemeinsam werden sie mit aller Macht versuchen, auch in Europa mit Blutbädern die demokratische Gesellschaft weiter aus dem Gleichgewicht zu bringen. Ihre Macht beziehen sie aus dem Schrecken, den sie verbreiten und mit dem sie unser Denken lähmen.

Auf Pfähle aufgespießte Schädel, gekreuzigte Menschen am Straßenrand, in Säurebottiche geworfene Männer ... Es ist schwer zu glauben, dass Menschen auch im 21. Jahrhundert noch zu solchen Gräueltaten in der Lage sind. Die von uns befragten IS-Terroristen erzählen ruhig und gelassen, wie sie Männer regelrecht abschlachten oder junge Mädchen vergewaltigen, als würden sie wie gewöhnliche Beamte ihrer Arbeit nachgehen. Keine Aufregung, kein Zittern in ihren Stimmen. Ein ehemaliger IS-Henker schwärmt regelrecht davon, wie er Unschuldigen das Messer an den Hals ansetzte. »Alle ... wollten genau sehen, wie das Blut aus der Kehle spritzte!« Der IS-Terrorist gerät angesichts seiner Schilderungen derart in Wallung, als müssten seine Zuhörer gleich »mitfeiern«. Beim Erzählen scheint er sich diese Szene bildlich vorzustellen, wirkt fast abwesend und genießt diesen Augenblick, der für ihn wie eine ganze Stunde zu dauern scheint. Auf einmal ist er wieder wach und sich dessen bewusst, dass er in einer Zelle sitzt. Sein Gesicht drückt Bedauern darüber aus.

Nur wenige IS-Terroristen bereuen ihre Verbrechen und argumentieren, dass die versklavten oder hingerichteten »Ungläubigen« es nicht »besser verdient« hätten. Dieses völlige Fehlen von Moral, von jeglichen Schuldgefühlen bei den Tätern entspricht der Realität, mit der die Menschen im Irak, in Syrien, Libyen oder Nigeria bis heute tagtäglich konfrontiert werden. Während bei uns die Gewalt bildlich gesprochen bislang nur einmal vorbeigeschaut hat, hat sie sich bei ihnen zu Hause eingenistet. In diesen brennenden Ländern haben IS-Terroristen oder deren radikale Ableger wie die »Islamische Front« oder die in »Fateh al-Sham« umbenannte »Nusra-Front« einem weitgehend selbstbestimmten Leben und einer pluralistischen Gesellschaft den Krieg erklärt. Zwischen Tod und Elend, Schwerstverletzten und Flüchtlingen lauern Schlepper, Menschenfänger und Kriminelle auf ihr Geschäft.

Mehrmals war ich 2015 im Irak, manchmal nur einige Kilometer von der IS-Front entfernt, untersuchte mehr als tausend Frauen und Mädchen, die in die Hände des IS gefallen waren. Während sich die Täter selbstbewusst präsentierten, waren ihre Opfer nervös, ängstlich und angespannt. Zuflucht gefunden haben sie meist in riesigen Zeltstädten; sobald sie aber in der Nacht ihre Augen schließen, glauben sie sich erneut in IS-Gefangenschaft zu befinden. Und wieder müssen sie Folter, Vergewaltigung, Hilflosigkeit, Flucht und Sorgen durchstehen. Eltern und Geschwister sind meist noch in Händen der Terroristen oder liegen in einem der zahlreichen Massengräber, von den Bulldozern des IS mit Erde bedeckt.

All diese Ereignisse haben mich manchmal hilflos, aber auch zornig gemacht. Mitgefühl für die Opfer und Solidarität ist wichtig, reicht aber nicht aus, weil sich diese Tragödien und Schicksale wiederholen werden. Es darf nicht sein, dass eine Rhetorik der Trauer zu einem begleitenden Ritual des Terrors wird, wir darüber jedoch vergessen, die Ursachen dafür zu analysieren.

Warum schließen sich Menschen diesen Terrororganisationen an? Wie ist es möglich, dass nach dem 20. Jahrhundert des Totalitarismus, der Genozide und Massaker, nach Konzentrationslagern und Gulags, totalitäre faschistisch-islamisierte Gruppen wie der IS eine Renaissance erleben und weiterhin Völkermord verüben können? Wie können freiheitlich organisierte Staaten sich wirksam gegen Menschen zur Wehr setzen, die den Tod nicht scheuen? Wieso wissen Sicherheitsbehörden so wenig über die Informations- und Kommunikationsstruktur der Terrorzellen oder »flirten« sogar zeitweise mit ihnen?

Freie Gesellschaften sind verwundbar, dürfen aber aufgrund des Terrors keinen Zentimeter von ihren demokratischen Werten abrücken, für die sie so lange und unter so schmerzlichen Verlusten gekämpft haben. Nur wenn wir die Täter und ihre Motivation, ihre Psychologie verstehen, kann es uns gelingen, in den Kriegsgebieten langfristig demokratische Strukturen aufzubauen, damit dieses Morden aufhört.

Menschen mit scheinbar unauffälligen Biografien, die vielleicht vor zehn Jahren noch niemandem ein Haar gekrümmt hätten, verwandeln sich mittels radikaler Ideologien in Massenmörder. Darunter brave Jungs aus Vorstädten, die in einem schwachen Moment von einem IS-Werber gezielt ins Verderben gelockt werden. Diese Prozesse müssen wir verstehen und daraus unsere Schlüsse ziehen. Dazu gehört es auch, die Probleme an der Wurzel zu packen. Neuausrichtungen der globalen Weltfinanzmärkte, die sich bislang zuungunsten des überwiegenden Teils der Menschheit auswirken, aber auch des Waffenhandels und der Unterstützung diktatorischer Länder sind notwendig. Andernfalls wird in vielen Ländern weiter die Korruption blühen, Regierungen werden ihre Bürger unterdrücken und eine neue Generation der Gedemütigten hervorbringen, die glaubt, nichts zu verlieren zu haben außer ihrer Angst vor dem Tod. Weiter werden sie darin fortfahren, historische Bauwerke und die Erben der heutigen Zivilisation in die Luft zu sprengen. Wenn wir also wollen, dass in unserem Land Sicherheit, Wohlstand und Freiheit so bleiben, wie wir es kennengelernt haben, müssen wir vieles ändern.

Forschungen über Gewalt müssen sich immer auch auf die Angreifer selbst erstrecken – das haben wir nach vielen Einsätzen in Krisenregionen der Erde verstanden. Wer jedoch wüsste mehr über die Täter als die Opfer selbst? Auf der Basis meiner Untersuchungen mit Hunderten von Überlebenden, aber auch durch Interviews mit den Tätern wollen wir daher die menschliche Bereitschaft zu töten näher ergründen. Die Realität und die Komplexität im Nahen Osten, mit seinen verschiedenen ethnischen und religiösen Gruppen, mit seinen unüberschaubaren politischen Koalitionen und nie enden wollenden Menschen-rechtsverletzungen seit Jahrhunderten, bleiben uns in den westlichen Ländern oft verborgen. Diese Welt erscheint uns fremd, mitunter primitiv und sadistisch; sie entzieht sich unserer Vorstellungskraft und ist mit unseren gängigen moralischen Wertvorstellungen nicht vereinbar. Doch ist diese Welt der Gewalt und Aggression wirklich so weit entfernt von unserem ureigenen Wesen? Wie verändern sich Menschen angesichts einer Umwelt, die von Grausamkeit geprägt ist? Wie schmal ist die Grenze, die der Mensch überschreiten muss, um die Zivilisation zu verlassen?

DER IRAK: VOM GARTEN EDEN IN DIE HÖLLE DES IS

Einst Wiege der Kultur, ist der Irak heute im Niedergang begriffen. Angesichts der Barbarei der »Gotteskrieger« ist es kaum zu glauben, dass sich im Zweistromland zwischen Euphrat und Tigris, dem alten Mesopotamien und Babylonien, die Geburt von Zivilisation, Religionen, Wissenschaft und Kultur vollzogen hat. Zeitlebens war dieses Gebiet Zentrum verschiedener Weltereignisse, von den alten Hochkulturen der Sumerer bis hin zu den Griechen und Römern. Von hier aus sollen Adam und Eva aus dem Paradies vertrieben worden sein, hier begrub die Sintflut das Land, hier übergab Moses die Zehn Gebote, und von hier stammte das sagenumwobene Menetekel, das den Untergang Babylons vorhergesagt hat.

Durch weite Wüsten und Steppen, schmale Sumpfgebiete und fruchtbare Ebenen zogen große Feldherren wie Alexander, die Kreuzfahrer oder Sarazenen. Wo damals die Speere der Ägypter, Assyrer, Griechen, Römer und Perser flogen, krachen heute Bomben und fahren Panzer. Da kämpfen Araber, Saudi-Araber, Franzosen, Briten, Türken, Iraner und viele andere um Land, Öl und Macht. Seit Beginn der menschlichen Zivilisation wurde der Nahe Osten von tiefen Erschütterungen geprägt und hat nie wirklich zur Ruhe gefunden. Und bis heute nimmt das Gebiet eine Schlüsselposition ein, die immer wieder die ganze Welt erbeben lässt. Das Land, in dem Öl und Wasser fließen, verfügt eigentlich über genug Ressourcen, um seine Bevölkerung gut zu versorgen. Heute aber geht nahezu ein ganzes Volk am Hungerstock.

Nach Ende des Ersten Weltkriegs ist der Irak aus den Trümmern des Osmanischen Reiches in seiner heutigen Form entstanden. Auf britische Initiative hin schlossen sich drei völlig unterschiedliche osmanische Provinzen um Mossul, Bagdad und Basra zu einem Gefüge zusammen, die sich bis heute aneinander reiben und keine Einheit bilden. So war der Irak 1920 zunächst britisches Mandatsgebiet, zwölf Jahre später wurde daraus ein unabhängiges Königreich, und 1958, nach einem Militärputsch, entstand ein entschlossen aufrüstender, nationalistischer Ölstaat, der in die Hände der Militärdiktatur Saddam Husseins fiel.

Die etwa 35 Millionen starke irakische Bevölkerung besticht durch eine große religiöse, kulturelle und ethnische Vielfalt. Darunter stehen die Araber mit über 75 Prozent und die Kurden mit über 15 Prozent an der Spitze; es folgen Turkmenen, Aramäer und weitere ethnische Minderheiten wie ca. eine Million Christen, 700 000 Jesiden und verschiedene heterodoxe islamische Gruppen wie die Schabak, Kakai und Mandäer. Dieses bunte Gemisch wurde seit 1968 mit dem Militärputsch der Bath-Partei zunehmend ausgemerzt und unterdrückt; einzelne Angehörige hat Saddam Hussein in die Machtstrukturen seiner Diktatur mit eingebunden. Etwa zwei Drittel der Gesamtbevölkerung zählen zu den Schiiten, ein Drittel zu den Sunniten. Die Muslime sind hier überwiegend Araber. Zu den Sunniten zählen auch die meisten muslimischen Kurden, im Gegensatz zu den jesidischen Kurden. Nicht-Muslime machen im Irak weniger als drei Prozent der Bevölkerung aus.

Zahlreiche nachfolgende Kriege, zuletzt 2003 die Invasion der USA, haben im Irak tiefe Wunden hinterlassen; heute erscheint das Land politisch, konfessionell und territorial gespalten. Nur noch in den großen Städten funktioniert die Verwaltung. Die Wirtschaft liegt nahezu am Boden. Arbeitslosigkeit und Armut bestimmen das Leben. Einen Teil im Zentrum und im Süden hat die schiitische Regierung noch unter Kontrolle. Im Norden versuchen die Kurden, einen Proto-Staat zu errichten. Einen anderen Teil des Zentrums und den Westen hält der IS besetzt, der seinen Einfluss bis weit nach Syrien hinein ausgeweitet hat. In der Politik regieren vor allen Dingen Korruption und Streit. Ein ehemals hervorragendes Bildungssystem liegt in Trümmern, ebenso wie viele Häuser und öffentliche Gebäude. Die schiitischen Regierungsmilizen unterscheiden sich hinsichtlich ihrer Grausamkeit, besonders gegenüber den Sunniten, kaum von den IS-Terroristen. Kurdische Rebellen wie die Peschmerga stehen an der Seite der Zentralregierung, konzentrieren ihren Kampf gegen den IS aber auf die autonomen kurdischen Gebiete.

Krieg und Terror haben zu einer immer stärkeren Zerstückelung und räumlichen Teilung der Gesellschaft geführt. Die Lage der ethnischen Minderheiten wie Christen oder Jesiden ist so schwierig, dass vielen als letzter Ausweg nur noch die Flucht bleibt.

IM HERZEN DER FINSTERNIS: DAS MÄDCHEN, DAS IN AL-BAGHDADIS HÄNDEN WAR

»Wer flieht, dem droht der Tod!« Das war uns Mädchen klar, doch wir ahnten nicht, dass uns noch viel Schlimmeres bevorstand, nachdem die IS-Wachen uns zu viert im Garten geschnappt hatten. Unser Besitzer hat uns aber nicht, wie erwartet, mit eigenen Händen erschlagen. Nein, er hat uns zur Strafe in einem anderen Haus mit seinen Emiren eingesperrt. Wenn man sich mit 14 Jahren so alt fühlt, dass es einem vorkommt, als könnte man den nächsten Morgen nicht mehr überstehen, fürchtet man den Tod nicht mehr. Wir sind ein zweites Mal davongelaufen. Und diesmal sind wir unseren Folterknechten entkommen! Mir war klar, dass wir Glück gehabt haben. Wie groß unser Glück war, ist mir jedoch erst viel später bewusst geworden.

Im November 2014 nahm mich mein Onkel im kurdischen Teil des Irak in seiner Familie auf. Gemeinsam verfolgten wir nach dem Abendessen die Nachrichten im Fernsehen. Als hätte ich einen Stromschlag erhalten, zuckte ich zurück und stammelte, mit dem Finger auf den Bildschirm deutend: »Bei … bei … bei diesem Mann war ich auch!« Damals war er anders gekleidet gewesen, trug nicht dieses schwarze lange Gewand und den schwarzen Turban. Unverkennbar jedoch waren das breite Gesicht wie das eines Bauern und der schwarze Vollbart mit weißen Strähnen. Mein Onkel wurde kreidebleich. Plötzlich haben sich die Ereignisse nur so überschlagen. Der US-Geheimdienst wollte mit mir sprechen. Und schon kurze Zeit später hat man mich außer Landes nach Deutschland geschafft. Bis dahin hatte ich keine Ahnung gehabt, dass es Abu Bakr al-Baghdadi persönlich gewesen war, der mich als sein Eigentum betrachtet hatte. Zweieinhalb Monate lang war ich in Händen des selbst ernannten Kalifen, des Anführers der Terrormiliz Islamischer Staat, des meistgesuchten Terroristen der Welt. Ich wusste nicht, dass die USA auf ihn ein Kopfgeld von 10 Millionen Dollar ausgesetzt hatte. Bis dahin war mir auch nicht klar gewesen, dass die Führer des IS die schönsten Mädchen für sich selbst wählen.

Seitdem ich in ihrer Gefangenschaft war, fühle ich mich hässlich. Ich bin Jesidin. Mein Haar ist lang und schwarz gelockt. Ich bin dünn. Meine Augen sind groß und schwarz wie Kohle. Die Schatten darunter sind tief. Meine Haut ist weiß wie mein T-Shirt. Ich bin in einer aufgeschlossenen und modernen Familie aufgewachsen. Wie hätte ich mir da ausmalen sollen, dass im Irak von einem Tag auf den anderen wieder das Mittelalter herrscht? Mit Sklaverei und Menschen, die wie Fliegen auf der Straße sterben. Bis heute konnte mir niemand sagen, ob meine Eltern und Geschwister noch leben. Als ich in der Pubertät war, ist mein altes Leben zu Ende gewesen.

Das alles passierte so überraschend, dass ich es immer noch nicht ganz verstanden habe. Deshalb erzähle ich im Gespräch oft in der Gegenwart und sage:»Sindjar ist eine Stadt, in der etwa 30 000 Menschen leben.« Dabei gibt es die Stadt und die Einwohner nicht mehr. In Sindjar sind nur Ruinen, unterirdische Tunnel und überall Minen, sogar in Kopfkissen und unter Waschbecken, übrig geblieben. So viele Menschen sind tot. Wo sind meine vier älteren Brüder? Sie sind 16, 17, 20 und 21 Jahre alt. Wo ist meine zwölfjährige Schwester Leyla*? Ich habe so schreckliche Angst um sie. Schließlich habe ich am eigenen Leib erfahren, was es bedeutet, Dienerin von IS-Terroristen sein zu müssen. Ich habe meine kleine Schwester so geliebt und vermisse sie so sehr.

Bis zum 3. August 2014, dem Tag des Überfalls, lebte unsere Familie gut. Mein Vater ist Lehrer und meine Mutter Hausfrau. Ich besuchte die 10. Klasse, hatte einigermaßen gute Noten und viele Freunde. In der Schule unterrichteten uns sowohl arabische, kurdische als auch jesidische Lehrer, die eigentlich alle nett waren. Ich beherrsche Arabisch, Kurdisch sowie ein bisschen Englisch. Richtige Hobbys hatte ich nicht, aber ich habe gerne gelesen und oft kurdische Musik gehört.

In den Schulferien ist unsere Familie immer aufs Land zu unseren Verwandten gefahren. Diese Ausflüge haben mir großen Spaß gemacht. Besonders schön fand ich die Abende im Sommer, wenn es langsam dunkel und kühler wurde. Dann saßen alle bis in die frühen Morgenstunden zusammen. Die Alten erzählten ihre Geschichten, wir Mädchen hörten gespannt zu oder haben uns zurückgezogen, gequatscht und gespielt.

Meine Mutter hat uns Kindern das Gefühl gegeben, dass wir das größte Geschenk auf der Welt seien. Vater, der als Lehrer arbeitet, hat dagegen öfter mal den Zeigefinger mahnend erhoben: »Ihr müsst viel lernen, damit ihr später einen guten Beruf erlernt und von niemandem abhängig werdet.« Meine beiden älteren Brüder wollten aber kein Abitur machen, sie haben lieber gleich ihr eigenes Geld verdient. Vater war enttäuscht über sie, denn es war sein großer Wunsch gewesen, dass alle seine Kinder eines Tages studieren würden. Deswegen hatte ich mir fest vorgenommen, nach dem Abitur gleich an die Universität zu gehen. Vielleicht, um selbst einmal Lehrerin zu werden? Aber das war noch so weit weg. Viel mehr interessierte ich mich für Kleider, Schmuck, aber auch Schminke. Leyla* und ich haben sehr häufig, unter viel Gelächter, alles Mögliche an uns ausprobiert.

Frauen und Mädchen verhüllen sich bei uns nicht mit schwarzen Kopftüchern oder langen Kleidungsstücken, wie es die Muslime machen, nur weil es ihnen ein anderer so vorgeschrieben hat. Wir sind kurdische Jesiden, wir brauchen solche Regeln nicht. Unsere Familie ist sehr offen gewesen, mein Vater war nicht mal besonders religiös. Womöglich lag das daran, dass er als Lehrer eine sehr aufgeklärte Weltsicht hatte. Er hat uns viel Freiraum gelassen, wir Mädchen durften uns so anziehen, wie es uns gefiel. In der Schule habe ich meistens T-Shirt und dazu eine Jeans getragen und meine langen Haare offen gelassen. Nur vor Freundschaften mit Jungen haben mich meine Eltern gewarnt, da die Leute sonst schlecht über uns redeten.

Es gab einige Mitschüler, die mir von ihrer Art her gefielen; wir haben auch auf dem Pausenhof miteinander gescherzt. Speziell interessiert hat mich aber keiner. Innerlich habe ich jedes Mal die Augen verdreht, wenn im Dorf getratscht wurde. Sobald man 13 Jahre alt wird, fangen die älteren Leute an, die Mädchen zu ärgern:»Na, wen willst du mal heiraten?« Meistens unterbreiteten sie gleich darauf selbst ihre Vorschläge.»Ich habe einen hübschen Sohn. Den solltest du unbedingt nehmen.« Da habe ich immer nur gelacht.»Ich bin doch noch viel zu jung dazu.« Viele der älteren Frauen haben schmunzelnd entgegengehalten. »Ach, ich habe selber schon mit 14 Jahren geheiratet.« Wenn kein Argument mehr weiterhalf, habe ich meine lange Mähne geschüttelt.»Nein, nein, mein Vater möchte das noch nicht.« So reden eben die Menschen im Dorf, da dreht es sich häufig um Hochzeiten und andere Feierlichkeiten. Zu Hause war das kein Thema. Am liebsten habe ich mit Leyla* gespielt. Sie war mehr als eine Schwester, sie war meine beste Freundin.

Wir lebten in einem großen Haus mit einem großen Vorgarten. Selbst, wenn drum herum alles von der Sonne verdorrt war, leuchtete unser Rasen grün, weil Vater ihn mit großer Hingabe gepflegt hat. Wir hatten auch einen Obstbaum und verschiedene Gemüsesorten angepflanzt. Abends im Sommer haben wir auf der Wiese einen Teppich ausgebreitet, und Mutter hat wunderbare Speisen zubereitet, wie Reis, Bulgur, viel Fleisch und Gemüse. Ich habe ihr dabei geholfen, was mir manchmal Spaß gemacht hat, manchmal aber auch überhaupt nicht. Endlich erschienen unsere Gäste!

Frauen und Mädchen haben wir umarmt, den älteren Männern haben wir die Hand geküsst, den Jungen in unserem Alter haben wir die Hand gegeben zur Begrüßung. Kaum hatten die Besucher Platz genommen, sind wir in die Küche gerannt und haben eine Leckerei nach der anderen serviert, angefangen mit Tee oder Kaffee, manchmal sogar beides, dann folgten mehrere Teller mit Obst. Und kurz danach trugen wir Vorspeise, Hauptgang, Nachspeise und natürlich sehr viele Süßigkeiten und Gebäck herbei. All das Essen ließen wir auf dem Tisch stehen, damit die Leute bis zum Schluss etwas davon nehmen konnten. Oft kamen die Gäste gegen 20 Uhr und gingen erst um 2 Uhr nachts wieder nach Hause. Zum Glück begann der Schulunterricht morgens erst um 9 Uhr. Zwischen 13 und 16 Uhr war Pause, weil um diese Uhrzeit die Hitze in Sindjar unglaublich drückend ist. Nicht selten zeigt das Thermometer in der Sonne Temperaturen um 60 °C an. Da kann man sich weder in der Schule noch sonst irgendwo konzentrieren. Gleich nach dem Mittagessen haben wir uns aufs Ohr gelegt.

Vater hat uns Kinder häufig zu politischen Veranstaltungen in der Schule mitgenommen. Die Mehrheit in Sindjar hat die »Demokratische Partei Kurdistans« (DPK) von Präsident Masud Barzani unterstützt. Vater jedoch war der Ansicht, dass die »Patriotische Union Kurdistans«(PUK) viel moderner und den Jesiden gegenüber offener sei und sie zudem stärker unterstütze.

Wenn seine Freunde zu Besuch waren, haben sie viel über die Rechte der Jesiden diskutiert, aber auch über die Beziehung unseres Volkes zum Irak, zu den Arabern und zu den Kurden. Die Mehrheit der Kurden gehört den sunnitischen Muslimen an. Wir sind sozusagen eine Minderheit in der Minderheit. »Als Kurde geboren zu sein bedeutet, verfolgt zu sein«, haben die Alten oft gesagt. Es bedeutete auch, zum größten Volk ohne eigenen Staat zu gehören. Meine Eltern haben mir viel über die Aufteilung Kurdistans im Irak, in der Türkei, in Syrien und im Iran berichtet. Und auch, dass meine Vorfahren ursprünglich aus der Türkei stammten, vor 80 Jahren jedoch nach Sindjar auswanderten, weil sie dort ihres Lebens nicht mehr sicher gewesen seien. Ja, ich habe viel über die vergangenen »Fermans« (Anm.: Wort für Völkermord bei den Jesiden) gehört, dass die Jesiden schon 72-mal einen Völkermord durch islamistische Gruppen durchlitten haben. Ich selbst aber hatte bis zum Überfall der IS-Milizen keine Diskriminierung durch Muslime erlebt. Allerdings ist Sindjar auch mehrheitlich von uns Jesiden besiedelt. Es gibt dort zwar auch sehr viele Muslime, Christen, und vor einigen Jahren sind sogar Schiiten hierhergezogen, aber wir haben unter den verschiedenen Religionsgruppen nie einen Unterschied gemacht. Im privaten Bereich hatten wir jedoch nur wenig Kontakt mit Arabern, dafür vorwiegend mit Jesiden und muslimischen Kurden.

Nachdem im Juli 2014 die IS-Milizen Mossul eingenommen hatten, herrschte große Aufregung in unserer Stadt. Vater hat uns daheim beruhigt. »Diese Kämpfer wollen nichts von uns Jesiden. Sie wollen nach Bagdad, um die schiitische Regierung zu stürzen.« Dennoch lag Mutter ihm dauernd in den Ohren, dass wir ins Dorf zu unseren Verwandten fahren sollten.»Dort sind wir besser geschützt«, glaubte sie. Die Atmosphäre blieb angespannt. Ich beobachtete, wie die Lehrer sofort nach dem Unterricht nach Hause eilten. Alle waren mit ihren Handys und Smartphones beschäftigt und debattierten lautstark über den IS.

Am 3. August, wir wollten nach dem Frühstück zur Schule aufbrechen, hörten wir lautes Geschrei auf den Straßen.»Was ist das?«, fragte Mutter. Sofort sind wir Geschwister an die Fenster gestürzt und haben hinausgeblickt. Kopflos wie die Hühner vor dem Fuchs rannten die Leute da draußen kreuz und quer herum. Vater ist hinausgegangen und hat mit den Nachbarn gesprochen, die wiederum gehört hatten, dass der IS nun auch im Sindjar-Gebiet einmarschiert sei.»Ihr bleibt im Haus«, verlangte er daraufhin von uns. Während Vater mit den unterschiedlichsten Leuten telefonierte, saß die ganze Familie, sehr unruhig und sehr nervös, zusammen im Wohnzimmer. Das erste Mal in meinem Leben erlebte ich ein Gefühl von Unsicherheit. Ein Gefühl, dass uns etwas Furchtbares zustoßen könnte. Vater hielt noch das Handy in der Hand, als er uns plötzlich zurief:»Schnell, steigt alle ins Auto! Wir müssen versuchen, die Berge zu erreichen.« Er habe mitbekommen, dass die IS-Milizen auch Jesiden verhafteten. Ohne zu zögern, haben wir Schuhe und Jacken angezogen. Mutter hat Gold und Geld an ihrem Körper versteckt. Wir sechs Geschwister haben uns irgendwie auf der Rückbank übereinandergestapelt, aber vor lauter Schreck und Angst gar nicht gemerkt, wie unbequem das war. Kurz vor dem Ausgang der Stadt riegelten schwarz gekleidete Männer mit langen Bärten die Straße ab. Es war, als hielten wir alle gleichzeitig den Atem an.»Verdammt!«, entfuhr es Vater. Er stoppte, stieg aus und versuchte, sich ruhig mit diesen IS-Kämpfern zu verständigen. Doch seine Stimme war in ihrem Geplärre draußen überhaupt nicht zu hören. Zerknirscht ließ Vater den Motor wieder an.»Wir sollen zurück nach Hause fahren und dort warten, bis sie kommen.« Meine Brüder redeten wild durcheinander. Leyla* guckte mich verstört an. Mutter presste ihre Handflächen gegen die Schläfen. Dennoch versuchte Vater weiter, uns die Angst zu nehmen. »Sie haben versprochen, dass uns nichts passieren wird.«

Zu Hause haben wir sofort alle Fenster geschlossen, uns im Dunkeln auf das Sofa gesetzt und die Nachrichten im Fernsehen eingeschaltet. Ständig hat Vaters Handy geklingelt. »Flieht! Lauft um euer Leben!« All unsere Verwandten waren in heller Aufregung. Vater aber wollte nicht riskieren, dass die IS-Milizen auf uns schossen. »Uns wird nichts passieren«, wiederholte er. Als Mutter angefangen hat, mehrmals laut nach Luft zu schnappen und schließlich ihren Tränen freien Lauf zu lassen, haben auch wir es nicht länger geschafft, uns zusammenzureißen. Weinend haben wir uns alle gegenseitig umarmt. Vater hielt uns fest umfasst, aber zum ersten Mal habe ich ihn so hoffnungslos gesehen. Meine Familie war für mich immer ein Schutz gegen das Böse.

Bis zum frühen Morgen lief der Fernseher. Keiner von uns hat ein Auge zugemacht. Plötzlich schreckte uns Lärm von der Straße hoch. Die IS-Milizen durchsuchten ein Haus nach dem anderen und trommelten mit den Fäusten gegen die Tür. Vater machte sofort auf. Die Bärtigen trieben ihn mit ihren Kalaschnikows vor sich her, verlangten nach unseren Ausweisen und schrieben alle unsere Namen nacheinander auf. »Ihr wartet hier! Wir kommen gleich wieder«, schnauzten sie. Diese Dschihadisten wirkten sehr bedrohlich, schmutzig und sprachen auch nicht durchweg ein gutes Arabisch.

Zwei Stunden verstrichen, bis erneut eine Gruppe mit IS-Kämpfern unser Wohnzimmer belagerte. »Packt ein paar Sachen und kommt mit!« Sie verlangten unsere Wertsachen und drohten, uns zu töten, wenn sie danach noch etwas bei uns finden würden. Mutter hat so große Angst bekommen, dass sie unser gesamtes Geld und Gold unter ihrem Rock und aus ihren Ärmeln hervorkramte und ihnen aushändigte. Im Anschluss daran verfrachteten sie uns mit vielen anderen Stadtbewohnern ins Verwaltungsgebäude. Dort sollten wir bis zum nächsten Morgen bleiben. Mitten in der Nacht aber polterten Bewaffnete herein, um die ersten Gefangenen wegzuschaffen.

Am nächsten Tag haben sie uns mit anderen Einwohnern in einen Bus in Richtung Mossul gesetzt, der zweitgrößten Stadt im Irak, vielleicht 120 Kilometer entfernt. Im Vorort Badusch, vor einem der größten Gefängnisse im Land, mussten wir wieder aussteigen. Bis es dämmerte, verbrachten wir gemeinsam unsere letzten Stunden in einer Zelle. Danach habe ich meinen Vater, meine Brüder und meine Mutter nie wieder gesehen. Fassungslos versuchte ich noch, Mutter am Arm festzuhalten, aber da schlugen diese Maskierten mit Stöcken auf sie ein. Augenblicklich habe ich sie wieder losgelassen, doch ich konnte nicht mehr aufhören zu rufen: »Mama! Mama!« Mit langen Schritten schnellten diese Typen auf mich zu, stießen mich in die Ecke und knurrten: »Wenn du nicht sofort still bist, werden wir deinen Vater gleich hier an Ort und Stelle erschießen.« Vater wollte protestieren, doch als er mich so am Boden sah, schluckte er seine Worte wieder hinunter. »Amina, tu das, was sie sagen.« Er warf mir einen schmerzvollen Blick zu und drehte sich um. Noch heute sehe ich vor mir, wie meine Eltern und Brüder das Gebäude verlassen. Mutter hat immer wieder zu uns zurückgeblickt. Und ich höre wieder, wie meine kleine Schwester und ich ihnen hinterherschreien.

Eng umarmt hielten Leyla und ich uns in einer Ecke fest. Wir weinten bitterlich, und grauenhafte Gedanken fuhren mir durch den Kopf. Da ich aber die Ältere von uns beiden war und meine Schwester so zitterte, habe ich versucht, sie aufzurichten, um mir auch selbst Mut zu machen. »Das ist alles nicht so schlimm. Wir kommen wieder zusammen, das geht vorbei.« In dieser Zelle befanden sich noch etwa 60 bis 70 Mädchen, alle zwischen 10 und 16 Jahre alt. Sie stammten aus verschiedenen Dörfern im Sindjar-Gebiet. Untereinander haben wir kaum gesprochen, weil meine Kehle wie zugeschnürt war und ich nur noch meine Schwester festhalten wollte. Von draußen hörten wir Schüsse und Schreie. Solche Schreie hatte ich vorher noch nie gehört. Wir machten uns noch kleiner, und ich zog Leylas Kopf noch fester an meine Brust.»Das ist alles nicht so schlimm …«

Wieder kamen sie in der Nacht, als wir vor Müdigkeit nicht mehr wussten, wo wir waren.»Aufstehen!« Sie haben uns mit ihren Stiefeln getreten, an den Zöpfen gerissen und vorwärts geschubst. Noch nie zuvor hatte mich jemand so grob angepackt. Draußen wartete bereits ein Bus, der nach etwa 15 Kilometern in Mossul hielt. Ich kannte die Stadt, weil ich dort bereits mehrmals mit Vater zum Einkaufen gewesen war. 18 Tage lang haben sie uns Mädchen in einer Villa gefangen gehalten, in der vor Kurzem offenbar noch Christen gelebt hatten. In die Mauern waren viele Kreuze eingemeißelt, und die IS-Kämpfer haben dauernd wie die Verrückten versucht, diese Zeichen mit Hammer und anderen Werkzeugen herauszukratzen und zu zerstören.

Jeden Tag schlurften irgendwelche Männer vorbei und haben sich Mädchen ausgesucht. Wer von uns sich gewehrt hat, wurde geschlagen. Am 18. Tag verlangten zwei IS-Milizen nach meiner kleinen Schwester. An meinem Bauch spürte ich den Herzschlag meiner Schwester, so stark hielten wir uns umschlungen, und gemeinsam flehten wir:»Bitte, nehmt uns wenigstens zusammen mit!« Mich aber hat der eine festgehalten, während der andere mir meine Schwester aus den Armen gerissen und sie weggetragen hat. Leyla* hat fürchterlich um sich geschlagen, gebrüllt, sich aufgebäumt, aber es half nichts. Und so saß ich allein an der Wand. Ohne meine Schwester. Ohne meine Familie. Mutterseelenallein. Ich weinte und weinte und sobald ich an Leyla dachte, die irgendwo mit diesem Fremden mitlief und nach mir rief, und ich die traurigen Gesichter meiner Eltern und meiner Brüder wieder vor mir sah, weinte ich noch mehr. Einige der Mädchen kamen zu mir, wiegten mich im Arm, summten ein Lied, so wie es unsere Mütter manchmal mit uns getan hatten. Aber ich konnte den ganzen Tag nicht mehr aufhören zu weinen. Ich fühlte mich so verloren. Und ich wünschte mir so sehr, dass morgen alles wieder vorbei wäre.

Am nächsten Tag tauchte ein Emir mit seinem Gefolge auf. Man erkannte gleich, welche Macht er besaß, weil sich alle Wachen vor ihm verbeugten und mit eingezogenen Köpfen zurückwichen. Mit dem Finger auf mich deutend, hat dieser Emir beschlossen: »Die bleibt erst einmal hier, die nehme ich woandershin mit.« Eilfertig nickten alle Wachen und ließen mich ab sofort mit ihren Gemeinheiten in Ruhe. So vergingen einige Tage, an denen ich mit ansehen musste, wie ein Mädchen nach dem anderen weggeholt wurde. Nachts träumte ich von meiner Schwester, doch als ich nach ihr rufen wollte, hatte ich keine Stimme mehr …

Jener Emir hat zwölf Mädchen und mich über einen langen Weg durch die Wüste nach Rakka, in die Hochburg des IS, transportiert. Vor Ort hat er unsere Gruppe aufgeteilt und vier von uns in einem sehr großen Haus abgesetzt, das ähnlich aussah wie das Anwesen zuvor. Vielleicht würde ich dort meine Schwester wiedersehen? Von außen hat man nicht erkannt, wie stark das Haus bewacht war. Überhaupt lief da hinter den Mauern sehr viel Personal herum. Allein in der Küche bereiteten zwei bis drei Frauen das Essen vor, im Garten schaufelten mehrere Männer, und überall schoben schwer bewaffnete Milizen ihren Wachdienst, sowohl drinnen in den Gängen und Zimmern als auch draußen zwischen

Büschen und Bäumen. Zwei Männer mit Flusenbärten haben uns in eines der Zimmer gewiesen. Was hatte das bloß zu bedeuten? Nach einer Weile brachten weibliche Bedienstete uns etwas zu essen. Wir vier waren völlig ausgehungert. Das Mädchen, das neben mir seinen Reis aß, war 13, ein Jahr jünger als ich, die zweite war gleichaltrig, und die dritte war 15, ein Jahr älter als ich.

In jenem Haus herrschten wie Drachen drei Frauen, vor denen alle die Köpfe eingezogen haben, die Wachen mit ihren Kalaschnikows genauso wie die Hausmädchen mit ihren Besen. Eine dieser Befehlshaberinnen baute sich vor uns im Zimmer auf. Sie wirkte bedrohlich in ihrem langen, dunklen Gewand, die halbe Stirn, Ohren, Hals, Ausschnitt und jedes einzelne Haar fein säuberlich unter dem Hijab versteckt. Mit scharfer Stimme stellte sie klar, dass wir ab sofort Muslima seien und uns auch wie solche zu verhalten hätten. Als Zeichen unseres Einverständnisses sollten wir dreimal hintereinander sagen:»Allah ist groß und Mohammed ist sein Prophet.« Als ich mich weigerte, das nachzusprechen, hat sie mir eine geknallt. Weinend presste ich zwischen den Lippen hervor:»Ich bin Jesidin, ich sag das nicht.« Daraufhin hat sie mir erneut ins Gesicht geschlagen und scharf den Atem eingezogen.»Ich werde jetzt den Wächter holen«, keifte sie,»und der wird dich vergewaltigen, wenn du nicht sofort dieses Bekenntnis nachsprichst.« Seltsamerweise war meine Erschütterung über ihr Verhalten größer als meine Furcht. Ehrlich gesagt, verstand ich auch nicht genau, was mit Vergewaltigung gemeint war. Ich ahnte zwar, dass es etwas Fürchterliches sein musste, habe aber trotzdem nur den Kopf geschüttelt. Umgehend hat sie nach einem der Bewaffneten im Flur verlangt und ihm angeordnet:»Zieh sie aus! Nimm sie dir!« Da stotterte ich nur noch:»J-j-ja, i-ich sag den Satz.«

Noch mehrmals mussten wir Mädchen dieses Bekenntnis auf Arabisch wiederholen. Daraufhin schien jene Person endlich mit uns zufrieden zu sein.»Somit seid ihr jetzt Muslimas, und es gibt keinen Weg mehr zurück.« In der Nacht weckte uns eine der drei Frauen. Sie stammte aus Saudi-Arabien, wie ich später zufällig von einer Küchenhelferin mitbekommen habe.»Los, ihr müsst beten!«, bellte sie. Das war für mich ungewöhnlich, da wir als Jesiden in der Nacht nicht aufgestanden sind. Und auch sonst hatten wir zu Hause kaum gebetet. Die drei Frauen, aber auch alle anderen Menschen im Haus behandelten uns wie Schmutz. »Teufelsanbeter!«, zischten sie uns zu. Ihre Blicke waren so finster wie die Stoffe ihrer Kleider. Bei jeder Gelegenheit erniedrigten sie uns und diktierten uns, was zu tun sei.»Betet!«. Putzt!«. »Schneidet Gemüse!« ...

Sobald wir allein im Zimmer waren, setzten wir uns auf den Boden, rückten nah zusammen und flüsterten.»Was haben sie bloß mit uns vor?« Die 15-jährige Zeinat* blickte uns mit ihren großen graublauen Augen fragend an, doch wir zuckten bloß die Schultern. In Mossul hatte ich zwar mitbekommen, wie einige Frauen öfter voller Angst das Wort»Vergewaltigung« benutzt hatten. Und ich wusste natürlich, was Sexualität ist, nur was genau damit gemeint war, war mir unklar. Wie soll man sich so etwas vorstellen? So etwas Unvorstellbares?!

Uns allen fiel nur eine Lösung in dieser ausweglosen Lage ein: »Wir müssen davonlaufen!« Nur wie sollten wir hier herauskommen? Wir befanden uns in der zweiten Etage eines großen Gebäudes, das von einer mächtigen Mauer umgeben war. Jede Gelegenheit haben wir genutzt, um durch das Fenster im Garten nach Fluchtwegen zu spähen. Durften wir zum Putzen mal das Zimmer verlassen, haben wir uns unauffällig umgeblickt. Wo gab es ein Schlupfloch? Wir hatten Angst davor, getötet zu werden, wenn wir wegliefen. Aber die Angst, von irgendwelchen Männern angefasst zu werden, war größer.

Für die drei Frauen im Haus war es jeden Tag aufs Neue wichtig zu prüfen, ob wir uns als Muslima betrachteten. Sie hatten uns auch am Laptop ein Video gezeigt, auf dem man einen amerikanischen Journalisten und einen IS-Kämpfer sah, ganz in Schwarz gekleidet. Er hat dem Journalisten den Kopf abgeschlagen. »Zum Islam konvertieren oder sterben, so wie der da«, stellten sie uns vor die Wahl. Die eine Frau aus Saudi-Arabien bedrängte uns ständig. »Glaubt ihr nun wirklich, dass ihr Muslima seid?« Verschreckt nickten wir alle mit den Köpfen. »Ja, wir sind Muslima, wir glauben daran.« Sobald sie die Tür hinter sich geschlossen hatte, versicherten wir uns flüsternd gegenseitig: »Nein, wir bleiben, was wir sind.«

Erst später habe ich mitbekommen, dass es sich bei den drei Drachen um Abu Bakr al-Baghdadis Ehefrauen handelte. Die zwei anderen stammten aus Syrien und dem Irak. Jede hatte Kinder, aber ich habe keine Ahnung, wie viele es genau waren. Am nächsten Tag habe ich die Frauen nach dem Gebet vorsichtig zur Rede gestellt: »Wir sind doch jetzt Muslime, dann könnt ihr uns doch wieder freilassen. Wieso haltet ihr uns noch fest?« Die Frauen schauten sich an und lachten, als ob das ein besonders guter Witz gewesen sei. »Ja, ihr seid Muslime, aber ihr seid ein großes Geschenk!,« meinte die eine und zog ihre bemalte Augenbraue hoch. Die andere fügte spottend hinzu: »Und ihr werdet schon sehen, welch große Ehre euch noch erwartet.« Ich habe damals noch nicht verstanden, was sie damit meinte …

Am Morgen herrschte in den Fluren großer Tumult, und alle Angestellten waren damit beschäftigt, das Haus von oben bis unten zu polieren und alles an den richtigen Platz zu rücken. In der Küche klapperten die Töpfe. Nur selten hatte ich gleichzeitig eine solche Aufregung und eine solche Angst unter Leuten gesehen. Von oben aus dem Fenster beobachteten wir Mädchen das Treiben. Wie die Ameisen verteilten sich sehr viele Kämpfer, ganz in Schwarz, und kontrollierten jedes Eck. Fast genauso schnell, wie sie auftaucht waren, verschwanden sie auch wieder. Einige Stunden später haben wir verstanden, vor wem sich alle fürchteten.

Ein Mann trat in unser Zimmer. Braune Augen, olivfarbener Hautton, kräftige Augenbrauen, schwarzer Vollbart. Normale Kleidung, wie die IS-Anhänger sie auch auf der Straße trugen. Eine lange Pluderhose mit einem Hemd, das bis zu den Knien reichte. Er wirkte nicht irgendwie ungewöhnlich oder besonders. »Steht auf!«, gebot er streng. Vom Alter her hätte er unser Vater sein können. Verzagt stellten wir uns nebeneinander auf, während er im Zimmer auf und ab lief und vom Islam redete. Wie wichtig der Islam sei und dass die ganze Welt das wisse. Und dass es für uns eine große Ehre bedeute, nun auch zur »Umma«, zur Gemeinschaft der Gläubigen, zu gehören. Wenn wir uns an die Vorschriften des Islams hielten, würden wir ein gutes Leben haben. Wir müssten all das befolgen, was er uns befehle. Er musterte jede von uns wie ein Lehrer, der seinen Schülerinnen erklärte, wie die Welt beschaffen sei. Doch seine Blicke waren so unangenehm wie sein Lächeln.

Der Reihe nach fragte er unsere Namen ab und wollte von uns bestätigt haben, dass wir Muslime seien. Wir wagten nicht, uns zu rühren oder gar aufzusehen. Wir schwiegen zunächst, da fragte er noch einmal harsch nach. Und im nächsten Augenblick verpasste er mir einen so harten Schlag ins Gesicht, dass ich nach hinten umfiel und mit dem Kopf aufschlug. Das Haar im Gesicht, stützte ich mich auf und hielt mir auf dem Teppich liegend die Wange. Bevor er hinausging, warf er mir noch einen letzten Blick zu und befahl einem seiner Untergebenen, mich in das andere Zimmer zu bringen. Dann drehte er sich um und verschwand. Der Wächter packte mich am Handgelenk und zog mich in den Nebenraum, der nur ein paar Meter weiter entfernt war. Fast wie einen Ball hat er mich in das Zimmer hineingeworfen und die Tür hinter sich abgeschlossen.

Schnell rappelte ich mich wieder hoch und lief zur Tür. Angespannt lauschte ich, mit dem Ohr nah am Holz, nach Geräuschen. Keine Schritte. Nur mein Herzschlag. Stunde um Stunde verstrich. Langsam beruhigte sich mein Puls wieder, zerschlagen ließ ich mich auf das Bett sinken und fiel betäubt in den Schlaf. In der Nacht hörte ich auf einmal, wie sich der Schlüssel im Schloss drehte, und ich erkannte diesen Mann mit dem schwarzen Bart und den weißen Strähnen darin, der wieder irgendetwas über Religion redete. Und ich solle keine Angst haben, er werde mich gut behandeln ... Doch seine Stimme klang sehr böse dabei.

Bis dahin hatte ich eine neue Predigt über den Islam erwartet, nun aber verlangte er plötzlich: »Zieh dich aus!« Das hat mich zutiefst schockiert. Ich hatte mich noch nie vor einem Mann ausgezogen und habe nur gehaspelt: »Das mache ich nicht!« Mit einem Satz bin ich aus dem Bett gesprungen und habe mich in einer Ecke gegen die Wand gedrängt. Nichts wünschte ich mir mehr, als hinter dieser Mauer zu verschwinden. »Das nützt dir nichts«, hat er sehr nachdrücklich gesagt. Ich sei jetzt seine Frau und müsse mich den Regeln entsprechend verhalten. »Entweder ich schlage dich, oder du ziehst dich freiwillig aus.« Er schritt auf mich zu und schnappte nach mir, aber ich wehrte ihn mit beiden Händen ab. Die Wucht seines Schlages verdrehte mir den Hals. »Du sollst das machen, was ich sage!,« brüllte er und wiederholte ständig, »du weißt wohl nicht, wer ich bin?!« Doch zu dem Zeitpunkt wusste ich wirklich nicht, wer dieser Mann war. Er hat mir noch ein-, zweimal ins Gesicht geschlagen, bis mir die Nase blutete, dann auf den Rücken und den Kopf. Ich bin mehrmals hingefallen und wieder aufgestanden und am Ende bin ich auf dem Boden liegen geblieben.

Aus Leibeskräften hat er mir die Füße in meine Rippen, meinen Magen, meine Schenkel gerammt. Die Schmerzen habe ich nicht wirklich gespürt. Ich hatte einfach nur schreckliche Angst, dass er gleich mit mir etwas machte, was ich nie im Leben wollte. Das hat regelrechte Panik in mir ausgelöst, stöhnend fuhr ich hoch, war so aufgewühlt, dass alles an mir schlotterte. Was tun? Wohin? Mir grauste vor dem Anblick dieses großen Mannes, aber ich starrte dorthin, von wo er kam. Wieder hagelten seine Schläge auf mich ein, und ich geriet erneut ins Taumeln. Diesmal aber wurde mir schwarz vor Augen. Für kurze Zeit war ich ohnmächtig. Als ich aufwachte, merkte ich, wie er mich auf dem Boden auszog und meine Kleider wie Papier zerriss. Sein Gewicht erdrückte mich fast. Das alles war so furchtbar. So würdelos. Und ich konnte mich nicht dagegen wehren. Irgendwann hatte ich nur noch Schmerzen, mein Unterleib brannte wie glühende Kohlen, und ich heulte die ganze Zeit.

Als er fertig war, zog er seine Hose hoch, verschloss die Tür wieder hinter sich und ließ mich so am Boden liegen. Die drei Frauen lachten, als sie mich morgens mit blau verschwollenem Gesicht vorfanden. »Na, wie geht's dir?«, lästerten sie. »Jetzt gehörst du zu uns.« Sie gaben mir den Rat, dass ich mich nicht länger wehren solle, da das ohnehin keinen Sinn ergebe. Ungeduldig klatschten sie in die Hände, »hopp-hopp«, denn ich sollte in der Küche sauber machen und die Räume wischen. Jeder Schritt tat mir entsetzlich weh. Als ich mich zufällig in einer Scheibe spiegelte, schaute ich weg. Ich schämte mich so sehr.

Überall in den Fluren spürte man die Angst der Leute. Sobald einer der drei Drachen unversehens um die Ecke bog, arbeitete das Personal noch schneller als zuvor. Keiner wagte es, einen falschen Ton von sich zu geben. Am nächsten Tag mussten die anderen Mädchen dasselbe Schicksal wie ich erleiden. Schläge und Vergewaltigung. Insgesamt blieb ich zwei Wochen in dem Haus dieses Unmenschen. Seine Ehefrauen wussten genau, dass ihr Mann uns vergewaltigte. Bevor er bei uns auftauchte, haben sie uns jedes Mal befohlen: »Geht euch waschen! Und wartet auf ihn!« Und ich schrubbte mich ab, bis ich rot und wund war. Am liebsten hätte ich so lange geschrubbt, bis nichts mehr von mir übrig war.

Zum Glück haben wir diesen Mann sonst kaum zu Gesicht bekommen. Die meiste Zeit hockten wir steif auf unseren Zimmern oder mussten in der Küche und anderswo mit anpacken, während sich der Hausherr mit anderen IS-Anhängern in einem großen Raum aufhielt. Mir fiel auf, dass es nirgendwo Handys gab und niemand telefonierte. Ich weiß das genau, weil die drei anderen Mädchen und ich überall nach Telefonen oder Handys suchten, um unsere Familienangehörigen zu verständigen. Aber wir haben nichts dergleichen gefunden, und ich habe nie gehört, dass es irgendwo geklingelt hätte. Der Informationsaustausch bei ihnen lief anders ab. Ständig kamen Männer vorbei, stimmten sich untereinander ab und liefen wieder rasch auseinander.

Al-Baghdadi war auch nicht zwei Wochen durchgehend anwesend. Er stand spät auf, verließ ständig das Haus, kehrte zu unbestimmten Zeiten wieder zurück, und selbst das nicht jeden Tag. Dieser Vergewaltiger hat mit uns kaum ein Wort gewechselt. Er hat nur dauernd dieselben Reden über Religion geschwungen. Dass wir Muslime seien, ab sofort zur islamischen Welt gehörten und uns gefälligst anpassen sollten. Er hat auch betont, dass die Jesiden an den Teufel glaubten.»Das ist falsch, und ihr sollt den richtigen und wahren Glauben anerkennen.« Alle drei Male, als er sich mit seinem hässlichen haarigen Körper auf mich geworfen hat, habe ich mich mit Händen und Füßen dagegen gewehrt. Alle drei Male hat er mir die Haare ausgerissen, mich mit einer Hand an der Kehle gepackt und mit der anderen einen Hagel von Schlägen auf mich niederprasseln lassen.»Und wenn du dich noch mal wehrst, dann bringe ich dich um!« Danach hat er die Tür hinter sich abgeschlossen, damit ich nicht weglaufen konnte.

An einem Abend haben wir mitbekommen, dass al-Baghdadi mal wieder mit einer größeren Zahl seiner Wächter fortgefahren war. Da haben wir Mädchen beschlossen, alles auf eine Karte zu setzen. Unser Fluchtplan stand fest: Wir wollten aus der zweiten Etage unseres Fensters klettern und, unten angekommen, loslaufen, so schnell wir konnten. Leise wie auf Katzenpfoten sind wir über das Dach geschlichen, haben uns von dort aus auf einen nahe stehenden Baum gehangelt und sind mit ein paar Schürfwunden unten im Garten angelangt. Geduckt haben wir uns umgesehen und versucht, jeden Laut zu vermeiden, doch plötzlich schälten sich aus der Dunkelheit die Umrisse der Wachen heraus. In der nächsten Sekunde packten sie uns schon an Nacken und Armen. Aus! Vorbei! Alles verloren! Es war ein Hin und Her, wir haben geschrien, und die Stimmen um uns herum wurden immer lauter. »Wir werden euch gleich hier erschießen!«, herrschten sie uns an. Die Ehefrau aus Saudi-Arabien stürmte in den Garten, prügelte auf uns ein und befahl den Wächtern, uns umgehend wieder ins Haus zu schaffen. Mit Hieben und Tritten trieben sie uns wieder hinein.

Diesmal aber brachten sie uns in ein anderes Zimmer und fesselten uns dort. Mit pochenden Handgelenken und schmerzenden Gliedern saßen wir bis zum nächsten Morgen gekrümmt an der Wand. Bei Sonnenaufgang flog die Tür auf, und al-Baghdadis Ehefrauen beugten sich zeternd so dicht über uns, dass ihre Spucke uns ins Gesicht sprühte. »Ihr seid eine Schande für den Islam! Ihr solltet getötet werden!« Sie wollten damit allerdings noch abwarten, bis der »Sheikh« zurück sei. Er sollte entscheiden.

Ich habe damit gerechnet zu sterben und versucht, mich innerlich darauf einzustellen. Es ist dennoch eine schreckliche Situation, auf etwas zu warten, besonders auf so etwas Schreckliches wie den Tod, wenn man gerade 14 Jahre alt ist. Was würde er mit uns machen? Ganz plötzlich hat mich die Angst vor dem Tod erfasst und mir die Luft genommen. Wie feiner Sand in einem Sandsturm, der das Licht verdunkelt, durch jede Ritze dringt, tief in die Atemwege hinein, die Augen verklebt, jede Orientierung nimmt. Und je schneller man atmet, desto schneller erstickt man daran. Obwohl ich nicht mehr leben wollte, hatte ich dennoch so furchtbare Angst vor dem Sterben.

Ein- oder zweimal blickten die Frauen zu uns herein, beleidigten uns als »Huren« und schlossen danach die Tür wieder ab. Wir starrten vor uns hin, schluckten nur und schluckten, als könnten wir die Angst herunterwürgen. Relativ spät in der Nacht hörten wir anfahrende Fahrzeuge und Männerstimmen, die jedoch langsam wieder verebbten. In den frühen Morgenstunden fegte der Sheikh mit wehendem Bart ins Zimmer. »Warum seid ihr geflohen?«, verlangte er erregt zu wissen. »Ihr gehört mir! Ihr seid meine Frauen! Ihr könnt nirgendwo mehr hin!« Mit unruhig flackernden Augen wiederholte er seine immer gleichen Forderungen: Wir müssten das befolgen, was man uns sagte. Sein Gesicht lauernd wie das eines Raubtiers kurz vorm Sprung. Ohne es noch länger unterdrücken zu können, schluchzte ich laut auf: »Ich will sterben und nur weg von hier!« Da ist er derart außer sich vor Zorn geraten, dass er auf uns losging wie ein beißwütiger Hund und auf jede von uns eingeschlagen hat. Erst mit Händen, dann mit seinem Gürtel. Die drei Frauen haben es ihm nachgemacht. So viele Hände und Füße, die überall, wo sie uns erwischten, traktiert und gepeitscht haben. So lange, bis wir uns nicht mehr rührten. Al-Baghdadi schnaubte vor Wut. »Ich will sie nicht mehr länger hier haben. Schickt sie weg!« Wir würden schon noch sehen, was wir davon hätten.

Am nächsten Tag haben IS-Wachen mich und Zeinat* mit dem Wagen abgeholt und in die etwa 270 Kilometer entfernt liegende syrische Stadt al-Shadadiya gebracht. In diesem Haus führte eine andere Frau das Kommando. Es war Umm Sayyaf, die Ehefrau von Abu Sayyaf, einem Kommandanten al-Baghdadis. Später erst habe ich erfahren, dass dieser »Ölminister« und Leiter von Militäreinsätzen war. Zwölf andere weibliche Gefangene haben sie mit mir in einem Zimmer im Hause Sayyafs wie Tiere in einem Käfig gehalten. Darunter auch zwei Ausländerinnen. Die Ältere war 58. Keine Ahnung, ob Amerikanerin oder Engländerin. Sie verstand kaum Arabisch. Die andere war 26 Jahre alt und hatte von den IS-Milizen einige Brocken Arabisch gelernt. Ihr Name war Kayla Mueller. Sie war Amerikanerin, hatte als Entwicklungshelferin in Aleppo gearbeitet und war im August 2013 von IS-Milizen entführt worden. Mit ihr konnten wir uns ein wenig verständigen. Wir erklärten ihr, dass uns dieser Mann mit dem langen schwarzen Vollbart hergebracht habe. »Ich kenne ihn«, sagte sie. Sie werde von ihm auch sehr schlecht behandelt. Wir sprachen dann nicht mehr darüber, aber ich habe verstanden, dass sie genau das Gleiche erlebt hatte wie wir. Kayla hatte ein rundes gutmütiges Gesicht, dunkle kurze Haare, traurige Augen. Jedes Mal, wenn al-Baghdadi im Haus auftauchte, nahm er Kayla mit in ein anderes Zimmer. Und das war oft der Fall. Sie weinte, wenn sie aus dem Zimmer kam.

In diesem Haus haben sich unterschiedliche Männer an uns vergangen. Es waren Al-Baghdadis engste Mitarbeiter, vorwiegend ältere Emire, die offiziell Umm Sayyaf einen Besuch abstatteten. Sie waren sehr alt, zwischen 40 oder 50 Jahren, und haben uns immer wieder vergewaltigt. Immer wieder. »Hör auf zu heulen«, zischten sie und pressten mir die Hand auf die Lippen, »sonst bringe ich dich um.« Überall Bisswunden und Striemen. Ich konnte mir nicht vorstellen, jemals wieder glücklich zu sein. Sehr oft habe ich daran gedacht, mir das Leben zu nehmen, aber die anderen hielten mich davon ab.

Als ich wieder in unser Zimmer zurücktaumelte, waren Zeinat* und fünf andere Mädchen verschwunden. Irgendwie waren sie an den Schlüssel gelangt. Außerhalb von Aleppo entdeckten sie ein Haus und baten eine arabische Frau um Hilfe. »Kommt rein, kommt rein!« Statt der versprochenen Hilfe aber hat sie al-Baghdadi und seine Männer herbeigerufen, ausgestattet mit Kabeln und Holzstöcken. Einem Mädchen haben die Männer den Unterarm gebrochen, der anderen das Jochbein. Die letzten Hiebe hatte al-Baghdadi selbst verabreicht, und zwar mit einem Gartenschlauch. Als die Mädchen zurückkehrten, waren sie schwarz von den Prügeln.

Und weiter kamen die alten Männer ins Haus. Ich spürte einen immer größeren Druck im Gehirn, als ob mein Kopf bald platzen würde. Erneut habe ich da mit Zeinat* und einem weiteren Mädchen beschlossen zu fliehen. Ich wollte nicht mehr leben, und vor dem Tod hatte ich keine Angst mehr. Mehrmals habe ich Kayla und der anderen Ausländerin angeboten: »Kommt mit uns mit! Wir sprechen Arabisch und versuchen es einfach.« Aber sie trauten sich nicht und glaubten fest, dass sie bald von ihren Landsleuten befreit würden. Wie ich gehört habe, wurde Kayla im Februar des nächsten Jahres bei einem Luftangriff im Hause Abu Sayyafs unter Trümmern verschüttet. Die amerikanische Regierung hat ihren Tod bestätigt, aber nicht die Umstände, unter denen sie gestorben ist.

Leise sind wir gegen 1 Uhr morgens aus einem Fenster gestiegen. Etwa eine Stunde lang irrten wir in den Straßen umher, sind aber von niemandem angesprochen worden. Da wir wie Muslime unter langen schwarzen Gewändern verhüllt waren, konnte keiner sehen, wer sich unter diesen Stoffen verbarg. In unserer Verzweiflung wussten wir bald nicht mehr weiter, so haben wir uns dafür entschieden, an der nächsten Haustür anzuklopfen. Aber wer würde uns diesmal öffnen?

Furchtsam haben sich uns mehrere Köpfe einer arabischen Familie entgegengereckt. Unsere Stimmen haben sich fast überschlagen. »Wir sind geflohen! Wir kommen aus dem Irak!« Die Mutter, der Vater und die Kinder waren sehr durcheinander, haben uns schnell zu sich hereingewunken. Noch am selben Abend haben sie Kontakt mit einem kurdischen Bekannten aufgenommen, der uns am nächsten Morgen zu sich nach Hause holte und uns in unserem Dialekt auf »Kurmandschi« beruhigte: »Ihr braucht keine Angst zu haben.« Wir hatten aber trotzdem Angst, weil dieser Mann wie ein IS-Kämpfer gekleidet war. Er hatte zwar nicht so einen langen Bart, aber er redete genauso wie sie dauernd über Religion und Islam. Er hat uns aber sehr respektvoll behandelt und klargestellt, dass er genau wisse, was mit uns passiert sei. »So etwas ist ein Verbrechen. Das hat mit dem Islam nichts zu tun.« Deswegen wolle er uns helfen.

Nach zwei Tagen hatte er ein Auto organisiert. Erst mussten wir noch verschiedene Straßenkontrollen überstehen. Jeder Checkpoint konnte unser Ende bedeuten. Doch jedes Mal, wenn die schwer bewaffneten IS-Milizen fragend auf uns tief verschleierte Mädchen deuteten, gab uns der Kurde als seine Töchter aus. Er hatte sogar die Ausweispapiere seiner eigenen Kinder mitgenommen, die aber keiner der Wachposten sehen wollte. Ich fror, obwohl es so heiß war. 60 Kilometer weiter, in Heseka, hat unser Retter uns schließlich einer kurdischen Einheit der Volksverteidigungseinheiten »YPG« (Yekîneyên Parastina Gel) übergeben, die den IS bekämpften. Kurz darauf haben uns jesidische Familien aus den Camps abgeholt und an die irakische Grenze gebracht. Dort hat uns mein Onkel in seine Arme geschlossen. Mit allen Mitteln hat er später versucht herauszufinden, wohin meine Eltern und meine Geschwister verschleppt worden sind, allerdings bisher ohne Erfolg.

Nach Deutschland bin ich ausgereist, weil ich in meiner Heimat nicht mehr länger leben konnte. Ich habe Angst, dass der IS noch stärker wird, dass al-Baghdadi mich findet und tötet. Die anderen Emire haben gedroht, mir die Kehle durchzuschneiden. Sie hatten mir gesagt, dass ich alleine al-Baghdadi gehörte. Und niemand dürfe jemals erfahren, dass sie mich vergewaltigt hätten. Deswegen habe ich Angst, dass mir im Irak etwas zustoßen könnte. Außerdem schäme ich mich so sehr, wenn ich meinen Landsleuten begegne. Sie sehen mir bestimmt an, was mit mir passiert ist. Zeinat* ist auch in Deutschland. Wir leben in geheimen Unterkünften. Aus Sicherheitsgründen hat man uns angewiesen, mit niemandem sonst über unsere Geschichte zu sprechen.

Abu Bakr al-Baghdadi: Herr der Finsternis, Herr der Komplexe

Als »gewöhnlich« und »nicht besonders« schildert Amina ihren ersten Eindruck von al-Baghdadi. Nie wäre sie darauf gekommen, dass dieser Mann mit dem »breiten Gesicht eines Bauern« der Kopf der IS-Terrormiliz ist. Ähnlich überrascht äußerte sich den Medien gegenüber seine erste Ehefrau, die ausgerechnet im vom IS verachteten »dekadenten« Europa Zuflucht gesucht hat. Sadscha al-Dulaimi, die den damaligen Religionslehrer 2008 nach nur drei Monaten Ehe schwanger wegen seiner zweiten Ehefrau verlassen hatte, bekräftigte, dass er ein »ganz normaler Mann« gewesen sei. »Wie er der Emir der weltweit gefährlichsten Terrororganisation werden konnte, ist mir ein Rätsel.« Auf den Straßen Bagdads oder Mossuls würde jener Menschenschlächter in der Menge kaum auffallen.

Ibrahim Ibn Awad Ibn Ibrahim Ibn Ali Ibn Muhammad al-Badri al-Samarra, Jahrgang 1971, der sich Abu Bakr al-Baghdadi nennt und selbst zum Kalifen des Islams erklärt hat, stammt aus

Samarra, nördlich von Bagdad. Sein neuer Name soll an die Blütezeit des Islams erinnern. An Abu Bakr, der einst Gefährte des Propheten Mohammed und nach dessen Tod der erste Kalif war.

Der Junge aus dem Irak ist der drittgeborene von vier Söhnen, kommt aus einfachen Verhältnissen, ist überzeugt, dem Stamm der Kureish und damit der Familie des Propheten Mohammed zu entspringen, was allerdings Hunderttausende Muslime im Nahen und Mittleren Osten gerne von sich behaupten. Seine Familie lebte unauffällig, war religiös, und der Vater gab Religionsunterricht in der lokalen Moschee.

Bereits in der Kindheit und Jugendzeit fiel auf, dass al-Baghdadi gerne andere tadelte und in Beziehungen das Sagen haben wollte. Eine Nachbarin erinnert sich, wie sich der junge Mann einmal laut darüber erregte, dass er auf einer Hochzeit Männer und Frauen zusammen tanzen gesehen habe. Einheitlich berichten ehemalige Mitschüler und Bekannte, dass der junge al-Baghdadi jedoch weder aus der Menge besonders herausgestochen noch gewalttätig gewesen sei. In der Schule dreht er eine Ehrenrunde und glänzt nicht gerade durch gute Leistungen.

Beim ersten Kontakt mit Amina zeigt er sich als zugewandte Autorität, doziert über die Bedeutung des Islams und die Unbedeutsamkeit aller anderen Religionen. Wer sich dem Kalifat – und damit ihm – unterordnet, habe nichts zu befürchten. Vermutlich klärt er die Mädchen auch deshalb nicht über seine Stellung auf, weil er annimmt, dass man ihn als ersten Stellvertreter des Propheten sozusagen von selbst sofort erkennen müsse. Die Mädchen lernen sehr schnell den brutalen Despoten in ihm kennen, der sie schlägt und verlangt, dass die jungen Jesidinnen selbstverständlich ihren eigenen Glauben und ihre Wurzeln aufgeben. Dass sie sich »selbstverständlich« vergewaltigen lassen und dabei sogar Glück empfinden sollten. Seiner Logik nach müsste Amina förmlich einen Freudensprung machen, da sie endlich den wahren Glauben gefunden hat und ihr die »große Ehre« zuteilwird, sich beim Vertreter Gottes auf Erden aufzuhalten.

Al-Baghdadi ist völlig überrascht, als Amina, dieses Kind, seine Vorstellungen nicht teilt und sich mit den wenigen ihr zur Verfügung stehenden Möglichkeiten sogar gegen ihn wehrt. Er empfindet keine menschliche Regung, kein Minimum an Empathie, als die 14-Jährige nach seiner abscheulichen Misshandlung vor Schmerzen weint und sich in eine Ecke des Zimmers verkriecht. Dieser Mann scheint vielmehr zu genießen, wie sehr das Mädchen leidet. Immer wieder ermahnt er sie dazu, keinen Widerstand mehr zu leisten, den Islam anzunehmen und sich, wie eine seiner vielen Frauen, schweigend unterzuordnen. Al-Baghdadi fühlt sich mächtig, als »ein ganzer Mann«, der gerade ein 14-jähriges Kind vergewaltigt hat. Er fühlt sich mächtig, weil er ein kleines Mädchen zu Tode erschreckt hat. Er fühlt sich mächtig, weil er als Herr über Leben und Tod gleich Gott entscheiden kann.

Karriere eines einfachen Mannes: Vom Gefängnisinsassen zum Top-Terroristen

Während er selbst für den Militärdienst wegen seiner mangelnden körperlichen Fitness ausgemustert wird, verliert sein jüngerer Bruder als Soldat in der Armee Saddam Husseins das Leben. Als »Bruder eines Märtyrers« erhält al-Baghdadi Unterstützung durch das Saddam-Regime und die Möglichkeit, Islamwissenschaften in Bagdad zu studieren. Anschließend heiratet er seine erste Frau in der Provinz Anbar und plant, seine Doktorarbeit zu schreiben, was jedoch durch den Einmarsch der US-Armee verhindert wird.

Obwohl die 24 Jahre dauernde Schreckensherrschaft Saddam Husseins Hunderttausende Kurden, Schiiten und Oppositionelle das Leben gekostet, obwohl Saddam einen Krieg gegen den Iran und gegen Kuwait ausgelöst, einen Teil seines Volkes mit Giftgas erstickt, ganze kurdische Dörfer eingeebnet und die Sumpfgebiete der Araber als Lebensräume im Südosten des Landes zerstört hatte, half sein Tod am Galgen am Ende nicht, die Situation im Land zum Besseren zu wenden.

Erfundene Massenvernichtungswaffen hatten 2003 US-Präsident George W. Bush und einer »Koalition der Willigen« als Grund für eine völkerrechtswidrige Militärinvasion gedient, bei der mit Marschflugkörpern auf Bagdad ein noch größeres Desaster ausgelöst wurde. Nach der sogenannten Shock-and-Awe-Kampagne (Schrecken und Furcht) löste das Militär die irakische Armee auf, sodass Hunderttausende Iraker plötzlich vor dem Nichts standen. Die Koalition hielt einer schiitischen Regierung die Steigbügel, unter der sich die konfessionellen Spannungen um ein Vielfaches verstärkten. Besonders die Sunniten wurden in der Folge benachteiligt und brutal unterdrückt.

Im Februar 2004 verhaften britische Militärs den unbekannten Prediger aus Samarra in Falludscha, als er einen Freund besucht, der auf der Fahndungsliste steht, und zwängen ihn neun Monate lang bis Oktober ins Foltergefängnis Abu Ghraib. Das aber wird der Sprecher der US-Armee, Troy A. Rolan, erst im August 2016 öffentlich bekannt geben. In den vermutlich vier Jahren seiner Haft, deren Dauer nicht eindeutig belegt ist, wird der Inhaftierte von US-Gefängnisleitern gefoltert und gequält. Auf engstem Raum verbringt al Baghdadi mit anderen Al-Qaida-Terroristen die anschließende Zeit im Gefangenenlager Camp Bucca in der Provinz Basra. Durch all diese Erfahrungen radikalisiert er sich noch mehr und nährt, gemeinsam mit den anderen Extremisten, ehemaligen Soldaten und Saddams Geheimdienstleuten, seine Rachegedanken sowie seinen Hass. Mit einigen dieser Zelleninsassen wird er den IS gründen. »Bucca war wie eine Fabrik«, erklärt später einer aus dem Führungskreis, »hier wurden wir geformt, hier entstand unsere Ideologie.«

Fortan betrachtet der geschickte Netzwerker alle, die nicht seine Sicht teilen, als minderwertige Menschen und beschließt, sie zu kontrollieren oder auszuradieren. Nach der Entlassung aus dem Gefängnis schließt sich al-Baghdadi der Al-Qaida im Irak an, da keine radikalere Gruppe existiert. Er wird als sehr »wissend um den Islam«, zurückhaltend und als guter Vermittler beschrieben, der versucht, die Islamisten untereinander zu einen, um gemeinsam gegen die Ungläubigen und gegen »minderwertigere« Menschen wie Schiiten, Christen, Juden, Jesiden und vom Glauben abgefallene Sunniten zu kämpfen. Als Chef der Religionswächter von Al-Qaida lässt er – gemäß der Scharia – Dieben die Hand abhacken, Alkoholtrinker auspeitschen und Gotteslästerer erschießen.

Dieser Mann benötigt für seinen Aufstieg aber noch eine »offizielle« und »wissenschaftliche« Legitimation, um seinen Narzissmus zu befriedigen. Er schreibt seine Doktorarbeit an der Universität in Bagdad, die zum Teil vom »schlimmsten Feind«, den USA, finanziert wird. Tatsächlich handelt es sich um eine mehr oder weniger schlechte Doktorarbeit, die aber aus unerklärlichen Gründen mit »sehr gut« benotet wird. Nun glaubt al-Baghdadi mit einem westlich-orientieren Doktortitel eine theologische Instanz des Islams zu sein.

Die Theorie reicht ihm noch nicht, um seine überzogene Eitelkeit zu befriedigen und sich von seinem Empfinden, dem eigenen Anspruch nicht zu genügen, endlich zu befreien. Er will seine Idee vom Islam und von einer islamischen Gesellschaftsordnung durch Gewalt und Terror in die Tat umsetzen. Geprägt von einer kollektiven und individuellen Demütigung, der unverarbeiteten Folgen von Folter und Misshandlungen während der Haft 2004 und von dem transgenerationellen Trauma, dass die

Muslime zeitlebens von den »Kreuzzüglern« betrogen und entehrt werden, hat er sich grundlegend verändert. Er ist davon getrieben, alle Ungläubigen zu vernichten, auch deren Kinder und Enkelkinder. Bereits zu dieser Zeit hat er eine chronisch und unveränderlich narzisstisch-schizoide Persönlichkeit entwickelt, mit einer geringen Wahrnehmung für andere Ideen und Überzeugungen. In den mafiösen Strukturen seiner Welt scheinen alte Kontakte wichtiger als gute Referenzen zu sein. 2010 wird er zum Führer der Organisation Islamischer Staat im Irak (ISIS) gemacht. In den nächsten Jahren beweist al-Baghdadi seine strategischen Fähigkeiten, indem er systematisch Hunderte von Extremisten aus Haftanstalten befreien lässt. Darunter befindet sich auch das berüchtigte Gefängnis »Abu Ghraib«, wo amerikanische Soldaten Inhaftierte wie ihn gefoltert und erniedrigt hatten, indem sie unter anderem auf nackte Menschen urinierten und sie wie Hunde an der Leine vorführten. All diese ehemaligen Gefangenen füllen bald die Reihen in den IS-Kampfeinheiten. Zudem haben Al-Baghdadi und seine Kommandanten es bewerkstelligt, ihren Rachefeldzug nicht allein durch reiche Geldgeber aus den Golfstaaten zu finanzieren, sondern auch durch Schutzgelderpressungen, Menschenhandel und Ölschmuggel. Sogar militärisch, geheimdienstlich und medial sind sie anderen Terrororganisationen überlegen.

Generalmajor Douglas Stone, der 2007 für die USA unter anderem für die Leitung in Camp Bucca zuständig war, beschreibt Al-Baghdadi als einen hochintellektuellen Strategen, der aus den Fehlern der Al-Qaida in Afghanistan und im Irak gelernt und hoch qualifizierte Kader wie die irakischen Offiziere, aber auch gut ausgebildete Kämpfer aus Syrien und dem Irak um sich geschart hat.[1]

Der selbstverliebte Strohmann

Der Terrorfürst gilt als dunkle Eminenz, da er Auftritte in der Öffentlichkeit aus Angst vor Anschlägen meidet. Zwar gibt es viele Gerüchte, aber nicht annähernd so viele gesicherte Informationen über dieses »Phantom«, beklagen Verfassungsschützer. Am 29. Juni 2014 ruft er allerdings sehr publikumswirksam in Mossul in der Al-Nuri-Moschee das »Islamische Kalifat« aus und erklärt sich in seinem Hochmut zum Kalifen von rund 1,6 Milliarden Muslimen weltweit.

Empört sprechen daraufhin mehrere sunnitische Gelehrte, Prediger, aber auch andere Extremisten diesem Kalifat jede Legitimation ab. Die meisten künftigen Opfer des sogenannten Islamischen Staates werden am Ende Muslime sein.

Seine mangelnde Empathie besonders für Menschen, die nicht in sein Weltbild passen, macht al-Baghdadi derzeit zu einem der gefährlichsten Menschen der Erde. Er gilt als skrupellos, auch ehemaligen Partnern gegenüber, und wechselt opportunistisch Bündnisse beinahe wie andere Leute frische Hemden. Nur solche Muslime, die seine Überzeugung teilen, sind aus seiner Sicht Menschen, die eine höhere Kultur und einen wahren Glauben besitzen und somit das Recht besitzen, im Namen Allahs die Welt zu beherrschen. Alle Andersdenkenden, die seine Ideen ablehnen, werden zu Unmenschen erklärt, verwirken ihr Recht auf Leben oder werden zu Sklavinnen wie Amina.

Vermutlich leidet al-Baghdadi nicht nur unter einem schweren Minderwertigkeitsgefühl als Person, sondern ebenso in seiner Identität als arabischer Muslim. Mit dem Studium des Islams will er diesen beschädigten Selbstwert kompensieren und dadurch versuchen, sich und seinem Kollektiv das zu geben, was die »Imperialisten« oder Ungläubigen ihnen weggenommen haben: Wert und Ehre!

Um all diese Defizite auszugleichen, verehrt er brutale Stärke, körperliche Gewalt, Krieg und Terror. Hierzu bedient er sich des Salafismus, abgeleitet von »as-salaf as-salih«, was mit die »frommen Altvorderen« übersetzt wird. Diese extremistische Ideologie geht auf die ersten drei Generationen von Muslimen nach dem Tode des Propheten Mohammed zurück. Mittels Mord und Totschlag haben diese Gläubigen ihre »gottgefällige Lebensweise« auf die arabische Halbinsel und später in den Mittleren Osten getragen. Die Überwindung seines Minderwertigkeitskomplexes bewältigt der aktuell meistgesuchte Terrorist der Welt nur mithilfe von ehemals hochrangigen irakischen Offizieren und anderen Dschihadisten, die den IS in Wahrheit leiten. Vermutlich glaubt aber al-Baghdadi selbst an seinen Wahn, das Oberhaupt aller Muslime weltweit zu sein. In der Realität jedoch wird er, wie alle anderen Diktatoren und Despoten, nur so lange von seinen Untergebenen oben gehalten, wie sie selbst ihren eigenen Vorteil davon haben. Das gilt auch für seine Frauen und führenden IS-Leute.

Die Führungselite ordnet sich unter, hat aber ihre eigenen Hinterzimmer für Gewalt und Ausbeutung eingerichtet. So wird Amina von seinen Emiren vergewaltigt, ohne Wissen und ausdrückliche Zustimmung ihres »Besitzers«. Damit stellen die Untergebenen die Autorität des Kalifen infrage, betrachten aber gleichzeitig Amina nicht als al-Baghdadis Ehefrau, sondern als Teil einer »Kriegsbeute«, die ohnehin keinen Wert hat. Sie sehen in dem Mädchen eine Sklavin, die al-Baghdadi »bestraft« hatte, indem er sie zu Abu Sayyaf schickte. Das rechtfertigt offenbar in ihren Augen eine Vergewaltigung.

Natürlich versuchen viele der IS-Anhänger auch hinter dem Rücken Al-Baghdadis ihre eigenen Geschäfte zu führen. Eine Reihe von IS-Leuten geht davon aus, dass al-Baghdadi für die irakischen Offiziere als Strohmann fungiert. Einer, der nur zum

Schein in den Vordergrund geschoben wird, damit sich andere in seinem Schatten verbergen und dort die Fäden ziehen können. In einem auf Propaganda gestützten Spitzel-Staat, in dem diejenigen Personen, die auf Schwierigkeiten hinweisen, für gefährlicher eingeschätzt werden als diejenigen, die die Schwierigkeiten selbst produzieren.

Sexueller Sadismus und Paranoia

Sexuell ist dieser Kalif, wie wir es von Amina und anderen überlebenden Gefangenen wissen, ein hochgradiger Sadist, der die Mädchen mit Gewalt missbraucht, nach seiner Befriedigung einfach aufsteht, sie erneut erniedrigt, schlägt, seine Hose anzieht und weggeht. Noch vor dem Verlassen des Zimmers droht er, sie zu töten, wenn sie sich ihm weiterhin verweigern sollten.

Seine arabische Ehefrau schwingt offenbar das Zepter über zwei weitere Frauen, deren Kinder und alle Nebenfrauen. Sie regelt, dass al-Baghdadis besondere Wünsche erfüllt werden, auch wann und mit wem er Sex hat. Diese Frau scheint – psychologisch betrachtet – die Mutterrolle wie für ein Kind übernommen zu haben und schreibt ihm vor, wie er sich »zu Hause« zu verhalten hat. Gleichzeitig folgt al-Baghdadi damit den Regeln des alten und in seinen Augen »ursprünglichen« Islams in Medina, in dem beschrieben wird, dass die Hauptfrau des Propheten Mohammed die Verantwortung in der Familie und damit auch über seine weiteren Frauen trägt.

Der Sadismus des Hausherrn drückt sich auch in seinen Empfehlungen an seine Untergebenen aus, unter anderen kleine Mädchen mit dem Gürtel zu peitschen, nackte Gefangene wochenlang auf Betonflächen vegetieren zu lassen oder Ehebrecherinnen, eingegraben bis zur Brust, zu steinigen. Um aufkommende Schuldgefühle zu verdrängen oder zu verleugnen, überträgt er die Verantwortung dafür auf Gott, der ihm dies befohlen habe. Unterstützung dafür, dass all diese Gräuel und Untaten richtig und wichtig seien, erhält er durch seine Frauen und den engeren Führungszirkel des IS. Möglicherweise erlebt er durch diese Macht, die er über andere Menschen hat, auch eine emotionale und sexuelle Befriedigung.

Der Vertrauensverlust in die Menschen, den er schon als Kind erfahren haben dürfte, die Schonungslosigkeit um ihn herum, in Kombination mit islamischen Lehren und einem Propheten des Schwerts, führen bei ihm zu einer Verherrlichung der Gewalt, was auch aus einer tiefen Unsicherheit und einem Gefühl der Schwäche entspringt. Während er sich im Haus aufhält, in dem Amina eingesperrt ist, verbringt er oft Stunden allein in einem Zimmer und spricht in eher gedämpfter Tonlage mit seinen Frauen und Kindern. Insgesamt redet er aber nicht viel. Auch die Personen in seiner Umgebung ergreifen nicht oft das Wort, weil sie es als respektlos empfinden, in Gegenwart des Kalifen unaufgefordert ihre Gedanken auszudrücken. Der Hausherr kann aber, wenn es sein muss, auch sehr laut werden. Das hat er gelernt.

Auf der Suche nach ständiger Bewunderung hat er gleichzeitig große Angst vor Kränkung, was ihn oft unberechenbar in seinen Reaktionen macht. Um sicherzugehen, dass die Menschen im IS alleine ihm folgen, verlangt er blinden Gehorsam. Die Leute werden genötigt, auf seine Person, den Kalifen, einen Eid abzulegen. Wer das unterlässt, dem ist nach seinem Tod der Zutritt ins Paradies verwehrt. So schärfen es die führenden Köpfe im IS ihren Gefolgsleuten ein. Dieser Schwur ist nicht nur eine Motivation für die Krieger, alles zu tun, was der Kalif befiehlt, sondern stellt auch eine Garantie dar, dass die eigenen Leute gar nicht erst auf die Idee kommen, ihn abzusetzen oder gar aus dem Weg zu schaffen.

Al-Baghdadis ständige Angst, von der Anti-IS-Koalition gefunden und getötet zu werden, ist allgegenwärtig und macht ihn verständlicherweise paranoid. Aus Sorge, er könne geortet und Opfer eines Drohnenangriffs werden, benutzt er keine Handys. Von daher wechselt er ständig seinen Wohnort und vertraut nur wenigen Männern im IS-Führungskreis, wie Abu Sayyaf, der im Mai 2015 bei einer nächtlichen Militäroperation von US-Spezialeinheiten erschossen worden ist. Dessen Ehefrau hat das US-Militär in Haft genommen.

Mit aller Gewalt: Der Mann, der allen Muslimen helfen muss, indem er sie tötet

Al-Baghdadi, selbst Vater kleiner Kinder, vergewaltigt kleine Mädchen. Gleichzeitig verlangt er von Gefolterten und Gedemütigten, dass sie ihn lieben, wertschätzen und ihm Respekt entgegenbringen. Das ist genauso absurd, als hätte Hitler von den Juden Anerkennung für seine Leistungen gefordert. Sein übergroßes Selbst, überzeugt davon, etwas Besonders zu sein, verlangt aggressive Erfolge, die für ihn durch die Gräueltaten des IS erreichbar sind.

Offenbar begreift er den bislang praktizierten Islam als ein unreifes und desorientiertes Kind, und seine Aufgabe als Kalif ist es, diesen radikal zu verändern. Er glaubt, damit nicht nur Gott zu dienen, sondern auch allen Muslimen zu helfen, endlich erwachsen zu werden.

Aus seiner Sicht scheint der Islam seinen absoluten Tiefpunkt erreicht zu haben. Desto wichtiger ist es, dass endlich ein Gelehrter wie er auftaucht, um dem Glauben Richtung und Neuorientierung zu geben. Ein neuer Kalif mit einem neuen Ansatz. In Verbindung mit der Tradition des Salafismus will er den Islam aus dieser »schwierigen Zeit« befreien und zu dem machen, was er sein soll: zur Religion aller Menschen, die sich ihm untertan machen müssen.

Diese Haltung erlaubt es ihm, seine grausamen Befehle zu erteilen, Tausende von Menschen zu töten oder seelisch zu verstümmeln. Unbewusst verkörpern die Opfer für ihn sein »ungeliebtes, defektes Ich«, das vernichtet werden muss. Sie sind »nichts«. Deswegen muss er auch keine Schuldgefühle wegen dieser Morde haben.

Dass Hunderttausende aus seinem Paradies in die Länder der Ungläubigen geflohen und dort teils mit offenen Armen aufgenommen worden sind, war vermutlich eine seiner größten Niederlagen.

Dass der Islam im Mittelalter jahrhundertelang friedlich mit anderen Religionen zusammenlebte und bis heute viele Gesichter hat, will ein Mann wie er nicht dulden. In Indonesien, dem bevölkerungsreichsten muslimischen Land, fühlen sich die islamischen Gläubigen beispielsweise traditionell Toleranz und Pluralismus verpflichtet. Vollverschleierung oder nicht – das spielt hier keine Rolle. Es handelt sich um einen Islam, der Einheit in der Vielfalt sucht. Selbst in die Metropole Singapur, die als sicherste der Welt gilt, hat der IS jedoch mittlerweile seine Fühler ausgestreckt.

Ein geplanter Anschlag, mittels einer Rakete das Hotel »Marina Bay Sands« in Schutt und Asche zu legen, konnte von indonesischen Sicherheitskräften im August 2016 gerade noch verhindert werden. Die schillernden Türme sind Singapurs ganzer Stolz und gelten als Symbol für den rapiden Aufstieg zur Wirtschaftsmetropole. Der IS unter al-Baghdadi versucht, den Islam alleine für seine eigenen Zwecke zu kapern.

Der Kalif fühlt sich zu solchen Terrorakten berechtigt, damit sein »neuer Islam« und auch er selbst eine Existenz in einer neuen Ordnung aufbauen können. Andersgläubige müssen, seinem ideologischen Gerüst zufolge, vernichtet werden, damit er, der Retter, die Menschheit führen kann. Und tatsächlich schließen sich viele Muslime und Konvertiten dieser Botschaft an.

Der Verbindung zwischen seinen eigenen Identitätsproblemen und denen der gedemütigten Sunniten ist sich al-Baghdadi bewusst. Immer wieder erwähnen er und seine IS-Anhänger die Erniedrigung durch die westliche Welt und die islamischen Länder, die mit dem »Bösen« kooperieren. Er versucht, einen neuen Typus des Muslims zu schaffen. Einer, der töten muss, um ins Paradies zu kommen. Je schwächer seine eigene innere Position, umso stärker schottet er sich nach außen ab. Umso heftiger wütet er und verdammt alle »anderen«. Symbolisch ermordet al-Baghdadi mit all seinen Opfern seine eigene tief empfundene Minderwertigkeit.

Das Theologen-Ego: Den »islamischen Code« geknackt

Wo keine Handlanger sind, da gibt es auch keine Tyrannen. Abu Sayyaf war nicht nur Al-Baghdadis »Ölminister«, sondern auch sein Vertrauter, der ihm Sklavinnen beschaffte und versuchte, ihn und sein Umfeld politisch zu beeinflussen. Berichten zufolge liefen bei ihm nicht nur die Fäden zu arabischen Ländern und Geheimdiensten zusammen, zusätzlich wickelte er auch den Verkauf von Öl über Schmuggler und Vertreter im Ausland ab. Diese zwei Männer hatten eins gemeinsam: den Wunsch, ihre Macht und ihre Herrschaft zu sichern.

Die Ehefrau des Abu Sayyaf wiederum war eine geschäftstüchtige Frau, die wie eine Hyäne über Hunderte Jesidinnen wachte. Die 25-jährige Nisreen Assad Ibrahim Bahar schickte sie von einem Ort zum anderen, verkaufte sie und entschied vermutlich auch, welche Mädchen al-Baghdadi und andere IS-Führungsleute als Geschenk erhielten. Sie war brutal und gnadenlos den Gefangenen gegenüber. Manchmal hielt sie die Mädchen wie im Kerker, zu dritt oder zu viert eingesperrt in kalten Kammern mit feuchten Wänden und ohne Mobiliar. Die Geiseln hatten keine Möglichkeit, sich dort zu waschen oder auf die Toilette zu gehen. Wenn IS-Emire kamen und eines der jungen Mädchen vergewaltigen wollten, hat Umm Sayyaf sie von Untergebenen mit Schlägen ins Bad jagen und dort waschen lassen. Danach hat sie die Verängstigten in vornehmere Zimmer geführt, die aber ebenfalls sehr einfach ausgestattet waren. Am Boden lagen dünne, orientalische Matratzen aneinandergereiht, darauf viele Kissen. Dort hat sie die Mädchen den Männern überlassen. Umm Sayyaf war eine Sklavenhändlerin, die Freude daran hatte, in diesem faschistischen System einen Auftrag zu erfüllen – dadurch erlangte sie Anerkennung von ihrem Mann und vor allem vom Kalifen höchstpersönlich. In Europa würde man sie als Zuhälterin bezeichnen.

Der von ihr so verehrte Extremistenführer ist davon überzeugt, dass die »wahren« Muslime all seine Schandtaten begrüßen und er zunehmend den arabischen Raum beherrschen wird. Aber diesem Mann gelingt es nicht, die 14-jährige Amina von seiner Idee der Weltherrschaft zu überzeugen. Sie schreit und weint und will keine Muslima werden. Al-Baghdadi verliert dabei seine Kontrolle, wendet Gewalt an und schickt sie zuletzt weg. Was muss das für eine Demütigung sein, dass ein von Gott Gesandter es nicht schafft, ein einfaches Mädchen von seiner »göttlichen« Idee zu überzeugen? Diese Schmach aber verdrängt der Stellvertreter des Propheten, indem er Amina genauso wie andere Christen oder Jesiden als »Ungläubige« abstempelt und ihnen somit das Recht auf ein Leben als Mensch aberkennt.

Er versucht mithilfe des Islams, die eigene Unversöhnlichkeit, seine Unzulänglichkeiten und Komplexe auszugleichen, und projiziert diese auf alle Nichtmuslime. Sein flammender Zorn gegen die »Kuffar« (Ungläubigen) verstärkt sich noch zusätzlich durch die »islamische Arroganz«, dass der Islam die letzte und perfekte Religion unter allen bislang da gewesenen Religionen darstellt. Nach seiner Meinung gibt es keine andere Religion und keinen anderen Propheten nach Mohammed. Diese allgemeine Annahme wird in der islamischen Gesellschaft vielfach geteilt. Wie alle Diktatoren verkauft al-Baghdadi seinen Anhängern Gefangenschaft als Freiheit. Dafür erhält er den Beifall Tausender Dschihadisten, die bereit sind, für ihn andere Religionsgruppen zu vernichten.

Der Anführer der Terrormiliz hält sich für ein Genie des Islams und glaubt, den »islamischen Code« mithilfe der Verbreitung von Angst und Schrecken geknackt zu haben. Ein Theologen-Ego, das einen Religionswahn auslöst, diesen mit der Geschichte des Islams und des Mittleren Ostens kombiniert und bemüht ist, ein faschistisch-islamisiertes Herrschaftssystem zu etablieren. Dieser Mann betrachtet sich als Geistesgröße, die alles vermag. Sein Fanatismus in eigener Sache und seine Überzeugungskraft erklären die Ausbreitung dieser faschistisch-islamisierten Ideologie in vielen Ländern der Welt.

Al-Baghdadi wird so lange kämpfen, bis er getötet wird oder sich, im Falle einer Gefangennahme, selbst das Leben nehmen wird.

INTERVIEW MIT DEM IS-TERRORISTEN ABU DSCHIHAD: WIE EIN HENKER ERKLÄRT, WAS RICHTIG AUF DER WELT IST

Der IS-Terrorist, mit dem wir ein Interview geführt haben, befindet sich in Kirkuk in Gefangenschaft. Während eines Feuergefechts wurde er von kurdischen Peschmerga überwältigt. Vergebens bat er bei seiner Gefangennahme darum, ihn zu erschießen. Stattdessen kam er in Haft. Da er keine Papiere bei sich trug, kennt man seinen richtigen Namen nicht. Wie die meisten anderen IS-Kämpfer hat er zur Tarnung einen Fantasienamen angenommen.

Zum Interview erscheint Abu (Anm.: Vater) Dschihad (Anm.: »Heiliger Krieg«) in Handschellen. Nicht älter als 26 Jahre, etwa 1,75 Meter groß und etwas abgemagert. Die Augen braun und aufgeweckt, die Hautfarbe dunkel, fast schwarz. Die Haare reichen bis zum Nacken. Er trägt schwarze Pluderhosen und ein langes, schmutziges Hemd. Der Bart, typisch für IS-Kämpfer, ist sehr lang und ungepflegt.

Der frühere IS-Henker bereut nichts und erzählt offen von seinen Untaten. Er hat den Drang, uns ein Interview zu geben, vermutlich um durch uns »die Welt« von der Idee des Kalifats zu überzeugen. Er wirkt nicht ungebildet und durchaus differenziert. Die kurdischen Beamten im Gefängnis behandeln ihn unter den gegebenen Umständen gut, er bekommt genug zu essen und zu trinken. Die Standards in irakischen Haftanstalten sind jedoch im Hinblick auf Menschenrechte minimal.

Die ersten sechs Monate musste der IS-Terrorist in Einzelhaft verbringen. Abu Dschihad behauptet, in dieser Zeit von Leuten des amerikanischen Geheimdienstes bei Verhören geprügelt und gefoltert worden zu sein, will aber nicht näher darauf eingehen. Vielmehr verspürt er den dauernden Drang, sich politisch erklären zu müssen, vermeidet es jedoch, dabei allzu viel von sich preiszugeben. Dies kann durchaus Taktik, aber auch Furcht sein. Denn genauso schnell wie die IS-Glaubensbrüder jeden Überläufer mit Küssen aufnehmen, trennen sie vermeintlich entlarvten Spionen die Köpfe vom Rumpf.

Zu jenem Zeitpunkt sitzt er mit sechs anderen IS-Kämpfern und deren Sympathisanten in einer Zelle. Zweimal am Tag ist Hofgang für jeweils eine Stunde erlaubt. Er werde derzeit nicht geschlagen, sagt Abu Dschihad.

Vom Dialekt und seinen Schilderungen her stammt er vermutlich aus den Städten Tel Afar oder Mossul. Motorisch ist er sehr unruhig. Wenn er redet, ist sein Körper ständig in Bewegung, auch im Sitzen auf dem Stuhl. Manchmal steht er auf, raucht, obwohl er das aus Sicht des IS nicht dürfte. Beim Reden gestikuliert er sehr häufig mit den Händen, hebt manchmal den Zeigefinger nach oben, wenn ihm etwas als besonders wichtig erscheint.

Das Treffen findet im Gefängnis in einem Aufenthaltsraum statt. Mehrere Gefängniswächter stehen vor der Tür, im Raum selbst befinden sich zwei weitere Wachen. Abu Dschihad zeigt keine Angst vor den Uniformierten. Vielmehr scheint es so, als ob diese Respekt vor ihm hätten, wobei die Wächter ihm klare Anweisungen erteilen wie: »Hinsetzen! Aufstehen!«, und er diese auch befolgt. Während des Gesprächs nehmen ihm die Wärter die Handschellen ab.

Danke, dass Sie mit uns sprechen. Sie sehen krank aus. Wie geht es Ihnen?

Mein ganzer Körper schmerzt. Ich habe noch einige Verletzungen, die nicht ganz verheilt sind.

Sicher alte Schusswunden von Einsätzen an der Front?

Ja. Ich habe aber auch Kopfschmerzen.

Können Sie nachts in dem Zustand überhaupt schlafen?

Ich schlafe schlecht. Das hat aber nichts mit meinem früheren Drogenkonsum zu tun. Ich bin davon befreit, mit Gotteskraft ...

Albträume?

Ich träume nicht von den Leuten, die ich getötet habe. Sie haben es verdient. Sie waren Sünder und sind jetzt befreit. Ich habe nichts Falsches gemacht.

Lassen Sie uns einen Blick in die Vergangenheit werfen, damit wir besser verstehen, wie es zu Ihrer derzeitigen Lage kommen konnte. Würden Sie uns erzählen, wie Sie aufgewachsen sind?

Ich komme aus dem Irak. Von sieben Kindern bin ich das jüngste. In unserer Kultur bedeutet das, dass alle in der Familie dich behüten, dich mit Geschenken verwöhnen, aber dir gleichzeitig auch vorschreiben, was du zu tun hast. Meine Mutter ist sehr gläubig, mein Vater überhaupt nicht.

Welche Beziehung hatten Sie zu Ihrer Mutter?

Meine Mutter ist eben meine Mutter, die mich liebt und für mich gesorgt hat. Ich glaube aber, dass sie genauso wie wir Kinder Angst vor meinem Vater gehabt hat. Aber so ist das nun einmal bei uns. Wir Männer entscheiden, wie die Familie zu leben hat. So steht es im Islam.

Aus welchen Gründen hatte die ganze Familie denn Angst vor dem Vater?

Er war Soldat in der irakischen Armee, sehr diszipliniert und kaum zu Hause. Wenn er aber zu Hause war, hat er uns nur Befehle erteilt und uns auch geprügelt. Ich war etwas frech und ungezogen. Deswegen hat er mich besonders oft geschlagen. Im Nachhinein betrachtet, empfinde ich aber trotzdem viel Respekt vor ihm. Er hat im Irak-Iran-Krieg von 1980 bis 1988 gegen den schiitischen Iran gekämpft. Aber dennoch – als Vater war er ein Versager, ein Ungläubiger, der nur auf die Baathisten (Anm.: Anhänger der Baath-Partei, die einen panarabischen Nationalismus und Sozialismus vertraten) und Saddams Anhänger gehört hatte. Er war ein verzagter Mann und bemüht, es allen Leuten recht zu machen. Nachdem Saddam abgesetzt worden war, wirkte er verzweifelt und zog sich vollkommen zurück. Die Schiiten haben dann die Macht übernommen. Und was hat er getan? Er hatte Angst, kein Gehalt mehr zu bekommen und aus der Armee entlassen zu werden. Er hat ständig geflucht und war nur noch verängstigt. Was für ein Soldat (lacht)!

Nach dem Sturz Saddams haben die Schiiten 2003 die Regierungsmacht in Bagdad übernommen …

Wir sind eine sunnitische Familie. Mit Schiiten wollten wir nie etwas zu tun haben. Sie sind ja eigentlich auch keine Moslems … Ich wollte nicht unter diesen verdammten Schiiten leben. Sie sind so grausam. Sie haben so viele Massaker an uns Sunniten begangen. Unter Ungläubigen wie ihnen zu leben und von ihnen regiert zu werden, das ist eine Schande!

War ihrem Vater unter diesen schwierigen Lebensumständen eine gute Bildung seiner Kinder wichtig?

Das schon. Vater ist aber bereits verstorben. Meine Mutter ist daraufhin zu meinen Brüdern aufs Land gezogen. Meine Brüder haben, anders als ich, richtige Berufe erlernt. Einer ist Ingenieur, ein zweiter Lehrer, und die anderen sind Arbeiter. Meine Geschwister sind verheiratet und haben Kinder. Sie haben keine großen finanziellen Probleme.

Hatten Sie nicht auch den Wunsch, beruflich so erfolgreich wie ihre Brüder zu sein?
Schule hat mich nicht sehr interessiert. Aber ich hatte dort viele Freunde, und wir haben viel unternommen.

War es zu der Zeit möglich, eine Freundin zu haben?
Ja, als Jugendlicher war das okay. Aber wir haben nur geredet und uns heimlich getroffen. Sie war sehr hübsch. Amina hieß sie. Ich hätte sie wohl geheiratet, wenn alles so geblieben wäre.

Was hat sich denn geändert?
Ich habe mich geändert und kämpfe seither für meinen Glauben. Und Amina hat in der Zwischenzeit jemand anderen geheiratet. Ihre Familie ist nicht sehr gläubig gewesen, allein deswegen käme sie für mich auch nicht mehr infrage. Es gibt genug andere Frauen dank unseres Staates (lacht)!

Vermutlich war Amina eine Sunnitin?
Ja, natürlich. Was sonst?

Waren Sie eigentlich als Kind schon sehr gläubig?
Durch meine Mutter war ich in dieser Hinsicht bereits geprägt. Aber erst nachdem ich mich dem IS angeschlossen hatte, habe ich den Islam richtig verstanden. Das bedeutet Aufopferung für den Glauben, bis man »Shehid« (Anm.: Märtyrer) wird. Gesegnet sei Gott und sein Prophet! Und ich gehöre zu dieser Ge-

meinschaft des Islams. Es ist der richtige Weg des Glaubens,
und es gibt keinen anderen Weg als den Islam, um Gott und
seinen Propheten – gepriesen sei sein Name – nahe zu sein und
das ewige Leben im Jenseits zu erreichen. Inschallah, auch ich
werde eine Tages dort sein.

Der Konflikt zwischen Sunniten und Schiiten ist mehr als 1000
Jahre alt. Aber nicht alle Sunniten haben sich wie Sie dem IS
angeschlossen ...
... die Sunniten haben selbst Schuld, dass die Welt sie seit Jahr-
hunderten unterdrückt! Wenn sie sich untereinander einig wä-
ren, würden wir schon lange die Welt kontrollieren. Sie geben
sich als Muslime aus, was sie aber nicht sind. Sie wissen nicht,
was es bedeutet, ein echter Muslim zu sein.

Was ist in Ihren Augen ein »echter Muslim«? Ist beispielsweise
aus Ihrer Sicht die Türkei nicht »islamisch« genug?
Nein, natürlich nicht. Diese Leute verdrehen alles, sprechen von
Demokratie und Islam, was überhaupt nicht zusammenpasst.
Der Westen möchte durch die Türkei und den Iran die islami-
sche Welt kontrollieren, dem wahren Islam schaden und ihn
sogar vernichten. Inschallah, die Muslime in der Türkei wissen
das und unterstützen uns. In der Türkei sind aber viele Leute
westlich orientiert, ihre Frauen laufen fast »nackt« herum. Er-
dogan gibt auch Frauen die Hand, was ein guter Muslim nicht
tut. Das hat alles nichts mit dem Islam zu tun. Sie folgen dort
der Tradition wie im Osmanischen Reich. Damals hat sich der
Sultan in Istanbul sogar zum Kalifen erklärt, zum Nachfolger
Mohammeds. Die osmanischen Sultane waren aber nie wirk-
lich echte Muslime, sie haben nur den Islam ausgenutzt. Einige
von denen waren sogar homosexuell oder haben Frauen gehei-
ratet, die keine Muslima waren. Was für eine Schande! Natür-

lich gibt es viele Türken, die gute Muslime sind. Und wir wer-
den, so Gott will, sie alle auf den richtigen Weg bringen.

Sie haben die Schule abgebrochen. Wo haben Sie da Ihre Kennt-
nisse über diesen Glauben gesammelt?
Ich habe mich gleich einigen islamischen Zirkeln angeschlossen.
Mit anderen Gläubigen habe ich viel über den wahren Islam
und seine Feinde geredet. Wir haben uns gefragt, wie wir den
Irak von den Schiiten befreien könnten. Kurz darauf stießen
Leute von Al-Qaida zu uns und haben jeden Tag mit uns dar-
über gesprochen. Es hat uns gefallen, dass sich endlich eine
Gruppe·bereit erklärt hat, die Feinde zu bekämpfen. Ich war
nicht sofort bereit, mich ihnen anzuschließen, wollte aber unbe-
dingt noch mehr erfahren.

Hat Ihre Familie mitbekommen, dass Sie sich mit Anhängern
von Al-Qaida treffen?
Ja, sie wollten das auf keinen Fall. Wenn wir zu Hause darüber
diskutiert haben, gaben mir zwar alle in der Sache recht, wie-
gelten aber jedes Mal ab: »Wir müssen vorsichtig sein, damit
der Familie nichts passiert.« Mein Bruder, der Ingenieur, war
besonders vorsichtig und nicht wirklich davon überzeugt, dass
Al-Qaida eine gute Organisation ist. Er hat mich schließlich
mithilfe seiner Kontakte nach Italien geschickt, wo ich zwei
Jahre lang lebte. Er hat gehofft, dass ich in Europa auf andere
Gedanken komme und von der westlichen Welt beeinflusst
werde ...

Was ist aus seinen Hoffnungen geworden?
Nichts. Ich war da und dort, habe schnell Freunde gefunden.
Darunter waren auch Muslime aus Ägypten, Marokko und Li-
byen. Einige von ihnen sprachen über den Islam, hatten italie-

nische Freundinnen und nahmen Drogen. Ich habe einfach mit-
gemacht und schließlich selber begonnen, das Zeug zu rauchen.
Eine Freundin hatte ich auch, aber nichts Ernstes …

Und wie sind Sie dort mit dem IS in Berührung gekommen?
Nach einiger Zeit habe ich Leute aus dem Irak und Syrien ken-
nengelernt, die mit dem IS in Kontakt standen. Gemeinsam ha-
ben wir uns sehr viele Gedanken über die Unterdrückung der
Muslime in der Welt gemacht.

Sie lebten in Italien in einem friedlichen und christlichen Land,
dem Sitz des Papstes. Sie fühlten sich dort doch nicht etwa als
Moslem bedroht, oder?
Es geht doch nicht um mich und meine Belange! Sie müssen die
Geschichte des Islams kennen. Schon immer mussten wir gegen
die Ungläubigen kämpfen. Sie wollen uns vernichten. Schauen
Sie sich doch die westlichen Medien an! Alles nur jüdische Pro-
paganda gegen uns. Wie oft wurden wir bekämpft?! Die Leute
da sind wie der Teufel, verstecken sich unter einer Maske. Sie
lachen, sprechen von Menschenrechten und liefern Waffen an
ihre Freunde, die noch schlimmere Teufel sind und versuchen,
den Islam zu vernichten … Erzählen Sie mir nichts über den
Westen … die haben Schuld an allem, und dafür müssen sie
nun zahlen …

Das war der Grund, warum Sie sich dem IS angeschlossen haben?
Irgendwann habe ich verstanden, dass es an der Zeit ist, nicht
nur über seinen Glauben zu sprechen, sondern auch dafür zu
den Waffen zu greifen. Ich habe meine Brüder gebeten, mich als
Kämpfer für den wahren Glauben aufzunehmen. Über ver-
schiedene Wege bin ich so nach Syrien gelangt.

Und was passierte in Syrien weiter?

Meine Brüder dort haben mich sehr herzlich aufgenommen. Zunächst sollte ich aber eine Schulung besuchen. Das war eigentlich nur für die ausländischen und neu konvertierten Muslime gedacht, die aus Europa oder anderen Ländern kamen. Das ist wichtig, denn die Leute müssen den richtigen Islam erst kennenlernen. Ich selbst durfte bereits nach kurzer Zeit den Islam-Unterricht abschließen, weil einer der Emire erkannt hatte, dass ich schon viel über unsere Religion wusste und aus einer islamischen Familie stammte. Danach habe ich schnell gelernt, verschiedene Waffen zu bedienen, mich zu verteidigen und fit zu bleiben. Die Disziplin und das Training waren hart. Mein vorheriger Drogenkonsum schwächte mich noch.

Haben Sie beim IS auch noch Drogen genommen?

Den Drogenkonsum musste ich schlagartig beenden. Das war nicht einfach. In den ersten zwei Wochen litt ich unter starken Entzugserscheinungen, einmal habe ich Stoff von einem europäischen IS-Kämpfer angenommen, aber danach nicht mehr. Die konvertierten Christen sind komische Leute, sie haben keine Ahnung vom Islam, wollen kämpfen, Frauen und Geld. Sonst nichts. Deswegen hat die IS-Führung nichts dagegen gehabt, dass sie Drogen nehmen.

Drogen sind im IS aber doch bei Strafe verboten? In einigen Fällen sind schon IS-Kämpfer wegen des Konsums von Alkohol zum Tode verurteilt worden. Bei Zigaretten gibt es die Warnung, davon die Hände zu lassen – und wenn nicht, wird man ins Gefängnis gesteckt, muss wieder die Religionsschulen besuchen, um den richtigen Weg zu finden …

Ja, aber durch die Drogen sind die Ausländer enthemmter und eher bereit, in den Kampf zu ziehen, um dort zu sterben. Das ist gut so. Im Krieg müssen Opfer gebracht werden. Und in besonderen Situationen wie diesen muss man auch Methoden wählen, die sonst nicht üblich sind. Wir machen das für Gott und seinen Propheten, gesegnet sei sein Name. Allah wird uns verzeihen.

Kämpfen Sie noch immer mit Ihrem Verlangen nach Drogen?
Ja, schon, aber das Leben ist ein ständiger Kampf (lacht)! Der Krieger ist in der islamischen Welt etwas Besonderes, da er bereit ist, für den Glauben zu sterben. Wir kämpfen für die Verbreitung unseres Glaubens. Wenn wir mithilfe von Drogen noch mehr Ungläubige töten, ist meiner Meinung nach diese Ausnahme der Regel gestattet.

Sind Sie direkt nach dieser militärischen Ausbildung in den Krieg gezogen?
Ja, natürlich, deswegen hatte ich mich doch dem IS angeschlossen.

Wer waren an der Front Ihre Gegner?
Die Kurden in Syrien und im Irak. Ich kämpfte beispielsweise an der Front in Nordsyrien in Afrin (Anm.: von Kurden als Rojava bezeichnet). Aber wir haben auch gegen den Ungläubigen Baschar al-Assad gekämpft. Ich war immer dort, wo ich gerade gebraucht wurde. Der IS ist unglaublich gut organisiert. Jeder weiß, was seine Aufgabe ist. Ich habe 32 Kämpfer befehligt, die mir ohne Wenn und Aber gehorchten und bereit waren, in den Tod zu gehen. In meiner Gruppe befanden sich Kämpfer aus Afghanistan, Deutschland, der Türkei und England.

Kommen die Ausländer auch wegen des Geldes zum IS?
Es gibt viele Ausländer, die sogar mit ihren Familien zum IS

kommen. Zum Beispiel aus Bosnien, Russland, Tunesien oder der Türkei. Im IS erhalten sie Häuser, Geld und haben ein viel besseres Leben als in Italien oder Deutschland. Diejenigen, die keine Frauen haben, bekommen hier eine Frau; sie heiraten, gründen eine Familie und dienen dem Islam.

Waren Sie auch bei den Angriffen gegen die Jesiden dabei?
Ja, aber ehrlich gesagt, kannte ich das Volk der Jesiden bis dahin gar nicht. Ich komme zwar aus dem Irak, hatte aber nie von ihnen gehört.

Was hat der IS gegen diese religiöse Minderheit?
Das sind Ungläubige und viel schlimmer als die Christen, hat man uns erklärt. Die Jesiden beten nämlich den Teufel an. Gott verdamme sie! Sie sollen alle sterben! Wie kann man bloß an den Teufel glauben?

Wie haben sich Ihre Truppen in den jesidischen Dörfern verhalten?
Gemeinsam mit anderen Kämpfern habe ich dort alle Einwohner zusammengetrieben, sie geschlagen, getreten und beschimpft. Diese Leute sehen sowieso merkwürdig aus und sprechen nicht immer arabisch.

Inwiefern merkwürdig?
Sie sind anders gekleidet, sprechen kurdisch, ich mag sie einfach nicht. Diese Teufelsanbeter!

Und was denken Sie über deren Frauen und Mädchen?
Oh, ja! Sie waren wirklich hübsch. Ich habe sofort nach einer Ausschau gehalten.

Warum das?

Vor dem Angriff hatte unser Emir uns versprochen, dass wir noch am selben Abend eine jesidische Jungfrau in unserem Bett haben würden. Deswegen wollte ich mir schon möglichst früh eine aussuchen. Nicht, dass am Ende keine mehr übrig blieb für mich. Im Dorf gab es so viele Mädchen. Ich dachte darüber nach, welches ich davon bekäme und wie ich mit ihr am Abend Sex haben würde. Dann habe ich ein hübsches Mädchen mit grünen Augen entdeckt, vielleicht 16 Jahre alt. Sie war mit ihrer Mutter, Schwester, Vater und zwei erwachsenen Brüdern zusammen. Die wollte ich haben.

Was haben Sie mit den jesidischen Männern gemacht?

Die Männer waren mir egal, wir sollten sie sowieso töten. Es gab aber davor den klaren Befehl, erst einmal vor Ort alle Menschen einzusammeln und in verschiedene Gruppen einzuteilen.

Vom IS ins Internet gestellte Videos bezeugen schreckliche Massaker. Haben Sie sich daran beteiligt?

Wir waren in so einem Dorf, ich weiß nicht mehr seinen Namen; dort haben wir alle in einer Schule versammelt und ihnen noch eine Chance gegeben. Sie sollten sich zum Islam bekennen, was eigentlich ein Geschenk Gottes ist. Aber diese Ungläubigen wollten das nicht. Wir nahmen die Männer mit, haben sie alle in eine Reihe gestellt und erschossen. Ich zielte insbesondere auf den Vater und die Brüder des Mädchens, das ich mir ausgesucht hatte. Ich wollte dieses Mädchen haben.

Fiel es Ihnen schwer, diesen Befehl auszuführen?

Zuerst war ich nervös und angespannt. Als aber der Befehl zum Schießen erfolgte, habe ich einfach nur noch geschossen und dabei zugesehen, wie sie alle umfielen. Ihr Blut spritzte mir ins

Gesicht, doch das hat mir nichts ausgemacht. Obwohl alle schon längst tot auf dem Boden lagen, habe ich weiter geschossen. Meine Leute haben mich ein paarmal angeschrien: »Hör auf!«, aber ich habe das gar nicht mitbekommen und weiter geschossen, bis ich langsam wieder zu mir gekommen bin. Das war wie ein Rausch. Und das habe ich viel intensiver erlebt als vorher die Drogen.

Und weiter?

Ich brauchte etwas Zeit, um wieder zur Ruhe zu kommen. Ich fühlte mich, als wäre ich sehr schnell zehn Kilometer gelaufen. Ich keuchte sehr stark und war erschöpft. Als ich wieder normal geatmet habe, wollte ich mir gleich das Mädchen holen. Sie stand bei den anderen Frauen und Männern.

Diese Männer sind nicht erschossen worden?

Nein, sie hatten sich zum Islam bekannt. Es gab wenige, die zu große Angst vor dem Tod hatten und lieber Muslime geworden sind. Ich weiß nicht, was dann mit denen passierte. Meine Brüder haben sie weggeschafft.

Was ist mit den Mädchen geschehen?

Wir durften uns nicht einfach bedienen, wie wir wollten. Der Emir hat uns das nicht erlaubt.

In den anderen jesidischen Dörfern haben IS-Milizen Frauen und Mädchen in Bussen oder Transportfahrzeugen in die nächstliegenden größeren Städte gefahren.

Ja, die Mädchen wurden erst nach Mossul gebracht. Mein Glück war, dass ich bei diesem Transport dabei war. Die Situation in Mossul war schwierig, weil viele der anderen Kämpfer auch bereits mitbekommen hatten, wie hübsch das Mädchen war, das ich haben wollte. Ich musste viel Geld für sie bezahlen. Ich habe die ganze Nacht mit ihr verbracht. Sie hat sich gewehrt, aber das tun Frauen immer.

Haben Sie das Mädchen geschlagen?

Ja, sie wehrte sich, aber ich schlug sie so lange, bis sie keine Kraft mehr hatte. Am nächsten Tag ging ich wieder an die Front und hoffte, viele Ungläubige zu töten. Und ich tötete sie! Ich tötete viele. Nach dem Kampf erzählten wir uns untereinander, wie viele wir umgelegt hatten. Die Kreuzzügler sollen sich auf einen Krieg vorbereiten, den sie vorher so noch nie erlebt haben!

Wo ist das Mädchen geblieben?

Ich bekam Spaß an diesen Mädchen und holte mir noch drei weitere. Mit anderen Kämpfern und deren Mädchen habe ich sie in einem Haus eingeschlossen. Am Abend erfreuten wir uns an ihnen. Sie haben geweint und geschrien, ich musste sie deswegen immer wieder schlagen. Sie wollten uns nicht freiwillig heiraten. Dann betrachtete ich sie eben als Sklavinnen, was sie ja auch tatsächlich sind. Sie haben nichts anderes verdient, diese Ungläubigen! Sie sollen froh sein, dass ich sie nicht getötet habe, obwohl, na ja … das wäre schade, aber ich möchte weiter über Politik sprechen …

Schlagen IS-Kämpfer eigentlich auch muslimische Frauen?

Wenn es sich um eine gute muslimische Frau handelt, die alle Regeln befolgt, ist das nicht notwendig. Sollte sie aber nicht auf ihren Mann hören, darf sie geschlagen werden, um sie damit an die Regeln und an ihre Rolle zu erinnern. Aber wir haben gute Frauen.

Welche Rechte haben Frauen nach ihrer Vorstellung?
Die Frau hat ihre eigenen Aufgaben, wie Haushalt und Kinder. Sie hat dem Mann zu gehorchen.

Gibt es auch weibliche IS-Milizen, die mit der Waffe in der Hand kämpfen?
Ich weiß von solchen Gruppen, habe aber nichts mit ihnen zu tun. Sie waren nicht an meiner Front aktiv. Es gibt aber Frauenverbände, die Frauen und Kinder in Religion, Moral und Erziehung unterrichten und ihnen helfen, als gute Muslime zu leben.

Haben IS-Milizen auch jesidische Frauen und Mädchen getötet?
Wenn Frauen und Mädchen zu fliehen versuchten, haben wir sie erschossen. Das passierte zum Beispiel, als wir deren Dörfer unter unsere Kontrolle nahmen. Viele sprangen unterwegs aus ihren Autos und rannten in Richtung der Berge davon. Wir wollten nicht, dass sie entkamen, und haben geschossen. Dabei haben wir keinen Unterschied zwischen Männern, Frauen und Kindern gemacht.

Und Sie? Wie haben Sie sich in dieser Situation verhalten?
Ich selbst habe keine Frauen getötet. Ich habe aber gehört, dass viele junge Mädchen nicht zum Islam konvertieren wollten oder sich weigerten, Sex mit ihren neuen Männern zu haben. Vielleicht sind sie auch, aus Wut darüber, getötet worden ... Ich? Ich selber habe sie geschlagen, wenn sie sich weigerten. Sie sind meine Frauen und haben das zu machen, was ich verlange ...

Haben Sie überhaupt kein Mitgefühl mit den Menschen?
Warum sollte ich das? Wir befinden uns im Krieg. Auch unser Prophet – gesegnet sei sein Name – hat Krieg geführt und ge-

sagt, dass wir kein Mitleid mit den Ungläubigen haben sollen.
Die Mädchen waren meine Kriegsbeute, die mir zusteht.

Wie können Sie in dieser abfälligen Art über junge Frauen reden? Sie haben doch selbst auch Schwestern?
Wagen Sie es nicht, den Namen meiner Familie in Ihren Mund zu nehmen! Meine Angehörigen sind Muslime, gute Menschen. Wir haben den Leuten, die zum Islam konvertierten, nichts angetan. Wir haben sie wie unsere Brüder und Schwestern behandelt. Wir haben sie mit Muslimen verheiratet, und deshalb gehören sie zu uns. Diejenigen, die unseren Glauben nicht akzeptieren, keinen Respekt vor Gott und seinem Propheten – gesegnet sei sein Name – haben, verdienen es nicht anders. Alle Muslime wissen, dass der IS den wahren Islam vertritt. Welche Regierung, welche gläubigen Muslime haben sich gegen uns gestellt? Niemand!

(An der Stelle wird Abu Dschihad laut, reißt die Augen weit auf, wirkte deutlich aggressiv, der Körper angespannt, fast in Angriffsstellung, die Hand hob er flach nach oben, als Zeichen der Warnung.)

Wie steht es mit Saudi-Arabien oder der Türkei?
Das ist nur Politik. Sie sind schwach und auf die Kreuzzügler angewiesen. Die Menschen im Irak, in der Türkei, in Saudi-Arabien bis nach Afghanistan sind unsere Brüder und Schwestern. Sie finden richtig, was wir machen. Das werdet ihr schon noch sehen.

Noch einmal zum besseren Verständnis. Warum tötet ihr unschuldige Menschen in Europa?

Es gibt keine Unschuldigen. Wir sind im Krieg, auch mit den Amerikanern, Franzosen oder Deutschen. Mit all denen, die unseren Kalifen nicht anerkennen. Der Kalif repräsentiert den Islam auf Erden, und alle müssen ihm und dem Islamischen Staat folgen. Ich will nicht weiter darüber reden ... Geben Sie mir ein paar Schmerzmittel, dann können wir vielleicht weiterreden. Mein Kopf ...

(Er bekommt Schmerzmittel, hat aber auch selbst bereits welche in seiner Hosentasche. Davon nimmt er während des Gesprächs zwei Tabletten. Es gibt auch Wasser auf dem Tisch, kleine 0,5-l-Plastikflaschen aus der Türkei.)

Tod und Schmerzen scheinen IS-Kämpfern nicht viel zu bedeuten, wenn es um die Verbreitung ihres Glaubens geht. Was bedeutet der IS für Sie?

Der IS folgt den Regeln Gottes auf Erden und wird das System der Christen und Juden – das sie als Demokratie und Laizimus verkaufen, das aber in Wirklichkeit nichts anderes ist als Teufelswerk, bestehend aus Lügen – vernichten und eine neue Glaubensgemeinschaft gründen.

Jeder Tag im Krieg kann der letzte sein. Haben Sie gar keine Angst vor dem Sterben?

Nein. Wir kämpfen, um zu sterben. Wir kämpfen, um im Jenseits unseren Frieden zu erlangen. Das Leben im Diesseits ist ein Kampf für den Glauben, um den Islam in der Welt zu verbreiten und dafür zu sorgen, dass das Kalifat herrscht. Erst dann ist unsere Aufgabe erfüllt.

Behaupten Sie das nur oder hängen Sie tatsächlich überhaupt nicht an Ihrem Leben?

Ich würde mir sofort das Leben nehmen, wenn es erlaubt wäre. Aber das ist Sünde. Nur Gott kann mir das Leben nehmen. In der Gefangenschaft werde ich so lange um mein Leben kämpfen, wie ich kann. Ich hoffe, irgendwann freizukommen, um dann weiter für meinen Glauben kämpfen und sterben zu dürfen. Wenn ich im Krieg sterbe, bin ich ein Shehid (Märtyrer). Die Märtyrer kommen ins Paradies. Daran glaube ich.

Halten Sie sich selber eigentlich für einen guten Muslim?

Ich möchte das und bin bemüht, mich an die Regeln zu halten. Der Mensch aber ist schwach, und überall lauert der Teufel, der versucht, uns zu verführen. Wenn ich im Krieg sterbe, da bin ich sicher, werde ich irgendwann ins Paradies kommen, mich an den Tisch des Propheten – gesegnet sei sein Name – setzen und mit ihm speisen. Was will ich mehr? Das Leben hier interessiert mich nicht. Es ist aber eine Prüfung, die ich bestehen muss.

Was hat sich in Ihrem Leben zum Positiven verändert, seitdem Sie Mitglied des IS sind?

Vorher war ich niemand, nicht einmal ein guter Muslim. Ständig diktierten uns andere, was wir zu tun hatten. Diese islamischen Führer wie Erdogan, Sisi oder der arabische König, sie alle sind nichts! Sie sind Sklaven der Kreuzzügler und unterdrücken unsere Leute. Seit ich beim IS bin, habe ich eine Aufgabe, dafür werde ich im Jenseits belohnt. Die Menschheit hat heute begriffen, was es für sie bedeutet, wenn sie nicht dem richtigen Weg folgt. Wir werden sie entweder davon überzeugen oder töten. Wir wollen so leben, wie einst der Prophet – gesegnet sei sein Name – gelebt hat …

Glauben Sie ernsthaft, im Paradies 72 Jungfrauen zu bekommen?

Ja. Schon. Es müssen aber nicht 72 sein, weniger reichen auch (lacht).

Durch die Wärter haben wir erfahren, dass Sie als Henker zahlreiche Leute hingerichtet haben.

Meine Brüder haben mich damit beauftragt, Henker zu werden, was ich auch gut gemacht habe. Ich bin überzeugt, dass wir eines Tages nur den Islam, also den richtigen Islam, auf der Welt haben und alle sich dazu bekennen werden. Das Gesetz wird die Scharia sein, da gibt es keine Diskussion. Menschen mit diesem Glauben sind rein, ehrlich und vorbildlich. Sie glauben an das, was sie machen …

Was hat es für Sie bedeutet, als Henker zu arbeiten?

Es war für mich ein unglaubliches Gefühl, wenn ich jemandem die Kehle durchgeschnitten habe. Wenn das Blut spritzt, spürt man eine Wärme, die aus dem Körper des Getöteten entweicht, als würde sich die Seele herausschleichen… Ich war völlig überwältigt und konnte meine Gefühle kaum kontrollieren. Es war für mich ein Gefühl der Euphorie und Freude, da ich einen Sünder bestraft hatte. Ich sehe mich als eine Waffe des Propheten, der die Sünder dieser Welt bestraft, damit es nur einen Glauben, den wahren Glauben, an den einzigen Gott und seinen Propheten Mohammed – gesegnet sei sein Name – gibt …

Sie morden ohne schlechtes Gewissen?

Mit der Zeit gewöhnt man sich daran, und es macht einem nichts mehr aus. Mich stören bloß immer dieser Schreie der Leute. Sie wissen doch genau, dass sie getötet werden, warum schreien sie dann noch? Das hat mich wütend gemacht.

Haben dabei auch andere zugeschaut?

Ja, und wie! Alle haben sich nach vorne gedrängt und wollten genau sehen, wie das Blut aus der Kehle spritzt. Sie haben geschrien »Allahu akbar« (»Allah ist groß«)!

Wo haben Sie gelernt, Leute zu enthaupten?

Das habe ich von meinen Brüdern während der militärischen Ausbildung gelernt. Ich hatte vorher schon bei einigen Enthauptungen zugesehen ...

Welche anderen Formen der Bestrafung gibt es im IS?

Der Korrektheit wegen muss bei Bestrafungen immer ein Zeuge anwesend sein. Den Vergewaltigern sunnitischer Frauen wird der Kopf, den Dieben die Hand abgeschnitten. Der IS ist nicht brutal, sondern konsequent bei der Bestrafung sündiger Menschen.

Wenn ihr all diese Brutalitäten im Namen Allahs ausführt, warum fliehen dann so viele Muslime aus Syrien und dem Irak vor euch?

Die echten Muslime haben keine Angst vor uns. Diejenigen, die einen Glauben haben, bleiben bei uns. Denn Gott ist mit uns. Wer auch immer in das Paradies will, kann nur mit uns dorthin einziehen.

Warum tötet ihr unschuldige Menschen und nehmt Frauen als Kriegsbeute?

Hierzu gibt es ganz klare islamische Regeln. Wir befolgen diese sehr genau.

Was sind das für klare islamische Regeln?

Gott hat uns befohlen, auf dieser Welt ein Kalifat zu gründen. Wer auch immer dagegen ist, wird getötet.

Die Person Abu Dschihad: Vom braven Mann zum Schwerverbrecher

Wie konnte es geschehen, dass der Terrorist Abu Dschihad, vormals ein umgänglicher Mann, ein paar Jahre später dazu in der Lage war, derartige Grausamkeiten zu verüben? Weder Al-Baghdadi noch viele andere IS-Terroristen waren in ihrer Jugend asoziale Persönlichkeiten mit einem Hang zu pathologischer, also krankhafter Gewalt. Warum töten sie heute ohne einen persönlichen oder reellen Grund? Warum verbrennen sie Soldaten bei lebendigem Leib, köpfen Menschen mit stumpfen Messern, schneiden Schwangeren die Bäuche auf? Warum bereiten sie ihren Opfern oft solche Qualen, bevor sie diese töten?

Selbst der IS gibt den Tätern nicht im Detail den Auftrag, wie sie jemanden zu foltern haben. Außer solch eine Nachricht ist für die Medien bestimmt, um die Menschen dadurch gezielt in Angst und Schrecken zu versetzen. Haben all diese Täter wirklich den Koran gelesen? Handelt es sich tatsächlich um tiefgläubige Muslime, die überzeugt sind, dass alle Ungläubigen getötet oder als Sklaven gehalten werden müssten? Auf welche Regeln beziehen sich diese Mörder wirklich? Nach allem, was wir über die IS-Täter und andere Terroristen wissen, waren sie in der Vergangenheit weder Sadisten noch Ideologen.

Hätte man ihnen hypothetisch vor zehn Jahren prophezeit, dass sie eines Tages Menschen enthaupten und vergewaltigen würden, hätten sie einen für verrückt erklärt. Doch sie lynchen und martern, weil sie einer Ideologie folgen, die ihnen erlaubt, dies straflos zu tun. Menschen bringen andere um, wenn sie die Möglichkeit erhalten und ihnen dafür ein »Grund«, eine Legitimation, gegeben wird. Im IS ist das Töten zum Gebot geworden, und es bedarf keiner wirklichen Erlaubnis mehr dazu. Ein Emir kann jederzeit jeden Menschen im sogenannten »Islamischen Staat« auslöschen. Er muss sich dabei lediglich auf den Islam berufen und klarstellen, dass er im Namen Allahs handelt.

Abu Dschihad folgt Aufträgen, die er glaubt, erfüllen zu müssen. Dabei lässt er sich auch vom eigenen Verlangen treiben, Verwüstung anzurichten, und beginnt schließlich, sich am Leid anderer zu erfreuen. In der westlichen Welt lassen sich dagegen nur wenige Menschen auf derartig gewalttätige Formen der Auseinandersetzung oder Kamikaze-Unternehmen ein, die sie unter gar keinen Umständen gewinnen können. Es sei denn, sie sind nicht bei Sinnen oder von Gefühlen völlig überwältigt. Der Glaube, dass das Leben nichts wert sei und nur ein Leben im Jenseits die erhofften Erfüllungen bringt, führt dazu, dass Abu Dschihad in der Lage ist, andere genauso wie sich selbst bei einem »Selbstmordattentat« in die Luft zu sprengen.

Kühl kalkulierend, verfolgt der IS seine Ziele. Die völlig entfesselte Gewalt soll die Opfer hilflos machen, ihnen jede Hoffnung auf Sieg oder Überleben nehmen. Sie zwingt die Menschen in der Umgebung dazu, ihr Verhalten zu verändern. Es ist unmöglich, solche Bluttaten zu ignorieren, weil vom richtigen Verhalten das eigene Überleben abhängt.

Zeugen der Gewalt verändern ihre Persönlichkeit. Sie verlieren das Zeitgefühl und leben nur noch für den Augenblick. Alles, was fortan geschieht, betrachten und verstehen sie im Licht der grauenhaften Erfahrungen. Gewaltverhältnisse erschüttern das Vertrauen der Menschen, zerstören soziale Bindungen und verändern den Blick auf die Welt. Die Zeit der Gewalt ist eine Zeit der äußersten Anspannung, eine Zeit der Unsicherheit. Niemand weiß, wie es weitergehen und ob der nächste Tag der letzte sein wird.[2]

Einem wie Abu Dschihad ist bewusst, dass seine Maßlosigkeit und blinde Wut einer klaren Berechnung des IS folgen. Die Gegner des IS sollen sich nie wieder erheben können. Ungläubige, wie Jesiden, Christen, Juden oder Schiiten, zu vernichten ist wie eine unausgesprochene Drohung an alle anderen zu verstehen, sich ebenfalls dem Terrorregime unterzuordnen.

Aus dem Grund werden Menschen bei lebendigem Leib vergraben, deren Häuser und Heiligtümer als Steinskelette zurückgelassen. Für immer sollen sich die »Kuffar« an diese Leiden erinnern, die ihnen der Islamische Staat zugefügt hat. Für alle Zeiten sollen sie ihre eigene Religion aufgeben und den Islam als den »einzig wahren Glauben« annehmen.

Aus Sicht Abu Dschihads setzt der IS den Terror als Waffe so lange ein, bis sich ihm alle unterworfen haben. Für ihn ist Gewalt ein legitimes Mittel, um die schwach gewordene islamische Gemeinschaft zu stärken und wieder den verdienten Respekt in der Welt zu erhalten.

Zwar hat der IS nicht immer Kontrolle über das, was auf den Schlachtfeldern als Nächstes geschieht und was seine Kämpfer anrichten werden, aber darum geht es auch nicht. Diese Art von Kontrollverlust wird in Kauf genommen, da die Gegner im Mittleren Osten sowie in der westlichen Welt dabei die Übersicht verlieren. Durch Selbstmordattentate, Morde an Ungläubigen, Anschläge in der ganzen Welt verunsichern die IS-Terroristen die Menschen und deren Regierungen und demonstrieren ihnen ihre eigene Machtlosigkeit. Die Terroristen wollen Kommunikation und Infrastruktur der angegriffenen Länder lahmlegen. Dabei nehmen sie andere nicht nur unter Beschuss, um ins Paradies zu gelangen, sondern auch um zu siegen. Sie können aber nur dann gewinnen, wenn sie ihren Gegnern ihre Kampfweise, den Krieg, aufzwingen und die andere Seite Verluste mehr oder weniger passiv hinnimmt.

Indem die Alliierten den Irak bombardieren, erreichen die IS-Terroristen die angestrebte Unordnung, Unsicherheit und Anarchie, auf deren Trümmern sie ihre eigene Ordnung aufbauen wollen. Mit anderen Mitteln sind sie nämlich nicht in der Lage, ihre Gegner zu bezwingen. Die gewählte Kriegsstrategie ist weder neu noch raffiniert. Zerstören, Beute machen und die Lebensgrundlage der Feinde vernichten. Es ist eine Schlacht, in der es keine Gnade und keine Moral gibt.

Wie grausam der IS mit vermeintlichen Gegnern umgeht, können wir auch aus sicherer Entfernung in Europa oder den USA über das Internet oder Fernsehen beobachten. Langfristig, so hoffen die IS-Strategen, wird diese grenzenlose Gewalt in den besetzten Gebieten alle Einwohner überzeugen, sich dem Kalifat unterzuordnen. Nur wer sich anpasst, kann überleben. Viele Einwohner des Iraks oder Syriens schweigen oder versuchen, den IS zu billigen; und sie beginnen, wenn sie dazu gezwungen werden, sogar zu töten. Sollte es den »Islamischen Staat« noch lange geben, werden Täter wie Abu Dschihad zu gleichgültigen Vollstreckern und seine Bürger zu willenlosen Komplizen der Gewalt. Sie morden, um nicht selbst ermordet zu werden.

Sobald aber das Töten als Normalität empfunden wird, sind alle Grenzen eingerissen. Alles ist möglich. Vormals ethisch korrekte Menschen verwandeln sich in Killer, Sadisten und Psychopathen. In diesem Freiraum der Gewalt erfüllen sie sich ihre unterdrückten Wünsche und sind nicht länger gezwungen, ihre Auffälligkeiten zu verstecken. Eine Hölle ist erschaffen, in der alle bekannten Regeln der Vernunft, Ethik und Menschenrechte ihre Bedeutung verloren haben. IS-Terroristen berichten, wie sie sich vor einem geplanten Überfall auf ein Dorf zuerst in Rage reden. Sie tauschen beispielsweise Gerüchte über die Jesiden aus, über deren vermeintliche Bösartigkeit und Besessenheit vom Teufel, um sich noch mehr aufzuheizen. Sie schreien und beten laut: »Allah ist groß!« Sie wiederholen das fast wie bei einer Meditation, so oft, bis sie euphorisch gestimmt die Ebene der Realität verlassen und die Männer, Frauen und Kinder, die sie töten, nicht mehr als Menschen sehen. Am Ende sind die Mörder, wie Abu Dschihad, vom Blut ihrer Opfer überströmt und genießen diesen Zustand wie einen Rausch. Und ist ein Pogrom erst einmal ausgebrochen, ist die Gewalt unaufhaltsam.

Der schwache Vater und die gedemütigte Gesellschaft: Von Beruf lieber Selbstmordattentäter als Arzt

Nie hat im Irak wirklich Frieden geherrscht. Alleine die letzten 35 Jahre ließen das Land in Armut und Gewalt versinken. Auf den acht Jahre dauernden Iran-Irak-Krieg (1980–1988) folgte 1991 der zweite Golfkrieg, der ein entbehrungsreiches Leben aufgrund des UN-Embargos und schließlich die Invasion der USA im dritten Golfkrieg 2003 nach sich zog. Seit dieser Zeit gehören Erschießungen, Autobombenattentate und Entführungen zum Alltagsleben im Irak.

Während Abu Dschihads Vater als Soldat noch unter Saddams Regime gekämpft hat und einer nationalistischen Ideologie gefolgt ist, versucht seine Familie einen Spagat zwischen Gehorsamkeit dem herrischen Regime und dem Patriarchat der Familie gegenüber. Verschiedene Einflüsse haben die Angehörigen Abu Dschihads zuvor geprägt. Die Kriege der Vergangenheit, die ständige Angst, selbst zum Opfer der täglich erlebten Gewalt zu werden. Manchmal in der Rolle des Täters, manchmal in der Rolle des Opfers.

Über die Brutalität des Sunniten Saddam Hussein gegen die Schiiten oder über das Massaker in Basra will Abu Dschihad nichts hören. Im Gegenzug spricht er über den Verrat an den Sunniten, die in der schiitisch dominierten Regierung im Irak nichts mehr zu sagen haben, und betont die Grausamkeit der schiitischen Milizen. Während er darüber spricht, wird er so wütend, dass er erneut mit »Rache gegen diese Ungläubigen« droht. Sein Abscheu gegen die Schiiten ist wesentlich stärker ausgeprägt als die gegen die Jesiden und andere Minderheiten. Die Schiiten schaden aus seiner Sicht viel stärker dem Islam und sind »die echten Feinde und Gegner«.

Diktatur, Besatzung oder Ausbeutung und deren Auswirkungen haben offenbar im Nahen Osten zur Konservierung tradierter patriarchalischer und zum Teil archaischer Normen und Werte des Islams wie vor 1400 Jahren geführt. Damals jedoch haben arabische Stämme den Islam abgelehnt und verlacht. Nur durch Krieg und Gewalt gelang es den »Gotteskämpfern«, ihren Einflussbereich auszuweiten. Die nachfolgende Generation redet oft ohne Reflexion über diesen »Heiligen Krieg« und scheint weiterhin davon überzeugt zu sein, dass dem Islam weltweit zu wenig Achtung entgegengebracht werde.

Das führt dazu, dass sich viele junge Menschen auf der Suche nach einem islamischen Ideal fast romantisch nach der »alten Zeit« sehnen, ohne wirklich zu wissen, was in Überlieferungen und Geschichtsbüchern darüber berichtet wird. Auf diese Weise sind die Einhaltung der islamischen Regeln und die alte Art, sich nach islamischer Tradition zu kleiden, wieder »modern« geworden. Sie folgen einer Idee, die geprägt ist durch die patriarchalische, arabisch-islamische Vision des »Ur-Islams« aus den Anfangsjahren um 622.

Der Vater, der als Symbol für einen mündigen Staat steht, kann den Kindern, seinen Bürgern, keinen ausreichenden Schutz und keine Perspektive bieten, weil er selbst schwach, möglicherweise korrupt und in einer Doppelmoral lebend, keine wirkliche Vorbildfunktion mehr erfüllt. Die Bürger trauen dem Staat und seinen Eliten nicht mehr über den Weg. Wenn aber in patriarchalischen Gesellschaften die Familienstruktur mit dem Vater an der Spitze keinen ausreichenden Halt mehr bietet, entsteht bei Kindern ein tiefes Gefühl der Enttäuschung. Materielle und exis-tenzielle Ängste plagen sie. Reicht das Geld, um Brot für die Familie zu kaufen? Kann ich morgen vielleicht schon Opfer eines Hinterhalts sein? Solche Erfahrungen prägen Kinder nicht nur, sie machen Heranwachsende auch besonders sensibel für vermeintliche Ungerechtigkeiten. Eine Tatsache, die sich in Ansätzen auch beim sogenannten »Arabischen Frühling« beobachten ließ. Dort rebellierten Kinder und Jugendliche gegen ihre Eltern, weil sie die alte Machthierarchie nicht länger duldeten. Die Kinder hatten ihre Väter als schwach erlebt, als unfähig, sich gegen die Übel zur Wehr zu setzen. In der Folge wendeten sie sich radikalen Gruppen zu, die sie wiederum wie einen »Ersatzvater« als stark empfunden haben.

Einerseits bekundet Abu Dschihad seinem Vater für sein Soldatentum unter Saddams Führung Respekt, andererseits beschimpft er ihn für seinen innerlichen Rückzug nach dem Sturz des Diktators als verängstigten Versager. »Es hat uns gefallen, dass sich endlich eine Gruppe bereit erklärt hat, die Feinde zu bekämpfen«, bekräftigt Abu Dschihad in Bezug auf seine ersten Kontakte zu radikalen islamischen Organisationen wie Al-Qaida.

Viele junge Männer in krisengeschüttelten Ländern, wie Tunesien, Ägypten, Saudi-Arabien, Algerien, Marokko, Syrien oder dem Irak, orientieren sich zunehmend an den »heldenhaften Kämpfern für den Glauben«, die »gegen den Feind« in die Schlacht ziehen. Die radikalen Gruppierungen versprechen dieser orientierungslosen Jugend eine Wertigkeit und eine Identität über den Tod hinaus.

In ihren Köpfen findet eine ideologische Neuorientierung statt. Die jungen Leute sind davon überzeugt, den schwachen Vater durch ihre eigenen Aktivitäten zu ersetzen und gleichzeitig dadurch Traditionen und Werte, die ein starker Vater ursprünglich verkörpert hat, gegen den Feind zu schützen und zu bewahren.

Auf diese Weise aber wird die patriarchalische Struktur, in der normalerweise der Vater das Familienoberhaupt stellt, plötzlich auf den Kopf gestellt. Fortan übernehmen die Terrororganisation und deren Mitglieder diese Rolle in der Gesellschaft und bestimmen, wie die Familien zu leben und zu denken haben, auch der Vater.

Ab sofort gilt nicht mehr der Vater, sondern der junge Terrorist, der bereit ist, für seine Ideale im Krieg zu sterben, als das neue Vorbild. So wollen beispielsweise im Gazastreifen laut einer Umfrage des »Gaza Community Mental Health Programme« insgesamt 37 Prozent der befragten Jungen nicht Arzt oder Pilot, sondern Selbstmordattentäter werden.

—

Wie ein Zahnrad in einem Getriebe: Persönliche Interessen haben keinen Platz mehr

Mitglied einer Terrormiliz zu sein bietet jungen Männern wie Abu Dschihad einige Vorteile. Der IS hilft ihnen, Ängste vor dem inneren Zerfall der Gesellschaft einzudämmen und Gefahren zu bewältigen, die durch konkurrierende Gruppen wie die der Schiiten drohen. Solange solch radikale Organisationen in sich stabil sind und einen äußeren Feind präsentieren, gewährleistet ihre hierarchische Organisation eine Minimierung der Reibungsverluste, die durch das soziale Zusammenleben in einer Gruppe normalerweise entstehen. Klassische Konflikte wie Eifersucht, Neid oder Autoritätsprobleme köcheln hier sozusagen nur auf kleiner Flamme.

Solange alle Mitglieder den ihnen zugeschriebenen Status als »Kämpfer und Diener des Glaubens« gutheißen, ist die innere Harmonie der Gruppe gesichert und ihre Handlungsfähigkeit nach außen hin garantiert. Ein IS-Anhänger gibt seine individuelle Handlungskontrolle zugunsten einer Kontrolle durch höherrangige Komponenten auf, wie beispielsweise der Verteidigung des Islams gegen Ungläubige. Die Personen, die in solche Hierarchien eintreten, werden daher notwendigerweise in ihrer Funktionsweise modifiziert.

Um den IS also überlebensfähig zu machen, muss jedes Mitglied, ähnlich wie ein Zahnrad in einem Getriebe, seine entsprechende Funktion erfüllen. Den jungen Leuten wird gemäß ihrer Fähigkeiten eine bestimmte Rolle zugewiesen, egal, ob als Gefängniswächter, als »Ingimasi« für einen Amok-Angriff oder wie Abu Dschihad als Soldat an der Front. Persönliche Interessen haben hier keinen Platz mehr.

Hat sich ein Individuum erst einmal in eine Rangordnung eingegliedert, ist es schwierig, sich selbst noch als autonom handelndes Wesen zu begreifen. Der selbstbestimmte (autonome) Handlungsmodus wird ersetzt durch einen systembedingten Handlungsmodus, in dem das Mitglied als Vollstrecker der Wünsche höherrangiger Personen agiert. So erfüllt Abu Dschihad alle Anforderungen, die ihm von seinen Vorgesetzten auferlegt werden. Stolz berichtet er auch über seine Aufgabe als Henker, »die ich gut gemacht habe«. In vielen Fällen betrachten sich die Täter nur noch als Subjekte des Glaubens und der IS-Emire und fühlen sich somit auch nicht länger für ihre eigenen Handlungen verantwortlich. Vielmehr sehen sie ihre Taten als »Pflicht« des unbedingten Gehorsams gegenüber ihren Anführern.

Eine grundlegende Vorbedingung dafür, dass Menschen bereit sind, sich in diese Position zu begeben, hängt auch mit der arabisch-patriarchalischen Sozialisierung zusammen. Die jungen Leute kennen die immer gleichen Diskussionen ihrer Familienmitglieder, Bekannten und Stämme, dass der Westen selbstgefällig sei, dass er sie um ihr Öl und Land betrüge und dass ihr Glaube dort diskriminiert werde. »Die Menschen im Westen sind wie der Teufel, unter einer Maske versteckt«, erregt sich Abu Dschihad im Interview. Dabei spannt er seinen Körper an, richtet den Oberkörper gerade nach vorne, starrt seinem Gegenüber direkt in die Augen und hebt die flache Hand wie eine Warnung nach oben.

Parallel zu dieser antiwestlichen Stimmung entwickelt sich unter den jungen Leuten eine immer größere Sympathie für den dschihadistischen Islamismus. Die Eltern sind trotz dieser von ihnen selbst geschürten Aggressionen nicht auf die Idee gekommen, deswegen andere Menschen zu töten. Die Nachkommen jedoch nehmen die Kritik der Älteren ernst und erklären dem Rest der Welt den Krieg.

Der moralische Imperativ: »Du musst gehorchen, egal, um was es geht!«

»Du darfst nicht stehlen oder lügen …« Sollten sich die moralische Vorstellung und die zehn Gebote Abrahams in der Kindheit verfestigt haben, bleiben sie in der Regel auch im erwachsenen Alter bestehen. Diese verinnerlichten Vorschriften werden, bewusst oder unbewusst, an die nächste Generation weitergegeben. Gleichzeitig aber trainieren die gestrengen Eltern ihren Kindern den absoluten Gehorsam. Nach dem Motto: »Du musst uns gehorchen, egal, um was es geht!«

Durch die Art der männlich dominierten Erziehung und Sozialisation in der arabischen Welt haben die Jugendlichen bereits gelernt, ihre Bedürfnisse zu unterdrücken. Im Elternhaus wachsen sie in Angst und unter Aufsicht einer strengen Autorität auf, von der ihnen dauernd eingetrichtert wird, wie schwach und unwürdig sie vor Gott sind. Sie lernen, Befehlen blind zu folgen. Das Fundament der patriarchalischen Macht beruht auf Ehrfurcht und Respekt. Das erleichtert es dem IS, den Menschen seine islamisierte Ideologie nahezubringen, da sie dem alten Erziehungsmuster nicht allzu fremd ist.

Jeder Mensch trifft im gesamten Verlauf seiner Konfrontation mit autoritären Institutionen, wie in der Schule, im Berufsleben, beim Militär oder in der Glaubensausübung, auf eine »Belohnungsstruktur«. Dabei wird die Unterordnung unter die Autorität in der Regel belohnt, während die Verweigerung der Unterordnung in den meisten Fällen bestraft wird. Nur das gut angepasste Individuum darf in der Hierarchie eine Stufe höher steigen, zum Beispiel vom IS-Kämpfer zum Emir. Somit wird zugleich der Einzelne motiviert und das System in seiner Struktur reproduziert. Als Resultat wird der Mensch diese hierarchische Ordnung nicht mehr hinterfragen, sondern konsequent deren Ideen umsetzen, mit Zwang und Unterstützung der anderen Extremisten.

Totalitär-islamische Organisationen wie der IS verweigern ihren Kämpfern jegliche Art von Individualität und Autonomie. Sie tragen dieselbe Kleidung, dieselben langen Bärte, haben dieselben Verhaltensmuster, sprechen ähnliche religiöse Floskeln, müssen bestimmte religiöse Verse auswendig lernen, werden von speziellen Predigern geschult, wie sie zu denken und sich zu verhalten zu haben. Persönliche Wünsche werden im IS förmlich abgetötet, es geht immer um das Interesse der »Umma«, der islamischen Gesellschaft. Das Individuum ist nur auf der Welt, um seiner Gemeinschaft zu dienen und, falls notwendig, sich ihr zu opfern. Die Aufopferung für diese Gemeinschaft gilt als höchstes Gut, ja als größtes Geschenk für einen »echten Muslim« wie Abu Dschihad. Das umfasst das gemeinsame Gebet zum gleichen Gott genauso wie die Vergewaltigung von Frauen anderer Religionsgruppen.

Viele IS-Anhänger erleben diese strikte Kontrolle als Sicherheit und Erleichterung, weil ihnen auf diese Weise Verantwortung abgenommen wird und sie selbst keine Entscheidungen mehr treffen müssen. Wer sich unterwirft, braucht keine Angst vor Repressionen oder negativen Konsequenzen zu haben. Die jungen Leute nehmen das System nicht nur als *von Gott gegeben* hin, sondern sie identifizieren sich damit.

Der Wahn wird zur Wahrheit:
Warum man Väter ermorden und deren Töchter
vergewaltigen darf

Aus vielerlei Gründen lässt sich im Nahen und Mittleren Osten, genau wie in anderen Gebieten der Welt auch, eine kulturelle und religiöse Regression beobachten. Diktaturen und andere externe Faktoren, wie die willkürliche Aufteilung des Mittleren Ostens durch die westliche Welt oder die Ausbeutung von Energieressourcen im Irak, haben in der arabischen Welt bisher Prozesse, die auf mehr Freiheit und Offenheit abzielen, unterdrückt und verhindert.

Das wiederum hat die vom IS gewünschte Rückentwicklung zu einem kriegerischen Islam, die Aufhebung von Nationalstaaten oder die Einführung von Sklaventum leichter möglich gemacht. Die Dose der Pandora ist geöffnet und führt zu einer tiefen Spaltung in der Gesellschaft.

Die radikalen Anführer rufen Ereignisse aus ferner Vergangenheit, das Leben des Propheten Mohammed und seiner Nachfolger in Erinnerung und stellen diese auf die Tagesordnung, haben dabei aber vergessen, die Überlieferungen aus dem 7. Jahrhundert an die aktuelle politische und gesellschaftliche Situation anzupassen. Sowohl in der Propaganda des IS als auch in den Aussagen seiner Mitglieder lassen sich durchweg geringe Selbstreflektierung und Realitätsverlust beobachten.

So sieht Abu Dschihad die Ermordung eines unschuldigen Vaters genauso wenig als verwerflich an wie die Vergewaltigung der Tochter. Die 16-Jährige soll sich, seiner Meinung nach, nicht beschweren und dankbar sein, dass Abu Dschihad sie zur Frau gewählt hat. Er zeigt sich sogar sichtlich verärgert darüber, dass dieses Mädchen vor Schmerz weint. Er hat die Wahrnehmung verloren, was in der Jugendlichen und in anderen Tausenden jungen Frauen vor sich geht, wenn sie klagen, weil vor ihren Augen ihre Familie hingerichtet wurde und sie als Sexsklavinnen missbraucht werden.

Als er sich über das Verhalten der Frauen ereifert, die er vergewaltigt hat, verliert er kurz den Faden. »Sie sollen froh sein, dass ich sie nicht getötet habe, obwohl, na ja, … das wäre schade« Eigentlich hatte er unterstreichen wollen, wie human und gerecht der IS ist. Vermutlich ist ihm an dieser Stelle plötzlich ein gewisser Widerspruch aufgefallen, deshalb wechselt er schnell das Thema. Ob er auch deshalb kurz aus dem Takt geraten ist, weil er einen Anflug von Reue empfindet?

Es ist durchaus vorstellbar, dass eine emotionale Bindung zwischen Opfer und Täter entstanden ist, trotz Ideologie und Gewalt. Wahrscheinlich aber ist Abu Dschihads islamische Ideologie so stark, dass er Gefühle der Zuneigung verdrängt und ein »Scheinargument« vorschiebt, um das Mädchen nicht töten zu müssen. Offen zugeben kann er solche Gefühle nicht.

Genauso aber ist es denkbar, dass seine Bemerkung lediglich eiskalte Berechnung ausdrückt, wie: »Ich will sie nicht umbringen, weil mir dann mein Spielzeug verloren geht.« Plant er, sie so lange auszunutzen, bis er sie nicht mehr »braucht«? Und wird er sie danach an andere Männer weiterverkaufen, um noch Profit aus dem Missbrauch zu schlagen? Vermutlich sind ihm mindestens beide Gedanken durch den Kopf gegangen.

Bei Abu Dschihad ist der Wahn zur Wahrheit geworden. Als überzeugter »Gotteskämpfer« ist er unfähig, sich vorzustellen, dass es noch eine andere Form des Daseins geben darf. Immer gleiche Assoziationen verknüpft er mit demselben stereotypen Ausdrucksverhalten. Das zeigt sich in vagen Verallgemeinerungen, wie: »Die Ungläubigen haben es nicht anders verdient« oder »Der Islam ist der einzige und wahre Glauben, alle müssen das akzeptieren«. Solche Parolen leiert er herunter wie einen in der Schule auswendig gelernten Text, voller abstrakter Begriffe oder Anspielungen. Es handelt sich um ausschweifende und unspezifische Denkprozesse, die sehr fragmentiert erscheinen.

Trotz allem dürfen wir uns nicht täuschen, dass diese Killer keine Gefühle hätten. IS-Kämpfer lachen, weinen und scherzen wie alle Menschen. Sie spielen die gleichen Videospiele, schauen dieselben Serien an und herzen ihre Kinder. Scheint der Glaube sonst im wahrsten Sinne des Wortes eine todernste Sache zu sein, so witzelt Abu Dschihad über die 72 Jungfrauen, die im Paradies auf ihn warten:»Weniger reicht auch!« Vielleicht würde man diesen Mann in einem anderen Zusammenhang und Umfeld sogar als sympathisch und angenehm erleben.

Die Lust zu töten: Über den unstillbaren Appetit auf Blut

Abu Dschihad wächst in einer für arabische Verhältnisse unauffälligen Familie auf. Eine große Schar an Kindern, Prügel vom Herrn des Hauses, dazu eine aufopfernde Mutter, und das alles zusammen auf engstem Raum – das ist durchaus üblich. Männer sind die Gebieter. Mädchen und Frauen haben nichts zu melden. Gute Bildung besitzt keinen allzu hohen Stellenwert und kann sich auch nicht jeder leisten. Über die Hälfte der über 14-Jährigen im Irak kann weder schreiben noch lesen.

Die Gewalt durch den Soldatenvater hat Abu Dschihad offenbar geprägt. Schon als Kind lernt er die Vorurteile, dass Schiiten keine»echten« Muslime sind. Die geringe Nähe zum autoritären Vater und die Rolle als jüngstes Kind in der Familie weisen auf einige Störungen in der früheren Entwicklung hin, geben aber keine Hinweise auf eine pathologische seelische Störung. Abu Dschihad wächst wie Millionen andere sunnitische Muslime auf.

Seine Angst vor ständig drohenden Gefahren aus der feindlichen Umwelt hat sich bei ihm mit Stress verbunden. Diesen nervlich angespannten Zustand versucht er zunächst durch seine Teilnahme an verschiedenen islamischen Zirkeln, später als Mitglied beim IS zu vermeiden.

Das Gefühl der Angst gehört nachweislich zu unseren lebensnotwendigen Reaktionen. Akute Gefahr versetzt den Körper in Alarmbereitschaft. Die Sinne werden geschärft, um möglichst schnell möglichst viele Informationen über die nahende Bedrohung zu sammeln. Die Durchblutung der Muskeln steigt, der Körper setzt Botenstoffe frei, welche die Schmerzwahrnehmung unterdrücken. Der Mensch ist bereit, die Flucht zu ergreifen – oder zu kämpfen. Abu Dschihad hat sich für Letzteres entschieden. Durch sein wehrhaftes, aggressives Verhalten scheint die von ihm subjektiv erlebte Bedrohung zu schrumpfen.

Diese Form der Verteidigung gegen die empfundene Bedrohung (»alle Nichtmuslime sind Feinde des Islams«) erleben IS-Anhänger als eine »erleichternde Aggression«. Der IS-Terrorist folgt einem Ziel, einer Aufgabe, einem göttlichen Auftrag. Er glaubt, Mitglied einer ganz besonderen Gruppe zu sein, was ihn zum Teil euphorisch stimmt. Genau wie Angehörige in Sekten macht es ihn jedoch blind für andere Aspekte. Die IS-Anhänger sind überzeugt, dazu auserwählt zu sein, den »Dschihad«, einst vom Propheten Mohammed begonnen, weiterführen zu müssen.

Diese Mission erleichtert ihnen ihre Grausamkeit, weil sie glauben, endlich einen Sinn gefunden zu haben, den sie zuvor vergeblich gesucht hatten. Bei der Umsetzung ihrer kriegerischen Aufgaben setzt aber erneut ein gewisser Stress ein, denn es gilt, dem Grundsatz zu folgen: »Gehorsamkeit bis in den Tod.« Diese nervliche Belastung nehmen IS-Anhänger jedoch in Kauf, weil ihnen letztlich genau diese von Gott auferlegten Prüfungen, wie Massenerschießungen oder Kreuzigungen, helfen sollen, die Belastung zu überwinden.

In manchen Fällen ist den IS-Kämpfern sogar der Einsatz von

Drogen erlaubt, um diesen Stress zu überwinden. Die Mehrheit der IS-Terroristen nimmt aber keine Rauschmittel, benötigt diese auch nicht. Sie sind zu absoluten Fanatikern geworden, die jegliche Kritik und Form der Belastung verleugnen.

Mit zunehmender Kriegsteilnahme und ideologischer Instrumentalisierung wandelt sich diese anfangs noch kontrollierte Aggression in eine pathologische Form der Gewalt. Unter Psychologen wird sie auch als eine »appetitive Aggression« bezeichnet. Diese Form der Aggression muss sich nicht immer durch Angst und Bedrohung rechtfertigen, sondern entsteht unter anderem auch durch Lustempfinden.

Bereits die Planung einer Enthauptung wirkt da interessant und aufregend. Abu Dschihad schildert die Szenerie als Henker, als würde er dabei in Trance fallen. In seiner Fantasie entwickelt er, wie er jemandem die Kehle durchschneidet, sieht das Blut vor sich und spürt die Wärme des Getöteten. Eine tödliche Beziehung, deren Kontrolle allein in seinen Händen liegt. Er verkörpert in dieser Rolle, ideologisch betrachtet, den direkten Vertreter Gottes, der einen Sünder bestraft. Er tötet für Gott.

Wissenschaftlich betrachtet, muss leider festgestellt werden, dass letztendlich (fast) jeder Mensch zu einem Mord fähig ist. Je deutlicher Menschen in einer an Glücksmomenten armen Umwelt merken, dass Gewalt ihnen zu einem Überlegenheitsgefühl und einem Lustgewinn verhilft, desto häufiger werden sie diese Aggression ausüben und desto eher suchen sie diesen erregenden Zustand, wie wir das auch beim IS-Terroristen Abu Dschihad beobachten. Er legitimiert seine Taten durch die faschistische Ideologie des IS, den er mit aller Macht verbreiten will.

In kriegerischen Extremsituationen kommt es oft zu solchen »appetitiven Aggressionen«. Manchmal verlieren Täter dabei die Kontrolle und haben das Verlangen, noch mehr zu töten und noch mehr Blut zu sehen. Gelegentlich treten die Terroristen dabei in einen regelrechten Wettstreit. Wer bringt noch mehr Menschen um? Wer behandelt seine Opfer noch grausamer?

Hintergrund eines solchen Verhaltens scheint ein angeborener Jagdinstinkt zu sein, den die Menschen im Laufe der Evolution entwickelt haben und den wir bis heute in uns tragen. Im Krieg kann sich in uns ein scheinbar pathologisches Verhalten entfalten, das unsere menschliche Empathie unseren Mitmenschen gegenüber blockiert und letztlich dem Täter tatsächlich Genuss, ja sogar »Freude« am Töten und an seinen grausamen Handlungen verschafft.

Sollten die IS-Terroristen in der Kindheit oder in späteren Jahren durch schwerwiegende Erfahrungen traumatisiert worden sein, kann sich ihre Gewaltbereitschaft nachhaltig verstärken. Nicht selten entwickeln einige dieser Personen impulsiv-aggressive Züge. Sie sind schnell aufgeregt, emotional unkontrolliert und wenden umgehend Gewalt an. Dieses Phänomen beobachten wir häufig in zerrütteten Gebieten wie in Syrien oder im Irak, wo seit Jahrhunderten beständig religiöse, ethnische oder nationalistische Konflikte herrschen.

Jagdlust

Die Jagd dient leider nicht nur dem Erbeuten tierischer Nahrung. Menschen jagen auch andere Menschen. Sie töten gezielt, wobei sie im Vorfeld Strategien entwickelt haben, wie sie die Beute aufspüren, fangen und dann bestrafen, um systematisch konkurrierende Gruppen zu vernichten. Dabei nutzt der *Homo sapiens,* der weise Mensch, ausgerechnet die Gehirnteile, die ihn sonst auch zu kulturellen Höchstleistungen befähigen. Die Großhirnrinde ermöglicht den Menschen im Gegensatz zu den Tieren ein Bewusstsein sowie Kultur zu entwickeln, um sie weiter an die nachfolgende Generation zu geben, damit diese besser leben und überleben kann. Doch Ideologien verkehren das Rationale ins Absurde.

Ein kultureller Selbstmord ist die Folge, wie wir es in Museen in Mossul oder Palmyra beobachten mussten. Palmyra – einst ein Schmelztiegel der Völker und Religionen, wo griechische Kultur und römische Politik, mesopotamische, syrische, phönizische, persische und arabische Einflüsse ineinander aufgegangen sind. Die IS-Banden zerlegen solche Kultstätten, Denkmäler und Statuen, die ein Teil unseres menschlichen Gedächtnisses und unserer Identität sind. Sie wollen unsere Vergangenheit auslöschen, damit die Menschheit ihre kollektive Identität verliert. Sie wollen eine neue Kultur mit einer neuen Jahresrechnung beginnen und alles zurück auf »null« stellen. In den Schulen hat der IS längst das Fach »Geschichte« gestrichen. Recht und Englisch sowieso.

Die Vernichtung richtet sich dabei selektiv gegen jene Personen, die sich dagegen wehren. Wie zu Zeiten des Propheten Mohammed in Medina legitimiert der IS diese rohe Gewalt gegen Andersgläubige und Andersdenkende. Eine verinnerlichte Tötungshemmung schützt dabei meist die eigenen Mitglieder vor eskalierender Aggression.

Die Sozialisation in der Kindheit prägt unsere späteren Feindbilder. Es spielt eine untergeordnete Rolle, ob es sich hierbei um verfeindete Rebellenverbände, um Ungläubige oder gar um rechte oder linke Politikorientierung handelt. In demokratischen Staaten regulieren wir zumindest das Ausmaß der Gewalt, indem wir moralische Vorgaben beherzigen, wie beispielsweise Respekt vor der Meinung anderer zu haben. Dies gelingt sogar in parlamentarischen Debatten, wie in der Ukraine, der Türkei oder Thailand, wenn nach heftigen Debatten die Fäuste sprechen.

Im Krieg und in nicht demokratischen Gesellschaften funktionieren diese Regeln allerdings nicht mehr. Hemmungen fallen weg, die Bereitschaft zu töten kann sich bis zum Blutrausch steigern, wie sich in Ruanda, Bosnien oder im Irak gezeigt hat. Sogar Soldaten, denen ihre Vorgesetzten befohlen hatten, eine gewisse Ordnung zu befolgen, ließen sich zu Kontrollverlust, Lust am Töten und Foltern der Gegner hinreißen. Den Leichen haben die Täter beispielsweise Finger abgeschnitten und ihren Freundinnen in Briefumschlägen als »Geschenk« geschickt, damit sie sich überzeugen konnten, wie »stark und furchtlos« ihre Partner waren.

Ganze Gruppen können dieser »Lust« verfallen. Dieser Rausch geht bisweilen über das Töten der Menschen hinaus, indem die Mörder danach die Leichen schänden oder, wie Abu Dschihad, wie rasend weiter mit ihrer Kalaschnikow auf die leblosen Körper schießen und sie mit ihrer Munition zerfetzen.

Warum aber empfinden Menschen Lust am Morden, was im Alltagsleben sogar von IS-Terroristen abgelehnt wird? Auf dem Markt beim Einkaufen mit der Familie, auf dem Spielplatz mit den Kindern oder im Straßenverkehr gelten auch im Kalifat der Spitzel und Spione Vorschriften eines normalen Lebens.

Die Vermutung liegt nahe, dass bei Menschen, die in einen Blutrausch geraten, evolutionäre Gene noch nach Jahrtausenden wirken. Unser Hormonsystem unterscheidet sich nicht grundlegend von dem unserer Vorfahren, die vor 200 000 Jahren als Nomadengruppen durch die Savannen Ostafrikas zogen. Es geht um archaische Impulse und um Machtausübung, die im Gehirn zur Ausschüttung von Belohnungsstoffen wie Endorphinen führen. Bei der Jagd oder im Krieg gegen eine andere Gruppe besteht immer die Gefahr, selbst umgebracht zu werden. Es gilt jedoch, diese Angst zu überwinden, damit die eigene Gruppe überleben kann.

Ein Dschihadist versteht es zudem als »Pflicht«, den Feind zu töten, um selbst unsterblich, das heißt ein Märtyrer, zu werden. Diese dysfunktionalen, falschen Ideen werden so tief verinnerlicht, dass der Organismus das Töten am Ende als lustvoll und moralisch richtig erlebt.

Durch die wiederholten Kampfhandlungen brechen bei Abu Dschihad sämtliche moralische Hemmschwellen weg, die er durch seine Erziehung und sein soziales Umfeld erworben hat. Eine immer stärkere und mitreißendere Erfahrung von Macht und Überlegenheit beim Töten entwickelt sich bei ihm.

Bei den Tätern klingt dieser Rausch rasch ab, wenn sie negative Erfahrungen mit der Organisation sammeln. Möglicherweise hat sich ihre vorherige Lebenssituation geändert, sie werden von Kampfgenossen kritisiert, gemobbt oder bestraft. Ab diesem Zeitpunkt beginnen einige Terroristen zu reflektieren und zeigen sich enttäuscht.

Bei IS-Aussteigern bleibt allerdings oftmals das Gefühl der erlebten Allmacht zurück und drückt sich in ihnen in einer unbestimmten Sehnsucht aus. Doch sie können diesen Rausch nicht mehr in der gleichen Form wie zuvor ausleben. Ihnen fehlen die Gruppe der jubelnden Unterstützer, die gesamte Atmosphäre einer apokalyptischen Untergangsstimmung und das Gefühl, etwas Rechtes zu tun.

Die kriegerische Umwelt hat Abu Dschihad mit der Zeit geprägt. Er ist sehr routiniert darin, seine Opfer nicht mehr als Menschen zu betrachten, sondern als bedeutungslose Objekte, über die er verfügen kann, wie er will. Befragt nach seinen Gefühlen bei der Arbeit als Henker, räumt er ein: »Mit der Zeit gewöhnt man sich daran, und es macht einem nichts mehr aus.« Da er sich aber erst eingewöhnen musste, gibt er zu, vorher Probleme damit gehabt zu haben, anderen Menschen den Kopf mit dem Messer abzutrennen. Am Ende schließt er: »… dann macht einem das nichts mehr aus.«

Statt ein schlechtes Gewissen zu empfinden, empört sich der frühere Henker: »Mich stören bloß immer dieser Schreie der

Leute. Sie wissen doch genau, dass sie getötet werden, warum schreien sie dann noch?« Was aber genau sprechen diese Schreie der Angst in ihm an? Ärgert er sich darüber, dass sie ihn daran erinnern, etwas Schreckliches zu tun? Dass eigentlich *er* ein Mörder und damit *er* ein Ungläubiger ist? Offenbar handelt es sich um eine Abwehrhaltung und Verdrängung seiner grausamen Taten. Noch während er den Menschen die Halsschlagadern durchtrennt, beschuldigt er sie zu weinen, um damit seine Tat zu rechtfertigen. Würden sie nicht so laut schreien, hätte ich sie vielleicht leben lassen …

In solchen Situationen reicht einem Gewalttäter ein winziger Auslöser, ein kleiner Fehler, um einen Mord zu begehen. Sei es, dass sein Gegenüber für ihn nicht schnell genug ein Glas Wasser geholt oder nicht richtig auf eine Frage geantwortet hat. Der Henker wird einen »Grund« finden, um die Person zu töten, da es ohne Grund schwer ist, jemanden umzubringen. Abu Dschihad hat durch seine Eltern und seinen früheren Umgang ein Minimum an Ethik und Moral gelernt. Eigentlich weiß er, dass Menschen unter normalen Umständen so nicht miteinander umgehen.

Gelernte Normen werden im IS zunehmend unbedeutend. Die eigene Realität passt sich wie ein Chamäleon der blutgefärbten Umgebung an. Abu Dschihad erlebt Gewalt als eine Faszination und wie eine Sucht. Ein offenbar noch intensiverer Rauschzustand als der, den er als ehemaliger Drogensüchtiger kennengelernt hatte. Das Endorphinsystem solcher Täter giert so sehr nach einem nächsten »Kick«, dass sie sich in ihren Verbrechen sehr erfinderisch zeigen.

Stufe für Stufe hat ein systematisches Umdenken bei dem 26-Jährigen stattgefunden. In den Trainingscamps lernen die jungen Männer nicht nur Bombenbau, Feindaufklärung und den Umgang mit großkalibrigen Waffen, sondern sie werden auch durch ständige Indoktrination dazu gebracht, die Gegner des IS zu entmenschlichen.

Zwar sind wir Menschen grundsätzlich dazu in der Lage, uns in die Erfahrungen anderer hineinzudenken und uns in deren Leiden einzufühlen. Gleichzeitig aber besitzen wir das Talent, andere bezüglich der Gültigkeit der Rechte, die wir für uns selbst in Anspruch nehmen, auf schnellstem Wege auszuschließen. Beliebige Merkmale wie Hautfarbe, Kleidung oder eben der Glaube können dafür ausschlaggebend sein. Es bedarf folglich nur geringer Anlässe, um seinem Gegenüber abzusprechen, was wir für uns selbst in Anspruch nehmen. Ab diesem Moment, wo wir einen anderen aus unserem Kreis ausschließen, gelten für ihn andere Regeln. Die Geschichte ist reich an solchen Beispielen. Schon im alten Rom hat man nicht die Römer, sondern nur die Sklaven den Löwen zum Fraß überlassen.

Von dieser Idee der »Herrenrasse« und der »Untermenschen« lässt Abu Dschihad auch nach einigen Monaten der Haft nicht ab. »Ich hoffe, irgendwann freizukommen, um dann weiter für meinen Glauben zu kämpfen.« Dabei klingt er jedoch eher müde. Selbst Schwerverbrecher wie er wehren sich dagegen, als »Ungeheuer und Unmenschen« abgestempelt zu werden.

Die Brutalität des jungen Mannes schockiert, darf uns aber nicht verwundern. Krieg verändert – jeden. Jeder Mensch ist in der Lage, in bestimmten Situationen sein Gegenüber zu töten und all die kulturellen und menschlichen Werte zu verdrängen, die in Friedenszeiten einzuhalten für ihn kein Problem darstellt.

Trauma von Opfern und Tätern: Von der eigenen Kaltblütigkeit profitieren

Fern von Recht und Gesetz dominieren heute in weiten Teilen Syriens und des Iraks Raserei und Rücksichtslosigkeit. Der daraus resultierende traumatische Stress übersteigt das, was die menschliche Seele und der menschliche Körper auf Dauer aushalten können. Schwerwiegende psychische Probleme sind die Folge, wie Depressionen, Panikattacken oder psychosomatische Beschwerden wie Kopfschmerzen.

Allerdings weisen nicht nur Studien mit Opfern aus Krisengebieten erhöhte Raten an psychischen Störungen nach. Gleiches gilt auch für die Täter, die sich von Terrororganisationen abwenden. Untersuchungen an Kriegsveteranen zeigen, dass sie genauso wie ihre Opfer traumatisiert sind und klinisch erkranken. Das bedeutet, dass auch sie unter Symptomen wie Albträumen, Ängsten, Unruhe oder ständiger Anspannung leiden. Ganz gleich also, ob es sich um Täter oder Opfer handelt, jeder Mensch, der Krieg erlebt, von seinen Gegnern gefoltert wird, seine Heimat verloren hat und zur Flucht gezwungen wird, unterliegt dem Risiko, schwer traumatisiert zu werden. Schätzungsweise jeder dritte Asylsuchende kommt traumatisiert in Deutschland an.

Alles, was fortan an das Geschehene erinnert, erzeugt bei den Überlebenden Angst und wird vermieden. Selbst alltägliche Situationen fassen sie als Bedrohung auf. Reizbarkeit und aggressive Ausbrüche sind die Folge. Wir wissen von Tätern, aber auch von Opfern, dass sie sich noch in hohem Alter mit diesen traumatischen Erlebnissen beschäftigen. Die Erinnerungen kehren wieder wie die Nacht. Wieder und wieder durchleiden sie ihre alten Ängste. Traumatisierte isolieren sich, haben keine Freunde mehr, lösen ihre Partnerschaft, werden aggressiv und gewalttätig, greifen zu Suchtmitteln, um die Gedanken zu dämpfen. Nur noch äußerlich gleichen sie den Personen, die sie vorher einmal waren. Aus ihnen sind Kranke geworden, die mit sich und ihrer Umwelt nicht mehr zurechtkommen. Sie fühlen, denken und verhalten sich anders als normale Menschen. In zerrütteten Ländern bedarf es mehrerer Generationen, damit sich wieder Vertrauen untereinander und eine gesunde Gesellschaft entwickeln können.

Anders aber verhält es sich bei Männern wie Abu Dschihad, die Lust am Töten empfinden. Solche Typen nämlich profitieren am Ende von ihrer eigenen Kaltblütigkeit. Durch die Vorgaben des IS sehen sie sich absolut im Recht. Und genau deshalb werden sie am Ende weniger stark traumatisiert sein, denn sie leiden unter keinen Schuldgefühlen und sind überzeugt, sich für eine höhere Sache einzusetzen.

Es ist wissenschaftlich nachgewiesen, dass diese Gruppe von Tätern weniger psychische Spätfolgen entwickelt. So grausam sich das auch anhören mag, aber ihre Faszination für Grausamkeit erleichtert ihnen die Anpassung an eine entsprechend gewalttätige Umwelt. Ihr moralisches Wertesystem hat sich sozusagen umgekrempelt wie eine Wendejacke.

Wer in einem Umfeld wie in dem des IS das Töten gelernt hat, wird bei der Rückkehr beispielsweise nach Deutschland nicht nur Schwierigkeiten haben, sich in eine zivilisierte Gesellschaft zu integrieren, sondern häufig auch weiterhin extrem aggressiv auftreten; allerdings kann er mit einer aufrichtigen inneren Motivation lernen, damit umzugehen. Die IS-Rückkehrer werden die demokratischen Länder noch vor eine große Herausforderung stellen.

Mehr als 600 Islamisten sollen nach Schätzungen des Verfassungsschutzes aus Deutschland in Richtung Syrien und Irak ausgereist sein. Etwa 200 davon sind wieder zurückgekehrt. 35 davon gelten als »tickende Zeitbomben«, schätzt Terrorismus-Experte Rolf Tophoven vom Institut für Krisenprävention. Die Dunkelziffer liegt weit höher, da man nur bereits auffällig gewordene Personen registriert hat. Anschläge wie in Brüssel, Schüsse auf Menschen in Cafés wie in Paris, Messerattacken auf der Straße wie in München – all das ist jederzeit wieder denkbar. Laut Aussagen von IS-Rückkehrern wirbt das Kalifat auch intensiv um Leute, die in Deutschland Attentate verüben. Allerdings haben sich bislang kaum Freiwillige dafür gefunden. Das führen Experten nicht nur auf eine gute Polizeiarbeit, sondern auch auf Rest-Skrupel und ein besseres Leben hier als in anderen Ländern zurück.

Nicht immer werden die Rückkehrer eine Resozialisierung vollziehen können. Solche Leute erleben ihre Lust am Töten und das Bedürfnis, Mitglied einer Gruppe zu sein, die über Leben und Tod entscheidet, wie einen Zwang. In der Folge suchen sie wieder nach der alten Gruppenidentität und wollen zurück zu ihrer Einheit, in der Kampf, Töten und Vergewaltigung zum Alltag gehören.

Abu Dschihad sitzt im Gefängnis, träumt aber vom Leben als Kämpfer. Er würde sofort wieder dort weitermachen , wo er zuletzt aufgehört hat. Andere wie Vieh abzuschlachten.

JEDER KOCHT SEIN EIGENES SÜPPCHEN: DER »EMERIKI« UND DAS INTERESSE DER GEHEIMDIENSTE

»Für 20 000 Dollar kannst du sie haben«, hatte der IS-Kämpfer am Handy als Lösegeld gefordert. Woher aber sollte Mutter so viel Geld für mich nehmen? Die Terrormiliz hatte uns doch vorher alles weggenommen. Zuletzt sogar die Kleider, die ich noch am Leib getragen hatte. Unter großen Mühen haben Verwandte und Freunde die Summe zusammengekratzt. Keiner wusste jedoch, ob diese Verbrecher mich am Ende wirklich freigeben würden. Manche Eltern hatten gezahlt und das falsche Kind dafür zurückbekommen. Manche haben auch gar nichts bekommen. Nicht einmal die Leiche.

Als Mutter mich wenig später aus dem Auto aussteigen sah, brach das Weinen fast wie ein Schrei aus ihr heraus. Wieder in Freiheit, habe ich mich in Baadre, nahe der Stadt Dohuk, im Flüchtlingslager registrieren lassen. Wie üblich hat ein kurdischer Sicherheitsbeamter auch bei mir knapp notiert, was mir in den letzten Monaten passiert war. Meine Geschichte war eine von Tausenden vergewaltigter Frauen und Mädchen. So dachte ich zumindest. Wenige Tage später aber wollten auf einmal mehrere wildfremde Menschen mit mir sprechen. Sie waren in Zivil. Und alle fragten mich nach dem »Emeriki«, dem Amerikaner.

Was sollte ich groß sagen? Der Amerikaner ist ein Emir in Rakka. Er geht bei Al-Baghdadi ein und aus. Er ist wie alle anderen IS-Milizionäre; brutal und grausam. Ich hätte mir nicht träumen lassen, dass Menschen so grausam sein können. Mit einem Mal meldeten sogar Mitarbeiter des amerikanischen Konsulats aus Erbil ihren Besuch bei mir im Camp an. Mehrere Tage hintereinander forschten sie Informationen über diesen »Emeriki« aus. Wo hat er gelebt? Mit wem war er zusammen? Wie hieß er wirklich? Wie sah er aus? Und hundert andere Dinge. Kurz darauf stand eine Amerikanerin zusammen mit einer Dolmetscherin vor unserem Zelt.

»Kommen Sie mit mir in die USA«, hat sie mich eingeladen. Dort sollte ich über die Probleme der Jesiden berichten und über das, was ich in meiner Gefangenschaft erlebt habe. Die amerikanische Bevölkerung benötige dringend Informationen aus erster Hand. Ich war zunächst unsicher, hatte auch Angst, mich dieser Fremden anzuvertrauen. Doch zuletzt willigte ich ein, weil ich glaubte, dass es wichtig ist, das bekannt zu machen, was mit unserem Volk passiert. Vielleicht würde man dann auch endlich die Frauen und Mädchen befreien, die sich noch in den Fängen dieser Unmenschen befinden?

So hat mich diese Dame für etwa drei Wochen in die USA gebracht. Unter anderen habe ich dort mit dem FBI, aber auch mit Mitgliedern des US-Kongresses gesprochen, die sich detailliert nach der Situation im IS und meinen Erkenntnissen über diesen »Amerikaner« erkundigten. Ich wurde auch von einem Arzt untersucht, der mir mitteilte, dass es mir einigermaßen gut gehe. Ich solle mir keine Sorgen machen. Ich verstehe nicht, warum er das gesagt hat, denn mir geht es furchtbar schlecht.

All diese Leute versuchten, mich zu überreden, für immer in Amerika zu bleiben. Sie versprachen mir eine Wohnung und

Geld. Ich müsste nie wieder arbeiten. Und ich wäre in Sicherheit. Ich wollte aber zurück zu meiner Mutter und zu meiner geliebten Schwester, der in der Zwischenzeit auch die Flucht aus der Hand des IS gelungen war. Warum der Geheimdienst meine Aussage für so wichtig hielt, ist mir nicht klar.

Jedes Mal habe ich auf dieselbe Weise angefangen zu erzählen. Mein Vater war von Beruf Lehrer, meine Mutter Hausfrau. Wir kommen aus der Kleinstadt Khanasor mit etwa 30 000 Einwohnern. Ich habe in Mossul studiert, war 20 Jahre alt und arbeitete bereits seit einem Jahr als Lehrerin. Meine Eltern besaßen ein schönes Haus und zusätzlich etwas Land, sodass wir sowohl von unseren Gehältern als auch von den landwirtschaftlichen Erzeugnissen gut lebten.

In meiner Familie ist Mutter die Herrin im Haus. Sie ist eine sehr starke Frau und organisiert nicht nur den Haushalt, sondern ist auch in der jesidischen Gemeinschaft sehr aktiv. Die Menschen haben große Achtung vor ihr. Meine Eltern haben mich bei allem, was ich getan habe, immer voll unterstützt. Unter Jesiden ist es eher ungewöhnlich, in meinem Alter noch nicht verheiratet zu sein. Da ich aber einen guten Beruf ausübte und meine Eltern sehr fortschrittlich sind, waren sie der Ansicht: »Heiraten kannst du später auch noch.« Der Unterricht in den Klassen eins bis vier hat mir sehr viel Spaß gemacht. Viele Schüler und auch viele ihrer Eltern waren gute Bekannte von uns. Kein Wunder, denn in Khanasor kennt jeder jeden. Ich habe sowohl auf Arabisch als auch auf Kurdisch unterrichtet. Die Kinder waren alle Jesiden.

Wir sind zwar eine jesidische Familie, aber nicht tief religiös. Eher betrachten wir unsere Religion als eine Kultur. Wir halten uns an die Feiertage und nehmen diese zum Anlass, um unsere Verwandten und Freunde zu besuchen. Auch die Fastentage im Dezember beachten wir, weil es sich einfach so gehört. Und umso schöner ist es, wenn die drei Tage endlich vorbei sind und wir alle wieder miteinander feiern können.

Anders als die Muslime sind wir ganz normal angezogen, tragen Hosen oder Kleider, kurz- oder langärmelig. Meine glatten langen Haare habe ich mir gerne zum Zopf zusammengeflochten. Ich bin etwa 1,65 Meter groß, schlank, habe große dunkle Augen.

Natürlich haben wir wegen der Unruhen im Land die ganze Zeit aufmerksam die Nachrichten im Fernsehen verfolgt, sind aber unserem Alltag weiter normal nachgegangen. Wir wussten nicht viel von dieser Terrororganisation und dachten, dass sie eine von vielen sei. Zudem waren im Ort Truppen der kurdischen Peschmerga zu unserer Sicherheit abgestellt. Wer hätte ahnen können, dass sie einfach davonlaufen würden? Als die IS-Milizen im August 2014 in Sindjar einmarschiert sind, haben Freunde uns angerufen: »Lauft weg, solange ihr noch laufen könnt!« Überstürzt haben wir das Notwendigste ins Auto geworfen, um uns in Richtung Berge nach Kurdistan abzusetzen.

Die Berge haben sich hoch vor uns aufgerichtet, es war nicht mehr weit, aber die Autos vor uns in der Schlange wurden von Männern in schwarzer Kleidung angehalten. Einige trugen als Schutz vor dem aufgewirbelten Sand ein schwarzes Tuch vor Mund und Nase. Einer beugte sich zu uns ins Fenster und murrte: »Fahrt wieder zurück in euer Haus. Euch passiert nichts.« Meine 18-jährige Schwester Nalin* und ich senkten sofort die Blicke, weil er uns so ungeniert anstarrte.

Im nächsten Moment haben es sich diese Kämpfer allerdings wieder anders überlegt und uns gezwungen auszusteigen. Rasch haben wir Frauen Tücher genommen und unsere Köpfe damit eingewickelt. Kaum standen wir am Straßenrand, haben sie Mutter, Nalin* und mich von meinen beiden Brüdern und meinem Vater getrennt. Nicht weit von uns weg standen noch einige andere Frauen und Männer, die ebenfalls in zwei Gruppen aufgeteilt worden waren.

Ein paarmal hat Mutter den Versuch unternommen, einen dieser Bärtigen anzusprechen, denn sie beherrscht sehr gut Arabisch, aber er hat sie bloß bedroht. »Halt deinen Mund, sonst erschießen wir dich an Ort und Stelle!« Wenn ich daran denke, krampft sich in mir alles zusammen.

Fast gleichzeitig ging, etwa drei Meter von mir entfernt, ein anderer Vater auf einen der bewaffneten Sunniten zu und bat darum, mit seiner Frau und seinen Töchtern zusammenbleiben zu dürfen. Der Angesprochene hat sich umgedreht und ihm in den Kopf geschossen. Ohne mit der Wimper zu zucken. Ohne zu antworten. Diese Bilder habe ich dauernd vor Augen. Ich werde sie einfach nicht mehr los!

Bestürzt sind Mutter, Nalin* und ich zusammengerückt. Wie soll man das auch verstehen? Dieser Vater hatte doch nur eine harmlose Bitte vorgetragen. Im nächsten Moment fegte uns ein anderer an. »Setzt euch auf den Boden!« Sofort haben wir gehorcht und von dort aus vorsichtig nach meinen Brüdern und meinem Vater Ausschau gehalten. Die Terroristen hatten sie etwa 200 Meter weit von uns weggeschickt. »Beruhigt euch«, murmelte Mutter immer und drückte unsere schweißnassen Hände, »es wird schon nichts passieren.«

Kein Schatten. Kein Windhauch. Ein Albtraum aus Staub und Hitze. Eine Stunde lang saßen wir schon am Boden, als eine Frau neben uns diese zermürbende Situation nicht länger ausgehalten hat. Voller Verzweiflung ist sie aufgesprungen und hat geschrien: »Ich will zu meinem Mann! Sie können tun, was sie wollen, aber so lasse ich nicht mit mir umgehen!« Da wendete sich, ganz langsam, einer dieser schwarzen Kerle in ihre Richtung um und feuerte mit einer Maschinenpistole auf sie los, bis sie zu Boden stürzte und in ihrem Blut, nach Luft schnappend, starb.

Daraufhin haben diese Killer uns dazu aufgefordert, ihnen alles auszuhändigen, was wir bei uns hätten – seien es Ausweise, Geld, Gold oder Autoschlüssel. Vor Angst sind wir auch dem eilig nachgekommen. Die Sachen, die wir im Auto hatten, durften wir sowieso nicht mehr behalten. Das Auto auch nicht. Die IS-Kämpfer sind mit mehreren Jeeps und Pick-ups vorgefahren und haben uns alle zusammen in die Stadt Sindjar gekarrt.

Schätzungsweise um 1 Uhr mittags setzten sie uns dort vor der Meldebehörde ab. Auf einem Platz im Innenhof versammelten sie uns in der prallen Sonne. Ein IS-Terrorist stapfte auf uns zu, die Hände verschmiert vom Blut, und verlangte: »Ich habe gerade jemanden geköpft. Wascht mir die Hände!« In all diesen Stunden ist mir mehrmals schwindelig geworden, ich schaffte es kaum, mich aufrecht zu halten, musste mich immer wieder hinsetzen. Wir haben ein paar Schluck Wasser bekommen. Das Wasser war heiß, weil es die ganze Zeit draußen gestanden hatte. Bis etwa um 19 Uhr abends mussten wir dort ausharren.

Auf einmal drängten mehrere der Bärtigen zwischen uns und haben Frauen sowie junge Mädchen aufgefordert: »Kopftücher abnehmen! Aufstehen! Mitkommen!« Unsere Herzen rasten vor Angst. Wir wollten unsere Familien nicht verlassen. »Nein!« Von allen Seiten hörte man die Schreie der Mädchen und der Eltern. Mutters Hände griffen nach uns ins Leere, ihre Augen vor Entsetzen weit aufgerissen. Wir haben uns gewehrt, bitterlich geweint, aber diese Männer haben selbst kleine Kinder mit ihren Schuhen in den Rücken getreten. Vor mir schlugen ihre Körper auf den Boden, manche schafften es nicht mehr aufzustehen.

Als würde es in diesem Moment passieren, sehe ich wieder vor mir, wie ihre groben Hände unsere langen Haare packten und uns auf dem Boden wie an einem Seil hinter sich herschleiften. Die Mädchen kreischten und schrien vor Qual. Doch diese Bewaffneten hatten kein Mitgefühl. Spottend haben sie uns in einen Bus hineingeprügelt.

Gegen Mitternacht kasernierten sie uns alle in irgendeiner Behörde, nur wenige Schritte vom Kino Galaxy entfernt, wo sie zeitgleich Hunderte anderer junger Frauen hineinscheuchten. Bei diesen Wachen handelte es sich überwiegend um junge Männer, vielleicht 15 Jahre alt; es war nicht immer ganz klar, welcher Nationalität sie angehörten. Sie sprachen kaum und führten nur Befehle aus. In einem Raum mussten wir am Boden auf Kartons schlafen. Es war alles verdreckt, stank nach Urin, und die Luft war so stickig, dass es keinerlei Kühlung verschaffte, sich mit der Hand etwas davon zuzufächeln.

Zu essen gab es nur selten. Wenn sie uns aber etwas hingeworfen haben, dann hat es gestunken. Nur weil wir keine andere Wahl hatten, würgten meine Schwester und ich diesen Fraß hinunter. Manchmal waren Würmer darin. Fassungslos starrten wir dahin, wo sich diese klebrige Masse bewegte. Ich schob diese Dose weg und nahm meine Schwester an der Hand.

»Wer ist verheiratet? Wer nicht?« Am 16. Tag schlenderten die IS-Emire mit ihren »Gästen«, den Sklavenkäufern, wie auf einer Einkaufsstraße von Mädchen zu Mädchen, prüften unsere Gesichter und teilten uns in zwei Gruppen auf. Die Jungfrauen, unter denen sich auch Nalin* und ich befanden, haben sie mit Bussen nach Syrien gekarrt. In einem kleinen Dorf nahe der Stadt Rakka nahmen sie uns in einem großen Amtsgebäude in Verwahrung. Kartons lagen schon am Boden parat. Vor dem Ausgang rissen IS-Wachen Witze. »Was macht man bei Kopfschmerzen?«, fragte der eine. »Den Kopf abschlagen«, antwortete der andere.

Es war so schwül, dass mir der Schweiß wie Wasser zwischen den Augenbrauen die Nase heruntertropfte. Schweigend ließ Nalin* ihren Kopf an meine Schulter sinken. Alle Mädchen haben still geweint. Als die IS-Wachen etwas zu essen brachten, verweigerten wir das. »Bitte, bringt uns wieder nach Hause in den Irak zurück.« »Haltet gefälligst euren Mund!« Die Kerle haben herumgelärmt. Wir sind sehr oft geschlagen worden, doch wir haben den Mund nicht mehr gehalten. »Bringt uns nach Hause …!« Nach zwei Tagen haben sie zugestimmt. Aber nur, um ihre Ruhe zu haben.

Am Abend mussten wir alle aufstehen, damit die IS-Emire uns besser beäugen konnten. Keine ist ihnen freiwillig gefolgt. In der darauffolgenden Nacht haben sie meine Schwester und mich zusammen mit weiteren 13 oder 14 jungen Mädchen nach Rakka in eine Militärgarnison geschafft. Von allen Seiten kamen diese langbärtigen Gestalten auf uns zu. Nalin* stand ganz nah bei mir. Stumm und mit gesenktem Kopf hielten wir uns an den Händen, während einige von ihnen uns umstellten und begafften. Einer davon hieß Abu Dschihad und nannte sich Islam. Ein anderer stammte aus Saudi-Arabien. Und der Dritte, der dazustieß, war aus Amerika. Ihn riefen sie mit dem Spitznamen: »Emeriki!« Er hatte lange dunkle Haare, trug den IS-Bart zottelig wie eine Ziege, ungewaschen, war schlank und zwischen 24 und 28 Jahren alt. »Folge mir!«, sagte er zu mir. »Du bist meins.«

Hilfesuchend habe ich um mich geschaut, aber da waren nur Bewaffnete. Ich habe geweint, aber sie haben mich nur ausgelacht. Ich habe versucht, die Hand meiner Schwester festzuhalten, aber es war zwecklos. Sie haben mich an Händen und Armen gepackt und von ihr losgerissen. Meine Schwester blieb zurück. Bei dem Saudi.

Später habe ich den richtigen Namen des Mannes erfahren, der mir alles genommen hat, was mir noch geblieben war. Mein Vertrauen, auch in mich selbst. Er heißt Abdallah und stammt ursprünglich aus Saudi-Arabien. Da er mehrere Jahre in den USA gelebt hatte, haben sie ihn aber auch den Amerikaner genannt. Er schob mich ins Auto auf die Hinterbank. Am Steuer hockte ein anderer IS-Kämpfer.

Durch einen Vorort von Rakka führte eine sehr breite Straße, an der sich fast ausschließlich einzelne Häuser mit Vorgärten aneinanderreihten. Ein bis zwei Bäume darin und noch letzte Spuren vom grünen Rasen, der zwischenzeitlich fast vertrocknet war. Sie parkten vor einem großen frei stehenden Haus.

Ich weiß nicht mehr, wie ich in das Zimmer gekommen bin. Hinter mir hörte ich noch, wie sich der Schlüssel im Schloss umdrehte. Am Boden kauerten einige andere junge Frauen. Ich kann nicht mehr sagen, ob es vier oder sechs waren. Mein Verstand funktionierte vor Angst nicht mehr richtig. Ihre Blicke waren so leer, als hätte man sie von innen ausgehöhlt.

Über zwei oder drei Wochen lang hat der »Emeriki« eine nach der anderen zu sich in einen anderen Raum mit einem Bett geholt … und uns alle mehrmals vergewaltigt … es tut mir leid, aber ich kann die Tränen nicht zurückhalten, wenn ich davon spreche … ich habe mich nicht mehr unter Kontrolle, schaffe es nicht, darüber zu reden. Das ist so unerträglich. Wieso machen sie so etwas mit uns? Wieso?

Solange ich lebe, werde ich all das nie vergessen. Ich kann nicht aufhören, daran zu denken, ich komme damit nicht zurecht. Es sind so viele entsetzliche Geschichten, die ich in dieser Zeit erlebt habe. Die Erinnerungen daran plagen mich, es findet kein Ende. Jedes Mal, sobald Motoren von Bombenflugzeugen in der Luft zu hören waren, trieben diese Kerle alle gefangenen Frauen und Kinder in dem Ort zusammen, um uns als Schutzschild zu benutzen. »Wer wegläuft, wird erschossen!«, haben sie gedroht. Auf der einen Seite waren sie solch grauenhafte Gewalttäter und auf der anderen Seite solche Feiglinge, die sich zitternd unter Frauen und Kindern zusammenduckten. Der Pilot über uns drehte wieder ab.

Nach einer Weile hat dieser »Emeriki« aus unerfindlichen Gründen alle anderen jungen Frauen verkauft. Was mich betraf, hat er beschlossen: »Du bist jetzt meine Frau.« Ich musste ihm nach Rakka folgen, wo seine andere Ehefrau mit den Kindern lebte. In eine Villa mit Garten, nicht weit entfernt von der zentralen Taxi-Sammelstelle. Dort haben sie mich gezwungen, als Haushälterin für sie zu arbeiten. Wenn ich die Wohnung reinigen sollte, hat die Ehefrau die Tür meines Zimmers aufgeschlossen. Ich musste putzen, manchmal auch kochen. Und wenn ich fertig war, hat sie die Tür wieder zugesperrt.

Abdullah verfügte als Emir über etwa 20 IS-Wächter, die ihm, bis zur Schlafzimmertür, überallhin wie Kampfhunde ihrem Herrn gefolgt sind. Ihren Kalifen Abu Bakr al-Baghdadi habe ich nicht zu Gesicht bekommen, hörte aber zufällig bei Gesprächen unter den IS-Milizen, dass Abdullah ihn immer wieder getroffen hat.

Jede Nacht suchte der »Emeriki« mich auf, hat mich gefesselt, geprügelt und vergewaltigt. Ich habe geschrien vor Schmerzen. Ich habe so laut geschrien, bis ich wusste, er verletzt mich, aber ich fühle nichts mehr. Bis ich leer war. Innerlich wie ausgehöhlt. Ich war nichts anderes als eine Arbeitsmaschine für sie. Ihr Eigentum. Das man zerstören kann, wenn einem danach ist.

Dieser »Amerikaner« glaubte, dass ich meine neue Rolle als Muslima akzeptiert hätte. Weil ich wortlos ihren Dreck wegwischte. Weil ich wortlos gehorchte. Weil ich meine Kleidung gegen einen schwarzen Kopfschleier und das bodenlange Kleid, die Abaya, ausgetauscht hatte. Deswegen hat er mir auch gestattet, ihn nach Tel Afar zu begleiten, damit ich dort meine Brüder und meinen Vater im Irak besuchen könne. Das war eine knappe Tagesreise mit dem Auto entfernt.

Unter Aufsicht mussten dort die zwangskonvertierten Männer die Felder bewirtschaften. Es gab auch vereinzelt Jesiden, die halbwegs das Vertrauen der IS-Milizen erworben hatten und in Tel Afar oder Mossul wie andere Muslime arbeiteten und lebten. Einige junge Männer wurden auch sofort mit muslimischen Mädchen verheiratet, weil sie danach nicht mehr als Jesiden galten. Meistens aber mussten unsere Landsleute als Sklaven schuften, als Bauarbeiter oder in Ölraffinerien, aber auch in Militärgarnisonen, um die Waffen zu reinigen oder in der Küche zu kochen. In Tel Afar habe ich meine Brüder und meinen Vater das letzte Mal gesehen. Zum Sprechen blieb uns nur wenig Zeit. Ihre müden Gesichter aber sagten alles.

Einige der IS-Terroristen trugen in diesen Internierungsdörfern lange Stöcke bei sich, mit denen sie den Kleinkindern auf die Hände geschlagen haben, sobald sie schutzsuchend nach ihren Müttern griffen. Vor Schmerzen haben die Kleinen geschrien und fast reflexhaft erneut nach der Hand der Mutter gefasst. Wieder hat sie mit voller Wucht der Schlag getroffen. Und ihre Finger zuckten zurück.

Im Anschluss daran hat mich der »Emeriki« noch in eine Militärgarnison mitgenommen, weil er dort etwas zu erledigen hatte. Etwa 300 jesidische Jungen, im Alter von 8 bis 13 Jahren, haben sie da als Soldaten gedrillt. Ich hörte, wie sie in unserem Dialekt auf »Kurmandschi« beim Essen miteinander redeten. Vor ihnen Dosen, deren Ablaufdatum schon sehr lange überschritten war. Warum haben sie das gemacht? Es ist genug bessere Nahrung zur Verfügung gestanden. Vielleicht wollten sie auch nur, dass wir Jesiden alle sterben. Wie oft habe ich mir gewünscht, tot zu sein! Jeden Tag habe ich mir das gewünscht. Einfach zu sterben, damit es endlich ein Ende nimmt. Diese ständigen Demütigungen, diese Beleidigungen, diese Nacktheit …

Nach zehn Monaten hat mich der »Emeriki« an einen Freund namens Abu Anis weitergereicht. Ich weiß nicht, wie hoch der

Preis für mich war. Abu Anis war ein Händler, um die 60 Jahre alt, der alles Mögliche verschacherte, von Waffen über Fleisch. Während ich bei ihm war, habe ich mitbekommen, wie er mehr als 60 junge Jesidinnen kaufte und wieder verkaufte. »Dich behalte ich für mich.« Er dachte wohl, dass mich das trösten würde. Ich habe immer wieder geheult und gebettelt, dass er mich freilassen solle. »Sei endlich still!«, beschwerte er sich über den Lärm, den ich schlug. »Akzeptiere, dass du eine Sklavin bist.« Als Muslima müsse ich mein Schicksal ertragen. Ich wollte das aber nicht.

Ich war so erschöpft, habe kaum noch einen Bissen heruntergebracht und bemühte mich, auch diesem Sunniten seinen Haushalt so sauber wie nur möglich zu halten. Vielleicht würde er mich dann nicht anfassen? Das war aber nur ein Wunschgedanke. Er verhielt sich nicht anders als die anderen Männer. Später hat er mich wieder verkauft. Für 20 000 Dollar an einen anderen IS-Kämpfer.

Dieser Käufer aber fungierte als Mittelsmann. Über ihn hat Mutter mich aus Rakka herausgeholt und mich anschließend an der kurdisch-irakischen Grenze in Empfang genommen. Über ein Jahr lang hatte sie nach ihrer Flucht jeden Tag nach uns allen gesucht. Ihre dunklen Haare waren dabei weiß geworden. Zuerst hat Mutter mich, danach meine Schwester mitten in diesem Kriegschaos ausfindig gemacht. Bislang haben wir nichts über meine Brüder und meinen Vater in Erfahrung gebracht. Vielleicht leben sie noch? Als ich wegen meiner Zeugenaussage in die USA geflogen bin, hatte ich gehofft, dass der Geheimdienst uns vielleicht bei der Suche nach ihnen helfen würde.

Aber sie hatten dort kein Interesse an unseren Schwierigkeiten, sie wollten nur meine Informationen. Bei den Befragungen waren immer eine Amerikanerin, die für mich abgestellt war, und eine kurdische Dolmetscherin dabei. Ich weinte und mir war schlecht, wenn ich über die Misshandlungen sprechen musste. Dauernd haben zwei Leute abwechselnd nachgefragt, wann und wo ich gefangen genommen worden bin, wie viel Tage ich geblieben sei. Mir schwirrte der Kopf. Und dauernd formulierten sie verschiedene Versionen meiner Schilderungen und konfrontierten mich dann damit. Was sollte das? Ich habe nur das gesagt, was ich wusste.

Sie legten mir auch mehrere Fotos verschiedener Leute vor und machten mir klar, welche Gefahr diese Terroristen für Amerika darstellten. Auch ein Bild von al-Baghdadi war darunter. Ob ich diese Männer während meiner Gefangenschaft einmal irgendwo gesehen hätte? Einige habe ich erkannt, aber ich wusste nur ihre Tarnnamen, mit denen sie sich untereinander angesprochen hatten.

Eine wegen mir extra anberaumte Anhörung mit Mitgliedern des US-Kongresses ist danach kurzerhand abgesagt worden. Dabei hatten sie mir sogar eine offizielle Einladung dafür geschickt. Sie erklärten mir nicht, warum. Einige kurdische Journalisten hatten allerdings in Erfahrung gebracht, dass ich mich als wichtige Zeugin in den USA aufhielte. Sie wollten mit mir sprechen, aber man hat mir das »aus Sicherheitsgründen« verboten. Auf einmal haben die FBI-Mitarbeiter mich vorwurfsvoll gefragt, ob ich noch weiterhin zum »Emeriki« Kontakt hielte. Das hat mich so fürchterlich aufgeregt, dass ich nichts mehr sagen wolle. Ich wollte nur noch zurück.

Als ich wieder im Irak war, bot sich mir, meiner Schwester und Mutter nach einem Gespräch mit Professor Kizilhan die Möglichkeit, nach Deutschland auszureisen. Jede Nacht wache ich verschwitzt mit Panikanfällen auf. Ich kann einfach nicht vergessen. Aber ich hoffe so sehr, dass eines Tages mein Vater und meine Brüder freikommen und wir in Deutschland ein normales Leben führen dürfen. Ich möchte Deutsch lernen, um wieder als Lehrerin zu arbeiten. Ich liebe meinen Beruf. Und ich liebe Kinder so sehr. Manchmal sitze ich einfach nur da, die Kleinen auf dem Schoß, und streichle ihre Hände.

Das FBI: Der Umgang mit Zeuginnen und andere Fehler

All ihren Mut hatte die 21-jährige Zeugin zusammengenommen, um sich den Fragen des Geheimdienstes zu stellen und sich gedanklich noch mal zurück in die Hölle zu begeben. Für die Traumatisierten bedeutet das hohen Stress und Seelenpein. Plötzlich sehen die Frauen wieder ihre Peiniger vor sich, riechen deren Schweiß und spüren dieselbe Übelkeit wie damals. Der Drang, einfach fortzulaufen, ist gewaltig. Doch die Zeugin ist geblieben.

Durch die Intensität der Eindrücke empfinden die Opfer solche Situationen manchmal so, als würden sie sich an das Trauma nicht nur erinnern, sondern es erneut erleben. Diese Gedächtnisphänomene werden auch »Flashbacks« oder »Flashbulb«-Erinnerungen genannt. Eine Traumastörung geht immer mit Vermeidungsverhalten einher. Das betrifft Gedanken, Gefühle, aber auch Aktivitäten, Orte und Personen, die Erinnerungen an Folter und Vergewaltigung auslösen. Bestimmte Ereignisse sind zeitweise wie ausgelöscht. In Stresssituationen können die stark angstbesetzten Bilder bei den Frauen einen Panik- oder einen Krampfanfall auslösen. Nach Atem ringend und zuckend liegen sie dann am Boden und glauben, sich wieder real in der Traumasituation zu befinden.

Abwechselnd tauchten eine Frau und ein Mann auf, die der jungen Lehrerin stundenlang ihre Fragen stellten. Erst freundlich, doch mit der Zeit änderte sich die Stimmung, da die Interviewer offenbar das Gefühl hatten, nicht die Informationen zu bekommen, die sie eigentlich »hören« wollten. Die 21-Jährige aber bleibt bei dem, was sie gesagt hat. Sie versteht nicht, warum sie hinterfragt wird.

Es ist unklar, wie professionell diese Geheimdienstleute geschult waren. Wenn sie sonst auf Verhöre mit Terroristen spezialisiert sind, kann in so einem Gespräch mit traumatisierten Frauen einiges schieflaufen. Diese FBI-Experten arbeiten mit verschiedenen psychologischen Techniken, wie Vertrauen entwickeln, Beziehung herstellen, Perspektive in Aussicht stellen und ihr Gegenüber immer wieder spüren lassen, dass die Macht allein auf der anderen Seite des Tisches bei ihnen liegt.

Bewusst verunsichern die Männer vom FBI ihre Zeugin und vermitteln ihr dadurch indirekt das Gefühl, zu lügen. Zwar ist den Geheimdienstlern durchaus bewusst, dass Traumatisierte nicht immer in der Lage sind, geordnet zu erzählen. Dass ihnen womöglich etwas entfällt, was ihnen erst später wieder in Erinnerung kommt, sodass sie sich manchmal scheinbar in Widersprüchen verstricken. Warum aber gehen sie trotzdem so vor? Möglicherweise lag das in dem Fall auch an der Expertise eines Traumaexperten, der die Zeugin in den USA untersucht hatte und zu der Erkenntnis kam, dass sie unter keiner posttraumatische Belastungsstörung leide. Die junge, sehr attraktive Frau wirkt nach außen hin sehr selbstbewusst. Das aber darf nicht über ihre innere Zerrissenheit und Verstörtheit hinwegtäuschen.

Immer wieder formulierten die Verhörspezialisten verschiedene Versionen ihrer Schilderungen und konfrontierten die junge Frau damit. Sie erhofften sich, dass die Zeugin unter Druck noch mehr Informationen preisgeben würde. Die mögliche nervliche Überlastung oder ein psychischer Zusammenbruch der Person ist dabei nicht von Belang.

Das FBI sagte kurzerhand die Anhörung mit Kongressmitgliedern ab und ließ die Zeugin »links« liegen, da sie doch nicht so »interessant« wie erwartet war. Kurdischen Journalisten verbot man »aus Sicherheitsgründen« den Zugang zu ihr. Möglicherweise wollte das FBI auch vermeiden, dass etwas über den Verlauf dieser Gespräche nach außen dringen und somit auch der Geheimdienst in die Kritik geraten könnte?

Die Mitarbeiter des FBI legen der 21-Jährigen viele Fotos vor, darunter auch eines von al-Baghdadi. Unter all den Köpfen erkannte sie den »Emeriki« sofort. Etwa 120 Amerikaner sollen beim IS kämpfen, wobei keine gesicherten Zahlen vorliegen. Die überwiegende Mehrheit unter ihnen sind Muslime mit Migrationshintergrund, der geringere Anteil macht amerikanische Muslime und Konvertiten aus. Deren Motivation ist ähnlich wie bei den jungen Männern aus Europa. Der IS ist jedoch besonders darauf bedacht, den USA zu schaden und dort Unterstützer zu finden, da sie aus deren Blickwinkel die westliche Welt und ihre »verderbte« Kultur verkörpern und schon lange militärisch im Mittleren Osten aktiv sind.

Der »Emeriki« hatte die Zeugin brutal entjungfert, mehrfach missbraucht, ihr die Würde und das Gefühl, ein Mensch zu sein, genommen. Immer wieder aber bohrten die FBI-Leute nach, ob sie noch Kontakt mit diesem Amerikaner habe. Darauf reagierte die junge Frau erst ärgerlich, dann wütend. Entschieden stritt sie das ab. Wie man überhaupt auf so eine Idee kommen könne? Doch die FBI-Leute glaubten ihr nicht.

Tatsächlich sind Fälle bekannt, in denen ehemalige jesidische weibliche Gefangene später wieder Kontakt zu ihren Peinigern aufgenommen haben. Psychologisch betrachtet, lösen sich in solchen Fällen die Opfer von den Tätern nur schwer, weil sie auf die immer wiederkehrende Frage: »Warum hast du mir das angetan?«, allein keine Antwort finden. Sie suchen immer wieder den Kontakt zum Täter, vielleicht auch in der Hoffnung, eine Entschuldigung von ihm zu erhalten. Einige junge Mädchen haben auch ihre ersten sexuellen Berührungen mit diesem Peiniger erlebt. Durch ihre Kultur und Erziehung bedingt, haben sie gelernt, dass dieser erste sexuelle Kontakt nur mit einem Ehemann gestattet ist. Das bindet das Mädchen an den Täter, selbst wenn er sie vergewaltigt hat.

Bei der jungen Zeugin aber liegt der Fall ganz offensichtlich anders. Sie ist tief erschüttert über diese Unterstellung. Nachdem sie zuletzt nach Deutschland ausgereist war, hatte der amerikanische Geheimdienst den deutschen Sicherheitsbehörden seinen Verdacht mitgeteilt, dass die 21-Jährige noch im Kontakt mit dem »Emeriki« stände. Daraufhin wurde die junge Frau auch von deutschen Sicherheitsbehörden zu einem Gespräch geladen. Dort konnte man den Verdacht jedoch nicht bestätigen.

Die Reise in die USA und die nachfolgenden »Verhöre« belasteten die Jesidin so sehr, dass sie vermehrt Suizidgedanken entwickelte und schließlich in Deutschland behandelt werden musste. Zunächst versuchte es ein Psychiater mit einigen Gesprächen und Neuroleptika. Da es zu keiner Besserung kam, wurde sie stationär in der Psychiatrie behandelt, wo sie 24 Stunden unter Kontrolle stand. Aktuell ist die 21-Jährige wieder stabil, möchte aber nie mehr mit Leuten vom Geheimdienst sprechen.

Möglicherweise verwehren sich Geheimdienste durch eine derartig verächtliche und arrogante Haltung wichtige Einblicke in den IS. Keiner kennt jedoch die Situation und auch die Schwachstellen in diesem Terrorsystem besser als die Menschen, die darin leben mussten.

Kurze Geschichte des IS: Von der Terrororganisation »Al-Qaida« zum Kalifat

Immer wieder beschäftigen sich Geheimdienste mit der Geschichte des IS und anderer terroristischer Organisationen, um Motive, Schwächen und Stärken der Täter besser einordnen zu können. Es ist allgemein bekannt, dass der IS im Irak aus der mittlerweile geschwächten »Al-Qaida«-Terrororganisation hervorgegangen ist.

Es ist weiterhin kein Geheimnis, dass »Al-Qaida« in den 1990er-Jahren selbst von US-amerikanischen und saudischen Geheimdiensten aufgebaut worden ist. Viel Geld ist geflossen, um junge Muslime aus dem arabischen und nordafrikanischen Raum auszubilden und mit ihrer Hilfe in Afghanistan die russische Armee zu bekämpfen. Im Hintergrund arbeiteten islamische Organisationen mit ähnlichen Strukturen. Mittels entsprechender Financiers, zum Beispiel aus Saudi-Arabien, Kuwait und Katar, errichteten sie somit dieses neue und effiziente Netzwerk im Nahen und Mittleren Osten, aber auch in Afghanistan, Zentralasien und Europa.

Inspiriert von »Al-Qaida«, die im Laufe der Zeit immer mehr Sympathien in der muslimischen Welt gewann, sprossen neue Terrororganisationen wie Pilze aus dem Boden, die vor allem in Zentralasien, im Irak, in Syrien, Libyen, Zentralafrika und im Jemen ihre Aktivitäten entfalteten. Versteckt – oder zum Teil mit Wissen vieler Geheimdienste – verstärkten sie ihre Netzwerke zudem in der Türkei, den USA, in Europa und Australien. Der Nährboden war günstig. Schon immer war der Mittlere Osten gespalten, die Sunniten und Schiiten bekämpften sich mal offen, mal subtil.

Der Zusammenbruch der alten Ordnung erfolgte mit Ende des Osmanischen Reiches und dem französisch-britischen Sykes-Picot-Abkommen, das 1916 den Nahen Osten in koloniale Interessensgebiete einteilte. Auf diese Weise entstanden willkürlich eingerichtete, ethnisch oft völlig heterogene Staaten, die nichts mit dem Willen und Wünschen der verschiedenen Völker zu tun haben. Bis heute sind diese selbstherrlich gebildeten Grenzen noch existent.

2004 trat der IS erstmals öffentlich als Teil der Al-Qaida im Irak auf. Sunnitische Terroristen verübten damals schwere Attentate gegen die schiitische Regierung, die von den Amerikanern ins Amt gehoben worden war. Einen ihrer heftigsten Anschläge richteten sie allerdings gegen die Jesiden in dem Gebiet der Stadt Sindjar. Mehr als 500 Menschen starben dort durch zwei Bombenexplosionen. Anfang August haben IS-Milizen das mehrheitlich von Jesiden bewohnte Gebiet Sindjar im Nordirak besetzt. Von hier aus nahm der Genozid gegen die friedlich lebende religiöse Minderheit seinen Lauf. Heute steht Sindjar als Symbol für die Grausamkeit des IS.

Abu Bakr al-Baghdadi übernahm, verschiedenen Berichten zufolge, 2010 die offizielle Führung des IS. Weiter belegen Zeugenaussagen, dass der 47-Jährige mit seinen IS-Kämpfern vom Irak aus nach Syrien gezogen ist, um von dort aus gegen das syrische Regime in Damaskus, vor allem aber gegen die Alawiten zu kämpfen. Im Frühjahr 2013 begründete al-Baghdadi den »Islamischen Staat« und setzte sich von der Nusra-Front ab, die bis dahin als Al-Qaida-Ableger in Syrien eine Art Führungsposition innegehabt hatte. Nach dem Sturm auf Mossul am 10. Juni 2014 rief al-Baghdadi das sogenannte Islamische Kalifat aus.

Langfristig plant der IS sein Reich in den heutigen Staaten Irak, Syrien, Libanon, Israel, Palästina und Jordanien zu errichten. Darin sollen die religiösen Gesetze des Islams, die Scharia, umgesetzt werden. In einer nächsten Phase ist die Verbreitung der IS-Ideologie in weiteren Ländern geplant. Endziel ist die Unterwerfung der ganzen Welt unter der Führung des Kalifen.

Der Flirt der Geheimdienste mit dem IS

Beeindruckt vom Kampfwillen und der Brutalität der IS-Milizen, schlossen sich viele Mitglieder der sogenannten »Freien Syrischen Armee«, sogar der »Al-Nusra« und auch andere Verbündete dem IS an. Doch dies allein erklärt nicht das Phänomen, dass deren Milizen zwischenzeitlich weite Teile des Iraks und Syriens mit fast neun Millionen Menschen kontrollierten. Durch Luftangriffe der Alliierten haben sie zwar, laut Pentagon im Mai 2016, mittlerweile über 45 Prozent ihres eroberten Gebietes im Irak und bis zu 20 Prozent in Syrien wieder eingebüßt sowie viele Führungskräfte verloren, regieren aber noch stabil in Mossul und Rakka, wobei ein »Umzug« der Zentrale auch nach Afghanistan oder in ein afrikanisches Land denkbar wäre.

Nach Ansicht vieler Vertreter der syrischen Opposition und zahlreicher Experten ist es eindeutig, dass der IS von Beginn an durch verschiedene Geheimdienste und einflussreiche Personen aus der arabischen Finanzwelt mit Geld gefördert wurde. Zusätzlich liefern diese Stellen an den IS Informationen über militärische Stützpunkte der irakischen und syrischen Armee, helfen beim Aufbau von Netzwerken, um Waffenhandel zu ermöglichen, und erleichtern Grenzübertritte über die Türkei, Libanon, den Irak, Jordanien …

Verdächtigt werden in diesem Zusammenhang vor allen Länder wie die Türkei, Saudi-Arabien oder Katar, direkt oder indirekt dem IS die Hände zu reichen. Bereits seit 2004 soll der IS die Unterstützung seitens dieser USA-Gegner erhalten haben.

Zudem besitzen die Offiziere der ehemaligen Baath-Regierung, die sich dem IS angeschlossen haben, das nötige Knowhow, um sich militärisch erfolgreich gegen die alliierten Kräfte zu behaupten. Das wird auch durch die ehemaligen Stellvertreter al-Baghdadis deutlich. So waren Abu Ali al-Anbari und Abu

Muslim al-Turkmani beispielsweise vormals hohe Offiziere in der Armee Saddam Husseins. Die zumeist handschriftlich gehaltenen und vorgefundenen Dokumente, die von einem ehemaligen irakischen Geheimdienstoberst der Luftabwehr namens Haji Bakr stammen, belegen die Geheimdienstkontakte sowie die minutiöse Vorbereitung des IS, das Gebiet im Irak und Syrien zu erobern. Über den Geheimdienstoberst aus dem Irak, der mit richtigem Namen Samir Abd el-Mohammed al-Khlifawi heißt, weiß man, dass er sich 2004 der Vorgängerorganisation des IS im Irak angeschlossen hatte. Sechs Jahre später wirkte er daran mit, den nominellen Führer Abu Bakr al-Baghdadi an die Spitze des IS zu setzen. Hier bestätigt sich, dass Abu Bakr al-Baghdadi dem IS lediglich ein Gesicht verleihen soll. In Wirklichkeit organisieren ehemalige irakische Offiziere straff den IS, unter anderem besagter Haji Bakr. Der Oberst soll Ende 2012 nach Syrien gezogen sein, um von dort aus in den Irak einzufallen. Haji Bakr wurde im Januar 2014 bei einem unerwarteten Gefecht in Syrien getötet.[3]

In der ersten Phase ihrer Kriegsführung sind die Führungskräfte des IS bis zur Übernahme großer Teile des Iraks und Syriens sehr strategisch vorgegangen. Der religiöse Fundamentalismus diente bis dahin lediglich als eine Maske, um die angepeilten Ziele schneller zu erreichen. Um aber ein Gebiet bis fast vor die Tore Bagdads und Damaskus unter ihre Kontrolle zu bekommen, benötigten sie noch mehr. Erpressungsgelder, hervorragende Militärstrategen und die Unterstützung der Geheimdienste mit finanziellen Mitteln reichten dazu nicht aus.

Nur durch gezieltes Ausspionieren der verschiedenen kämpfenden Gruppen in Syrien, die verdeckte Zusammenarbeit mit dem syrischen Geheimdienst, die direkte oder indirekte Unterstützung des türkischen Geheimdienstes sowie die finanzielle Unterstützung wohlhabender Araber aus den Golfstaaten war der IS in der Lage, weite Landstriche zu erobern und sich selbst zu festigen. Pläne, die dies belegen, sind bei Gefechten mit IS-Milizen von US-Spezialeinheiten beschlagnahmt worden. Sie beweisen, wie differenziert das Kalifat seine Vorgehensweise von Nordsyrien aus vorbereitet hat.

Erst nach der Kontrolle weiter Teile des Irak und Syriens scheint Abu Bakr al-Baghdadi mehr Macht im IS erhalten zu haben. Die ehemaligen Offiziere, die die meisten sunnitischen Stämme für ihre radikalen Vorhaben gewinnen konnten, verfolgten nicht nur persönliche Rachemotive, weil sie nach dem Sturz Saddams aus der irakischen Armee entlassen und wie heiße Kartoffeln fallen gelassen worden waren. Vielmehr verknüpften sie mit ihrem Kampf auch die Hoffnung, dass die weltweit von der Anzahl her dominierenden Sunniten auch im Irak die Macht übernehmen würden und ihr persönlicher Einfluss in einem neuen »Staat« ausgebaut werde. Außerdem sollte der verhasste alawitisch-schiitische Assad gestürzt werden, was sie anfangs aber noch geschickt verschleierten.

Bereits 2012 hatten ehemalige Offiziere Saddams einige Militärlager in Syrien aufgebaut. Zuerst verhielten sie sich möglichst unauffällig und bildeten dort unterschiedliche Leute mit unterschiedlichen Berufen und Motivationen als Kämpfer aus. Männer aus Saudi-Arabien, Tunesien und Europa führten sie mit kampferprobten Tschetschenen und Usbeken zusammen und formten daraus ihre heute so gefürchtete, unmenschliche Streitmacht.

Die Regierung in Syrien selbst ließ sich auf einen berechnenden Flirt mit dem IS ein. Im Hinterkopf hatte sie dabei, dass die islamistischen Extremisten sozusagen die »Drecksarbeit« für sie erledigen könnten. Die IS-Milizen sollten die Freie Syrische Armee und andere Oppositionsgruppen, die den Sturz des Machthabers Assad anstrebten, schwächen oder sogar vernichten. Geheimdokumente weisen nach, dass die syrischen Geheimdienste zielgerichtet den IS unterstützten und dass die syrische Armee die vom IS gehaltenen Gebiete in Syrien nicht angriff.

Nachdem die USA 2003 in den Irak einmarschiert waren, hatte es in der Gerüchteküche gebrodelt. Wollten die Amerikaner auch in Syrien einmarschieren? Assad und Saddam, die sich zwar beide als arabische Nationalisten ausgegeben haben, aber Todfeinde waren, bekämpften sich derweil erbittert über ihre insgesamt mehr als 50 Geheimdienstorganisationen. Ein taktischer Schlag folgte auf den anderen. Die ausländischen Geheimdienste, vor allem aus der Türkei, den USA, Russland, Frankreich und Großbritannien, wirkten aktiv bei solchen Aktionen mit.

So winkte die syrische Regierung jahrelang, insbesondere ab 2012, Tausende IS-Kämpfer über den Flughafen in Damaskus durchs Land, damit sich diese im Norden dem IS anschließen konnten. Auch der Iran turtelte für eine gewisse Zeit mit dem IS, vor allem mit al-Zarqawi, dem ehemaligen al-Qaida-Vertreter des Irak und späteren Gründer des IS, der sich mehrere Monate im Iran aufhielt. Al-Qaida und damit al-Zarqawi hatten bis dahin die USA bekämpft, was auch im Interesse des Iran lag. Dass dieser Jordanier aber auch die Schiiten nicht als Muslime betrachtete, hatte er gegenüber den schiitischen Iranern wohlweislich unter den Tisch fallen lassen. Dies war auch ein Streitpunkt zwischen ihm und Osama bin Laden, der nicht vorhatte, gegen die Schiiten zu kämpfen. Es ist bekannt, dass al-Zarqawi verantwortlich für den Mord an Tausenden Schiiten im Irak ist.

Vielen der arabisch-sunnitischen Länder ist es bis heute ein Dorn im Auge, dass die Schiiten seit 2003 in Bagdad die Regierung übernommen haben. Auch im Irak selbst haben sich aus dem Grund viele sunnitische Stämme dem Terrorregime angeschlossen.

Im Laufe der Jahre stießen noch Muslime und Konvertierte aus dem gesamten arabischen Raum, Nordafrika und der westlichen Welt zum IS hinzu. Dabei ermöglichten ihnen die Geheimdienste, zum Beispiel aus der Türkei und aus Syrien, den problemlosen Transit. Heute befinden sich in den Reihen des »Kalifats« Kämpfer aus mehr als 80 Staaten. Zum Teil ziehen ganze Familien aus Europa einschließlich Frauen und Kindern dorthin, um sich am »Dschihad« zu beteiligen.

Diese Gruppen werden mithilfe von Geheimdiensten über verschiedene Schleuserwege aus Europa oder der restlichen Welt in den Irak oder nach Syrien gelenkt. Üblicherweise fahren die zukünftigen »Gotteskrieger« unter anderem über Istanbul in die Osttürkei, beispielsweise in die Städte Gaziantep oder Urfa, wo der IS unter anderen Namen einige Büros und Schläferzellen unterhält. Auch nach den IS-Anschlägen in der Türkei unterstützen dort legale und illegale Netzwerke wie islamische Vereine und Gemeinden den IS. Von dort aus werden die Kämpfer über die Grenze nach Syrien transportiert. Der türkische Geheimdienst hat das zugelassen in der Hoffnung, den verfeindeten Assad zu schwächen beziehungsweise dessen Regierung zu stürzen und die Kurden daran zu hindern, in Nordsyrien eine kurdische Autonomie aufzubauen.

Die Gebiete, in denen al-Baghdadi seine Schlachten führen lässt, sind in Syrien und im Irak von großer wirtschaftlicher und strategischer Bedeutung. Entlang des Euphrat findet man beispielsweise fruchtbare Ländereien, Getreide- und Baumwollanbau und nicht zuletzt die syrischen Ölfelder. Die Angriffe der IS-Kämpfer auf Wasser-Reservoirs und Dämme im Norden und Westen des Irak dienen der Sicherung der Wasserversorgung, ansonsten geht es um wichtige Verkehrswege, Städte und Grenzübergänge.

In den Industriegebieten Syriens um Aleppo herum haben die »Gotteskrieger« ganze Fabriken geplündert und abgebaut, um im

Anschluss daran deren Bestandteile in der Türkei wieder zu verkaufen. Mit diesen Einnahmen betreibt das Personal des IS Raffinerien im Grenzgebiet. Das gestohlene Öl wird über Mittelsmänner wiederum in die Türkei abgesetzt. Viel Geld nimmt die al-Baghdadi-Gruppe auch durch die Plünderungen antiker Ausgrabungsstätten, Museen und Kirchen ein. Nach Erkenntnis des »Internationalen Museumsrates« (ICOM) befinden sich 90 Prozent des syrischen Weltkulturerbes in diesen Kampfgebieten.

Der britische »Guardian« berichtete, dass die Al-Baghdadi-Gruppe internationalen Kunstdieben zunehmend das Gelände überlässt und von diesen bis zu 20 Prozent »Plünderungssteuer« eintreibt. Die britische Organisation (Conflict Armament Research) ermittelte, dass Soldaten in eroberten IS-Stellungen und bei getöteten Kämpfern »bedeutende Mengen« von Kleinwaffen aus US-amerikanischer Herstellung gefunden haben. Darunter M16-Sturmgewehre mit dem Aufdruck »Eigentum der US-Regierung«, die vermutlich über Saudi-Arabien und Katar in die Kampfgebiete nach Syrien geliefert worden sind. Nicht zuletzt bestätigte die »New York Times« bereits im März 2013 in einer umfassenden Langzeitrecherche die Waffenverkäufe aus Katar, Saudi-Arabien, Kroatien und Jordanien an die Kampfgruppen in Syrien. Geliefert haben die Händler die tödliche Ware über die Grenzen zur Türkei und zu Jordanien.

In solch einem Ausmaß sind Waffenlieferungen ohne das Wissen beteiligter Staaten oder zumindest ihrer Geheimdienste nicht möglich. 2013 plünderten IS-Milizen verschiedene Waffenlager der syrischen und irakischen Armee. Merkwürdig erscheint hier, dass die Armeen ihre Lager unberührt mit voller Ausstattung zurückließen und nicht einmal den Versuch unternahmen, die Waffen – wie sonst üblich – untauglich zu machen. Große Mengen an Munition, Schusswaffen und anderen Kampfmitteln US-amerikanischer Herkunft fielen bekanntlich den IS-Milizen auch beim

Sturm auf Mossul im Juli 2014 in die Hände. Vermutlich haben auch hier die ehemaligen irakischen Offiziere beim IS mit ihren guten sunnitischen Kontakten im Irak ihre Finger im Spiel gehabt. Auch frische IS-Uniformen gelangen über Saudi-Arabien per Schiff nach Spanien. Ziel: der Grenzübergang von Bab al-Hawa zwischen dem türkischen Antakya und dem syrischen Aleppo. Laut »New York Times« wird die Ware teils unter dem Deckmantel »humanitärer Hilfe« verschickt.

Die »Karriere« des IS: Vom Kleinkriminellen über den Bombenleger bis hin zum eigenen Staat

Belächelte man den IS lange Zeit vor allem als ein Sammelbecken für Kleinkriminelle, Verlierertypen, Erpresser und Bombenleger im Irak, so besitzt er heute de facto einen eigenen Staat. Das Terrorregime ist bemüht, seine Bevölkerung mit dem Nötigsten zu versorgen. Richter sprechen dort Recht nach dem Gesetz der Scharia. Regionalregierungen stellen Bürgermeister oder Gouverneure auf. Die Dschihadisten bezahlen Gehälter, liefern Wasser, Strom und Gas, regeln den Verkehr, unterhalten Schulen, Universitäten, Moscheen, Banken und Bäckereien. Diese recht geordneten Strukturen unterscheiden den IS von anderen, nur lose organisierten aufständischen Gruppen und erklären seine Stärke. Die einzige Regierung, die funktioniert, sei die des »Islamischen Staates«, machte ein Diplomat in Libyen seiner Frustration über das instabile und von Rivalitäten zerfressene Land Luft.

Ziel der Extremisten ist der Aufbau eines islamischen Weltreichs, mit dem sie seit 2013 beschäftigt sind. Ende Juni 2014, fast genau 90 Jahre nach der Abschaffung des letzten Kalifats durch die türkische Nationalversammlung, gab der selbst ernannte Führer des IS, Abu Bakr al-Baghdadi, die Gründung des Kalifats Großsyrien bekannt. Nach Auszügen einer Audio-aufnahme äußerte er in Mossul Folgendes: »(...) Wir verkünden die Expansion des ›Islamischen Staates‹ in das Land der beiden heiligen Stätte, in den Jemen, in Ägypten, Libyen und Algerien … Der Vormarsch der heiligen Krieger wird weitergehen, bis wir Rom erreichen, mit Gottes Erlaubnis … Zieht eure Schwerter. Lasst die Vulkane des Dschihad überall ausbrechen.«

Zu ihren besten Zeiten beherrschten die Islamisten ein Gebiet so groß wie Großbritannien, in dem rund acht Millionen Menschen leben. Hunderttausende sind vor dem Terror geflohen. Wie professionell die Mordbrenner des IS organisiert sind, erkennt man an ihren politischen Strukturen. In al-Baghdadis Kabinett finden sich Minister für Finanzen, Sicherheit und Organisation. Ein sehr einflussreiches Gremium ist auch der Schura-Rat, eine Art Ältestenrat, der sicherstellen soll, dass die religiösen Regeln auf allen Ebenen eingehalten werden. Außerdem gibt es noch eine Abteilung für öffentliche Information und Medien, eine Rechtsabteilung, die prüft, ob die Scharia-Regeln eingehalten werden, und einen Rat für Verteidigung, Sicherheit und Geheimdienste. Dazu ein Heer von Denunzianten, die über das Volk wachen. Anerkennung hat sich der IS bei einigen Anwohnern dadurch erworben, dass seine Milizen durch Strafmaßnahmen und Scharia-Gerichte auf den Straßen für Ruhe gesorgt sowie Stammesfehden oder Clanstreitigkeiten beendet haben.

Die Rückschläge des IS in den vergangenen Monaten und die Verluste einiger Gebiete im Irak und in Syrien haben den Eindruck erweckt, dass die einst reichste Terrororganisation in Finanznöten steckt und das Ende des »Islamischen Staates« nahe sei. Dies mag tatsächlich und hoffentlich auch schnell möglich sein, aber dennoch ist mit dem IS auch ein neuer Gedanke zur Realität geworden. Dschihadisten haben es geschafft, einen eigenen »Islamischen Staat« zu gründen. Statt nur einzelne Systeme und Staaten zu bekämpfen, haben sie ein neues Konzept umgesetzt.

Während sämtliche dschihadistischen Herrschaftsexperimente in der Vergangenheit gescheitert sind, haben die IS-Anführer eine neuartige islamisierte faschistische Ideologie begründet, die nicht mehr so einfach mit ihrer Vernichtung verschwinden wird. Wie ein Krake streckt sie ihre Tentakel in viele Richtungen aus. Trennt man ihr einen Arm ab, wächst an anderer Stelle der nächste nach. Nachahmer werden sich in Libyen, Afghanistan, Indien und anderen Ländern – auch in der westlichen Welt – formieren und weiterhin den Menschen die Luft zum Atmen nehmen.

Der uralte Konflikt zwischen Schiiten und Sunniten ist in eine neue und »moderne« Kriegsphase eingetreten und wird konfessionell gemischte Staaten wie Saudi-Arabien, Kuwait, Bahrain, Libanon an den Rand der Zerstörung führen. Daran werden sich auch weiter die Geheimdienste des Iran, Syriens, der Türkei und natürlich die der westlichen Staaten beteiligen. Jeder kocht sein eigenes Süppchen und blickt nicht über den eigenen Tellerrand hinaus. Diese innere Zerrissenheit und Uneinigkeit wird dem IS oder auch seinem Nachfolger weiter Nahrung und Kraft geben, unbeirrt im Namen Gottes zu morden oder neue Terrorgebiete zu schaffen.

Die »Bunkermentalität«: Jeder hört jeden ab, keiner spricht mit dem anderen

Aufgrund ihrer »Bunkermentalität« haben die Nachrichtendienste offensichtlich den Überblick verloren über die tatsächlichen Aktivitäten der Terrornetzwerke im Mittleren Osten und in Europa, wie zum Beispiel in Brüssel oder Istanbul. Die Nationalstaaten geben aus verschiedenen Gründen zu wenige entscheidende Geheimdienstinformationen an ihre Partner weiter.

Das Misstrauen und die unterschiedlichen Interessen der Geheimdienste sind größer als das gemeinsame Bestreben, den internationalen islamistischen Terror effektiv zu bekämpfen. Damit sind nicht nur die Türkei, Syrien, der Iran oder der Irak, sondern auch die europäischen und US-Geheimdienste gemeint. Wenn der IS international operiert, stellt sich die Frage, warum beispielsweise die europäischen Geheimdienste nicht ebenfalls dazu in der Lage sind. Warum sind sie nur rein national tätig? Und warum haben sie keine gemeinsame Strategie zur Terrorismusabwehr und -bekämpfung?

Die europäischen, US-amerikanischen und russischen Geheimdienste arbeiten mit unterschiedlichen Nachrichtendiensten in der Türkei, im Irak oder in Syrien zusammen und unterhalten scheinbar auch indirekte Kontakte zu Terrororganisationen, über verdeckte Informanten und andere Mittel, ohne daraus jedoch einheitlich Kapital zu schlagen, um diese Terrororganisationen kontrolliert und effektiv zu bekämpfen.

Wenn derartige Probleme ignoriert oder nicht gut analysiert werden, Geheimdienste und Politik die Gefahr des IS-Terrorismus unterschätzen und keine neue Herangehensweisen wie eine bessere Filterung der Daten entwickeln, werden Extremisten weiterhin versuchen, Unschuldige zu töten und Chaos zu verursachen.

So kann man zum Beispiel in Belgien deutlich erkennen, dass ein ausgeprägter Föderalismus einen tiefen Graben zwischen den Bevölkerungsgruppen von Flamen und Wallonen gezogen hat, deren Politiker und »Parallelsystem« jede Entwicklung lähmen. Zuständigkeiten und Ressourcen werden stark regional verteilt und wenig zentralisiert. Das erschwert eine direkte Kommunikation, wenn es darum geht, sich schnellstmöglich kurzzuschließen und zu handeln.

So gelang es einem der Täter, Salah Abdeslam, der international zur Fahndung ausgeschrieben war, sich frei durch ganz Europa zu bewegen. In Österreich geriet er mit seinen Helfern sogar in eine Polizeikontrolle, die den Terroristen zwar namentlich erfasste und identifizierte, aber weiterfahren ließ, sodass das Terrorteam noch einen weiteren Helfer in Ulm einsammeln konnte, um im Anschluss daran viele Menschen in Belgien am Flughafen und in einer Metrostation mit Sprengsätzen zu töten.

Dabei handelt es sich nicht nur um ein belgisches Problem. Europaweit müssten Geheimdienste und Polizeibehörden besser zusammenarbeiten. Seit dem 11. September 2001 spricht die Politik zwar von einem erweiterten Datenaustausch der Sicherheitskräfte zwischen Europa und den USA, stattdessen aber hören die Geheimdienste der USA die europäischen Politiker ab, greifen sich nur ihre eigenen Informationen ab und landen damit in einer Einbahnstraße. Wie gehabt, werden die europäischen Geheimdienste nicht ausreichend von den US-Geheimdiensten über die Aktivitäten des IS im Mittleren Osten und in Europa informiert.

Frankreich und Großbritannien dagegen verfügen historisch schon immer über gute Netzwerke und Kontakte im Mittleren Osten und über die professionellsten Geheimdienste in Europa. Sie wären dazu in der Lage, eine stärkere Zusammenarbeit der europäischen Geheimdienste zu ermöglichen.

Noch problematischer wird es, wenn es nur um ein Minimum an vermehrter Kooperation zwischen europäischen Geheimdiensten und den Ländern des Mittleren Ostens geht. Die Geheimdienste dort verfolgen ihre eigenen Interessen, sie sind zum Teil ein Staat im Staate geworden, beteiligen sich direkt oder indirekt an Kriegen und damit auch an Folter und Mord von Zivilisten und Oppositionellen. Der US-Geheimdienst hat beispielsweise den kurdischen Nordirak unter seine »Kontrolle« gebracht und dort ein Zentrum für Geheimdienste aufgebaut, wobei nicht durchschaubar ist, wann, für welche Zwecke und wo sie welche Gruppen unterstützen.

Die regionalen Geheimdienste, wie die in der Türkei, im Iran oder in Israel, sind de facto aktiv auf der einen oder anderen Seite, manchmal sogar auf allen Seiten. Dabei sind sie nicht nur mit Informationssammlung beschäftigt, sondern auch taktisch und strategisch an Waffenlieferungen und an der Finanzierung verschiedener Terrorgruppen wie dem IS beteiligt.

Europäische Geheimdienste haben die Zahl ihrer Mitarbeiter in Damaskus, Jordanien oder Libyen erhöht. Es ist dennoch nicht gesichert, ob sich die deutschen Geheimdienste mit den britischen Kollegen zusammenschließen oder sich gegenseitig weiter abschirmen. Dies führt letztendlich wieder zur Stärkung der regionalen Geheimdienste, die nach taktischen Überlegungen dem deutschen Nachrichtendienst andere Informationen zukommen lassen als dem britischen. Gleichzeitig ist nicht immer gewährleistet, dass Informationen von Aufklärungs- und Tankflugzeugen, Fregatten und anderen Einheiten der Alliierten, die im Irak und in Syrien gegen den IS kämpfen und wichtige Informationen abgefangen haben, weitergeleitet werden. Spezialeinheiten der USA, die einige führende IS-Terroristen getötet und dabei zahlreiche wichtige Dokumente beschlagnahmt hatten, haben diese Informationen nicht in vollem Umfang an andere Geheimdienste weitergegeben.

Spätestens nach den in letzter Zeit zunehmenden Terrorattentaten sollten die Geheimdienste jedoch verstanden haben, dass es nicht nur um den »Schutz« des eigenen Landes geht, geschweige denn darum, sich gegenseitig zu kontrollieren und abzuhören. Wesentlich wichtiger ist es, gemeinsam gegen den internationalen Terror vorzugehen, der alle gefährdet. Wird dieser Terror von ihnen nicht als der Feind aller Staaten erkannt, wird eine Prävention kaum möglich sein, und wir werden den Ereignissen weiter hinterherhecheln.

Ein Umdenken ist notwendig, da der IS über flexible, sich ständig verändernde Netzwerke arbeitet. Davon unabhängig agieren in seinem Namen auch Einzelpersonen, sodass der IS immer weniger wie ein Staat hierarchisch organisiert ist. Die Verluste, die der IS selbst durch Morde an hohen Führungsoffizieren erleidet, führen nicht automatisch zu seiner Schwächung, weil das Terrorregime ständig aktiv neue Zellen bildet und sein Netzwerk neu spannt. Die Geheimdienste benötigen ebenfalls solche beweglichen Netzwerke, um das Geflecht des Terrors zu zerreißen. Auch die NATO, in Kooperation mit Russland, muss hierbei ihren Platz einnehmen. Solange jedoch der Konkurrenzkampf untereinander eine höhere Priorität hat als Kooperation, wird es nicht gelingen, über die Geheimdienste ausreichend Informationen über Planung, Bewegung und Aktivitäten des internationalen Terrors zu bekommen. So lange werden die Bürger nicht gut geschützt sein. Sicherheit aber ist eines der wichtigsten Güter, die ein Staat seinen Bürgern garantieren muss.

Wechselnde Rollen: Von Opfern zu Tätern zu Opfern

Selbst wenn sich auf alten Kriegsruinen verspiegelte Hochhäuser zur Sonne strecken, ist das Grauen der alten Tage noch nicht vergangen. Die Gespenster der Vergangenheit suchen die ehemals geschundenen Regionen heim, beeinflussen das Verhalten einer ganzen Gesellschaft und streuen den Menschen Argwohn in die Augen. Abweisend blicken diese auf ihre Umwelt, in der andere zu Fremden werden. Wer sich vor Fremden fürchtet, sucht oft nach Theorien, die begründen, warum wir uns zu Recht ängstigen oder auf die anderen einschlagen.

Hat ein Mensch erst einmal eine Einstellung erworben, ist es schwer, diese wieder zu verändern. Da versagen selbst die raffiniertesten psychologischen Techniken. Nur in einem langwierigen Prozess lassen sich Überzeugungen wandeln. Betrachtet man das Chaos im Nahen und Mittleren Osten, ist das allerdings in den nächsten drei bis vier Generationen kaum zu erwarten.[4]

Historisch begründete Feindschaften, beispielsweise zwischen Schiiten und Sunniten, stellten einst vielleicht eine echte Bedrohung dar. Beide Parteien fühlten sich von daher sicherer, wenn sie Distanz zueinander hielten. Ähnlich erging es auch den Arabern im Osmanischen Reich. Die Türken waren ihnen nicht wohlgesinnt und haben sie immer wieder brutal unterdrückt, auch im Namen des Islams.

Diese und andere Ereignisse haben ihre Spuren in allen Lebensbereichen hinterlassen, insbesondere in den nationalistischen Ideologien der heutigen Staaten im Nahen Osten und in ihrer Religion.

Jede Gemeinschaft war wohl einmal Opfer, aber auch Täter. Von daher ist es nicht verwunderlich, dass der islamisierte Terrorismus eine gewisse Sympathie bei der islamischen Bevölkerung findet, da es keine Akteure gibt, denen die Menschen sonst noch vertrauen würden. Der IS nutzt seine »Chance«, um diesen Argwohn und diese latente Instabilität zu fördern.

Schon seit dem Zusammenbruch des Osmanischen Reiches und der Staatenbildung nach dem Ersten Weltkrieg waren die Länder im Inneren fragil. Der Westen aber blickte auf den Irak Saddams, das Syrien der Assads, das Libyen Gaddafis und das Ägypten Mubaraks und glaubte, eine Stabilität zu sehen, die berechenbar wäre. Ein Fehlschluss, denn Menschenrechtsverletzungen, Massaker und die Unterdrückung religiöser und ethnischer Gruppen schufen tiefe gesellschaftliche Spaltungen. Der sogenannte »Arabische Frühling« konnte daher nicht erfolgreich sein. Die Diktatoren hatten eine unmündige, zerstrittene und zum Teil patriarchalisch-religiöse Bevölkerung aus Tätern und Opfern hinterlassen, die nicht in der Lage sind, von heute auf morgen demokratische Strukturen zu entwickeln und sich zu versöhnen.

In Bagdad beispielsweise unterdrückt die schiitische Regierung heute die Sunniten auf die gleiche Weise, wie zuvor Saddam die Schiiten geknebelt hatte. »Sie zerstören mehr, als sie befreien«, machen ihnen Überlebende bei ihrem Vorgehen gegen den IS zum Vorwurf. Auch die religiösen Minderheiten – wie Christen, Mandäer, Kakai, Schabak und Jesiden – sind weit von Freiheit und demokratischer Gleichbehandlung entfernt. Ein großer Teil der Sunniten unterstützt den IS und dessen Terror, um sich so an der schiitischen Regierung in Bagdad zu rächen.

Das bleibt nicht ohne Folgen.

Viele Akteure, viele Anliegen: Vom Interesse an der Instabilität

»Das Auge sieht nur, was der Geist bereit ist, zu begreifen«, wusste der französische Philosoph Henri-Louis Bergson. Unser Handeln orientiert sich nicht an dem, wie die Welt ist, sondern daran, wie wir sie wahrnehmen. Die Wahrnehmung bestimmt folglich unsere Realität. Und ihre Interpretation ist stets subjektiv. So betrachtet, ist es kein Wunder, dass viele Länder aus vielen verschiedenen Perspektiven viele unterschiedliche Interessen im Irak verfolgen.

Wie Syrien ist auch der Irak zum Spiel- und Schlachtfeld konkurrierender Interessen geworden, vor allen zwischen dem wahhabitischen Saudi-Arabien, dem schiitischen Iran, der Türkei, den USA und auch Russland. All die unterschiedlichen Akteure sind mit externen Mächten verbunden.

Der Iran will beispielsweise verhindern, dass an seiner Westgrenze, die immer eine von Kriegen erschütterte Zone war, wieder feindliche Sunniten die Macht übernehmen. Teheran unterstützt daher die Schiiten in Bagdad und setzt auf eine Instabilität des Irak, damit dort weiter die Schiiten herrschen und die Kurden keinen eigenen Staat ausrufen.

Die sunnitische Türkei will zwar ebenfalls keinen kurdischen Staat, aber auch keinen erstarkten Iran. So hat auch die Türkei, getrieben von einer Politik des »Neo-Osmanismus«, Interesse an einer Instabilität in Syrien und teilweise im Irak. Schließlich will Ankara den Einfluss des Iran durch einen Sturz Assads eindämmen.

Während wiederum Moskau die Kurdenmiliz YPG unterstützt, will die Türkei verhindern, dass Kurden staatliche Strukturen in Syrien aufbauen. Auch was ihre Haltung zum syrischen Präsidenten betrifft, sind beide Beteiligte gespalten. Während Russland mit allen Mitteln Assads Macht erhalten will, unterstützt die Türkei die Rebellen, die ihn bekämpfen. Darunter auch islamistische Gruppen.

Saudi-Arabien und andere Golfstaaten wiederum schüren in Syrien und im Irak Instabilität, indem sie ebenfalls extremistische islamistische Gruppen unterstützen. Flankiert durch die Türkei führt Saudi-Arabien den Krieg der Sunniten gegen die Schiiten an. Das Königreich will Assads Sturz, um den Iran zu schwächen; es lenkt damit auch von der Unterdrückung der eigenen Bevölkerung ab.

So ringen Saudi-Arabien und des Iran um regionale Vorherrschaft und führen einen Religionskrieg zwischen Sunniten und Schiiten fort, der so alt ist wie der Islam selbst. Und dieser Kampf ist noch lange nicht zu Ende.

Heute bekriegen sich beide Schutzmächte der Sunniten und der Schiiten, aber nicht direkt, sondern mithilfe von Stellvertretern – etwa im Irak, in Syrien, im Jemen, selbst in Pakistan. Eine

Folge davon ist, dass im syrischen Bürgerkrieg Hunderttausende getötet wurden und Millionen Menschen aus dem Land fliehen mussten.

Dies zeigt, dass viele Akteure ein Interesse an der Instabilität des Nahen Ostens haben: An erster Stelle die Terrororganisationen, die in diesem Umfeld besser gedeihen können, aber auch Staaten wie Saudi-Arabien, die Türkei und der Iran.

Dieser unklaren Politik haben sich leider viele westliche Staaten angeschlossen, darunter die USA, Frankreich, Deutschland und Russland, die keine gemeinsame Vorstellung von der Zukunft des Iraks und Syriens haben. Der westlichen Welt muss jedoch klar sein, dass jene, die auf Instabilität setzen, damit auch den IS-Terror dulden. Und der bedroht, wie wir bereits selbst schmerzlich spüren mussten, nicht mehr nur den Nahen Osten.

In der Wahrnehmungspsychologie weiß man, dass eine verzerrte und unvollständige Wahrnehmung fast zwangsläufig zu ungeeigneten Handlungen führt.

IBRAHIM ISO: DER MANN, DER EINE MASSENEXEKUTION ÜBERLEBT UND IN DER FOLGE VIELE MENSCHENLEBEN RETTET

Sehen Sie meine linke Hand? Ich kann sie nicht bewegen, nur steif und gekrümmt ganz nah am Körper halten. Die Finger bewegen sich nicht mehr. Sehen Sie die Schussverletzungen an meinem Bein und hier in der Nähe der Brust, links unterhalb meines Herzens? Wenn ich gehe, laufe ich langsam, wie auf Stelzen. Sehen Sie, Schultern und Arme sind mit Narben übersät. Ich bin 32 Jahre alt. Und ich habe eine Massenexekution überlebt.

Zuerst haben die schwarz gekleideten Bärtigen etwa 200 Männer aus meinem Dorf Hatemi in mehrere Gruppen aufgeteilt, dann in einzelne Reihen aufgestellt und die Mündungen ihrer Kalaschnikows direkt auf uns gerichtet. Die Jüngsten unter uns waren 14, die Ältesten 60 Jahre alt. Wenn ich mich richtig erinnere, standen in meiner Reihe etwa 60 Männer und Jungen. Wo die anderen hingebracht worden sind, habe ich nicht mehr mitbekommen, denn im nächsten Moment eröffneten vier IS-Kämpfer, nur ein paar Schritte entfernt, das Feuer auf uns.

Lärm zerriss die Luft. Wildes und grauenvolles Schreien und Stöhnen. Es war wie ein Versinken in einem feuchten Brei. Begraben unter den Toten, haben nur wenige von uns noch geatmet und sich keuchend zwischen den leblosen Körpern erhoben. Aus unseren Wunden floss das Blut wie rotes Wasser aus undichten

Rohren. »Wir müssen fliehen!«, habe ich ihnen zugerufen. Wir waren etwa zehn Männer und schwer verletzt. Und vor uns lag ein langer Weg mitten durch das Feindgebiet.

Nur noch zwei oder drei Sonnenaufgänge trennten uns vom Ziel, doch meine Füße schafften keinen Schritt mehr, und mit einem Mal stürzte alles um mich herum in Finsternis. Tage später hat einer von uns, der sich bis in den sicheren Teil des Nordirak geschleppt hatte, meine Verwandten angerufen. Ich sei im Sindjar-Gebirge am »Tor der Fürsten« zusammengebrochen. »Wahrscheinlich ist er tot.« Ohne zu zögern, hat sich mein Bruder sofort in seinen Wagen gesetzt und ist über die Stadt Dohuk in Richtung syrische Grenze gebrettert, um den IS zu umfahren. Von dort aus ist er, mit Unterstützung der kurdischen Rebellen der YPG, wieder in den Irak gelangt und mit meinem bewusstlosen Körper auf der Ladefläche über die steinigen Wege zurückgeholpert.

In einem Krankenhaus haben mich die Ärzte anschließend mehrfach operieren müssen, um mich ins Leben zurückzuholen. Bis heute sind stechende Schmerzen geblieben, die ich besonders heftig bei bestimmten Bewegungen spüre. »Wo sind meine Frau und meine zwei kleinen Töchter?« Das war das Erste, was mir eingefallen ist, als ich wieder klar bei Verstand war. »Sie sind in IS-Geiselhaft«, hat man mir mitgeteilt, »vermutlich in Mossul oder Rakka.« Mitten im Moloch. Unter diesen Mördern. Das zu erfahren war für mich schlimmer, als sämtliche Schussverletzungen auszuhalten. Schlagartig verdunkelte sich alles wieder in mir. Wäre ich bloß bei dieser Exekution gestorben! Was sollte ich allein auf dieser Welt? Ohne meine Frau. Ohne meine Kinder.

Zeit meines Lebens habe ich in meinem Dorf mit etwa 2000 Einwohnern gewohnt. Wie die meisten anderen war ich Landarbeiter, nebenher habe ich aber als Grenzsoldat für das irakische Militär mein Gehalt aufgebessert. Auf diese Weise konnte ich meine Familie gut versorgen.

Schon seit Jahrhunderten leben nur Jesiden in Hatemi. Untereinander haben wir sehr gute Beziehungen gepflegt, auch vier meiner Brüder und meine Eltern habe ich fast jeden Tag gesehen. Es war ein überschaubares und geordnetes Leben, geprägt von unseren religiösen Ritualen. Besonders schön habe ich Feiertage wie den »Roten Mittwoch« im April in Erinnerung, der bei uns als Neujahr gilt. Und im Oktober sind wir gemeinsam mit den Großeltern nach Lalish zum Heiligtum der Jesiden gepilgert. In der uralten Tempelstadt haben wir den heiligen Schrein des Reformators Scheich Adi besucht und mit vielen anderen Jesiden Picknick zwischen Wildblumen und Maulbeerbäumen gemacht. Jedes Jahr wieder war das ein riesengroßes Ereignis für uns.

Meine Frau kenne ich bereits, seit ich ein kleiner Junge bin. Ich habe mich schon sehr früh in sie verliebt. Ihre Familie war zunächst gegen eine Heirat, aber nachdem sie gemerkt hatten, dass auch ihre Tochter mich zum Mann haben wollte, bereiteten sie alles für den großen Festtag vor. Bei der Hochzeit war meine Frau 17 und ich 19 Jahre alt. Unsere Tür stand für Besucher immer offen. Meine Frau hat den Haushalt geführt und die Kinder versorgt. Wir waren zufrieden mit unserem Leben.

Einige unserer Männer im Dorf arbeiteten für die Peschmerga, das sind Soldaten der kurdischen Regierung. Sie sind überwiegend muslimisch, was für uns Jesiden kein Problem darstellte. Als wir im Juli vom Einmarsch der IS-Truppen in Mossul hörten, sammelten sich in Hatemi tief beunruhigt Männer und Frauen. »Was sollen wir tun?« Kurzerhand habe ich mich mit Freunden auf den Weg zur Peschmerga-Einheit gemacht, die nicht weit von Hatemi zu unserem Schutz stationiert war.

Etwa 70 bis 80 Kämpfer hatten dort ihr Lager errichtet. Ich trat als Sprecher unserer Gruppe auf, da ich als Grenzsoldat von militärischen Dingen etwas verstand. »Sollen wir alle Leute zusammenrufen und das Dorf verlassen?« Doch die Peschmerga versicherten uns, dass sie die Lage völlig unter Kontrolle hätten. »Die IS-Truppen kommen nicht hierher.« Wir sind geblieben, weil wir ihnen vertraut haben.

Als uns jedoch die Gräueltaten des IS in Mossul und anderen Gebieten zu Ohren kamen, wendeten wir uns erneut an die Peschmerga. Und wieder haben sie uns beruhigt. Am 3. August hatten die IS-Milizen bereits einige jesidische Dörfer besetzt. Da bin ich mit meiner kleinen Gruppe ein drittes Mal zu unserer Schutztruppe geeilt. Der Kommandant rollte die Augen. »Hört endlich auf, euch unnötig Sorgen zu machen!« Die kurdischen Soldaten hätten sich bereits in Bewegung gesetzt und würden Stellung im Sindjar-Gebiet beziehen. Ihre eigene Truppe würde noch in dieser Nacht aufbrechen, um eine andere Einheit in der Nähe im Kampf gegen den IS zu unterstützen, und gleich am nächsten Morgen wieder zurückkehren. »Lasst uns wenigstens ein paar Waffen hier, damit wir uns verteidigen können«, drängte ich. Der Chef der Truppe aber hielt das nicht für notwendig. Da ich aber nicht lockergelassen habe, sind die Uniformierten nah an mich herangerückt und haben mich angeknurrt. »Halt endlich den Mund! Unsere Peschmerga werden den IS aufhalten.«

Was tun? In der Not haben wir mit unserem Bürgermeister beschlossen, Hatemi selbst zu verteidigen. Um das Dorf herum hoben wir kleine Gräben aus für den Fall, dass der IS uns angreifen würde. Am nächsten Tag warteten wir ungeduldig auf die Rückkehr der Peschmerga, reckten immer wieder die Köpfe und blickten die Straße hinunter. Doch sie sind nicht gekommen.

Aufgeregt lief der Bürgermeister mit dem Handy am Ohr auf und ab. »Wo bleibt ihr?«, rief er dem Peschmerga-Kommandanten zu. »Ihr müsst unser Dorf verteidigen!« »Wir sind gerade auf dem Weg in die Stadt Sindjar«, antwortete er, »danach fahren wir sofort nach Hatemi.« Beinahe zeitgleich erhielten wir Nachricht aus den jesidischen Nachbardörfern Kocho und Tilbenat. Dort hatten alle Peschmerga das Weite gesucht. Die Dörfer waren von IS-Kämpfern umzingelt.

Bevor die Dschihadisten auch unser Dorf überrannten, hat unser Bürgermeister den im Sindjar-Gebiet verantwortlichen IS-Emir namens Abu Hamza telefonisch ausfindig gemacht. Seine Worte klangen versöhnlich. »Gemeinsam werden wir eine friedliche Lösung finden.« Kein Haar werde uns gekrümmt. Das hat er mehrmals versprochen. Ich habe das mit eigenen Ohren gehört, weil ich die ganze Zeit mit ein paar anderen Männern vor dem Schreibtisch unseres Bürgermeisters gestanden bin.

Am späten Nachmittag hingen schon weiße Fahnen auf unseren Dächern, da besetzte jener Emir Abu Hamza mit seinen Männern die Schule und richtete dort eine zentrale Kontrollstelle des IS ein. Die Hände in die Hüften gestemmt, blickte er auf dem Vorplatz mit streng zusammengezogenen Brauen in die Runde. »Euch passiert nichts! Ihr müsst nur eure Waffen an meine Leute übergeben.« Angesichts unserer zweifelnden Gesichter hob er noch drohend den Zeigefinger. Wir sollten uns bloß keine falschen Hoffnungen machen, dass der irakische Staat oder die Peschmerga uns zu Hilfe kämen. »Man hat euch verkauft, und ihr seid jetzt unsere Geiseln.« Das hat er in aller Deutlichkeit so gesagt. Verstört griffen sich einige unter uns an den Kopf. »Wenn ihr kämpfen wollt, könnt ihr das tun, aber wir werden euch alle töten.« Der Bürgermeister wollte jede Unruhe vermeiden. Es war klar, dass ein Funke reichte, um eine Explosion auszulösen. »Gebt uns nur etwas Zeit, wir werden das machen, was ihr wollt.«

Am Abend kontrollierte der IS-Emir noch mal die Lage im Dorf und gleich am nächsten Morgen wieder. Auf sein Kommando hin luden seine Männer die Waffen auf, die wir auf einen Haufen zusammengeworfen hatten. Mit zwei voll beladenen

Pick-ups fuhren sie wieder davon. Zwei Tage lang kehrte Ruhe ein. Und wir haben geglaubt, dass sie uns auch weiterhin in Ruhe lassen würden, weil wir ihnen all ihre Wünsche erfüllt hatten. »Wir wollen nicht kämpfen«, hatte ihnen unser Bürgermeister unmissverständlich dargelegt, »wir wollen nur unseren Frieden haben.«

In dem Moment aber, da wir unbewaffnet und hilflos vor ihnen standen, rückte Abu Hamza mit seiner nächsten Forderung heraus. Dieses Mal hatten er und seine IS-Milizen einige Bürgermeister aus den anderen Orten mitgebracht. Vor versammelter Menge verkündete der IS-Anführer im Schulhof: »Ab sofort müsst ihr Muslime werden.« Unruhiges Gemurmel wurde laut, bestürzte Blicke wechselten hin und her, bis sich unser Oberhaupt mehrmals laut räusperte. »Man muss aber doch an den Islam glauben, um zu konvertieren«, tastete er sich vor. Jedes Wort und jede Geste wählte er so behutsam, als könne es sonst wie eine Mine jederzeit in die Luft gehen. »Der Glaube hängt nun einmal mit der inneren Überzeugung eines Menschen zusammen, und die kann man nicht mit Gewalt verändern.« Dabei hat er auf mehrere ältere Frauen und Greise am Stock gezeigt. »Diese Dorfbewohner sind 80 oder 90 Jahre alt. Was soll das bringen, aus ihnen jetzt noch Muslime zu machen?«

Genauso gut aber hätte er gegen die Wand reden können, denn Abu Hamza schien ihm gar nicht zuzuhören. »Das Gebiet, in dem ihr Jesiden lebt, gehört nun dem Islamischen Staat«, sagte er mit fester Stimme und unterstrich das mit ausholender Geste, »und im Islamischen Staat müssen alle Menschen Muslime werden.« Da gäbe es kein Wenn und kein Aber. Wieder haben einige von uns das Wort ergriffen und versucht, gemeinsam andere Auswege zu finden. »So behandelt uns doch wenigstens wie die Christen, die fliehen und das Land verlassen dürfen!« Abu Hamza aber blieb dabei. »Ihr müsst Muslime werden!«

Als unser Bürgermeister gemerkt hat, dass dieser Emir keinen Millimeter von seiner Forderung abweichen würde, lenkte er schließlich ein. »Gut, aber ich muss das erst mit allen Bewohnern besprechen. So etwas kann ich nicht einfach über deren Köpfe hinweg entscheiden.« Mit verschränkten Armen hinter dem Körper, bewilligte der IS-Emir das. »Ich gebe euch genau zwei Tage. Wenn ihr dann aber nicht bereit seid, zum Islam zu konvertieren, müsst ihr mit dem Schlimmsten rechnen.«

Krampfhaft haben wir versucht, Zeit zu gewinnen. In die ganze Welt versendeten wir über unsere Handys Hilferufe. An alle Bekannten und Verwandten im Irak, in Kurdistan und im Ausland. An die Peschmerga. In der Hoffnung, dass uns irgendjemand befreien würde.

Im Nachbardorf versuchten unterdessen einige Leute, heimlich zu entkommen. Doch die IS-Truppen haben Männer, Frauen und Kinder abgeknallt wie die Kaninchen. Gerade hatte sich diese Schreckensnachricht wie ein Lauffeuer verbreitet, da erblickten wir in einer Staubwolke auch schon ihre Autos, die sich Hatemi näherten. Mit wilden Blicken sprangen sie aus ihren Fahrzeugen, liefen die Straße hoch und prüften, ob auch unsere Leute Fluchtabsichten hegten. »Das Dorf steht jetzt offiziell unter IS-Herrschaft!« Jeder, der nicht gehorche, werde umgelegt.

Wieder verschickten wir unsere Hilferufe. In der Hoffnung, dass die Welt endlich aufwachen und begreifen würde, welches Unrecht hier geschah. »Rettet uns! Schnell!« In diesen bangen Tagen sind wir Dorfbewohner Stunde um Stunde zusammengesessen, haben miteinander vieles abgewogen und sind am Ende alle – auch die Kinder und Frauen – zur selben Entscheidung gekommen. Jeder, der Kontakte nach Amerika oder Deutschland hatte, verständigte dort unsere Landsleute, damit sie deren Regierungen unsere Bitte vortrugen. Schnellstmöglich sollten sie Flugzeuge schicken und unser Dorf, samt aller Einwohner, in

Schutt und Asche legen. Ich senkte den Kopf und dachte: »Dann soll Hatemi ein Grab für uns alle werden, für meine Kinder, für meine Frau, für meine Familie, für alle, aber wir wollen nicht zum Islam übertreten.«

Wir waren bereit zu sterben. Der Tod stand uns sowieso bevor. Je näher aber die Stunde des Todes rückte, umso heftiger spürten wir, dass das Leben süßer als alles andere war, aber trotzdem haben wir nicht gebetet: »Gott befreie uns, dass wir in Freiheit gelangen.« Nein, wir haben alle gebetet: »Gott töte uns, damit wir keine Muslime werden müssen.« Wir hatten so sehr gehofft, dass die Amerikaner ein paar Flugzeuge schickten und unser Dorf bombardierten. Doch es passierte nichts.

Einen Tag später überbrachte Abu Hamza dem Bürgermeister eine gute Nachricht: »Der neue IS-Gouverneur von Mossul hat den Beschluss gefasst, dass ihr in Hatemi doch keine Muslime werden müsst.« Erstaunt blickten wir uns ins Gesicht, konnten unser Glück kaum fassen und haben uns herzlich bei ihm dafür bedankt. Ach, wir waren so erleichtert, die Menschen umarmten sich und weinten vor Glück. Vielleicht hatten die IS-Truppen eingesehen, dass wir harmlos waren und von uns keinerlei Gefahr ausging? Aus dem Jeep grüßte Abu Hamza noch kurz zum Abschied mit erhobener Hand und machte sich davon. Er lächelte, als freute er sich mit uns.

24 Stunden später, ich glaube, es war an einem Freitag und wir hatten gerade das Mittagessen vorbereitet, wälzte sich ein Konvoi schwer bewaffneter IS-Kämpfer auf Hatemi zu. Soweit ich das richtig einschätzen kann, handelte es sich um mindestens 50 Jeeps sowie Pick-ups, auf denen Maschinengewehre, russische BKC und Raketen aufgebaut waren. Viele der Waffen stammten vermutlich aus dem Arsenal des irakischen Militärs in Mossul. Darunter auch US-amerikanische Fabrikate. Einige der Terroristen marschierten direkt in die Häuser hinein, andere haben den

Ort umstellt. Das Rückgrat durchgebogen, befahl Abu Hamza den Dorfbewohnern vor der Schule. »Macht euch fertig, wir bringen euch woandershin!«

Erst sollten wir zu Hause alle Wertsachen zusammensuchen, um danach mit ihnen gemeinsam das Dorf zu verlassen. Der Bürgermeister nickte zu jeder Forderung nur mit dem Kopf. »Wie ihr wollt, nur lasst uns das Dorf in Richtung des Kurdengebietes verlassen!« Alle riefen durcheinander. »Ihr könnt alles haben, was wir besitzen!« Abu Hamza beschwichtigte mit beiden Händen die aufgewühlten Gemüter. »Einverstanden«, meinte er, »einverstanden.«

Mit seiner Genehmigung haben wir den gebrechlichen älteren Leuten in unsere Autos geholfen. Ich selbst habe einen blinden Greis, der mit seiner Frau aus einem Nachbardorf zu uns geflüchtet war und nicht mehr laufen konnte, auf die Rückbank getragen, damit sie gleich aufbrechen könnten. »Alle, die keine Muslime werden wollen, können gehen!« Das bestärkte Abu Hamza nochmals mit erhobenen Armen. »Alle aber, die Muslime werden wollen, dürfen in Hatemi bleiben. Sie stehen unter dem Schutz des Islamischen Staates und sind unsere Brüder und Schwestern!« Alle Einwohner haben jedoch beschlossen, das Dorf zu verlassen. Ohne jede Ausnahme.

Nachdem sie uns Handys, Geld und Schmuck abgenommen hatten, setzten sich die Familien in Richtung der Autos in Bewegung. Doch auf einmal hielt Abu Hamza die Hand wie ein Stoppschild nach oben. »Zuerst sollen die Männer losfahren, die anderen kommen hinterher.« Was sollte das schon wieder? Wir Männer haben uns seltsam angesehen, bevor wir uns hinter unsere Lenkräder gesetzt und die Zündschlüssel umgedreht haben.

Etwa 200 bis 300 Meter weit kamen wir aus dem Dorf hinaus. Dort aber versperrten uns mehrere Bewaffnete breitbeinig und mit vorgehaltenen Maschinenpistolen den Weg. »Aussteigen!«

Es ist schwer zu beschreiben, mit welchen Gefühlen ich diesem Befehl nachgekommen bin. Ich blickte in den Rückspiegel, aber es gab keinen Ausweg. Nicht nach vorne, nicht zurück. Kaum hatten wir zögerlich unsere Autos verlassen, haben sie angefangen, blindwütig mit ihren Kalaschnikows vor unsere Füße zu schießen. Der Sand wirbelte auf, die Steine sprangen in die Luft. Vor Schmerz zuckte ich zusammen. Ein Schuss hatte mich direkt in den Fuß getroffen. Es war ein Durchschuss.

»Stellt euch in einer Reihe auf!« Ich krümmte mich kurz und humpelte weiter. »Los, zur Hinrichtung!« Das sagten sie, als wäre es ganz normal. In dem Moment habe ich laut angefangen zu beten, im Namen Gottes und unseres Schutzengels Taus-i Melek, und gerufen: »Ich bin Jeside!« Und da hat jeder Einzelne von uns, Männer wie kleine Jungen, das Gleiche getan. Wir haben gebetet, dass Gott und unser Engel Pfau uns nicht allein lassen mögen. Fassungslos haben sich die IS-Kämpfer ihre Hände an die Stirne geklatscht und gebrüllt: »Das sind Ungläubige!« Sie waren völlig außer sich. »Das sind so schlimme Ungläubige, dass sie sogar im Angesicht des Todes ihren Teufelsglauben nicht aufgeben!« »Sie haben selber Schuld, wenn sie alle umgebracht werden!«

Dann ging es los. Wahllos feuerten sie, im Abstand von drei bis vier Metern, mit ihren Maschinenpistolen auf unsere Körper. Dabei sind sie von links nach rechts und von rechts nach links gegangen, haben immer wieder geschossen, geladen und geschossen, geladen und geschossen. All das habe ich mit meinen eigenen Augen gesehen. Ihre zusammengekniffenen Augen, die Kiefer aufeinandergepresst. Fest entschlossen.

Ich habe gesehen, wie neben mir andere von einem Schuss in den Hals getroffen wurden. Oder in den Kopf. Oder in den Bauch. Wie sie, wie ein Bündel Stofflappen, in sich zusammenfielen. Wie sie ihre Gedärme hielten. Ohne Gesicht. Ich habe ihre Schmerzensschreie gehört. Plötzlich habe ich gespürt, wie auch ich an mehreren Stellen gleichzeitig getroffen wurde. Es knatterte und knatterte. Die Luft vibrierte, das Trommelfell bebte.

Ich spürte einen Ruck, mein Bauch war aufgerissen. Keine Ahnung, wo ich hingefallen und wie ich unter eine andere Person geraten bin. Mein ganzer Körper war nass, voller Blut, mein Gesicht, meine Hände, alles dunkelrot. Da war sowohl mein eigenes Blut als auch das Blut meiner Landsleute, die um mich herum leblos auf dem Boden lagen. Verschwommen sah ich neben mir einen Jungen. Angestrengt blinzelte ich das Blut aus meinen Augen heraus. Es war Farez*, der 15-jährige Nachbarsjunge. Die Pupillen starr aufgerissen. Das Knattern war vorbei.

Obwohl ich halb tot war, waren meine Sinne bis zum Äußersten angespannt. Ich hörte alles, roch den beißenden Gestank, spürte jedes Zucken in meinen Beinen. Stimmen und Schritte nahten vom anderen Ende der Reihe. Sie prüften mit Blicken, ob noch jemand von uns atmete. Ich habe versucht, so ruhig wie möglich zu bleiben und nicht zu zittern. Bloß nicht zittern. Aufgrund dieser wilden Schießerei waren die dürren Gräser um uns herum in Brand geraten, sodass zwischen mir und den Mördern eine kleine Fläche hell loderte und schwarzer Qualm ihnen die Sicht nahm.

Plötzlich regte sich der Körper neben mir, die Lider klappten auf und zu, Farez* öffnete die Lippen und versuchte, etwas zu sagen. Instinktiv hielt ich ihm den Mund zu, zog ihn hastig zu mir und legte mich mit dem Oberkörper auf ihn, damit sie ihn nicht sahen. Mit bebenden Fingern schmierte ich ihm mein Blut ins Gesicht, bis alles dunkelrot war. Bis sie dachten, dass der Junge tot sei.

Als diese Killer nahe bei uns standen, atmete ich nicht mehr. Der Junge unter mir lag still. Vielleicht war er bereits gestorben? Ich konnte hören, wie sie miteinander redeten: »Ja, sie sind alle tot, wir holen jetzt die Bagger, die sollen sie zuschütten.« Da sie wegen des Feuers nicht eindeutig erkennen konnten, ob wirklich alle tot waren, wollten sie mit den Maschinen wahrscheinlich endgültig sichergehen und auch die Lebenden unter der Erde begraben. Autotüren klappten zu. Motoren sprangen an. Angestrengt horchte ich. Aber da war nur noch das Knistern der Flammen zu hören.

Wie ein Ertrinkender schnappte ich mehrmals nach Luft, schob die schweren Arme und Beine von mir herunter, richtete mich auf den Händen mühsam auf und fing an zu rufen, erst heiser, dann immer lauter: »Wer lebt denn noch!?« Ich blickte um mich. Überall ineinander verknotete Leiber, aufgerissene Augen. Die Hände wie einen Trichter vor dem Mund: »Wer lebt denn noch!?« Da lagen Freunde. Nachbarn. Bekannte. Kinder. Mit denen ich vor Kurzem noch zusammengesessen hatte. Ich habe so sehr gehofft, dass noch viele andere sich erheben würden so wie ich.

Die Männer, die zwischen den Leichen hervorkrochen, waren unter anderen Farez*, Kasem, Ilias, mein kleiner Cousin Idris, Salim und Sufuan. Sie waren alle viel jünger als ich. Ich meine, wir waren neun oder zehn, die schwer verletzt überlebt hatten. Nochmals schaute ich mich um. Aber da regte sich niemand mehr. »Lasst uns fliehen!« Das war meine Stimme, die da rief. Wir mussten schnell sein, weil die IS-Terroristen bald zurückkommen würden.

Unter Schock entwickelt ein Mensch unglaubliche Kräfte. So verstümmelt, wie wir waren, haben wir uns 100 Meter weitergeschleppt und dort in einem Garten versteckt. Durch einen Mauerspalt beobachteten wir, wie die IS-Kämpfer mit ihren Jeeps zurückrasten. Wir hörten noch mehrere Schüsse. Vermutlich hatten noch weitere Männer und Jungen überlebt, waren aber nicht mehr in der Lage, sich fortzubewegen, und sind in dem Moment erschossen worden. Als die IS-Milizen endgültig den

Exekutionsort verlassen hatten, sind wir weitergewankt, fast wie Volltrunkene, in Richtung eines arabischen Dorfes.

Am Ortseingang trafen wir auf Anwohner. Wir müssen entsetzlich ausgesehen haben in unseren blutgetränkten Fetzen, denn unsere sunnitischen Nachbarn haben ihre Gesichter voller Ekel verzogen. »Bitte, helft uns!« Wir stöhnten, denn das Sprechen fiel uns so schwer. »Lasst uns nur ein paar Stunden hier ausruhen, dann gehen wir weiter«, brachte ein anderer von uns mühsam hervor. Doch ihre Gesichter blieben abweisend. Tief habe ich die Luft eingesogen. »Wir haben euch in den letzten Jahren so oft unterstützt, bitte helft ihr uns jetzt auch!« Sie haben nur ihre Köpfe geschüttelt und mit dem Finger in Richtung der Steinwüste gezeigt. »Verlasst sofort das Dorf, sonst rufen wir die IS-Milizen.« Da war keine Barmherzigkeit. Da war nur Abscheu.

In unserer Panik stolperten wir weiter. Immer weiter. Unweit des Dorfes haben wir eine Schlucht entdeckt. Wir duckten uns hinter das Gestrüpp, denn hinter uns brummten bereits die Motoren der Jeeps, die in Richtung des arabischen Dorfes einbogen. Die Dorfbewohner würden uns verraten. Das war sicher. »Schneller«, trieb ich die jungen Männer an. So weit und so schnell, wie wir es schafften, humpelten und krochen wir, teils auf allen vieren, mit unseren Verletzungen und Schmerzen in diese Schlucht hinein. Keine Höhlen, keine großen Sträucher, nichts, was uns Deckung bot. Nur eine große Herde mit vielleicht 300 Schafen.

»Versteckt euch zwischen den Tieren!«, wies ich die anderen an, »rührt euch nicht.« Ich weiß nicht, ob es Gottes Hilfe war, aber wie auch immer, die Schafe blieben so ruhig, als ob wir gar nicht vorhanden wären. Ungestört weideten sie um uns herum, hoben kauend ihre Köpfe und schützten uns mit ihren wolligen Bäuchen vor den Blicken der Terroristen. Sie suchten nach uns, während unser Blut zwischen den dürren Beinchen der Schafe kleine Rinnsale bildete. Nach etwa einer Stunde, als bereits die Dämmerung hereinbrach, richteten wir uns schwer atmend auf und machten in Richtung unseres Dorfes kehrt.

Am Rand von Hatemi türmte sich ein Heuhaufen, vielleicht vier oder fünf Meter hoch, so groß wie ein Haus, und wir haben uns dort ins trockene Gras hineingegraben. Keuchend harrten wir in unserem Versteck aus. Noch immer haben wir alle stark geblutet und versucht, mit unseren Fingern die offenen Blutgefäße abzudrücken und mit dem, was uns an Kleidung geblieben war, oder auch mithilfe der langen Grashalme unsere Wunden abzubinden. Als die Nacht tiefschwarz war, haben wir beschlossen, uns in Richtung der Berge aufzumachen. Hier würden sie uns früher oder später entdecken. Oder wir würden schon vorher an unseren Verletzungen sterben.

Die jungen Männer haben entschieden, dass ich sie führen sollte, da ich als Grenzsoldat die Gegend am besten kannte und wusste, welche Pfade sehr gut begehbar waren. Für mich war es aber fast nicht möglich, diese Aufgabe zu übernehmen, wegen des Lochs in meinem Fuß. Ich schaffte es kaum aufzutreten, der Knochen ragte heraus. Auch mein Körper war voller klaffender Fleischwunden. Jedes Mal, wenn ich den Fuß aufsetzte, fühlte sich das an, als würde mir ein Messerstich ins Herz fahren, so sehr hat das geschmerzt. Erschöpft blickte ich die hilflosen Gestalten vor mir an, wie ihnen der kalte, klebrige Schweiß auf der Stirn stand. Farez* war der Jüngste. Sie hatten doch noch gar nicht gelebt und sollten jetzt schon sterben? »Gut, ich führe euch«, habe ich gesagt und mir auf die Unterlippe gebissen.

Vielleicht 50 bis 100 Meter schaffte ich es, mich vorwärtszuschleppen, dann bin ich wieder auf die Steine gefallen, habe nach einer Minute versucht, Kraft zu sammeln, mich erneut hochgestemmt, bin wieder 50 bis 100 Meter getorkelt, dann wieder hingeschlagen. Diese Schmerzen wüteten wie ein wild gewordenes Tier in mir. Sie bissen und brannten und weideten mich aus. Und so ging das die ganze Nacht hindurch. Tagsüber knallte die Sonne erbarmungslos auf uns herunter. Wenn ich nur ein paar Schluck Wasser gehabt hätte und diese Trockenheit in meinem Mund verschwunden wäre, vielleicht hätte ich dann noch ein bisschen mehr Kraft gehabt.

Seltsam, aber meine Uhr funktionierte noch. Genau zwölf Stunden und sechs Minuten habe ich die Gruppe geführt. Ohne Pause. Jede Minute dieses Marsches habe ich noch in Erinnerung. Zwar bin ich immer wieder auf den Boden aufgeschlagen, bin aber immer wieder aufgestanden und weitergegangen. Mit all diesen Schussverletzungen in meinem Körper und in meinen Beinen. Zwölf Stunden und sechs Minuten. Ohne Pause. Weil ich wollte, dass sie überlebten. Dann haben wir endlich den Berg Sindjar erreicht.

An dieser Seite wird das Gebirge als »Derya Geliya Mira« bezeichnet, was so viel heißt wie »das Tor der Fürsten zum Berg«. Dort gab es keinen IS mehr. Dahinter wartete die Freiheit. Auf einmal aber ist mein ganzer Körper von einem Kälteschauer erfasst worden. Es war drückend heiß, aber ich habe vor Kälte so gezittert, dass ich versucht habe, mich mit den eigenen Armen zu wärmen. Mir ist schwindelig geworden. Ich bin hingefallen, und diesmal hatte ich keine Kraft mehr, um wieder aufzustehen.

Die jungen Männer umringten mich, versuchten unter Tränen, mich wieder hochzuhieven, aber meine Beine waren wie aus Gummi. Die Jungen waren selbst schon so geschwächt, mussten dringend von einem Arzt versorgt werden. Ihre Gesichter waren blass und fleckig. »Lasst mich hier! Ich sterbe sowieso«, habe ich ihnen meine letzte Anweisung gegeben, »es bringt jetzt nichts, mich noch weiter mitzuschleppen, das würde alles zu lange dauern. Geht!« Sie wollten aber nicht gehorchen. Da habe ich so tief Luft geholt, wie es möglich war, und sie angeschrien. »Lasst mich liegen! Haut ab! Haut endlich ab!«

Fünf Tage und fünf Nächte blieb ich dort im Fieber liegen. Vom ständigen Hinfallen auf die Steine war mein ganzer Körper bläulich angeschwollen, stank überall nach Blut und Eiter. Die Fliegen krabbelten auf meinen Lippen herum. Aber mir war das egal. Es sollte nur endlich aufhören. Ich habe es nicht mehr mitbekommen, wie mein Bruder vor mir auf die Knie gesunken ist. Wie er mich vorsichtig in die Arme genommen und mich mithilfe der YPG-Kämpfer hinten auf den Pick-up gelegt hat.

Ja, ich habe unter Hunderten anderer überlebt. Doch als ich so allein aufwachte, fragte ich mich: »Wozu?« Kaum war ich nach dem Krankenhaus wieder mithilfe eines Krückstocks auf den Beinen, versuchte ich, vom Flüchtlingslager aus noch andere Überlebende aus Hatemi ausfindig zu machen. Vielleicht wussten sie auch mehr über den Verbleib meiner Frau und meiner Töchter? Diese Suche aber stellte sich als besonders belastend dar, da mir dabei erst voll und ganz bewusst geworden ist, welches Ausmaß die Zerstörung hatte. So viele Tote, Krüppel, Waisen. Vorher hatten wir uns nicht vorstellen können, dass Menschen in der Lage waren, anderen so viel Leid zuzufügen. Vielleicht waren wir zu naiv gewesen.

Jeder Monat, der ohne Nachricht von meiner Familie verstrich, war wie eine Folter, als werde man Tag und Nacht von Angst und Sorgen gequält. Was machten diese Mörder mit meiner Frau und meinen Töchtern? Die Mädchen waren erst acht und zehn Jahre alt. Haben sie genug zu essen und zu trinken? Zeugen berichteten über Vergewaltigungen und Verbrechen, die mit dem Verstand kaum zu fassen waren. Manchmal glaubte ich, vor Kummer fast verrückt zu werden.

Erst neun Monate später ist es mir über mehrere Umwege gelungen, an eine wichtige Information heranzukommen. Eine Gefangene des IS war an ein Handy gelangt und hatte heimlich einen Bekannten kontaktiert. Dieser wiederum richtete mir aus: »Deine Frau und deine Kinder sind in Mossul.« Sie lebten! Ich atmete auf. Mittlerweile waren 14 Monate verstrichen, aber ich hatte frische Hoffnung geschöpft. Und ich habe alle Hebel in Bewegung gesetzt und Hunderte von Telefonaten geführt, um irgendwie ein Lebenszeichen von meiner Familie zu erhalten. Im IS gibt es einige sunnitische Helfer, die verdeckt den Kurden zuarbeiten. Aber auch genügend Kurden, die offen Geschäfte mit dem IS betreiben. Nach etwa zweieinhalb Wochen zeigte mein Display eine fremde Nummer an. Misstrauisch presste ich den Hörer ans Ohr.

»Ibrahim! Ibrahim! ... Bist du es?« Nach so langer Zeit habe ich das erste Mal die Stimme meiner Frau und die Rufe meiner Kinder gehört. »Papa!« Ich musste mich setzen. Mein Herz ist mir fast stehen geblieben! Ich war derart aufgewühlt, dass ich nicht mehr wusste, was ich sagen sollte, und mir nur noch diese eine dumme Frage über die Lippen gekommen ist: »Lebt ihr noch? Lebt ihr noch?« Und sie sagten: »Ja, ja, wir leben noch, hol uns hier heraus, bitte, hol uns bitte, hol uns bitte ...« Nach dem Anruf bin ich noch lange sitzen geblieben. Die Tränen liefen aus mir heraus, als hätten sie sich die letzten 14 Monate in mir angesammelt und wollten nicht mehr aufhören zu fließen.

Zwei bis drei Tage später durfte ich mit einem dieser IS-Kämpfer sprechen, die meine Familie in ihrer Gewalt hatten. »Was kann ich tun, damit ihr sie freilasst?«, fragte ich ihn. Er forderte 20 000 Dollar. Und wenn er das Geld nicht rasch bekäme, werde er meine Frau und meine Töchter vielleicht schon übermorgen an andere Männer weiterverkaufen. »Nein, nein! Ich besorge das Geld!« Meine Stimme überschlug sich fast vor Hast. Er solle meine Frau und meine Kinder bloß nicht verkaufen. »Bitte, bitte warten Sie!«

So bin ich von Ort zu Ort gefahren. Auch zur kurdischen Regierung. Allerdings haben sie jede Hilfe abgelehnt. Man habe bereits so viel Lösegeld für so viele andere Gefangene ausgegeben, hieß es. So bin ich von Zelt zu Zelt gehinkt und habe unter den Jesiden, Verwandten und Bekannten, auch in Deutschland, überall gefragt, ob jemand noch etwas Geld bei sich habe. Nachdem ich endlich alles zusammengesammelt hatte, habe ich dem Entführer umgehend Bescheid gegeben. »Ich werde jemanden schicken, dem du das Geld übergibst«, gab er zurück.

An der kurdischen Grenze, in der Nähe der Stadt Kirkuk, erwartete mich bald darauf diese Kontaktperson, ein kurdischer Moslem, der angeblich offiziell für die kurdische Regierung arbeitete. Er zählte die Scheine ab und verschwand damit. »Wir melden uns.« Ich war gezwungen, seiner Zusicherung zu vertrauen. Eine andere Chance hatte ich nicht.

Nach drei oder vier Tagen habe ich tatsächlich einen Anruf erhalten. An der Grenze zum Nordirak, wieder bei Kirkuk, könne ich meine Frau und meine Kinder abholen. Umgehend bin ich mit anderen Überlebenden aus Hatemi aufgebrochen und habe dort am vereinbarten Treffpunkt gewartet. Dauernd habe ich auf die Uhr geschaut, als ob das etwas bringen würde. Mit zusammengekniffenen Augen haben wir den Horizont und die sanften Hügel abgesucht. Die Luft flirrte, ein leichter Wind hat die Gräser umgebogen, und plötzlich hat einer von uns geschrien: »Da sind sie!«

Meine Knie wurden weich, als ich meine Kinder von Weitem auf mich zulaufen sah. Oh, meine Mädchen! Sie waren völlig verwahrlost, erschöpft, und ich konnte in ihren Gesichtern die Angst erkennen. Sie fielen mir in die Arme. Dann folgte meine Frau, und wir haben uns alle minutenlang umarmt und wollten uns nicht mehr loslassen. An diesem Tag habe ich wieder sehr viel geweint. Selbst wenn ich heute daran denke, steigen mir die

Tränen wieder hoch. Es war so furchtbar schwierig, diese vier-
zehn Monate lang ohne meine Frau und ohne meine Kinder zu
überstehen.

Jeden Tag bin ich so froh und so dankbar, dass meine Frau,
die psychisch schwer angeschlagen ist, wieder bei mir ist. Jede
Nacht träumt sie schlecht, schreit laut, weil schlimme Erinnerungen sie aus dem Schlaf reißen. Auch tagsüber plagen sie
Schmerzen, sie beginnt auf einmal zu stöhnen. Die Kinder verkriechen sich, sobald sie ein Geräusch hören. Die Kleine spricht
kaum mehr, seit sie gefangen war. Mittlerweile sind sie etwa einen Monat lang frei.

»Herr Kizilhan, jetzt sitze ich in Ihrem Büro in Dohuk, und
bitte Sie, dass Sie meine Frau und Kinder untersuchen. Ich weiß,
dass sie viele entsetzliche Dinge durchgestanden haben. Meine
Frau benötigt dringend Ihre Hilfe. Wir haben hier kein Geld, ich
habe nichts mehr, bin selbst schwer verletzt und kann die Kinder
nicht versorgen. Hier werden sie nicht überleben. Nehmen Sie
meine Frau und die Kinder mit nach Deutschland. Ja, ich weiß,
dass im Rahmen dieses Programms keine Männer mitgenommen werden können, aber meine eigene Situation ist mir völlig
unwichtig. Ich bleibe allein hier. Hauptsache, meine Töchter und
meine Frau sind in Sicherheit. Mehr möchte ich nicht. Ich hoffe
so sehr, dass sie wieder gesund werden. Ich werde sie sehr ver-
missen, aber hier im Irak haben sie keine Zukunft mehr.«

Konvertierung oder Tod

Vom Flüchtlingscamp aus geht Ibrahim jeden Tag in die Stadt,
um mit irgendeiner Handlangertätigkeit Geld zu verdienen. Wegen seiner Verletzung kann er keine schweren Gewichte heben.
Einmal die Woche telefoniert er mit seiner Frau und den Kindern übers Internet. Die Familie hat noch nicht entschieden, ob

sie wieder in den Irak zurückkehren möchte, falls sich die Situation etwas beruhigt, oder ob Ibrahim im Rahmen einer Familienzusammenführung versuchen wird, nach Deutschland zu kommen. Die Situation bleibt unklar.

Seit der IS weite Teile des Irak und Syriens unter Kontrolle gebracht und teilweise auch wieder verloren hat, haben seine Anhänger Tausende Nichtmuslime hingerichtet. Systematisch führen die IS-Milizen Zwangskonvertierungen durch. Menschen, die keine Muslime sind, werden in irakischen und syrischen Lagern sowie Internierungsdörfern festgehalten, gezwungen, sich zum Islam zu bekennen und nach islamischen Vorgaben zu beten. Andernfalls droht ihnen oder ihren Familienmitgliedern der Tod.

In Gefängnissen und solchen geschlossenen Orten sind die Allmacht der Täter und die Ohnmacht der Opfer grenzenlos. In den Internierungslagern kann sich keiner der Gefangenen bewegen, ohne bei fast jedem Schritt von IS-Aufsehern beobachtet zu werden. Die Menschen leben voller Angst und in ständiger Anspannung. Jederzeit kann jeder von den IS-Milizen geholt, abtransportiert, verkauft, misshandelt oder an der nächsten Ecke mit einem Stein erschlagen werden. Es gibt keine Regeln, an denen sich die Geiseln orientieren könnten.

Das gemeinsame Leben der Eingesperrten ist überschattet von Zweifeln, Misstrauen, auch gegenüber anderen Geiseln, die möglicherweise als Spione für den IS unter ihnen weilen. Vertrauen und produktive Kommunikation existieren kaum mehr. Mitleid und Hilfsbereitschaft untereinander, die vor diesem Terror besonders das Leben dieser religiösen Minderheit geprägt haben, sind verkümmert. Im Ausnahmezustand sind alle bisherigen Maßstäbe verschoben. Was man in Friedenszeiten noch für unmöglich gehalten hat, wird zur Normalität.

Die Terroristen, die die Geiseln in den Dörfern festhalten, beginnen ihre Fantasien auszuleben, weil keiner mehr sie daran hindern kann. Öffentliche Hinrichtungen, Gruppenvergewaltigungen, Verkauf von kleinen Mädchen, auch um die eigene Kasse aufzubessern, gehören fast wie Händewaschen zur Routine. Die Terroristen haben keine Gegengewalt zu befürchten, die Menschen in den Internierungsdörfern sind wehrlos. Wer zu fliehen versucht, dem wird vor versammeltem Publikum die Kehle durchgeschnitten. Die IS-Kämpfer jubeln sich gegenseitig zu, wenn einer unter ihnen eine noch bösartigere Idee ausheckt, wie man die Geiseln knechten kann. Die Frauen, die es nach dem Verkauf geschafft haben, sich irgendwie ins sichere Kurdistan zu retten, berichten immer wieder, dass sie »schon lange tot sind«. Sie sagen: »Was ich erlebt habe, ist nicht auszuhalten. Ich funktioniere nur, weil man mich nicht sterben lässt.«

Über die Medien ruft der IS alle Nichtmuslime auf, sich zum »wahren« Glauben zu bekennen, damit sie der »Hölle entrinnen und in den Himmel kommen«. Seit Anbeginn des Islams gibt es Zwangsislamisierungen. Bis in das 19./20. Jahrhundert haben die islamischen Rechtsschulen die Auffassung vertreten, dass diese radikale Maßnahme erlaubt ist. Juden und Christen bezeichneten islamische Gelehrte als »dhimmis« oder »fleh« (Arbeiter, Diener etc.), die eine Kopfsteuer zahlen, andere Kleidung tragen und sich beispielsweise in Istanbul zu Zeiten des Osmanischen Reiches nur in bestimmten Bezirken ansiedeln durften. Immer musste ersichtlich sein, dass es sich bei diesen Menschen um keine Muslime handelte.

Allerdings wurden Christen und Juden nicht als »Ungläubige« bezeichnet, da ihr Glaube zu den abrahamitischen Religionen, den sogenannten »Buchreligionen«, zählte. Da aber die »Leute der Schrift«, so der Vorwurf der islamischen Gelehrten, die Offenbarungen verfälscht hätten, ständen sie mit dem Islam nicht auf einer Stufe. Die Offenbarungen an den Propheten Mohammed stellten nach Überzeugung der Muslime das ursprüngliche Evangelium und die eigentliche Thora dar. Sie vervollständigten diese beiden Religionen, die im Koran mit enthalten sind.

Nichtmuslimen war es verboten, Gebetshäuser zu bauen; und auch vor Gericht besaßen sie nicht die gleiche Rechte wie ein Muslim. Die Umsetzung dieser diskriminierenden Vorschriften variierte deutlich über die Jahrhunderte hinweg. Zu manchen Zeiten wurden die Vorschriften der »Shurut adh-Dhimma« eher restriktiv angewandt, unter anderen Herrschern eher locker gehandhabt und oft auch gar nicht umgesetzt.

Der Umgang mit den Jesiden verlief bis auf einige Ausnahmen deutlich diskriminierender als der mit den Christen und Juden. Anders als bei ihnen haben die Muslime den jesidischen Glauben nicht als Religion anerkannt, da die Jesiden keine Heilige Schrift oder Thora besaßen. Ihr monotheistischer Glaube vereint Elemente vieler nahöstlicher Religionen, wie der zoroastrischen, christlichen und islamischen. Hinzu kommen naturreligiöse Elemente. Die Jesiden verehren die Natur und beten mit dem Gesicht zur Sonne.

Für die Muslime verkörpert der Schutzengel der Jesiden den Teufel. So soll Gott, nachdem er Adam erschaffen hatte, allen Engeln befohlen haben, sich vor seiner Schöpfung zu verbeugen, was aber Tausi Melek, der Engel Pfau, ablehnte, da Adam nur aus Erde, er hingegen aus reinem Licht erschaffen worden war. Zur Strafe für seinen Ungehorsam musste der Engel 30 000 Jahre lang auf den Meeren wandeln und bereute seine Tat so sehr, dass er mit seinen Tränen das Feuer der Hölle erlosch. Seither gibt es für die Jesiden keine Hölle. Danach vergab Gott Tausi Melek und machte ihn wieder zum Obersten aller Engel. Deswegen werfen die Moslems den Jesiden vor, »Teufelsanbeter« zu sein. Die Jesiden selbst glauben nicht an einen Teufel. Sie dürfen das Wort nicht einmal in den Mund nehmen. Schon aus Sicht des alten

Islams waren aber diese »Kuffar« vogelfrei und durften von jedermann straflos umgebracht werden.

Ein Beispiel von vielen soll aufzeigen, wie die Jesiden im Osmanischen Reich behandelt wurden. Während der Regierungszeit Murats IV. fand ein Feldzug nach Bagdad statt. In Mardin trafen die Truppen auf Jesiden. Der Sultan aus Istanbul erfuhr, dass es sich um Nichtmuslime handelte. Daraufhin fragte er seine Religionsgelehrten, wie mit solchen Leuten zu verfahren sei. Diese empfahlen, die Jesiden zu töten oder zu versklaven. Obwohl die Jesiden bekräftigten, dass sie ebenfalls heilige Bücher besäßen, die aber verschwunden seien, war eine Rücknahme des Befehls aus Istanbul nicht mehr möglich. Darüber hinaus brachte man ihren Namen »Jesiden« mit dem von Sunniten verabscheuten Kalifen Yazid in Verbindung. Ihm wird vorgeworfen, ein schlechter Kalif gewesen zu sein, den Islam zu spalten, Weinanbau zu forcieren und dem Alkohol zu frönen. Aus all diesen Gründen wurde das Siedlungsgebiet der Jesiden im Auftrag der Regierung aus Istanbul zum »Dār-al Harb«, also zum »Gebiet des Krieges«, erklärt.[5]

Osmanische Padischahs wie Selim I., Süleyman I., Murat IV. und Mehmet V. haben immer wieder solche Fatwas in Auftrag gegeben, die die Gemeinschaft der Jesiden als Götzendiener und Feinde Gottes bezeichneten. Die Mullahs im Dienste der Hohen Pforte hatten Jesiden und andere religiöse Minderheiten in die Kategorie »Mensch« eingeordnet, deren Blut im Namen Gottes vergossen werden soll. Deshalb blieb diesen religiösen Gruppen keine große Wahl: Bekehrung zum Islam oder Tod.[6]

Selbst kurdische Fürsten haben immer wieder die Erde mit dem Blut der Jesiden getränkt, obwohl die Jesiden ethnisch zu den Kurden gehören. So rief Bedirhan Beg, der kurdische Fürst aus Botan, im 19. Jahrhundert zum islamischen Opferfest gefangene Jesiden und Christen dazu auf, den Islam anzunehmen, und tötete diejenigen, die dies nicht akzeptierten, mit eigener Hand.[7]

Der Umgang mit Nichtmuslimen in der islamischen Welt, zumindest im Mittleren Osten, war nie wirklich friedlich. Das liegt daran, dass aus Sicht vieler muslimischer Vertreter der Islam die letzte und die vollkommene Wahrheit vertritt. Heute bedient sich der IS dieser Argumentation, indem seine Anhänger erneut Nichtmuslime vor die Wahl stellen: Zwangskonvertierung oder Tod.

Dabei machen diese »Gotteskrieger« keinen Unterschied zwischen Alten, Männern, Frauen und Kindern. Die Mehrheit beugt sich dem Joch, allerdings ohne wirklich an den Islam zu glauben. Die »Zwangskonvertierten« leiden darunter, weil es für sie eine besondere Demütigung bedeutet, sich zu etwas zu bekennen, was ihnen völlig fremd ist, aber sie müssen es tun, weil sonst nicht nur sie, sondern auch ihre Kinder umgebracht werden. Scham- und Schuldgefühle plagen die Überlebenden, weil sie beispielsweise nicht wie Hunderte von Männern in Kocho, Hatemi oder Hardan vor ihrer Hinrichtung noch den Namen ihres Engels und Gottes gerufen haben.

Der IS erhebt den Anspruch, seine Massaker an den Minderheiten direkt aus dem Koran abzuleiten. Sicher kann und darf man keinesfalls der gesamten muslimischen Welt vorwerfen, dass sie diese unmenschlichen Taten des IS befürwortet. Leider aber ist schon seit der Entstehung des Islams ein tiefes und fundamentales Gewaltpotenzial im strukturellen Kern dieser Religion angelegt. Intensiv bemüht sich der IS darum, aus dem Koran und den islamischen Überlieferungen jene Stellen zu selektieren, die seiner Ideologie entsprechen.

Der IS beruft sich auf den seit 1731 praktizierten Wahhabismus und die islamische Kriegsphase in Medina, die bis heute als besonders rigide und radikale Version des sunnitischen Islams in

Saudi-Arabien wirkt. Die Intoleranz seines Gründers, des kleinen Beduinenfürsten Abd al-Wahhab, der dem »Wahhabismus« seinen Namen gegeben hat, ging so weit, selbst den Muslimen ihren Glauben abzusprechen, sofern sie sich nicht haarklein von der Kleidungs- bis zur Bartvorschrift an seine Vorgaben hielten. Ebenso geht der IS vor, der solche Glaubensbrüder wie einst al-Wahhab verurteilt und von ihnen sagt, sie seien »als Muslime verkleidete Hochstapler«. Statistisch betrachtet, hat die Terrormiliz in Syrien und im Irak mehr Sunniten ermordet als alle anderen Gruppen.

Es geht aber nicht darum, mittels Zahlen diese Gemetzel, egal, gegen wen sie gerichtet sind, zu relativieren. Der IS legt den Islam nach seinen eigenen Bedürfnissen aus. Leider bedient er sich dabei historisch-grausamer Verbrechen und setzt diese sehr professionell ein. So professionell, dass viele Muslime sogar »Verständnis« für die Gräueltaten des IS zeigen.

Kranke Personen in einer kranken Welt?

Selbst noch im 21. Jahrhundert der Hightech-Lösungen und Spitzentechnologien üben öffentliche Hinrichtungen eine seltsame Faszination auf die Massen aus. Abgeschnittene Ohren und Augenlider, abgehackte Hände, durchbohrte Zungen, ausgestochene Augen waren über Jahrhunderte hinweg in zahlreichen Kulturen selbstverständliche Bestandteile des Lebens.

Diese brutalen Praktiken verstärkten die bereits vorhandene Lebensverachtung und Aggressivität noch zusätzlich, zumal lange Zeit jeder stets einen Gegenstand zu seiner Verteidigung bei sich trug, seien es Stöcke oder Steine, die kurzerhand zur Waffe umfunktioniert werden konnten. Da es in der Umgebung von Feinden wimmelte, suchten die Leute letztlich Sicherheit und Zuflucht in zwischenmenschlichen Beziehungen. Familie und andere Solidargemeinschaften, Stämme und Clans sollten gegen physische und psychische Unsicherheit schützen.

Unveränderlich setzt man im Nahen und Mittleren Osten zur Lösung von Konflikten auf Gewalt. Sowohl patriarchalische Gruppen als auch Staaten wenden althergebrachte Methoden wie Verbrennen, Köpfen oder Erhängen an. Frühere Verhaltensweisen und Ereignisse prägen den Umgang der Menschen bis in unsere Gegenwart hinein.

Gewalt ist verführerisch, weil sie schnell und unmittelbar wirkt. Wird jemand geschlagen, reagiert er augenblicklich darauf mit Schmerz, Unsicherheit, Angst oder auch mit Wut und Gegengewalt. Im Laufe ihrer kulturellen Entwicklung hat die Menschheit erkannt, dass das Gewaltpotenzial, das jeder mehr oder weniger stark ausgeprägt in sich trägt, für jedermann gefährliche Auswirkungen haben kann, vor allem wenn ein Täter die Kontrolle verliert. Aus dem Grund haben Gesellschaften im Laufe der Jahrhunderte das kulturelle Zusammenleben zunehmend mithilfe von Gesetzen geregelt.

In der Regel wenden Menschen Gewalt nicht spontan an, sofern es sich nicht um pathologische Gewalt und Aggression handelt, da das Risiko, sich selbst dadurch zu schädigen, sehr hoch ist. Heißt es in der Bibel »Zahn und Zahn«, so bedeutete dies, dass dem Gegner Gewalt zugefügt wird, jedoch im selben Verhältnis, in dem er zuvor darunter zu leiden hatte. Gerade diese »Verhältnismäßigkeit« der Gewalt scheint im Mittleren Osten an Bedeutung zu verlieren, weil die Terroristen diese Begrenzung überschreiten, bewusst Menschen erniedrigen und ermorden, um pathologische Angst zu verbreiten und die Übrigen gefügig zu machen. Betrachtet man unter diesem Aspekt den Nahen und Mittleren Osten als einen Patienten, so leidet er unter einer psychischen Krankheit. Ein Symptom davon ist der IS.

Die Täter verfolgen sicherlich nicht nur ihre politischen Ziele, wie die Erschaffung einer Weltscharia, sondern suchen ihre eigene verlorene, verletzte oder zerstörte Identität durch Erlösen im Töten und Getötetwerden, wie sich bei den Selbstmordattentätern zeigt.[8] Die narzisstische Überzeugung, allein im Besitz der Wahrheit und über alle anderen Menschen erhaben zu sein, weil man mit Gott und den Propheten in Verbindung steht, erlaubt den Terroristen, den Einzelnen als absolut bedeutungslos anzusehen. Aus dieser Haltung heraus verschenken sie zum einen nach den Terroranschlägen in Brüssel zur Feier des Tages Schokolade an die Leute oder stechen zum anderen Wochen später zwei Brüsseler Polizistinnen mit einer Machete mehrfach ins Gesicht.

Genau wie wir solche Taten als »böse« und »niedrig« einstufen, so wird der Täter diese als »gut« und »gottgewollt« betrachten. Das abgrundtief Böse verdrängt er bewusst. Uns selbst in ein positives Licht zu rücken gibt uns Sicherheit. Doch geben wir uns oft nicht damit zufrieden, gut zu sein, sondern wir wollen besser sein als andere. Und das funktioniert am besten im Schutz einer Gruppe.

Um innere Konflikte zu vermeiden und das psychische Gleichgewicht nicht zu verlieren, bedient sich jeder Mensch unbewusst verschiedener Abwehrmechanismen. In diesem Fall hat beim Täter eine Regression stattgefunden, also ein Rückzug auf eine frühere Stufe der Persönlichkeitsentwicklung mit primitiveren Reaktionen. Aus seiner Perspektive aber hat er eine neue und höhere Ebene erreicht. All die anderen, die diesem Weg nicht folgen, sind klein, unwissend und verkennen Gott. Sie haben es nicht anders verdient, als zu leiden und zu sterben. Die Veränderung der Psyche dieser Terroristen spielt eine besondere Rolle, weswegen wir uns mit der Psychologie des Terrors, aber auch mit den Gesellschaften, denen sie entstammen, beschäftigen müssen.

Die Opfer: Das Unfassbare fassbar machen

Krieg wirft lange Schatten. Noch Jahrzehnte danach verdunkelt er die Gemüter der Überlebenden, hinterlässt in deren Köpfen kollektive Traumatisierungen und erzeugt spezifische Konflikte zwischen aufeinanderfolgenden Generationen. Das betrifft die Nachkommen der Täter genauso wie Kinder und Kindeskinder der Opfer. Wenn sich die Gesellschaften dieser Dynamik und Prozesse nicht bewusst werden, wiederholt sich manchmal wellenartig das Auftreten regressiver, primitiv agierender mörderischer Gruppen, die sich und am liebsten die ganze Menschheit vernichten würden.

Solche Entwicklungen lassen sich jedoch nicht vorhersagen, denn das kollektive Trauma entwickelt eine sichtbare und eine nichtsichtbare Präsenz, die alles durchdringt und die innere Vorstellung der Realität über mehrere Generationen hinweg prägt.[9] Wenn Eltern mit ihrer eigenen leidvollen Geschichte überfordert sind, beeinflusst ihr Verhalten auch das Denken und Handeln ihres Nachwuchses. Da das Kind beispielsweise das launenhafte Benehmen der traumatisierten Eltern nicht einordnen kann und zu wenig darüber weiß, fantasiert es sich in deren Geheimnisse hinein. Es füllt die Leerstelle mit eigenen kindlichen Vorstellungen. Auf diese Weise entstehen Märchen und Mysterien über die Geschichte der Eltern, die in seine Psyche eindringen. Die Gedanken kreisen um Tod und Leben, um die Rollen von Mörder und Opfer und bestimmen unbewusst das Handeln und Erleben der Kinder.[10]

Soldatenväter halten beispielsweise an alten Kriegsidealen fest, um ihre Weltsicht und die grausamen Ereignisse, an denen sie selbst beteiligt waren, ihrem Nachwuchs gegenüber zu rechtfertigen. Mit Ende des Militärdiensts machen manche Väter aus ihren Sprösslingen ein sogenanntes »Selbstobjekt«, das ihnen zur

Aufrechterhaltung des eigenen Selbstwertgefühls dient. Sie instrumentalisieren die Kinder als narzisstisches Objekt, in denen sie Bestätigung suchen, reißen sie an sich und versuchen, sie nach ihren eigenen Bedürfnissen zurechtzubiegen.[11]

Während sich IS-Anhänger als Opfer sehen und sich mit ihren erbärmlichen Schandtaten brüsten, fallen andere Menschen in Schweigen. Bewusst verdrängen sie beispielsweise eine grausame Vergangenheit, die ihre Eltern oder Großeltern erlitten hatten. Womöglich haben sie damals auch selbst bei Verbrechen Hand angelegt, schaffen es aber nicht, dafür die Verantwortung zu übernehmen, und wollen sich in der Folge nicht mehr damit auseinandersetzen. Sie sind froh über die Normalität und stellen keinen Zusammenhang mehr zu Schmerzen, Schlaflosigkeit oder Wut her.

Schmerzliche Erfahrungen in einem gewissen Rahmen ins Unterbewusstsein wegzuschieben, um Ballast abzuwerfen, ist eine normale und notwendige Einrichtung unserer menschlichen Natur. Das völlige Verdrängen solch lebenswichtiger Einschnitte kann jedoch Betroffene und ihre Umwelt krank machen. Statt sich der Vergangenheit zu stellen, übertragen solche überlasteten Eltern ihre eigenen Fehler auf ihr Kind und sehen vor allem das Negative in ihm. Sie betreiben seelischen Missbrauch mit ihrem eigenen Nachwuchs.

Dagegen kann sich ein Kind nicht wehren. Es ist nicht in der Lage, das Geheimnis, die Täuschung und den Verrat zu entwirren. Um die Beziehung zu Vater und Mutter aber nicht zu gefährden, nehmen Sohn oder Tochter eine »beschützende Beziehung zur Geschichte der vorhergehenden Generation«[12] ein. Die kindliche Liebe, an die sie sich verzweifelt klammern, verbietet es ihnen, die Versionen der Lebensgeschichte der Eltern zu hinterfragen.

Indem die Erwachsenen die Realität maskieren und verleugnen, beschädigen sie Realitätsbewusstsein und moralische Werte ihrer Nachkommen. Identifiziert sich das mit Schuldgefühlen belastete Kind mit der »verfälschten« Geschichte der Eltern, wird es bald spüren, dass irgendetwas mit ihm selbst nicht stimmt. Das kann sich unter Umständen in massiven Ängsten, depressiven Zügen oder Verhaltensstörungen äußern. Die Schilderungen der Eltern behalten den Charakter eines Fremdkörpers, der nie Teil seines Selbst wird.

Stirbt in einem solchen Fall der Vater, ist den Kindern eine aufrichtige Trauerarbeit nicht möglich. Sie haben keine Chance, dem Unfassbaren eine Form und einen Raum zu geben, damit das Leben selbst wieder fassbar wird. Stattdessen meiden sie eine tiefer gehende Auseinandersetzung mit der Vergangenheit, weil diese die beschützende Beziehung zum Toten bedroht. Eine Verarbeitung der Erinnerungen ist ihnen verwehrt. Sie würde zur Aufdeckung des Geheimnisses führen und hätte unweigerlich die Auflösung der Bindung an den Toten zur Folge.[13]

Zwischen traumatischem Erleben und dem Wissen darum besteht eine komplexe Beziehung. Der Traumatisierte baut einen Schutzwall auf, um sich dem Schmerz der Erinnerungen zu entziehen. Andernfalls wäre seine fragile psychische Integrität bedroht. In vielen Fällen haben die Eltern den Kindern ihre eigene »entschärfte« Version der Vergangenheit mitgeteilt. Diese Erzählungen entsprechen nicht den wirklichen verstörenden Ereignissen, in denen der Schrecken, das unaussprechliche Entsetzen und Grauen, die überwältigende Angst benannt wird.

Mit solchen Erfahrungen konfrontiert zu werden bedeutete nämlich für den Traumatisierten selbst nichts anderes, als erneut von ihnen überwältigt zu werden. Daher schieben Menschen bei stark gefühlsbelasteten Erinnerungen häufig unbewusst andere Aspekte des gesamten Geschehens in den Vordergrund, die dann als sogenannte Deckerinnerungen fungieren.[14]

Anscheinend harmlose Erinnerungen verdecken auf diese

Weise die wichtigeren, traumatischen Erlebnisse. So wird der Soldatenvater möglicherweise dem eigenen Sohn gegenüber autoritär, distanziert und gewaltsam auftreten, da er die eigene erlebte Kränkung verdrängt oder verleugnet, aber diese Wut auf sich selbst auf den eigenen Sohn projiziert, der dann in seiner Persönlichkeit wieder negativ beeinflusst wird.

Die Vermeidung der Konfrontation mit der Realität traumatischer Erfahrung findet man übrigens nicht nur bei den direkt Traumatisierten, sondern bei allen, die daran teilhaben – sei es als Täter, als Zuschauer oder als entfernter historischer Zeuge, wie es beispielsweise deren Kinder sind.

Falschheit, Lüge, Irrtum: Nichts mehr von der Wahrheit wissen wollen

Traumatische Erinnerungen treiben im seelischen Untergrund weiter ihr Unwesen. Sie nehmen großen Einfluss auf unsere Taten und Gefühle. Wer nachträglich mit seinem Trauma konfrontiert wird, reagiert oft mit heftigen Gefühlen darauf. Angst ist ein Zustand, den ein Mensch auf Dauer nicht ertragen kann, deshalb sucht er nach Entspannung.

Mit einem Schutzschild, gepanzert aus Wut, Schmerz, Scham oder Schuldzuweisung, versucht der Betroffene, die aufwühlenden Erinnerungen abzuwehren. Um bloß nicht an den dunkelsten Ort seiner Erinnerungen zurückkehren zu müssen, verändert dieser tief verletzte Mensch seine sozialen Beziehungen, geht auf Abstand, plant nur noch für den Tag, nicht mehr für Jahre. Er will nichts mehr von der Vergangenheit wissen.

Dieses Nicht-wissen-Wollen ist kein passives Verschließen gegenüber der Wahrnehmung, sondern ein aktives Zurückweisen. Vergessen kann also durchaus persönlich motiviert und interessengeleitet sein. Erinnern und Vergessen werden auf solche

Weise dynamisch vielfach miteinander verwoben. So entstehen verschiedene Mischungen von Abwehr und Erinnerung, die von aktiver Unterdrückung und vollständigem Vergessen bis zum verschobenen Wissen, zu Deckerinnerungen und Wiederinszenierungen reichen.[15]

Diese psychisch bedingten Mechanismen machen die Wahrheitsfindung schwer. Das betrifft nicht nur den Einzelnen, sondern auch die ganze Gesellschaft und die Politik. Bei der Auseinandersetzung mit kollektiven Katastrophen verweben sich affektive Abkapselung, Fantasie und die Anerkennung der historischen Realität ineinander.[16] Die Übereinstimmung der Ereignisse mit der Wirklichkeit und die daraus abgeleiteten Erkenntnisse können leicht in Falschheit, Irrtum und Lüge enden.

Ähnliche Phänomene lassen sich auch bei Regierungen im Umgang mit ihren Völkern beobachten. So hat beispielsweise die Türkei immer noch ein großes Problem damit, den Völkermord an den Armeniern 1915 anzuerkennen. Und so verteidigen etliche arabische Organisationen und Staaten den IS mit nationalen und religiösen Attitüden und sehen ihre Vorfahren als Geschädigte des westlichen »Imperialismus«.

Da die traumatisierten Hinterbliebenen die Wahrheit nicht kennen, sind sie unfähig, Verluste wirklich zu betrauern. Trauer aber ist ein befriedender Prozess. Ein Innehalten, ein Abschied und ein Kampf um Menschlichkeit, die die Gegner einem entrissen haben. Ohne diesen bewussten Prozess fühlen sich die Hinterbliebenen traurig, wissen jedoch nicht, warum. In ihnen wühlen die Emotionen, wissen aber nicht, wohin. Schnell wird da der Ruf nach »Rache!« laut.

Es ist schwer, die Stummheit von Tätern sowie Opfern aufzubrechen, weil deren Schuld sowie Scham so groß sind, dass Enttabuisierungen zu großen seelischen Schäden führen können. Therapeuten bemühen sich daher, ihre Patienten behutsam an das angstbesetzte Thema heranzuführen, um es schließlich bewusst aufzuarbeiten und bestenfalls zu bewältigen. Die gemeinschaftlichen Erinnerungen vieler ethnischer und religiöser Gruppen, wie beispielsweise der Jesiden, sind geprägt von jahrhundertelanger Verfolgung und Massakern. Die Erfahrung und das Wissen, dass andere Gruppen und Mächte ihre Existenz infrage stellten und versuchten, sie zu vernichten, haben tiefe Spuren in der Psyche der Menschen hinterlassen.

Erlebte Gräueltaten führen zu einer kollektiven Erinnerung, welche die gesamte Gesellschaft beeinflusst und verändert. Erinnert werden dabei nicht allein die historischen Fakten und die politischen Hintergründe des Geschehens. In den Berichten der Zeugen und Zeitzeugen geht es nicht um die objektive Wahrnehmung des Ereignisses, denn niemand kann diese Ereignisse wirklich verstehen. Oder kann jemand wirklich Hilflosigkeit und Schmerz nachvollziehen, die ein achtjähriges Mädchen empfindet, wenn ein 60-Jähriger es vergewaltigt? Wissen wir, wie es ist, eine Massenexekution der eigenen Eltern und Geschwister ansehen zu müssen? Wohl kaum, weil die Grausamkeit den eigenen Verstand überfordert.

Wichtiger ist für die Hinterbliebenen die Feststellung, dass diese Ereignisse tatsächlich stattgefunden haben. Sie gemahnen an die gewaltsamen Einschnitte im eigenen Leben, im Leben der Eltern, der Verwandten und der kollektiven Geschichte.

Oftmals wird nicht die historische Tragweite der Erfahrungen im kollektiven Gedächtnis bewahrt, sondern deren Sinn für die Gemeinschaft. Das drückt sich in Plänen und Wünschen für die Zukunft aus. Sinnvoll wäre es aber, auch die historische Tragweite für die Nachwelt durch Schriften, Rituale und Lieder nicht in Vergessenheit geraten zu lassen, denn gut verarbeitete, kollektive Erinnerungen bilden das Fundament einer gesunden Gesellschaft.

Kulturelle und religiöse Regression: Zurück ins Mittelalter!

Als »Steinzeit-Islam« bespötteln freigeistige Muslime die Glaubensinterpretationen des IS. Mit aller Gewalt versucht das Kalifat, Entwicklungen in der arabischen Welt bezüglich Technik, Wissenschaft, aber auch Ethik, Moral und Toleranz rückgängig zu machen. Das Terrorregime strebt zurück zu einem lebensgeschichtlich früher datierten, deutlich niedriger strukturierten Niveau des Denkens, Fühlens oder Handelns. Dieses niedriger strukturierte Niveau zeigt sich in der Sprache der Gewalt und ihrer salafistischen Lebensweise wie vor 1400 Jahren.

Noch nicht so lange her, da haben die Frauen in Ägypten, Syrien oder Afghanistan keine Schleier getragen. »Die Schleier kamen infolge des wirtschaftlichen Abstiegs und der Diktaturen«, schreibt der syrische Schriftsteller Fouad Yazji. Man habe es mit der Ideologie unterentwickelter Völker zu tun.

Demokratie, Gleichberechtigung, Partizipation oder Begegnungen mit Menschen, die ohne Hierarchie gut zurechtkommen, erleben die Terroristen als irritierend und lehnen das ab. Sie sehen Menschen, die sich weiterentwickelt haben, indem zum Beispiel Männer und Frauen einander frei von unterdrückten sexuellen Fantasien begegnen, als verwirrend und bedrohlich an. Sie empfinden selbstbewusste Personen mit eigener Meinung, die in sich stabil und klar sind, als eine Gefahr, die Angst bei ihnen auslöst.

Je näher dieses Unbekannte rückt, desto eher gehen sie in Abwehrhaltung. Sie fürchten eine Veränderung in ihrer Gesellschaft. Eine menschliche Ur-Angst von archetypischer Qualität, die dazu führt, dass sich die IS-Anhänger schnell in ihre eigene Welt zurückziehen oder aber andere mit vorgehaltener Waffe dazu zwingen, so zu leben, wie sie es selbst gewohnt sind. Eine andere Form der typischen Abwehr drückt sich in ihrer Propaganda aus, ihre Anhänger in antiwestliche Nebelschwaden einzuhüllen.

Umgekehrt verhält sich aber auch die westliche Welt nicht anders, indem sie die IS-Terroristen pauschal als Kriminelle, Analphabeten oder Pathologen abstempelt, was fatal für eine richtige Analyse dieser Terroristen ist. Nichts ist schlimmer, als diese faschistische Terrororganisation zu unterschätzen.

Viele der führenden Köpfe des IS sind hochgebildete Personen mit Universitätsabschluss im Ausland, erprobte Guerillakämpfer aus Tschetschenien oder Bosnien, Ingenieure, Techniker, IT-Experten, Kameraleute, Chemiker, Künstler und Musiker. Eine Elite, die durchaus mit anderen Intellektuellen der arabischen Welt mithalten kann und diese mit ihrem Know-how zum Teil »sprachlos« macht. Straff organisiert mit Kommando-Ebene, Logistikern, Befehlsempfängern und Kontaktleuten in aller Welt. Laut UN-Bericht sind die IS-Milizen im Syrien-Konflikt unter den Dschihadisten außerdem die einzige Kriegspartei »mit der Fertigkeit, dem Willen und der Möglichkeit zur Nutzung« des international geächteten giftigen Senfgases.

Auswirkungen grenzenloser Gewalt: Tödliche Räume, tödliche Einstellungen

Zerstörungen, wie wir sie in Syrien oder im Irak beobachten, haben nicht nur Häuser und Seelen, sondern auch den sozialen Ordnungsrahmen, in dem Menschen sich bewegen, deformiert. Sicherheit und staatliche Strukturen, die trotz Diktaturen dem Leben einigermaßen Stabilität gaben, sind außer Kraft gesetzt.[17]

Die Übergriffe durch den IS waren jedoch nur möglich, weil die Terroristen nicht nur die staatlichen Grenzen, sondern auch die Grenzen der Vernunft mithilfe vieler Menschen und Staaten überschreiten durften. Zudem bedienen sich ihre Gegner, wie Assad, gleichfalls barbarischer Methoden, sei es durch den Einsatz von Fassbomben, Giftgas oder der Einrichtung von Folterkellern, in denen Militärfotografen in Zehntausenden von herausgeschmuggelten Fotos, die unter anderem Human Rights Watch vorliegen, den Schrecken dokumentiert haben. Darunter Körper ausgemergelter Säuglinge sowie Folteropfer mit herausgepressten Augen oder dem Abdruck eines Teekochers im Gesicht.

Der IS-Täter selbst ist als Individuum unsichtbar, er ist Teil einer Masse und tötet, weil es auch die anderen tun. Der deutsche Historiker Jörg Barberowski behauptet folgerichtig, dass gemeinsames Töten verbindet und enthemmt. Das Blutvergießen im Nahen und Mittleren Osten hat seine historischen Ursachen und wird gleichzeitig von der Dynamik der Gewalt selbst erzeugt. Solche Freiräume der Gewalt ziehen wie bei einer nuklearen Kettenreaktion weitere verhängnisvolle Umwandlungen nach sich, die nicht mehr beherrschbar sind. Moralische Überzeugungen werden über den Haufen geworfen. Töten ist erwünscht.

In so einer Welt, in der jede Tat als selbstverständlich hingenommen wird, verliert ein Mensch nicht nur sich selbst, sondern auch das Vertrauen in seine Nächsten und in seine Umwelt. Heute ist die Gewalt im Nahen und Mittleren Osten, befeuert durch den IS, willkürlich und unberechenbar geworden. Das verändert jede Art von sozialen Beziehungen. Niemand kann jetzt noch handeln, ohne zugleich eine Antwort auf die Gewalt zu geben. Eine Misstrauensgesellschaft entwickelt sich, die noch viele Jahre brauchen wird, bis sie dieses Trauma einigermaßen überwunden hat – sofern sie es überhaupt schafft.

Solche »mörderischen« Einstellungen können das menschliche Verhalten dominieren. Manchmal sind sie so verinnerlicht, dass sie sogar unsere biologisch angelegten instinktiven Verhaltensmuster wie Empathie und Liebe blockieren. Dann kommt es dazu, dass IS-Täter skrupellos kleine Kinder wie Lämmer abstechen und Frauen nach einer Vergewaltigung mit gebrochenen Beinen als »unbrauchbar« auf die Straße werfen.

Wie hartnäckig und robust Einstellungen manchmal sind, zeigt sich am Beispiel des psychologischen Experiments von Avenanti und Kollegen von 2010: Die Psychologen untersuchten dabei, auf welche Weise Personen mit fremdenfeindlicher Gesinnung auf das Leid unbekannter Menschen reagierten.[18] Aus bisherigen Untersuchungen wusste man, dass das Nervensystem von Menschen, die das Leid anderer betrachteten, in einer Weise reagierte, als litten die Zuschauer selbst. Diese Form der Empathie verschwand jedoch, wenn Personen mit rassistischer Einstellung dabei zusahen, wie einem Menschen anderer Hautfarbe Schmerzen zugefügt wurden.

Dieselben Einstellungen findet man auch bei Mitgliedern des IS, die ihre »Feinde« nicht als Menschen sehen und deshalb auch kein Mitgefühl mit ihnen empfinden. Sie sind sich sogar sicher, dass sie diejenigen, die keine Muslime sind, vom »Unglauben befreien«, indem sie diese töten – dass sie also etwas Gutes tun.

Für das Experiment wurden hellhäutige Italiener und afrikanische Immigranten dunkler Hautfarbe ausgesucht. Die Forscher führten ihnen Filme vor, in denen Hände zu sehen waren, die entweder mit einer Nadel verletzt oder mit einem Wattestäbchen sanft gestreichelt wurden. Dabei maßen sie die Hirnaktivitäten der Probanden und etwaige Muskelkontraktionen. Bei den Versuchsteilnehmern zeigten sich die Hirnareale aktiv, die für Emotionen und Schmerzempfinden zuständig sind. Bei ihnen waren die gleichen Muskeln stimuliert wie bei der im Film zu sehenden Hand.

Doch sowohl bei italienischen als auch bei afrikanischen Rassisten blieb diese Reaktion aus, wenn die Hand im Film die jeweils andere Hautfarbe hatte. Bei weiteren Versuchen mit einer violett gefärbten Hand im Film – deren tatsächliche Hautfarbe damit nicht erkennbar war – pendelten sich die emotionalen Reaktionen der Testpersonen wieder auf normalem Niveau ein. Ihre automatische Muskelreaktion zeigte die ganz normale menschliche Anteilnahme. Das traf zumindest so lange zu, wie bei der Testperson keine vorurteilsbehaftete Einstellung vorlag.

Wie sich eine Einstellung entwickelt, hängt also auch von unserem Umgang mit Informationen ab. Ist eine Person bemüht, Informationen über andere Personen oder Gruppen möglichst sorgfältig zu verarbeiten, treten weniger Stereotypisierungen oder Vorurteile auf. Allerdings setzt eine genauere Informationsverarbeitung eine tiefere Auseinandersetzung voraus. Unabhängig davon, wie tief bestimmte Vorurteile sitzen und welche sozialen Erwartungen mit den Informationen verknüpft werden, können sich im schlechtesten Fall neue negative Einstellungen auf bereits vorhandene aufbauen.

Vorurteilsbelastete Personen, wie die IS-Terroristen, ignorieren oder verdrängen Fakten, Daten, Statistiken und andere Beweise, die ihre vorhandenen dysfunktionalen, also falschen Einstellungen widerlegen, um auf einer anderen Ebene mögliche emotionale, kognitive und soziale Interessen nicht zu gefährden. Sie verschanzen sich hinter ihrer Realitätsverweigerung. Vorurteile fühlen sich an wie Wissen.

Sympathisanten des IS, deren Zahl auf mehr als 20 Millionen geschätzt wird, verdrängen die Informationen über die Gräueltaten des IS und tun sie als Propaganda der westlichen Welt ab. IS-Aussteiger, die selbst Abscheu für die Massenmorde zeigten, werden als Feinde des Islams abgestempelt. Man steckt sie in Holzkisten, tagelang, in denen sie sich kaum rühren können, gibt der IS-Rückkehrer Nils D. vor Gericht zu Protokoll, der selbst einst dabei geholfen hat, Deserteure wieder einzufangen. Andere

Dschihadisten berichten von Folter, wie die ehemaligen Mit-
kämpfer mit auf den Rücken gefesselten Händen an einem Strick
an der Decke aufgehängt werden.

SCHWANGER VON EINEM IS-KÄMPFER: DAS UNGEHEUER IN MEINEM LEIB

»Bei uns ist es üblich, dass jede jesidische Jungfrau an zwölf Männer übergeben wird«, erklärte mir der IS-Emir seine Regeln. Ein Feuerball explodierte da in meinem Kopf. Doch er redete mit einer Selbstverständlichkeit wie ein Lehrer, der einen Hefteintrag in Algebra diktiert. Eine ältere Frau drückte mir eine Packung mit Antibabypillen in die Hand. In meiner Panik habe ich mir den ganzen Mund damit vollgestopft und alles hinuntergewürgt. Vielleicht bekäme ich von einer Überdosis überall auf der Haut hässliche Schwellungen, Pusteln oder begänne zu bluten, sodass sie mich nicht mehr anrühren wollten?

Bei ihnen aber ist es üblich, auf einem wunden und blutigen Körper ihre Triebe zu befriedigen. Bei ihnen ist es üblich, dass ich morgens meinem Vergewaltiger und seiner Frau Frühstück bereite, seinen Kindern Tee einschenke und alle beim gemeinsamen Gebet so fromm tun, als ob nichts passiert sei, obwohl sie mich die ganze Nacht hatten schreien hören.

Nach einigen Monaten merkte ich, wie mir der Schädel pochte und mir schlecht wurde. Während ich mit dem Kopf über dem Waschbecken hing, stieg die Angst wie eine riesige schwarze Welle in mir hoch, türmte sich vor mir auf und verschlang mich fast dabei. Atemlos bin ich zur Ehefrau gelaufen. »Mir ist dauernd so schlecht.« Sie lachte. »Du bist schwanger von meinem Mann.«

Die letzten schützenden Mauern in meiner Trümmerwelt sind da über mir zusammengebrochen. »Ich bekomme ein Kind von einem Moslem«, schoss es mir andauernd durch den Kopf, bis mir schwindelig davon wurde. »Was für eine Schande! Wie soll ich damit nur leben?« Ich hasste diese Menschen, ich hasste sie so sehr, dass ich sterben wollte. Ich habe meinen Schal genommen, an die Türklingel gebunden und versucht, mich zu erhängen. Doch seine Frau hat mich dort, ohnmächtig baumelnd, entdeckt und wieder losgeknotet. Nicht mal sterben durfte ich.

Als der Mann aus dem Büro heimkehrte, war er tief verärgert über mein Verhalten. Er ohrfeigte mich, freute sich aber gleichzeitig darüber, dass ich schwanger war. »Vielleicht gebärst du mir endlich einen echten muslimischen Sohn.« Niemals! Nie! In meinem Kopf tobten Fantasien, wie ein Ungeheuer meinen Unterleib zersprengte und uns Überlebende mit seinem kräftigen Kiefer zermalmte. Ich wollte dieses Kind nicht. Ich befand mich wie im freien Fall. Ich stürzte und stürzte. Wartete auf den Aufprall. Bis nichts mehr von mir übrig war. Endlich tot. Aber ich stürzte und stürzte in eine endlos scheinende Tiefe hinab.

Am Ende habe ich überlebt und bin 3000 Kilometer entfernt von meiner Heimat in Deutschland gelandet. Auf dem Papier bin ich 22 Jahre alt, aber mein Körper fühlt sich an wie der einer 80-jährigen Frau. Ich bin froh, dass ich den Irak verlassen durfte. In Deutschland habe ich den Eindruck, etwas sicherer zu sein, aber auch hier begegne ich auf der Straße vielen Muslimen, die mit ihren langen Bärten und ihrer Kleidung aussehen wie meine Vergewaltiger im IS. Nachts glaube ich das Trampeln ihrer Schuhe zu hören. Sie sind wieder da! Sie werden uns alle mitnehmen!

Das Kind, das ich im Irak in die Welt setzen musste, versuche ich, so gut es geht, zu vergessen, aber ehrlich gesagt, spuken manchmal Gedanken an es in mir herum. Wie es wohl aussieht? Ob es schon laufen kann? Doch ich unterdrücke diese Gefühle, weil ich mir wiederhole: »Das ist nicht mein Kind!« Dieser Mann mit dem kräftigen Kiefer wollte ein arabisch-muslimisches Kind. Damit habe ich nichts zu tun. Wie soll ich das ganze Grauen jemals beiseiteschieben, wenn mich das Kind durch seine bloße Existenz jede Sekunde daran erinnert?

Weiße Fahnen wehen über den Dächern von Kocho

Ich bin im Dorf Kocho unter Bauern und Schafzüchtern geboren. Etwa 2000 Menschen lebten dort. Meine Mutter ist Witwe, die Familie arbeitete hart, wir waren arm, doch ich habe unser Leben als reich empfunden. Ich habe viel im Haushalt und bei den Schafen geholfen, mich aber gleichzeitig auf mein Abitur vorbereitet. Meine sechs älteren Schwestern lebten verheiratet woanders und konnten sich somit rechtzeitig vor den Schlächtern des IS retten. Sechs meiner Brüder sind vermutlich in Kocho erschossen worden. Meine Mutter ist noch immer in IS-Gefangenschaft.

Verdutzt haben wir am 3. August 2014 unseren Bewachern, den abziehenden kurdischen Peschmerga, hinterhergerufen: »Wo geht ihr denn hin?« Und sie haben geantwortet: »Wir holen bloß Verstärkung. Ihr müsst unbedingt im Dorf bleiben!« Alle Einwohner waren zutiefst beunruhigt. Der Bürgermeister hat versucht, in der aufgebrachten Menschenmenge für Ordnung und Ruhe zu sorgen, wirkte aber selbst hilflos, weil er trotz aller Bemühungen keine Unterstützung von außen finden konnte. Sonst hatte unser Oberhaupt für jedermann ein freundliches Wort übrig und immer einen Scherz auf den Lippen, aber in dieser Situation wirkte er tiefernst und angespannt bis zum Äußersten.

»Bleibt in euren Häusern und hisst die weiße Flagge«, hat er uns mit auf den Weg gegeben, »vielleicht lassen sie uns dann in Ruhe.« Mit dieser Hoffnung im Kopf wickelten einer meiner Brüder und ich ein weißes Bettlaken um eine Holzstange und rammten sie ins Flachdach hinein. Im heißen Wind strich ich mir das lange, schwarze Haar aus dem Gesicht und sah von oben, wie eine weiße Fahne nach der anderen über den Dächern von Kocho gehisst wurde, für jedermann schon aus weiter Ferne sichtbar.

Kurz darauf hat der IS-Emir Abu Hamza dem Bürgermeister sein Wort gegeben, dass uns nichts geschehen werde. Vom Dach aus beobachteten wir jedoch, wie sie mit ihren Jeeps das Dorf umzingelten. Mutter hat sich zu Hause auf dem Sofa mit einem Tuch die Augen gewischt und war sehr bemüht, die Fassung zu bewahren, was ihr aber nicht gelang. »Hätten wir bloß nicht auf die Peschmerga gehört! Wären wir bloß nicht hier geblieben«, klagte sie und verbarg schließlich ihr Gesicht ganz im nassen Tuch, »jetzt sind wir ihnen ausgeliefert.«

In drei Tagen sollten wir uns laut Abu Hamzas Forderung entscheiden: Muslim werden oder sterben. Die Männer berieten sich mit Bürgermeister Ahmed und kamen alle zum gleichen Entschluss. »So wie wir als Jesiden auf die Welt gekommen sind, so wollen wir auch wieder gehen.« Nachdem die Frist verstrichen war, fuhren die IS-Milizen mit schätzungsweise 60 Pick-ups und großen Jeeps in Kocho ein. Der Emir zeigte sich mit dem Vorschlag des Bürgermeisters einverstanden, uns wie Christen zu behandeln. Das bedeutete, dass wir nach Kurdistan ziehen dürften, dafür aber unser Hab und Gut abtreten mussten. 13 Tage lang blieben wir umstellt.

Gegen 9 Uhr morgens kehrte der IS-Emir mit seinen Wachen

zurück. Um 11 Uhr riegelten sie das Dorf komplett ab, einzelne IS-Milizen marschierten durch die Straßen und stießen unaufgefordert die Türen der Häuser auf. Die letzten Tage hatten wir kaum noch Hunger verspürt, aber Mutter hatte fast trotzig darauf bestanden, dass wir trotzdem kochten. »Das Leben geht weiter wie immer.« Gerade füllte ich den dampfenden Reis in eine Schüssel, als drei junge IS-Kämpfer, bärtig, ganz in Schwarz gekleidet, mit vorgehaltenen Maschinenpistolen, in die Wohnung rumpelten. »Raus oder wir knallen euch ab!«

Meine sechs Brüder sprangen mit geballten Fäusten auf, und Mutter musste den Ältesten zurückhalten. »Wehrt euch nicht, sie töten euch sonst!« Die Eindringlinge, die ihre Waffen auf uns richteten, waren unsere arabischen Nachbarn aus den umliegenden Dörfern. Mit ungläubigem Staunen haben wir verfolgt, wie sie in aller Seelenruhe unseren Fernseher, Kühlschrank und den schönen Sessel hinaustrugen, so als wären sie in einem Laden.

Draußen gingen Hunderte von Menschen in einem langen Zug ruhig und langsam in Richtung Schule. Was hatten sie mit uns vor? Einige Frauen riefen immer wieder das Wort »Ferman«. Sie glaubten, dass uns ein erneuter Genozid drohte. Wenn man aber jung ist, versteht man den Tod noch nicht so gut. Man denkt, der Tod betrifft immer die anderen, nie einen selbst.

Vor dem Eingang der Schule sackten andere Nachbarn Geld und Gold ein. Diese Leute gehörten zu den arabischen Stämmen der Miteda und Hatuni. Seit unserer Kindheit waren wir einander mit Respekt und Höflichkeit begegnet. Über Nacht waren diese Vertrauten zu Fremden geworden. Manche der Mädchen haben gezögert, ihre liebsten Sachen an sie herauszugeben, aber die älteren Frauen stießen uns an. »Es geht darum, zu überleben und nicht an irgendwelchen Dingen festzuhalten.« Schweren Herzens übergab ich meinen Ring und meine goldene Halskette, es waren Geschenke meines Bruders und meiner Mutter.

Während Frauen und Mädchen ins zweite Stockwerk hinaufgehen mussten, blieben etwa 400 Männer und Jungen unten. Ich warf meinem ältesten Bruder einen flehentlichen Blick zu, und er sagte zu mir: »Mach dir keine Sorgen, wir werden da schon gut herauskommen.« Im unteren Stockwerk hielt der Emir eine so laute Ansprache, dass wir jedes Wort auch im ersten Stock hören konnten. »Entweder ihr hebt jetzt alle den Zeigefinger und legt den Schwur ab, dass ihr Muslime seid, oder ihr müsst sterben.« Mit stummem Einverständnis blickten wir Frauen einander an und senkten wieder die Köpfe. Der Bürgermeister versuchte noch, den Emir zu überreden. »Lassen Sie uns doch einfach wie zuvor weiterleben. Wir haben nichts gegen den IS, wir wollen nur unseren Frieden.«

Kurz darauf beobachtete ich durch das Fenster, wie die schwarz gekleideten IS-Kämpfer unseren Bürgermeister Ahmed hinter die Schule führten, wo ihn zwei Männer mit den Kugeln ihrer Sturmgewehre niedergeschossen haben. Mit einer Hand tastete ich nach meiner Mutter hinter mir, die selbst nach Luft schnappte, als füllte Wasser ihre Lungen. Im nächsten Moment rollte ein Fahrzeug nach dem anderen vor die Schule. Der IS-Emir und seine Soldaten forderten unten alle Männer auf, nacheinander dort einzusteigen. Etwa 20 Minuten später stürmte ein achtjähriger Junge mit roten Flecken im Gesicht zu uns herein, er sah aus wie ein Geist und stotterte: »I-i-ich habe ge-ge-sehen, wie sie alle Männer er-erschossen haben!«

Zwischen uns heulenden Kindern und Frauen wühlten unterdessen unsere arabischen Nachbarn nach weiteren Wertgegenständen. Mit einem Ruck hat mir einer aus dem Ohrläppchen meinen Ohrring herausgerissen. Ich gehörte zu den ersten 16 jungen Frauen, die hinten auf einem Pick-up aus Kocho weggebracht wurden. Gegen 16 Uhr nachmittags kamen wir in einem Vorort von Sindjar vor einem großen Gebäude an, vielleicht war es ein Krankenhaus. An der Eingangspforte zog mir einer dieser 16-jährigen IS-Kämpfer mein leichtes, helles Kopftuch herunter, das ich mir schützend umgelegt hatte, und stieß mich in den Raum hinein.

Mit der Zeit kamen auch die anderen Frauen und Kinder aus Kocho hinzu. Erleichtert schloss ich meine Mutter in die Arme. »Alles wird gut …«, tröstete sie mich, aber daran, wie lange und fest sie mich drückte, spürte ich, dass sie genauso viel Angst hatte wie ich. Mitten in der Nacht hörten wir das Trampeln ihrer Schritte. »Alle älteren Frauen verlassen den Raum!« Mutter war 52 Jahre alt. Sie musste gehen. Festhalten hatte keinen Sinn. Andernfalls schlugen sie den Schreienden so heftig auf die Finger oder die Nasen, bis sie gebrochen waren. Als Nächstes mussten alle Mütter mit Kindern hinaustreten. Einige der unverheirateten Frauen rissen in aller Eile die Kleinkinder ihrer Brüder oder Schwager an sich und behaupteten: »Das sind unsere.« Auf diese Weise verließen auch sie den großen Raum. Etwa 150 Mädchen blieben zurück. Nach etwa zwei bis drei Stunden wiesen sie uns an, uns draußen in der prallen Sonne in den Sand zu setzen, während ein Bewaffneter laut und andauernd irgendwelche Koranverse und Gebete herunterleierte.

Da ich in der Schule Arabisch gelernt hatte, hörte ich, wie sich die anderen IS-Milizen glucksend wie alberne Teenager unterhielten. »Ja, diese Kleine da drüben, die gehört mir«, »die da hinten gebe ich dem Hussein«. »Oh und seht mal, die da, die ist ja besonders hübsch.« Sie überlegten, wie sie uns untereinander für sich am besten aufteilen konnten. Noch immer aber bin ich davon ausgegangen, dass sie uns alle nur gefangen nehmen wollten.

Die Waffe an der Schläfe:
Nackt! Panisch! Ausgeliefert!

Ein Bus hielt am Straßenrand. Hinter uns stieg als Letzter ein vollbärtiger IS-Kämpfer zu, der sich Abu Behtat nannte. Als Begleitschutz fuhren vor uns ein oder zwei Jeeps, hinter uns folgten ebenfalls welche. Während dieser Abu Behtat im Gang auf und ab schlenderte, schwatzte er am Handy mit irgendwelchen Kollegen. Jedes Mal, wenn der Kerl an uns vorbeilief, berührte er eine von uns im Gesicht oder fingerte der nächsten unter ihr T-Shirt. Lachend fasste er mich an meinem Hals, und ich versuchte, mich wegzudrehen.

Jedes Mal, wenn er an mir vorbeikam, strich er mir von hinten übers Haar, packte auf einmal kräftig meine Brust und lachte wieder. Es war eine schreckliche Situation; ich ekelte mich, hatte aber zu große Angst, mich dagegen zu wehren. Alle anderen waren genauso versteinert. Sie hielten die Köpfe nach unten gerichtet, nur noch einen stummen Wunsch auf den Lippen: »Vielleicht geht er diesmal vorbei?« Als er wieder seine Runde drehte und meine Brust mit seiner Pranke fest zusammenquetschte, konnte ich nicht anders, als vor Schmerzen laut aufzujaulen. Dadurch schraken alle anderen Mädchen zusammen und haben angefangen, so stark zu weinen und wehzuklagen, dass der Fahrer auf die Bremse drückte und stehen blieb.

Einer der IS-Kämpfer aus den Jeeps vor uns stieg in den Bus und fragte: »Was ist los?« Und ich erwiderte mit mühsam beherrschter Stimme: »Ihr habt uns doch versprochen, dass uns nichts passiert, doch dieser Mann belästigt uns die ganze Zeit und fasst uns überall an. Was seid ihr denn für Menschen?« Abu Behtat aber hat das abgestritten. »Nein, sie lügt, so etwas habe ich nicht gemacht.«

Kaum hatte sich die Bustür wieder geschlossen, stellte er sich mit vorgeschobener Unterlippe neben mich und hielt die Mündung seiner Waffe an meine Schläfe. »Wenn du noch irgendetwas sagst, dann werde ich dich jetzt, vor allen Frauen, jetzt sofort, nackt ausziehen, und dann weißt du, was dir blüht.« Meine Hände waren weiß an den Knöcheln, so stark presste ich sie zusammen. »Gleich erschießt er mich!« Mein ganzer Körper hat angefangen zu zittern, mein Blick war auf meine bebenden Hände im Schoß gerichtet; ich wollte nur noch, dass er ginge und mich endlich in Ruhe ließ. Kaum ist der Bus losgefahren, kam er wieder zu mir, um meine Brust zu quetschen, als wolle er sich dafür an mir rächen, dass ich ihn bei seinen Vorgesetzten angeschwärzt hatte.

Die Fahrt führte bis nach Mossul, und während all dieser Stunden hat er nur noch mich allein, vor all den jungen Mädchen, immer wieder begrabscht, mein T-Shirt hochgezogen und mich bloßgestellt. Ich fühlte mich wie von einem hässlichen Fluch erlöst, als sich endlich die Bustüren öffneten. Aber noch beim Aussteigen sprang er hinter mir her, hat mich an den Haaren festgehalten, mir zwischen die Beine und überall an meinen Körper gefasst. Keuchend, als wäre ich sehr schnell und sehr weit gelaufen, habe ich mich ihm entwunden und mich zwischen den anderen versteckt.

In Mossul haben sie uns in ein Haus mit drei Stockwerken gebracht, es war voll mit IS-Kämpfern. Wir jungen Mädchen saßen in einem der Zimmer, eng aneinandergedrängt, auf dem Boden. Ich stöhnte, weil meine Brust an der linken Seite angeschwollen, heiß und pochend war. Die Haut war blau angelaufen. Vor Schmerz konnte ich nicht sitzen und nicht stehen.

Da ist mir eine junge Mutter aufgefallen, die die IS-Milizen bereits am 3. August gefangen genommen hatten. Apathisch lag ihr kleiner Sohn in ihren Armen. Er war mit Wunden übersät, die mit weißer Creme beschmiert waren. »Hast du nicht vielleicht eine Salbe bei dir?« Gleich hat mir die Jesidin eine Tube gereicht. Die IS-Kämpfer hatten sie ihr gegeben, nachdem sie den Dreijährigen blutig geschlagen hatten. Dankend habe ich mir damit Brust und Schultern eingeschmiert. Tatsächlich spürte ich danach eine gewisse Erleichterung.

Die Nacht war lang. Essen und Trinken gab es nicht. Unsere Münder klebten, die Lippen waren aufgesprungen von der Hitze und der Trockenheit. Am nächsten Morgen haben die Bewaffneten entschieden. »Hier ist es zu eng für euch. 63 von euch müssen weg.« Mit einem anderen Mädchen haben sie mich ins nächste Haus nach Tel Afar gebracht und dort ins zweite Stockwerk in eine Kammer zu anderen jungen Frauen gesperrt. Im ersten Stockwerk hielten sich IS-Kämpfer auf. Sie brachten uns Wasser aus dem Badezimmer, damit wir etwas zu trinken hatten. Ich weiß nicht, ob das Wasser aus der Toilette stammte. Wir waren aber so durstig, dass uns das gleich war.

Gemeinsam saßen wir gekrümmt in einer Art Schutzhaltung an einer Wand. Um die Schultern hatte ich mir meine Jacke gelegt. Drei Tage später sprang die Tür auf und schlug mit einem Knall gegen die Wand. Vor Schreck zuckten wir zusammen, als mehrere Männer wie ein aufgescheuchter Hornissenschwarm hereinplatzten. Sie griffen einige der sich windenden und um Hilfe schreienden Mädchen an den Armen und zerrten sie mit aller Gewalt nach draußen. Krampfhaft versuchte ich, mich gegen die Wand zu drücken. Womöglich würden sie mich zwischen den anderen übersehen? Womöglich wollten sie mich gar nicht?

Ich wagte nicht, nach oben zu schauen, aber als die hellen Sportschuhe vor meinen Füßen stehen blieben, hob ich kurz das Kinn und erkannte, wie sich über mich ein großer Kerl mit langem Bart beugte und sich die Lippen leckte. Ein fetter Riese. In Sekundenschnelle wendete ich meinen Blick wieder nach unten.

Doch zu spät! Schon schnappte er nach meinem Arm, da blinzelte ich wieder hoch in diese hässliche Fratze. Mein Entsetzen war so groß, dass ich anfing, laut zu krakeelen. »Nein, nein, nein, ich will nicht mitkommen! Bring mich lieber um! Auf keinen Fall komme ich mit!« Und ich drückte mich noch fester gegen die Wand. Ein anderer trat dazu und schnauzte: »Diese Entscheidung liegt nicht bei dir. Wir entscheiden, was mit dir zu machen ist.« Ich hatte auch Angst vor diesen anderen IS-Kämpfern, aber vor diesem fetten, hässlichen Mann hatte ich ganz besondere Angst. Er packte mich wie eine Puppe, meine Füße schleiften draußen durch den Schmutz hinterher.

Die Haut brannte, ich weinte und lärmte in der Hoffnung, er werde mich loslassen, aber er tat es nicht. Da entdeckte ich vor dem Eingang einen anderen IS-Kämpfer, klammerte mich jammernd an seinen Beinen fest. »Bitte nimm du mich mit, ich will nicht bei diesem Mann bleiben, ich will nicht zu ihm!« Er schaute auf mich herab und beschied dem fetten Riesen: »Ich war gestern schon hier und habe sie mir ausgesucht, sie gehört mir.« Der Koloss sah ihn an und zuckte mit den Achseln. »Okay, macht nichts, dann gehe ich wieder rein und hole mir eben eine andere.«

Jener Mann, den ich um Hilfe angebettelt hatte, hieß Abu Salman und war scheinbar ein IS-Emir. Er fuhr mich in eine andere Wohnung. Bevor ich eintrat, verließen drei andere jesidische Mädchen dieses Haus und wurden bereits vom Nächsten in Empfang genommen. Für einen Augenblick sahen wir uns im Vorbeigehen an. In ihren Blicken lagen Angst und Schrecken, Ohnmacht und Leiden.

In diesem Haus war ich allein als einzige Frau mit sechs Wächtern in einem Raum. Mein Herz hämmerte wie verrückt. Ich stellte mich an die Wand, hielt mich mit beiden Armen fest, das Gesicht hinter den zerzausten Haaren versteckt, aber da stand ich und war schutzlos.

Eine ältere Frau trat ins Zimmer und reichte mir eine Packung

Medikamente. »Schluck das, damit du nicht schwanger wirst. Sie werden auf jeden Fall mit dir Sex haben.« »Was?« Ich vergaß, meinen Mund wieder zu schließen. Noch nie zuvor hatte ich mit einem Mann sexuellen Kontakt gehabt. Mir war schwummrig. »Was?« Das war, als hätte man mir befohlen, etwas völlig Verrücktes zu tun. Zum Beispiel die Arme wie Flügel auszubreiten und jetzt gleich wie ein Vogel aus dem Fenster zu fliegen. Weit weg. Nur weg! Doch das Fenster war geschlossen. Mit einem dumpfen Schlag prallte der Vogel gegen die Scheibe.

Kurz geriet ich ins Schwanken, fing mich wieder und richtete die verheulten Augen auf die Frau wie ein verhungernder Bettler. »Bitte«, sagte ich, »nimm mich mit!« Sie hat den Kopf geschüttelt. »Das hat keinen Sinn.« Ich müsse mich meinem Schicksal fügen und diese Pillen schlucken. Ich wagte nicht, das Zeug zu nehmen, wollte aber auch auf keinen Fall schwanger werden. Allein der Gedanke daran hat mir den Schweiß auf die Stirn getrieben, mir die Luft genommen.

Sehr angestrengt, sehr unsicher habe ich mich da wie in Zeitlupe umgeblickt, ob ich nicht irgendetwas fände, um mich damit umzubringen, eine Glasscherbe, eine Steckdose und einen Draht, aber da waren nur Beton, ein paar Sitzmatten und Kissen. Dazu noch sechs Wächter, die dumme Sprüche rissen und lachten. »Die kann es ja gar nicht erwarten, bis es endlich losgeht!« In dieser Nacht haben sie mich in Ruhe gelassen. Die Packung Pillen in der Hand, rutschte ich mit dem Rücken an der Wand hinunter und wartete.

Am nächsten Tag kam Salman mit den Wächtern zurück. »Ich ziehe jetzt in den Kampf, aber abends werde ich zu dir kommen.« An zwölf Männer müsse ich übergeben werden. So lauteten die Vorschriften. Die Antibabypillen steckten im trockenen Hals fest und wollten nicht hinunterrutschen. Nur noch einen Gedanken hatte ich im Kopf, der mich fast zersprengte:

»Was machst du, wenn er zurückkommt?« Es war, als wartete ich auf meine eigene Hinrichtung. Die Stunden vergingen. Zu schnell. Viel zu schnell. Und ich hatte immer noch keine Antwort gefunden.

Abends schickte Salman die anderen Bewaffneten aus dem Raum hinaus. »Zieh dich aus!«, verlangte er von mir. Mit einer Stimme, die nicht mir zu gehören schien, habe ich krächzend gestammelt: »Ich habe Blutungen, und wenn man Blutungen hat, dürfen Frauen und Männer nicht zusammenkommen. So ist das doch bei euch im Islam.« Davon hatte ich zuvor einmal gehört. Dieser Emir aber lächelte genüsslich, als gefiele ihm meine Angst. »Das interessiert mich nicht. Zieh dich aus!« Da ich mich nicht rührte, zog er mein T-Shirt hoch, aber ich wich zurück. Da kam er mit seinem Gesicht so nah, dass ich seinen sauren Atem roch. »Ich hole gleich die sechs Wächter wieder her, die dich alle vergewaltigen werden, wenn du nicht genau das machst, was ich dir befehle.«

Ich habe so sehr am ganzen Leib geschlottert, dass ich mehrere Anläufe brauchte, um mich auszuziehen. Meine Knie waren so schwach, dass ich kaum mehr stehen konnte. So nackt ließ er mich vor sich stehen. Ich habe mich entsetzlich geschämt und bitterlich geweint. »Setz dich hin«, sagte er. Er zog sich selbst nackt aus und breitete eine Decke auf dem Boden aus. Mit einem Ruck riss er mich an sich. Wie er mich anstarrte. Wie die Schlange die Maus. Ich widersetzte mich mit angezogenen Beinen, doch er zwängte sie mit beiden Händen brutal auseinander und wälzte sich mit seinem klebrig feuchten Leib auf meinen. Sterben ist so schwer.

Mich würgte es von seinem Geruch. »Nein, nein, nein, nein.« Ich will weg. Nur noch weg! Doch seine Fäuste sind zu hart, mir bleibt die Luft weg. Nachdem er sich stöhnend abreagiert hatte, rollte er sich wieder von mir herunter. »Du bleibst so nackt!«, befahl er. An seinem Bauch klebte mein Blut. Er zog sich an und ging.

Nach einer Stunde kam er wieder und vergewaltigte mich erneut. »Hör endlich auf zu flennen! Sonst steche ich dich ab.« Fest presste er seine Handfläche auf meine aufgeplatzten Lippen. Bis in den frühen Morgen ging das so weiter. Zwischendurch schlief er ein und gegen 4 Uhr morgens, ich weiß es nicht mehr, stand er wieder auf. Mit angezogenen Knien lag ich an der Wand. Nackt, in der Kälte. Meine Augen waren die ganze Zeit über offen, verfolgten jede seiner Bewegungen, beobachteten, wie er eine Spritze griff, seinen linken Arm nahm und sich etwas injizierte. »Willst du auch eine?«, fragte er amüsiert. »Nein, das möchte ich nicht.« Er lachte, drehte sich wieder von mir weg und legte sich wie in Trance auf den Boden.

Am nächsten Morgen ging er zum Kämpfen. »Bereite dich schon mal auf heute Abend vor.« Auch in dieser Nacht hat er mich mehrmals geschlagen, immer wieder getreten, an meinem Körper gerissen, als wolle er mir sämtliche Gliedmaßen ausrenken. Im Gesicht und an den Füßen, überall war ich mit meinem Blut beschmiert, die ganze Zeit über, bis in den Morgen hinein, ihm ausgeliefert. Kaum hatte er sich schlaff auf den Rücken gelegt, habe ich mich zähneklappernd in die Ecke verkrochen, aber ich durfte mich nicht anziehen.

Insgesamt fünf Tage lang, manchmal auch tagsüber, immer wieder, hat er mich für seine perversen Gelüste missbraucht. Es war so schrecklich, so schmerzhaft, weil er auch irgendwelche Gegenstände wie Flaschen oder Handys in mich eingeführt hat. Und ich durfte keinen Laut von mir geben. Musste alles über mich ergehen lassen. Wenn es sein sollte, bis zum Tod. Und als würde das nicht reichen, hat er am sechsten Tag, nachdem er mich wieder einmal gefoltert hatte, gelangweilt an seinen Fingernägeln gepult. »Ich habe keine Lust mehr auf dich«, meinte er wie nebenbei und rief nach seinen Wachen. Er selbst schnallte seine Waffe um und ging. Und die Wächter fielen wie Hunde über mich her.

Ich weiß nicht, ob es vier oder sechs Männer waren, sie haben ihren Hass bis in den frühen Morgen hinein an mir ausgetobt. Irgendwann lagen meine Arme leblos neben mir. Ich spürte nur noch, wie der eine auf mich kam und dann wieder der andere. Jeder Muskel krampfte. Ich war halb wahnsinnig vor Schmerz. Ein verlöschendes Licht. Zwischendurch verlor ich das Bewusstsein.

Es war gegen 9 Uhr morgens, als ich die Augen aufschlug. Ich bewegte einen Finger und spürte etwas Feuchtes an meinem Oberschenkel. Wo bin ich? Meine Wangen glühen. Ich versuche danach zu tasten. Aber der Arm reagiert nicht sofort. Warum bin ich nackt? Mein Kopf wie unter Wasser gedrückt, tauchte an die Oberfläche. Langsam, sehr langsam habe ich verstanden. Glaubte wieder zu spüren, wie ich festgehalten werde … Eine Stimme ruft in mir: »Sie sind fort! Du musst hier schnell verschwinden!« Aber ich bin so benommen, alles geht so furchtbar langsam. Schwerfällig rapple ich mich hoch. Jede noch so kleine Bewegung tut furchtbar weh. Ich habe fast eine Stunde lang gebraucht, um mich anzukleiden.

Selbstmord verboten: Putzen, beten und vergewaltigt werden

Zwei Tage später holte mich ein IS-Kämpfer aus Hamdena ab. Auch dort haben mich zwei Männer vergewaltigt. War das wirklich noch ich, die da lag? Dieses zittrige, zuckende Ding? Für 200 000 Irakische Lira haben sie mich an zwei weitere Folterknechte verkauft, die mich genauso quälten wie die anderen zuvor. Jetzt waren es zwölf Männer. Jetzt hätte es aufhören müssen.

Aber dann haben sie mich an den Dreizehnten verkauft. In der Zwischenzeit hatte ich keine Antibabypillen mehr und war schon sechs Monate lang in IS-Gefangenschaft.

»Du wirst bei uns als Sklavin arbeiten«, ließ mich dieser IS-Kämpfer aus Mossul wissen. Im Flur seines Hauses begrüßte mich seine schwangere Frau höflich auf Arabisch, doch schien sie nicht wirklich begeistert von meinem Eintreffen zu sein. Ihr Mann sagte zu ihr, mit Blick auf ihren gewölbten Bauch: »Die da wird dir helfen, den Haushalt zu machen.« Dieser Mann war 32 Jahre alt. Die Frau 24, fast so alt wie ich.

Sie zeigte mir meine kleine Schlafkammer und erklärte mir meine Aufgaben. »Gegen Mittag wollen wir immer ein warmes Essen haben und abends erst spät gegen 8 Uhr essen.« Sie führte mich in die Küche, wo die Lebensmittel lagerten, und ließ mich dann allein. Ich war dankbar dafür, dass ich nur noch als Sklavin den Haushalt erledigen sollte.

Mein Puls beschleunigte sich, sobald der Hausherr in meine Nähe kam. Der Ausdruck der Gier in seinem Gesicht war mir nicht entgangen. Eine Woche lang ging das gut. Ich stand relativ früh auf, putzte die Wohnung, servierte ihnen das Frühstück, räumte auf, kümmerte mich um die Wäsche und die Küche. Tief verschleiert ging ich mit der Frau draußen auf den Markt einkaufen. Manchmal stolperte ich, weil ich durch das Augengitter nicht mal meine Füße richtig sehen konnte. Die schweren Taschen schleppte ich für sie nach Hause. Sie redete nicht viel mit mir, verhielt sich aber auch nicht böse und hat mich nicht geschlagen.

In der zweiten Woche plante die Hausherrin, für ein paar Tage ihre Familie in Mossul zu besuchen. »Ich habe keine Zeit mitzukommen«, beschied ihr Mann, »ich muss arbeiten.« Bei der Gelegenheit habe ich erfahren, dass er in der Verwaltung für den IS tätig war. Doch selbst als Büroangestellter hatte er immer eine Waffe dabei und war genauso angezogen wie die anderen IS-Milizen. Noch in der gleichen Nacht kam er zu mir ins Zimmer. »Wir sind jetzt allein. Ich will dich.«

Mit einem Satz nach hinten rutschte ich weg von ihm, zog mir die Decke bis ans Kinn, rutschte noch ein Stück zurück. Bis an die Wand. Weiter ging es nicht. »Du hast doch schon eine Frau«, stotterte ich, »sie ist schwanger und bekommt in wenigen Wochen ein Kind! Das kannst du doch nicht machen!« Ich hielt meine Hände abwehrend vor ihn hin. »Lass mich in Ruhe, bitte!« »Es hat keinen Zweck, sich zu wehren«, sagte er und klang fast verwundert dabei. »Was soll das? Wo dich schon so viele vergewaltigt haben? Was macht es da schon aus, wenn einer noch mal das Gleiche tut?«

Jede Vergewaltigung fühlte sich an wie eine Amputation ohne Betäubung. Und der Chirurg sagte: »Hör auf zu heulen! Wir haben das jetzt schon so oft gemacht, dir so viele Gliedmaßen mit der Elektroschere abgetrennt, gewöhne dich endlich daran.« Allein die Vorstellung an eine erneute Vergewaltigung versetzte mich in solche Angstzustände, dass ich wie eine Verrückte mit beiden Händen um mich herumhaute. Doch er schlug mich zu Boden, würgte mich, riss mir die Haare aus, beschimpfte mich: »Du bist eine ungläubige Jesidin! Und du kannst froh sein, wenn ich dich nicht töte.« Als sich seine Hände um meinen Hals wie ein Schraubstock immer fester schlossen, wäre ich beinahe erstickt. Und irgendwann röchelte ich nur noch, während er über mir schnaufte. Dann war er fertig, machte die Tür hinter sich zu und ging.

Stundenlang habe ich mein nasses Gesicht, stoßweise atmend, ins Kissen gepresst und darüber nachgegrübelt, wie ich mich umbringen könnte. Ins Badezimmer stolpernd, habe ich eine Packung »Gillette« gegriffen. In der Aufregung habe ich keinen klaren Gedanken mehr fassen können. Ich wusste nur, dass ich nicht mehr länger leben wollte, habe mich auf den Boden gesetzt, eine der Klingen genommen und mir die Adern aufgeschlitzt. Aus einem hellen Strahl spritzte das Blut heraus, bei der anderen Hand war ich gerade dabei, die Klinge anzusetzen, als er hereinkam …

»Was tust du da?« Erschrocken riss er mir die Klinge aus der Hand. Dann verpasste er mir eine Ohrfeige und einen Fußtritt, packte mein Handgelenk und wickelte ein Handtuch fest drum herum. Die ganze Zeit über hat er geschimpft und gedroht: »Wenn du das noch einmal machst, verkaufe ich dich weiter!« Und dann werde es mir noch viel dreckiger ergehen als bisher.

Fluchend brachte er mich mit seinem Auto ins Krankenhaus, wo ich verarztet wurde. Der Doktor klärte ihn auf, dass die Wunde nicht so schlimm sei. Er solle sich keine Sorgen machen. Auf der Rückfahrt knurrte mich der 32-Jährige an. »Wehe, du sagst meiner Frau, dass ich dich vergewaltigt habe!« Allerdings hörte ich später von seiner Ehefrau, dass sie ohnehin davon ausgegangen sei. »Das machen die Männer immer so«, sagte sie.

Als seine Frau die ersten Wehen spürte, war ihr Mann sehr aufgeregt und auch sehr bemüht um sie. Als sie jedoch mit dem Baby im Arm wieder aus dem Krankenhaus zurückkehrte, war die gute Stimmung dahin. Mit finsterer Miene beschwerte er sich. »Ich möchte aber einen Sohn haben.« Auch die Frau reagierte sehr traurig und enttäuscht. Sie hatte das Gefühl, versagt zu haben.

Nach der Schwangerschaft verbesserte sich die Beziehung zwischen uns Frauen ein wenig. Auf einmal gestand die Sunnitin mir, dass sie nicht verstehe, warum der IS so schlecht mit den Jesiden umgehe. »Ihr seid doch auch nur Menschen.« Sie würde mir gerne helfen, habe aber Angst, dafür bestraft zu werden. Die Ehefrau versuchte, eine Freundin zu sein, und ich behielt die Hoffnung, dass ich sie vielleicht doch noch irgendwie überzeugen könnte, mich zu befreien. Eines Abends lauschte ich einer heftigen Diskussion zwischen dem Paar. »Sie ist jetzt auch meine Frau!«, tobte er. »Stell dich nicht so an!« Immerhin habe er das Recht, mehrere Frauen zu besitzen, und sie müsse sich unterordnen.

Ich habe mitbekommen, wie er seine Frau ein paarmal geschlagen hat, wenn er wütend war. Für ihn war klar, dass ich seine Zweitfrau sei. Ab da hat er mich abends immer wieder aufgesucht und sich mit Gewalt an mir vergangen. Ich hatte keine Kraft mehr. Presste die Lippen aufeinander, kniff die Augen zusammen und öffnete sie erst wieder, wenn alles vorbei war. Während er ins Schlafzimmer seiner Frau zurückkehrte, lag ich mit offenen Augen im Dunkeln, angewidert von mir selbst. Morgens drehte es mir den Magen um, und ich stürzte ins Bad …

Ein Kind der Gewalt: Jede Sekunde an die eigene Machtlosigkeit erinnert zu werden

Sobald der Mann erfahren hatte, dass ich schwanger war, hat er mich nicht mehr angerührt. Das Ehepaar hat mich nicht mehr aus den Augen gelassen und darauf geachtet, dass ich nichts bei mir trug, womit ich mir etwas antun könnte. Ab da hatte ich das Gefühl, ein Monster in meinem Leib zu tragen. Und der Mann verlangte, dass ich es austragen müsse.

Jede Sekunde erinnerte mich dieses Wesen in mir an all die Demütigungen, die ich ertragen musste. An meine eigene Machtlosigkeit. Ich hasste meinen Körper. Ich hasste mich selbst. Im dritten oder vierten Monat, ich weiß es nicht mehr genau, bin ich einfach zusammengeklappt wie ein Wäscheständer, sodass ich ins Krankenhaus eingeliefert werden musste.

All mein Elend, all meine Verzweiflung habe ich dem Arzt geklagt. Dass ich durch die Vergewaltigungen schwanger geworden sei. »Bitte, bitte, treiben Sie dieses Kind ab. Ich will es nicht haben.« Ich sank vor ihm auf die Knie und habe ihn an seinen Eid erinnert, den Kranken zu helfen und mir irgendein Medikament zu geben.

Die ganze Zeit über war ich völlig außer mir, in Tränen aufgelöst. Plötzlich und unerwartet spürte ich einen Schlag ins Gesicht, und als ich betäubt den Kopf hob, merkte ich, dass das die Hand des Arztes gewesen war. Sein Mund stand weit offen und plärrte:»Wie kommst du auf die Idee, ein islamisches Kind abzutreiben? Das ist Sünde vor Gott. Schäme dich!«

Durch die Wucht der Ohrfeige waren meine Lippen und meine Zähne ineinandergeraten, sodass mir das Blut aus dem Mund lief. Bestürzt tupfte mir eine Schwester das Kinn ab und reichte mir ein Glas Wasser, damit ich ausspucken könne. Der Arzt verließ schnaubend den Raum und schlug die Tür hinter sich zu.

»Ich möchte dir gern helfen«, flüsterte die Schwester. Mit meiner geschwollenen Zunge lallte ich, dass sie mir bitte Tabletten geben solle, damit ich dieses Kind nicht austragen müsse. Die Schwester traute sich aber nicht. »Wenn das herauskommt, werden sie mich umbringen.« Sie vereinbarte jedoch mit mir, dass ich in zwei Wochen wiederkommen solle, und teilte das dem wartenden Mann im Flur in einem sehr autoritären Tonfall mit. »Anweisung vom Arzt! Sie muss erneut kontrolliert werden, sonst könnte es Komplikationen geben!«

Schon im Flur der Wohnung kam mir seine Frau neugierig entgegen. »Und was ist?« »Es ist alles in Ordnung«, gab ich zurück. Es schien mir, als sei sie enttäuscht und habe gehofft, dass ich das Kind verloren hätte. Auch sie habe ich gebeten, mir irgendwie zu helfen, das Kind abzutreiben, aber sie hatte genauso Angst vor ihrem Mann wie ich.

Zweimal hat mich in dieser Zeit der IS-Kämpfer samt seiner Ehefrau in sein Elternhaus nach Tel Afar mitgenommen und mich dort als seine neue Frau vorgestellt. »Sie war Jesidin, ist aber jetzt Muslimin. Sie ist schwanger.« Seine Familie beachtete mich nicht wirklich und sprach auch kaum mit mir. Auch dort haben sie mich als Sklavin aufgefordert, die Teller zu waschen, die Zimmer zu reinigen oder für sie zu kochen. Ich durfte mich nicht zu den Frauen setzen. Dafür ließen sie mich zuhören, wie sie untereinander darüber diskutierten, warum ihr Sohn bloß eine Jesidin geschwängert habe. So etwas mache man eigentlich nicht. »Jetzt kann er sie nicht mehr verkaufen und hat eigentlich nur einen Verlust und sonst gar nichts davon.«

Nach zwei Wochen hat mich der Mann, wie vereinbart, im Krankenhaus abgeliefert. Der Arzt stellte fest, dass alles in Ordnung sei und verließ den Raum. Dann war ich allein mit dieser Schwester. »Wie kann ich dir helfen?«, wisperte sie. »Bitte, lass mich mit meiner Familie telefonieren.« Sie reichte mir ihr Handy und stellte sich mit dem Ohr an die Tür. Ich dürfe nicht zu lange brauchen.

Eilig entknitterte ich einen Zettel, den ich versteckt immer bei mir trug und auf den ich meine wichtigsten Kontakte geschrieben hatte. Doch viele Nummern funktionierten nicht mehr, die Leitung war tot, oder die Menschen meldeten sich nicht mehr. Endlich aber erreichte ich meinen Onkel in Dohuk und sagte ihm schnell, was passiert sei und wo ich mich befinde. Er war sehr aufgewühlt. »Ich versuche, dir zu helfen, aber du musst dein Handy immer bei dir haben.« »Aber ich habe kein Handy«, gab ich verzweifelt zurück. »Mit was für einem Gerät sprichst du denn gerade?«, wollte er wissen. Da erzählte ich ihm vom Krankenhaus, und er bat mich, mit der Schwester sprechen zu dürfen.

Danach stellte die junge Frau das Handy leise, drückte es in meine Hand und umschloss es mit der anderen. »Das gehört jetzt dir«, sagte sie, »du musst aufpassen, dass es nicht von deinem

Besitzer entdeckt wird.« Ich habe mich bei ihr bedankt und sie schluchzend umarmt. Auch sie begann sehr heftig zu weinen und entschuldigte sich immer wieder bei mir für das Verhalten ihrer Landsleute. »So sind wir eigentlich nicht, es tut mir so schrecklich leid.« Ich musste wieder gehen. Draußen wartete der Mann.

Es verstrichen nur wenige Tage, da standen auf einmal zwei andere Mädchen, blass und mit verschreckten Gesichtern, im Flur. »Die gehören jetzt auch mir«, ließ der Mann seine Frau und mich wissen. Ich solle ihnen zeigen, wie hier alles funktioniere. Auf der einen Seite war ich sehr traurig, dass er noch mehr junge Frauen in dieses Gefängnis geführt hatte, aber auf der anderen Seite war ich glücklich, weil sie auch Jesidinnen waren und ich mit ihnen sprechen konnte.

Schnell habe ich Sadiya und Madiya auseinandergesetzt, worauf sie im Haus zu achten hatten. »Ihr müsst euch an ihre islamischen Regeln halten und jedes Mal, wenn die Zeit des Gebetes ist, mit ihnen beten und auch die gleiche Kleidung wie die Muslime tragen.« Doch das wussten sie alles schon selbst. Und genauso schnell klärte ich sie auf, dass dieser Besitzer sicher auch sie vergewaltigen werde. Beide Mädchen konnten mir nicht ins Gesicht schauen, kneteten die Hände, bissen sich auf die Lippen, bis sie es schafften, mir zu sagen, was sie bereits alles durchgemacht hatten. Es war nicht viel anders als bei mir.

Wir drei waren jetzt wie eine Familie und hielten zusammen. Abends redeten wir über unsere Eltern, unsere Geschwister und unsere Heimat und wärmten uns an unseren Erinnerungen. Und so vergingen Tage und Nächte. Darunter einige schlimme und schwierige Stunden, in denen Sadiya und Madiya vergewaltigt worden sind.

Wenn ich mit gesenkter Stimme mit meinem Onkel telefonierte, lehnte sich Madiya fest mit dem Rücken gegen die Tür, falls der Mann unvermittelt hereinkommen sollte, und Sadiya versuchte angestrengt zu horchen, ob sich jemand näherte. Beide Mädchen hatten wahnsinnige Angst davor, wegzulaufen. »Sie erwischen uns sowieso.« Das hatten ihnen die IS-Kämpfer zuvor eingebläut. Und dass sie danach zur Strafe von fünf Männern tagelang vergewaltigt würden. Dennoch hörten sie aufmerksam zu, wie ich mit meinem Onkel versuchte, einen Fluchtplan zu entwickeln.

Ein oder zwei Tage später nahm der Hausherr Madiya und Sadiya nach Mossul in eine andere Wohnung mit, in der Jesidinnen verkauft werden. Dort wollte ein älterer Emir die beiden für sich haben, aber auf einmal hat es sich der Besitzer wieder anders überlegt. »Nein, ich will sie doch selbst behalten.« Der Emir hat ihn zornig angefahren: »Wenn du sie nicht verkaufst, wieso bringst du sie dann hierher?« Beide Mädchen kehrten völlig aufgelöst zurück und berichteten mir davon. »Lass uns fliehen, wir werden auf jeden Fall mitkommen«, sagte Madiya. Und Sadiya bestätigte schicksalsergeben. »Es ist jetzt egal, viel schlimmer kann es nicht mehr werden.«

Unterdessen hatte mein Onkel, der oft geschäftlich in Mossul unterwegs gewesen war, in der Stadt einen früheren Bekannten ausfindig gemacht. Dieser sollte mittags an der Straßenecke mit einem Taxi auf uns warten. Um diese Zeit verließ der IS-Kämpfer immer das Haus, um zur Arbeit zu gehen, und die Frau war mit ihrer Tochter beschäftigt. Weitere Wächter gab es in diesem Haus nicht.

Sobald wir um 12 Uhr die Tür zuschlagen hörten, rannten wir hinaus zum Taxi. Vor einem anderen Haus in Mossul ließ er uns wieder aussteigen. »Geht da hinein! Man erwartet euch dort.« Uns war mulmig zumute. Noch auf dem Weg zum Haus öffnete sich die Tür. Ein älterer arabischer Mann lugte vorsichtig heraus, spähte nach rechts und nach links und zog die Tür rasch wieder hinter uns. »Sie sind jetzt bei mir angekommen«, gab er meinem Onkel übers Handy Bescheid.

In dieser Familie lebten Muslime, doch sie behandelten uns sehr gut. Sie machten keinen Unterschied zwischen ihren eigenen Kindern und uns. So kannte ich das noch von früher aus den Nachbardörfern. Früher? Das lag erst ein paar Monate zurück. Und mir erschien es schon wie eine Ewigkeit.

Mit rotem Kopf erregte sich der alte Herr über den IS. Dass diese Männer böse seien. Dass sie furchtbare Dinge anrichteten, die gegen den Islam verstießen. Das alles habe überhaupt nichts mehr mit dem echten Glauben zu tun! »Doch uns fehlen die Mittel, uns offen gegen diese Terroristen zur Wehr zu setzen.« Ermattet schüttelte er den Kopf, als könne er all das gar nicht fassen.

Etwa zehn Tage lang haben wir weiter in diesem Haus, mitten im IS-Gebiet, ausgeharrt. Unser Helfer versuchte unterdessen, mit meinem Onkel auszutüfteln, auf welchen Wegen wir am besten die Grenze nach Kurdistan überschreiten könnten. Eines Nachts hat er uns mit dem Taxi an einem zuvor vereinbarten Platz abgesetzt. Es war stockfinster. Zwei Unbekannte warteten dort auf uns. »Kommt«, sagten diese Kurden mit gedämpften Stimmen in unserem Dialekt.

Es folgte ein langer Fußmarsch über Geröll und Sand. Schweigend und voller Angst. Immer wieder orientierten sich die beiden Männer mithilfe ihrer Handys und prüften, ob wir uns auch auf dem richtigen Pfad befänden. Immer wieder hielten sie inne, um in die Dunkelheit zu lauschen. Nach etwa vier Stunden begann es langsam zu dämmern, da sahen wir einen Geländewagen in der Ferne. Unsere Führer riefen erleichtert aus: »Willkommen in Kurdistan.«

Mit einem Taschentuch tupften sie sich den Schweiß von der Stirn und erklärten uns erst jetzt, dass sie als muslimische Kurden mit den Jesiden zusammenarbeiteten und sich bemühten, möglichst viele Frauen aus der IS-Gefangenschaft zu befreien. Sie mussten schnell wieder zurück. Niemand durfte sie entdecken. Wir bedankten uns mehrmals sehr herzlich bei ihnen und riefen ihnen hinterher: »Gott beschütze euch!« Dann drehten wir uns um und stiegen in das Auto.

In Dohuk begrüßten mein Onkel, mein Schwager und die Verwandten von Madiya und Sadiya uns unter vielen Tränen, Schmerzensschreien und Umarmungen. Es dauerte sehr lange, bis wir drei Mädchen es an diesem Abend geschafft haben, uns voneinander zu lösen. Es kam uns so vor, als beständen wir nur noch aus Tränen; wir umarmten uns immer wieder, aber irgendwann sagten die Verwandten. »Ihr müsst jetzt endlich zur Ruhe finden. Lasst uns gehen.«

Auf der einen Seite fiel mir eine tonnenschwere Last von den Schultern, endlich meinen Peinigern entronnen zu sein, auf der anderen plagten mich Schuldgefühle, denn meine Brüder und meine Mutter waren noch immer im IS verschollen. »Wo sind sie?,« fragte ich. Mein Onkel aber hat nur traurig geseufzt und unbeholfen auf seine Hände geschaut. Da wusste ich nicht mehr, wie ich mich fühlen sollte.

Anders als die meisten Jesiden lebten meine Verwandten nicht in einer Ruine, einem überfüllten Zeltlager oder irgendeinem Wellblechverschlag. Ein Bekannter hatte meinem Onkel im Keller einen Raum zur Verfügung gestellt. Dort hauste er mit Frau, Sohn und Tochter, die mich ebenfalls überschwänglich begrüßt haben. Doch ihnen entging natürlich nicht, dass ich schwanger war. Während der Flucht hatte ich dem Ungeborenen in mir keine Beachtung geschenkt. Ich war damit beschäftigt gewesen, zu überleben, und hatte angenommen, dass es bei all dem Stress und all der Todesangst von selber sterben müsse.

Schlagartig veränderte sich die Stimmung im Keller. Auf keinen Fall dürfe ich dieses Kind austragen, darin waren sich alle einig. Ratlos fragten sie mich: »Was können wir bloß machen?« Ihre Blicke fühlten sich mit einem Mal wie ein einziger Vorwurf an. Und ich überschlug mich fast. »Ich will dieses Kind ja gar nicht, lieber will ich sterben. Gebt mir irgendein Gift, ich will nicht mehr leben.« Der Onkel jedoch lehnte das ab. »Nein, du darfst dich nicht umbringen, das ist Sünde.« Er schickte mich gleich am nächsten Tag zu einer jesidischen Gynäkologin. Nach der Untersuchung meinte sie, dass mein Unterleib durch die Misshandlungen stark vernarbt sei, aber einer Geburt nichts im Wege stände. Ein Schwangerschaftsabbruch in diesem Stadium käme nicht mehr infrage. Mein Herz zog sich zusammen. »Das ist mir egal, ich will sterben«, beschwor ich sie, »aber ich will dieses Kind auf keinen Fall haben.«

Die Ärztin war sehr freundlich, sehr respektvoll, gestattete das aber nicht. »Nein, das ist zu gefährlich für dich.« Sie schrieb mir ihre Handynummer auf und sagte, dass ich sie jederzeit anrufen könne, wenn es mir schlecht ginge. Das habe ich auch einige Male getan, wenn ich in der Nacht aufwachte und die Angst wie mit kalten Fingern über meinen Körper strich.

Mehrere Male versuchte ich, mich mit einer Schere, langen Häkelnadeln und anderen spitzen Gegenständen im Unterleib zu verletzen. Aber jedes Mal blutete ich nur und hatte große Schmerzen, sodass ich schließlich davon abließ. Ich ertrug es nicht länger, in diesem kleinen Kellerraum in die Gesichter meiner Verwandten zu blicken, die genau registrierten, wie mein Bauch jede Woche runder wurde. Ich habe mich so geschämt. Dafür, dass ich mich nicht wehren konnte. Das ist falsch, aber das Gefühl ist trotzdem da. Sie wussten, dass ich vergewaltigt, geschändet und entehrt worden war, dass ich eine Aussätzige war. Mir wurde das alles zu viel. Ich wusste nicht mehr, was ich machen sollte. Wohin ich schauen sollte. Wohin ich mich verkriechen könnte. Wie ich dem Ganzen ein Ende setzen sollte.

Deswegen rief ich immer wieder die Gynäkologin an und drängte sie, mir zu helfen. Und sie gab mir einen Termin und wieder den nächsten, sodass ich sie ein paarmal in der Woche aufsuchte. Doch jedes Mal sagte sie das Gleiche. Sie könne nichts unternehmen, ich müsse das Kind austragen. Sie versuchte, mir Mut zu machen, dass ich das Baby gleich nach der Geburt zur Adoption freigeben könne. Und sie würde sich darum kümmern, dass es bei einer Familie gut aufgehoben sei. Das war mir jedoch zu dem Zeitpunkt völlig gleichgültig. Ich wollte dieses Kind nicht. Mit jedem Atemzug erinnerte es mich an meine Pein.

Als die Wehen einsetzten, stand mir die Gynäkologin im Krankenhaus zur Seite. Ich hatte heftige Schmerzen, schüttelte mich in Weinkrämpfen und schrie, bis ich heiser war: »Bitte tötet mich, tötet das Kind, lasst uns nicht am Leben, es ist eine Schande!« Ich sah, wie die Tränen in die Augen der Ärztin, der Schwestern und des anderen Arztes stiegen, aber sie gehorchten mir nicht und brachten das Kind auf die Welt.

Als es meinen Körper verließ, habe ich die Augen geschlossen und gesagt. »Ich möchte es nicht sehen, ich möchte es nicht hören, bringt es weg, sonst töte ich es, sobald ich es in die Hände bekomme.« Ich wollte dieses Kind nicht sehen! Ich wollte diese Bürde nicht tragen! Ich wollte es nicht berühren, um das Gefühl zu entwickeln, dass es mein Kind sei.

Scheinbar hatten die Ärzte ernst genommen, dass ich das Baby töten wolle, und schafften es sofort aus dem Raum. Die Schwestern versorgten mich noch einige Tage im Krankenhaus. Immer wieder haben sie mich gefragt, ob ich den Säugling nicht doch einmal angucken wolle? Irgendwann habe ich einen markerschütternden Schrei ausgestoßen: »Fragt mich nicht mehr danach!« Ich habe das Baby nicht wiedergesehen und möchte es auch nicht wiedersehen.

Bevor ich die Möglichkeit erhielt, nach Deutschland zu kommen, hat mich Professor Kizilhan bei einer Untersuchung erneut darauf angesprochen. »Wenn du möchtest, könnte ich es organisieren, dass du das Kind für eine halbe Stunde oder auch nur für zehn Minuten besuchst, um dich dann endgültig von ihm zu verabschieden.« Ich wusste mittlerweile, dass es ein Junge ist, aber ich wusste nicht, welchen Namen er bekommen hatte, und wollte es auch nicht wissen. Ich lehnte auch diesmal ab, ihn zu sehen. Einen Wunsch aber äußerte ich. »Bitte sagen Sie dem Kind nie, wer seine Mutter und wer sein Vater ist. Sagen Sie ihm einfach, dass beide Eltern gestorben sind und dass Sie nichts über sie wissen.« Das hat Professor Kizilhan auch so an die Behörden weitergeleitet.

Wenn ich über das Kind rede, laufen die Tränen wie von selbst, und ich fühle mich noch elender. In den letzten Tagen geht es mir sowieso nicht gut. Ich besuche zwar die Schule und versuche, Deutsch zu lernen, aber ich kann mich schlecht konzentrieren. Ich habe eine jesidische Freundin, die das Gleiche wie ich erlitten hat. Auch Sadiya und Madiya leben heute in Deutschland. Wir alle versuchen, uns gegenseitig zu helfen.

Ich hoffe, irgendwann einmal diese Finsternis, die mich umgibt wie ein schwarzer Schleier und alle Freude erstickt, abstreifen zu können. Sehr oft denke ich an meine Brüder und an meine Mutter. Obwohl ich weiß, dass es wahrscheinlich sinnlos ist, träume ich davon, sie eines Tages in Kurdistan wiederzusehen. Das würde mich so glücklich machen! Mit meinen anderen Geschwistern im irakischen Flüchtlingscamp habe ich gelegentlich Kontakt. Sie wünschen nur das Beste für mich: »Komme nicht zurück. Bleibe in Deutschland!«

Radikalen Nachwuchs zeugen:
Erzwungene Schwangerschaften im IS

30 000 Frauen sollen, laut Schätzungen, in den letzten zwei Jahren im IS-Gebiet nach Vergewaltigung allein in Rakka und Mossul schwanger geworden sein. Das entspricht etwa der Einwohnerzahl einer deutschen Kleinstadt. Dazu werden nicht nur Jesidinnen, sondern auch Schiitinnen, Christinnen und andere religiöse Gruppen gezählt. Die ganze Dimension und genaue Daten sind allerdings noch lange nicht erfasst.

Nur 60 Frauen sind im Nordirak registriert, die nach einer Vergewaltigung im IS-Gebiet ihre Kinder ausgetragen und zur Adoption freigegeben haben. Offiziell haben viele Mediziner im Nordirak Abtreibungen ab dem 3. Monat abgelehnt. Hinter verschlossenen Türen ist das trotzdem öfter vorgekommen. Allein aus meinen Interviews mit über 1400 Frauen geht hervor, dass mehrere Hundert Abtreibungen sowohl während der IS-Geiselhaft als auch danach stattgefunden haben. Viele der jungen Mädchen hatten vor den Medizinern gedroht, sich umzubringen, wenn ihnen eine Abtreibung verwehrt werden sollte. Sechs Fälle sind mir bekannt, bei denen die jungen Frauen infolgedessen tatsächlich ihre Ankündigung wahrgemacht und sich umgebracht haben.

Mehr als 200 Frauen sind mit Neugeborenen vor der Terrormiliz geflohen oder von Verwandten aus dem IS freigekauft worden. Allerdings behaupten sie, bereits vor den Vergewaltigungen von ihren Ehemännern schwanger gewesen zu sein. Es ist nicht eindeutig, wie viele dieser Babys möglicherweise durch Zwang entstanden sind, was die Mütter aus Angst verschweigen. Solche Frauen möchten das Kind trotz der furchtbaren Umstände bei sich behalten und wollen vermeiden, von ihrer Gemeinschaft und möglicherweise auch von ihrer Familie verstoßen zu werden. Unter den gegebenen Umständen ist ein solches Verschweigen verständlich.

Ansonsten werden die Frauen nach Krieg und IS-Geiselhaft ein zweites Mal zum Opfer: Kulturell-patriarchalische Werte führen dazu, dass ihre Kinder in der Gesellschaft nicht anerkannt werden. Sogar den Anfeindungen von Frauen, die selbst vergewaltigt worden sind, wäre eine solche Mutter möglicherweise ausgesetzt.

Vergewaltigung und Zwangsschwangerschaft dienen den IS-Anhängern nicht allein zur Befriedigung sexueller Lust oder zur Belohnung für erfolgreiche Kämpfe, sondern auch um Wut, Gewalt und Herrschaft über eine Person auszudrücken. Insbesondere eine aufgenötigte Schwangerschaft dient als Machtdemonstration des Mannes gegenüber einer Frau.

Einen Vergewaltiger kann man nicht allein auf seine »unkontrollierten Triebe« reduzieren. Die sexualisierte Gewalttat ist in hohem Maße Ausdruck von Aggression, um Herrschaft über sein Opfer zu erlangen und es zu bezwingen. Mittels Gewalt und Angsterzeugen bestimmt der Täter über die Sexualität der völlig eingeschüchterten Frauen und Mädchen.

Diese Form der sexualisierten Gewalt stellt einen Frontalangriff auf die Frau dar, die ihren eigenen Körper nicht mehr selbst kontrollieren darf. Die Männer zwingen sie zu Schwangerschaft, Abtreibung oder auch Sterilisation. Der IS und seine Untergebenen, die selbst Familien entstammen, in denen die Männer das Sagen haben, setzen Vergewaltigungen bewusst als Instrument gegen Frauen ein, um deren Psyche zu brechen. Sie wollen die Frauen terrorisieren, bloßstellen und entwürdigen.

Eine grausame Folter, die durch ein gewalttätiges Eindringen in das Innere eines Körpers vollzogen wird. Es ist eine Attacke auf das intime Selbst, auf die Würde eines Individuums; sie bewirkt den Verlust der Selbstbestimmung über den eigenen Körper. Die solcherart Malträtierten erleben diese Tat nicht als sexuelle Handlung, sondern als extreme Form der Gewalt gegen ihre Person, die mit starkem Schamgefühl, Todesängsten und einem empfundenen Ehrverlust verbunden ist.

Der IS will diesen Frauen die Persönlichkeit nehmen und sie entmenschlichen, denn die Betroffene steht in diesem Kontext stellvertretend für »die Frau« und ihre Gemeinschaft und nicht als konkrete Person. Daher ist diese Vergewaltigung und Zwangsschwangerschaft eigentlich ein »pseudo-sexueller« oder »antisexueller« Akt, da nicht nur Sex, sondern auch Hass und Machtausübung gegen die »Ungläubigen« im Vordergrund stehen. Durch Vergewaltigung soll die Gemeinschaft der Feinde zerschlagen werden, man will die hilflosen Ehemänner, Väter und Brüder in ihrer Männlichkeit verletzen. Vergewaltigung als Kriegswaffe wird aber auch in den Gruppen und Staaten eingesetzt, die den IS bekämpfen. Dort werden Frauen genauso als Objekte der Männer gesehen.

Mit einer erzwungenen Schwangerschaft löscht der Vergewaltiger das Identitätsgefühl der Frau aus und sorgt gleichzeitig für eigenen Nachwuchs. Nach den Vorstellungen des IS und anderer patriarchalischer Gesellschaften gehören solche Kinder dem Vater und sind automatisch Muslime, selbst wenn die Mutter eine Jesidin oder Christin ist. Der IS unterstützt bewusst, dass seine Kämpfer die »Sklavinnen« schwängern, denn auf diese Weise reift eine neue Generation von IS-Kämpfern heran, die nach deren Worten als »junge Löwen des Kalifats« erzogen und ausgebildet werden.

Die Frauen leiden nicht nur an den Folgen der Vergewaltigung, sondern auch nach der Geburt, da sie keine echte Bindung zu dem Nachwuchs aufbauen können. In den Gesichtern der Kinder erkennen sie gleichzeitig den Folterer und einen Teil von sich selbst. Deswegen leiden viele dieser Vergewaltigungsopfer unter schweren innerpsychischen Konflikten und geben die Säuglinge sofort nach der Geburt weg. Einige der Frauen erzählen aber, dass sie trotzdem manchmal an das Kind denken und sich vorstellen, wie es wohl aussehen möge und was es wohl gerade mache. Diese Gedanken werden aber schnell wieder verdrängt, da sie eine Zuneigung und vielleicht Liebe zu diesem Kind nicht zulassen möchten. Ihr Leben lang werden sie zwischen solchen ambivalenten Gefühlen, wie Liebe und Abscheu, hin- und hergerissen sein.

Sexualität in der islamischen Gesellschaft: Gleichstellung vor Gott, aber nicht vor der Gesellschaft

Bis heute ist Sexualität im Islam stark vom frühmittelalterlichen Vorbild Mohammeds und dessen Frauenbeziehungen geprägt. Die Frauen sind die »Zwillingshälfte der Männer«, heißt es im Koran. Solchen Versen, die die Gleichheit der Geschlechter vor Gott belegen, stehen allerdings patriarchalische Ordnungsvorstellungen gegenüber. Und so kommt es dazu, dass die Frau zwar vor Gott gleich ist, aber nicht vor der Gesellschaft.

Was die Ehe anbelangt, enthält der Koran unterschiedliche Regelungen. Während Frauen nur einen Ehemann haben dürfen, ist den Männern Polygamie mit bis zu vier Frauen erlaubt. Religiöse Gelehrte begründen dies damit, dass zur Zeit Mohammeds die Zahl der Männer durch viele Kriege stark reduziert worden war. Den vielen alleinstehenden Frauen diente die Polygamie somit als Schutz und zur Versorgung, da sie zu damaligen Zeiten rechtlich und sozial vom Mann abhängig waren. Es fällt den Gelehrten jedoch schwer zu beantworten, warum diese Regel aus dem 7. Jahrhundert bis zum heutigen Tage beibehalten wird.

Gesetzlich hat die Türkei seit 1926 die Vielehe verboten, was aber nicht bedeutet, dass es sie nicht trotzdem gibt. Im Irak und in den ländlichen Gegenden Syriens heiratet eine große Zahl Männer mehrere Frauen, und sie leben in einem Haushalt miteinander. Viele Frauen kosten aber auch viel Geld. Deshalb findet man die Vielehe beispielsweise besonders oft in der Oberschicht der Golfstaaten.

Bei der Vorbereitung der Eheschließung darf die Frau nicht für sich selbst sprechen, sondern ein Vormund muss dies für sie tun. Dazu kommt, dass Frauen gegen ihren Willen verheiratet werden können. Auch sieht der Islam kein Mindestalter für die Ehe vor. Nach der ersten Periode gelten Mädchen oft als »heiratsfähig«. Auf diese Weise kann ein Kind mit einem Greis vermählt werden. Die praktische Anwendung dieser Regelungen unterscheidet sich aber in den jeweiligen islamischen Ländern.

Durch die Eheschließung erwerben sowohl der Mann als auch die Frau eheliche Rechte. Die des Mannes lassen sich zusammenfassen als das Recht auf den Gehorsam der Frau. Seine Pflicht ist es, seine Gattin mit Kleidung, Nahrung und Unterkunft zu versorgen. Die Frau wiederum erwirbt das Recht auf Versorgung, »gerechte Behandlung«, das Recht auf Kinder und auf sexuellen Verkehr mit dem Ehegatten.

Treue und Enthaltsamkeit werden gleichermaßen von Mann und Frau erwartet. Ehebruch wird im Koran (24,2) auf beiden Seiten hart bestraft. Zumindest in der Theorie. Bricht der Mann die Ehe, darf eine Frau das nicht als Scheidungsgrund vor Gericht anbringen. Ein männlicher Ehebrecher kommt oft ungeschoren davon, denn zur Feststellung seines Ehebruchs sind vier Zeugen oder ein Geständnis nötig. Geht allerdings die Frau fremd oder gerät sie auch nur in den Verdacht, das zu tun, hat sie mit allerschlimmsten Strafen zu rechnen.

So fesselte in Syrien bei Hama der eigene Vater seine Tochter, führte sie zum Loch in der Erde, in das sie hineinsteigen musste, damit sie dort qualvoll im Steinhagel der Umstehenden sterbe. Das im Oktober 2014 im Internet verbreitete IS-Video sollte »die Gerechtigkeit des Islams« dokumentieren. Das Vergehen der jungen Frau bestand darin, dass sie ein Verhältnis mit einem anderen Mann begonnen hatte, nachdem ihr eigener Partner seit einem Jahr spurlos verschollen war.

Eine Scheidung wird im Islam als unerwünscht angesehen, dennoch wird sie praktiziert. Der Mann kann die Frau verstoßen, indem er dreimal hintereinander das Wort »Tahlaq« (Entlassung) ausruft. Der Mann darf die Frau zweimal zurücknehmen, ein drittes Verstoßen bedeutet jedoch die endgültige Trennung. Auch eine Frau darf sich scheiden lassen, wenn sie religiös anerkannte Gründe dafür nennt, wie Impotenz des Mannes, Kastrierung, Verstümmelung seines Gliedes oder ekelerregende Krankheiten. In der Realität aber führen meist lediglich Unterhaltsverstöße zu einer rechtsgültigen Scheidung. Das Sorgerecht für die Kinder erhält die Mutter lediglich bis zum sechsten Lebensjahr, danach liegt es beim Vater oder bei einem männlichen Verwandten.

Theoretisch ist zwar die Schädigung der Frau durch Worte und Taten des Ehegatten ebenfalls ein Trennungsgrund, jedoch Beleidigungen und Schläge allein werden meist nicht als solche anerkannt. Es ist den Männern sogar erlaubt, wenn nötig, Gewalt anzuwenden. »Und wenn ihr fürchtet, dass eure Frauen sich auflehnen, dann ermahnt sie, meidet sie im Ehebett und schlagt sie.« (Koran 4:34)

In anderen Passagen im Koran wird das emotionale Verhältnis zwischen Mann und Frau als partnerschaftlich beschrieben und von gegenseitiger Ruhe, Liebe und Barmherzigkeit (30:21) bestimmt. Im Gegensatz zum Christentum verknüpft der Islam Liebe und Sexualität nicht mit Sünde, sondern versteht sie als positive Bereicherung des Daseins und bezeichnet sie im Koran als eine der Wonnen, die den Gläubigen nach dem Tode im Paradies erwarten. Diese Hochgefühle jedoch sind im Jenseits nur den Männern vergönnt.

Sexualität in der Ehe wird ausdrücklich befürwortet. So verlangt der Koran, dass der Mann zu seiner Frau geht, um mit ihr Geschlechtsverkehr zu haben. Eine Zurückweisung der Frau berechtigt den Mann, sie zu verstoßen. In der Praxis führt das, besonders bei der hohen Anzahl an Zwangsehen, zu häufigen Vergewaltigungen.

Trotz der positiven Aspekte im zwischenmenschlichen Bereich wird die weibliche Sexualität im Islam gesellschaftspolitisch als destruktiv angesehen, da sie den Mann beherrschen und das soziale Gefüge durcheinanderbringen könnte.

Während also die Frauen gestraft werden für ihre Sexualität, wird die Schwäche des Mannes geschützt, da er nach außen hin die Gesellschaft und ihr Ordnungssystem repräsentiert und sich nicht davon ablenken lassen sollte. Um das zu erreichen, gilt unter anderem eine strikte Geschlechtertrennung. In der Moschee sind Frauen und Männer beispielsweise räumlich getrennt, damit sich die Männer besser auf die Predigt konzentrieren können.

Dieses Prinzip der Ungleichheit zwischen Frauen und Männern führt in der Gesellschaft zu einem so starken Verinnerlichen weiblicher Tugenden wie Keuschheit und Unberührtheit, dass kaum eine Frau sich trauen würde, sich über diese Tabus hinwegzusetzen. Einem Mädchen, das nicht jungfräulich geblieben ist, droht Bestrafung in Form von Ausgrenzung oder sogar Tod. Im Dezember 2009 hatten Brüder in Südostanatolien ihre 16-jährige Schwester gefesselt und lebendig unter einem Hühnerstall begraben, weil sie mit anderen Männern geredet hatte.

Stellt sich erst in der Hochzeitsnacht heraus, dass das Mädchen nicht mehr Jungfrau ist, wird sie von ihrem Umfeld moralisch geächtet. Die Ehe wird für ungültig erklärt, was in der Regel für die Familie des Mädchens zu einem erheblichen Ehrverlust in der Gemeinschaft führt.

Diese hohen moralische Vorstellungen und Einschränkungen führen besonders bei den Frauen zu erheblicher Sorge, da ihre Ehre jeden Augenblick durch eine Unaufmerksamkeit verletzt werden könnte. Viele Frauen versuchen aus diesem Grund, beispielsweise den Kontakt zu einem Unbekannten auf der Straße relativ kurz zu halten. Männer, die sich in dieser Kultur auskennen, betreten die Wohnung einer Frau nicht und kommen erst dann wieder, wenn der Ehemann oder eine zweite Person anwesend ist. Allein die Tatsache, dass eine Frau einen Mann in ihrer Wohnung empfängt, könnte zu einem üblen Gerücht über eine mögliche sexuelle Beziehung führen, was unter Umständen verheerende Konflikte auslöst.

Immer und in jeder Situation wird die Beziehung einer Frau zu einem Mann sexuell definiert. Die Frau gilt als Verführerin, die ihr sexuelles Verlangen schwerer als der Mann zügeln kann. Von daher fürchtet das starke Geschlecht, dass die Frau überall, zu jeder Zeit sexuelle Handlungen auch mit Fremden zulassen könnte, sofern die Umstände es gestatten. Das rechtfertigt eine ständige gesellschaftliche und familiäre Kontrolle. Die Frau sollte sich besser nicht ohne Begleitung eines männlichen Familienmitgliedes auf der Straße bewegen.

Sicherheitshalber wird der Kontakt beider Geschlechter auf das Nötigste minimiert, damit der Mann nicht als Opfer der »weiblichen Verführungskunst« zerstört wird. Eine alte Überlieferung warnt: »Ein Mann befindet sich nie allein mit einer Frau, ohne dass nicht der Teufel sich als Dritter zu ihnen gesellt.« Folglich werden auf der Grundlage des Prinzips der Ungleichheit Frauen in hohem Maße vom öffentlichen Leben ausgeschlossen.

Mit großer Selbstverständlichkeit geht man in der islamischen Welt davon aus, dass die Frau ihre Weiblichkeit verbergen muss, damit der Mann ihr nicht zum Opfer fällt. Eine Diskussion darüber, warum die Männer nicht in der Lage sind, sich und ihre Triebe zu kontrollieren und hinter der Weiblichkeit nur die Sexualität sehen, findet jedoch nicht statt. Die Furcht vor Unzucht und vor der sexuellen Aktivität der Frauen macht klar, wie sehr die Männer von einer tiefen sexuellen Unsicherheit geprägt sind. Ihr mangelndes Selbstbewusstsein und ihre Ängste haben sich auf die ganze Gesellschaft übertragen.

Offiziell lehnt die islamische Welt auch »Sünden« wie Prostitution und Homosexualität ab. In Rakka zeigt ein IS-Video zum Beispiel, wie ein schwuler Mann von drei Vermummten auf das Dach eines siebenstöckigen Gebäudes geführt und mit verbundenen Armen hinuntergeworfen wird. Um wiederum das Prostitutionsverbot zu umgehen, halten sich die Sunniten Sklavinnen, und die Schiiten haben die Zeitehe (mut'a-Ehe, wörtlich »Genuss«-Ehe) eingeführt. Diese Form der Ehe beruht allein auf einer Vereinbarung zwischen Mann und Frau. Für die Dauer der Verbindung, wenige Minuten bis 99 Jahre, erhält die Frau eine Entlohnung.

Nach den Vorstellungen fanatischer islamischer Gruppen, darunter an vorderster Stelle des IS, sollen die Frauen am besten das Haus nicht verlassen und so wenig wie möglich öffentlich in Erscheinung treten. Wenn sie dies trotzdem tun, müssen sie ihren Körper völlig verhüllen. Der Mann besitzt das Recht, an jedem beliebigen Ort mit seiner Frau geschlechtlich zu verkehren. »Eure Frauen sind euch ein Saatfeld. Geht zu eurem Saatfeld, wo immer ihr wollt« (2,223). Im IS wird der Mann zum Opfer seiner sexuellen Triebe und die Frau zum sexuellen Objekt herabgestuft.

Noch heute diskutiert die Gesellschaft lebhaft in Saudi-Arabien, in welchen Fällen es Frauen erlaubt werden sollte, einen Führerschein zu machen und selbst ein Auto zu fahren. Klar ist, dass sie über 30 Jahre alt sein sollte, kein Make-up tragen und nicht später als 20 Uhr auf der Straße sein sollte. Was aber, wenn ein Straßenpolizist sie aufhielte? Möglicherweise käme es dann zu unsittlichen Handlungen?

Aus unserem westlichen Verständnis heraus, aber auch aus Sicht der internationalen Menschenrechte nach den Kriterien der Vereinten Nationen kann die islamische Sozialordnung durchaus als eine Verletzung des Selbstbestimmungsrechts der Frau verstanden werden.

Allerdings muss man sich vor einer Generalisierung bei diesem Thema hüten, denn die verschiedenen Länder und Gesellschaften haben sehr unterschiedliche Ausprägungen und Rechtsnormen. Anders als der IS interpretieren liberale Muslime nicht nur ihre eigenen Wünsche in den Koran hinein, sondern halten sich in dem Fall am Text fest, der die Gleichstellung von Mann und Frau verlangt. Es handelt sich um Muslime, die keinen selbstherrlichen und gewalttätigen Gott verehren. Ihr Gott ist liebevoll und barmherzig, er lässt den Menschen ihre Würde und ihre Mündigkeit.

Fast eine Milliarde Menschen gehören der islamischen Welt an, in den arabischen Staaten in Nordafrika und im Nahen Osten, in der Türkei und in Teilen der früheren UdSSR in Zentralasien (Turkvölker), im Iran, in Afghanistan, Pakistan, Indien und Bangladesch, in Malaysia, Indonesien, auf den Philippinen und in Teilen Chinas. In Europa ist der Islam die zweitgrößte Religion nach dem Christentum.

Die Stellung der Frau in der Türkei ist sicherlich nicht vergleichbar mit jener im Iran oder in Saudi-Arabien. Die Taliban haben dieses Bild der Unterdrückung durch ihre unmenschliche

Vorgehensweise gegen die Frauen in Afghanistan, Pakistan oder anderen islamischen Ländern verstärkt. Sittenpolizisten hacken dort Frauen mit lackierten Nägeln die Hände ab, und Koran-Studenten schütten Mädchen Säure ins Gesicht, weil sie Bildung, Beruf oder Gerechtigkeit fordern. Diese Menschenverachtung hat heute mit der Ideologie des IS ihren Höhepunkt erreicht.

Systematische Vergewaltigungen: Über den sexuellen Terror

Vergewaltigung als Waffe im Krieg ist so alt wie der Krieg selbst. Besonders grauenhaft ist die Systematik, mit der die IS-Terroristen dabei vorgehen. Ihre Opfer sind in überwiegender Zahl Jesidinnen, aber auch Angehörige anderer Minderheiten wie Schiiten und Christen. In einem mir bekannten Extremfall ist eine Frau, die heute auch in Deutschland lebt, über 14 Monate lang 40-mal von unterschiedlichen Männern vergewaltigt worden ist, mehrfach jeden Tag.

Die Regeln des IS bezüglich sexueller Praktiken und Umgang mit weiblichen Personen dienen dazu, nicht nur die Opfer, sondern eine ganze Gesellschaft zu zerschlagen. Vergewaltigung wird durch den IS auch als religiös-islamisches Verdikt genutzt. Durch den Akt der Vergewaltigung, so argumentieren die Extremisten, werden nichtmuslimische zu muslimischen Frauen.

Amscha kommt aus der Kleinstadt Khanasor im Nordirak, unweit von Mossul. Über ihre Vergewaltigung äußert die 16-Jährige:

Ich wurde an einen 32 Jahre alten Emir verschenkt (…) In dieser Nacht kam Abu Bekir erneut in das Zimmer, und als ich mich wieder wehrte, rief er seine Ehefrau Aisha zur Hilfe. Sie hielt meine gefesselten Hände fest, packte mich an den Armen und drehte mich auf den Bauch, während ihr Mann mir meine

Kleider vom Leib gerissen hat. Danach hielt sie meine Hände fest, während Abu Bekir mich von hinten vergewaltigte. Ich weinte, ich schrie, aber es nutzte nichts. Aisha hielt mich bis zum Schluss so fest, bis sie ganz außer Atem war. Sie sagte dann: »Ab jetzt brauchst du dich nicht mehr zu wehren. Du bist jetzt eine Muslimin.« (…) Jedes Mal, bevor mich Abu Bekir vergewaltigte, betete er. Er sagte mir dasselbe wie seine Ehefrau Aisha, dass die Vergewaltigung eine »Ibadah«, eine Anbetung Gottes, sei. Gott wünsche, dass Frauen Sex mit den Männern haben, selbst wenn sie es nicht wollen. Das sei von Gott gewollt und ein Zeichen dafür, dass ich zu ihrer Umma, ihrer Gemeinschaft, gehöre. Ich wollte aber gar nicht zu ihnen gehören …«

Die IS-Ideologie geht davon aus, dass der Akt der Sexualität und die Gefühle, die den Mann dabei erregen, eine besondere Nähe zu Gott schaffen. Die amerikanische NGO »Middle East Media Research Institute« berichtete bereits im Dezember 2014 von einem Pamphlet der Terroristen, das den Umgang mit den Frauen regelte. *»Der IS hat 2015 eine Fatwa, eine Art Anordnung, erlassen, die auch den Sex mit Christinnen und Jüdinnen erlaubt. (…) Junge Mädchen, die ihre Monatsperiode haben, werden in dieser Zeit nicht vergewaltigt, sondern warten, bis ihre Periode zu Ende ist.«*

Detailliert wird in dieser Anordnung beschrieben, wann eine Frau geschlagen werden sollte, wer genau zur Sexsklavin gemacht werden darf und unter welchen Bedingungen kleine Mädchen, die noch nicht in der Pubertät sind, zum Geschlechtsverkehr gezwungen werden können. Die IS-Ideologie interpretiert Vergewaltigung als eine spirituelle Bereicherung der Muslime und motiviert die Glaubensbrüder ausdrücklich zu diesen Gewaltakten.

Gleichzeitig belohnt der IS seine Kämpfer mit Sex und beschämt seine Gegner zutiefst. Die Feinde des IS werden als »Kuffar« bezeichnet, die laut ihrer Islamvorstellung als Kriegsbeute (arab. Al-Sabi) gesehen und versklavt werden dürfen. Die »Ungläubigen« sind somit in deren Besitz übergegangen. Und sie nehmen sich das Recht, mit ihrem »Besitz« so umzugehen, wie sie wollen.

Es steht geschrieben, dass die Männer Jungfrauen missbrauchen dürfen. Sollten die jungen Mädchen vorher bereits verheiratet gewesen sein, so müssten diese, laut Vorschrift, ihre Gebärmutter vor der Vergewaltigung reinigen. Die Besitzer dürfen nach ihrer Ideologie die Sklavinnen kaufen, verkaufen oder verschenken. Teilweise sind Mädchen und Frauen angekettet in großen Käfigen auf Marktplätzen verkauft und weltweit verteilt worden, beispielsweise nach Saudi-Arabien, Tunesien oder Marokko. Mit jungen Mädchen vor der Pubertät sollte noch kein Vaginalverkehr stattfinden, so die IS-Anleitung. Dafür dürfen die Besitzer deren Körper so nutzen, dass sie eine sexuelle Befriedigung erreichen. Um die »Regel« völlig aberwitzig zu machen, gestatten sie den Männern aber eine Vergewaltigung, falls sie ein Mädchen bereits vor der Pubertät für reif genug befinden.

Aus verschiedenen Interviews mit den Opfern wird deutlich, dass die weiblichen Geiseln systematisch von den IS-Milizen vergewaltigt werden. Frauen, die versuchen, sich zu wehren, werden von ihren Peinigern entwürdigt, gefoltert und in manchen Fällen sogar getötet. Nach Angaben der »Partei der Patriotischen Union Kurdistan« (PUK) vom 22.04.2016 sind nach Aussagen entflohener Überlebender allein 250 junge Frauen, die sich in IS-Geiselhaft befanden und sich gegen die Vergewaltigungen sperrten, erschossen worden. Bis heute sind nach Schätzungen der kurdischen Regionalregierung noch 3200 Frauen und Kinder in Gefangenschaft des IS.

Das IS-Handbuch: Bedienungsanleitung zur Vergewaltigung

Mit seinem angeblich traditionalistisch orientierten Islam legt der IS auch Vorschriften fest, um eine bürokratische »Struktur und Rahmen« für die Vergewaltigung vorzugeben. So zwingen einige Männer unter anderem ihre Opfer zur Verhütung. Ein sogenanntes Sklaven-Handbuch zeigt die Systematik und volle Perfidität des IS auf. In dieser Anleitung berufen sich die »Gotteskämpfer« auf den Koran (Koran 23:5-6).

»Allah der Allmächtige sagte: Erfolgreich sind die Gläubigen, die ihre Keuschheit bewahren, außer von ihren Ehefrauen oder von solchen, die sie von Rechts wegen besitzen (Annahme der Autoren: Gefangene und Sklaven), denn dann sind sie frei von Schuld.«

Im Handbuch werden unter anderen folgende Regeln festgelegt:
> *Diejenigen Mütter, die Kinder haben, sollen mit ihnen zusammen verkauft oder verschenkt werden. Die Mütter sollen nicht von den Kindern getrennt werden, außer diese sind bereits erwachsen. Erst nach der Pubertät sollten die Kinder ihren Müttern weggenommen werden.*
> *Zwei Schwestern, die als Sklavinnen gehalten werden, dürfen nicht vom gleichen IS-Täter vergewaltigt werden.*
> *Sklavinnen dürfen aus disziplinarischen Gründen geschlagen werden. Es ist allerdings nicht zulässig, diese aus Genugtuung zu foltern. Zudem ist es nicht erlaubt, die Sklavinnen ins Gesicht zu schlagen.*
> *Junge Mädchen, die durch ihren Besitzer geschwängert werden, sollten nicht weiterverkauft werden.*
> *Keinesfalls dürfen Vater und Sohn mit derselben Sklavin Sex haben.*

Zumeist zählt das Vergewaltigen und gezielte Schwängern von Frauen zu den besonders grausamen Mitteln der Kriegsführung. Aussagen der Überlebenden belegen allerdings, dass sich die IS-Kämpfer nicht an ihre eigenen Vorschriften halten. In solchen Freiräumen der Zerstörung und absoluten Tötungsmacht entstehen Möglichkeiten, die den IS-Terroristen erlauben, sogar ihre eigene »Regel« zu brechen und Frauen auf unmenschlichste Weise zu traktieren.

In verschiedenen Dörfern und Stadtteilen haben die IS-Milizen Häuser beschlagnahmt, um dort Frauen und Mädchen einzuschließen. Tagsüber wachen Bewaffnete über sie, abends kehrten die IS-Soldaten vom Kämpfen oder von der Arbeit zurück, um sie zu vergewaltigen. Gleichzeitig leben vor Ort oder im selben Haus oft auch deren eigene Familien.

Natürlich stellen Situationen der unkontrollierten Machtausübung auch eine Einladung für solche Männer dar, die einen Hang zu sadistischen Sexualpraktiken haben. So erwähnt Nadia, 18, dass sie in Rakka nach den Vergewaltigungen die Zehe des Täters mit Honig beschmieren und in ihrem Mund lutschen musste. Später rief dieser Täter sechs seiner Wächter und ließ sie von ihnen mehrere Stunden lang vergewaltigen, während er dabeisaß und lachte. »Dieses Gelächter werde ich nie vergessen«, sagte die junge Frau.

Andere junge Mädchen berichten, dass sie sich den ganzen Tag lang nicht anziehen durften und jederzeit nackt zur Verfügung stehen mussten. Ältere IS-Täter wiederum, die nicht in der Lage waren, ein Mädchen selbst zu entjungfern, holten sich junge IS-Terroristen, die darauf »spezialisiert« waren, die jungen Frauen durch Durst und Hunger, Schläge und Medikamente erst zu schwächen und dann zu entjungfern, damit die alten Männer sich anschließend leichter über die Mädchen hermachen konnten.

Ein 16-jähriges Mädchen, dem die Flucht gelungen war, packte nachts im Flüchtlingslager die Panik. Sie glaubte, dass die IS-Kämpfer kämen, um sie wieder zu vergewaltigen. Die Angst war so stark, dass sie gedacht hat: »Ich muss hässlich aussehen, dann rühren sie mich nicht an.« Und in diesem Affekt hat sie einen Kanister Benzin genommen, sich überschüttet und angezündet. Sie wäre fast verbrannt.

In einem kleinen Zelt habe ich sie im Hochsommer bei 60 Grad zusammen mit Mutter und Vater aufgefunden. NGOs hatten ihr eine Erstoperation ermöglicht. Ihr Gesicht war nicht mehr zu erkennen, ihre Haut war so verbrannt, dass sie nur noch durch den Mund und die Augen Flüssigkeit aussondern konnte. Sie wäre gestorben, wenn die baden-württembergische Regierung sie nicht zu sich ins Land geholt hätte. Heute geht es ihr besser, ihre Haare wachsen, sie lernt Deutsch, sie kann ihre Finger bewegen.

Die sadistisch unbegrenzte Gewalt, die der IS gegen diese jungen Frauen richtet, die als Eigentum und nicht als Menschen gesehen werden, zeigt in erschreckender Weise, mit welcher Dimension des Bösen wir es im Fall des IS zu tun haben.

AUS DEM LEBEN EINES KINDERSOLDATEN: DAS MESSER AN DER KEHLE

Können Sie sich den Schmerz vorstellen, wenn eine Klinge Ihre Halsschlagader durchtrennt? Ein entsetzlicher Schmerz ist das! Ich habe selbst die Todesschreie der Opfer gehört. Diese Schreie vergisst man nicht. Ich habe ihre Gesichter gesehen. Ihre weiten Augen. Ihren verzerrten Mund. Fast jede Nacht renne ich seitdem um mein Leben. Jede Nacht sehe ich diese Bilder von Blut und Tod. Diese Bilder meiner verfaulenden Freunde in der Hitze. Ohne Köpfe. Nach Luft schnappend wache ich aus meinen Albträumen auf.

Die Angst wird man nicht mehr los. Und wenn ich von diesen Anschlägen in Deutschland höre und von dem IS-Anhänger, der Menschen mit der Axt ins Gesicht geschlagen hat, dann denke ich: »Mein Gott, jetzt sind sie auch schon hier!« Ich hatte zuerst gedacht, hier gibt es keine radikalen Muslime, aber das stimmt nicht. Daran muss ich mich erst gewöhnen. Ich kenne diese IS-Kämpfer ganz genau. Sie sind alle gleich, sie sind so grausam und so böse, sie wollen alle töten, die anders sind als sie, aber das muss endlich aufhören! Nie wieder will ich mit solchen Unmenschen etwas zu tun haben.

Der Therapeut hat mir geraten, dass ich versuchen solle, auch die schönen Erinnerungen wieder hervorzuholen. So oft denke ich an Kocho, das schönste Dorf im Sindjar-Gebiet, und an die Leute, die ich kannte. An meine Freunde, von denen ich heute nicht weiß, wo sie sind. Ich habe gehört, dass einige es geschafft haben, zu flüchten. Keinen der Überlebenden aus meinem Dorf habe ich bisher gesehen. Ich möchte sie auch nicht sehen. Wie soll ich ihnen in die Augen blicken? Und was soll ich ihnen sagen? Nach meinen Erlebnissen hat das alles wenig Sinn. Ich habe so viele Dinge gesehen, die ein Mensch nicht sehen sollte. So viele Dinge gemacht, die ein Mensch nicht machen sollte. Der IS hat mich ausgebildet als Kämpfer. Ich musste auf meine eigenen Landsleute schießen. Da war ich 13 Jahre alt.

Ich bin eher ein ruhiger Mensch, zurückhaltend und habe von meinen Eltern gelernt, anderen Leuten gegenüber höflich und freundlich zu sein. Insgesamt bin ich sechseinhalb Monate in IS-Gefangenschaft gewesen. Natürlich habe ich großes Heimweh nach meinem Dorf und dem Leben dort. Aber das Dorf, so wie wir es früher kannten, gibt es nicht mehr. Die Terroristen haben die meisten Häuser und die Schule zerstört. Ich möchte nicht wieder zurück. Allein die Vorstellung, dass die IS-Kämpfer mich dort wieder gefangen nehmen könnten, macht mich so nervös, dass ich nicht mehr ruhig sitzen bleiben kann. Was sollen wir in unserer Heimat, wenn wir dort von den Muslimen ermordet werden? Sogar unsere Freunde, die kurdischen Peschmerga, haben unser Volk im Stich gelassen. Wer soll uns da noch helfen?

Als ich noch in Kocho gelebt habe, da wollte ich auch so gerne ein Peschmerga werden. Ein Kämpfer, der sich für sein Land einsetzt und davon träumt, dass es irgendwann einmal unabhängig wird. Damals glaubte ich noch, dass die Peschmerga tapfere Helden sind und keine Angst vor anderen haben. Aber ich habe miterlebt, wie sie weggelaufen sind und uns diesen Mördern überlassen haben. Wie kann man so etwas bloß machen? Das sind doch Kurden wie wir!? Ich bin so furchtbar enttäuscht, aber im

Grunde ist es das, was unsere Alten und Vorfahren schon immer gesagt haben: dass alle Muslime die Jesiden nicht mögen.

Ich vermisse meine vier erwachsenen Geschwister, die in einem Flüchtlingslager im Nordirak leben. Nur meine jüngste Schwester hat es nicht geschafft, aus dem IS-Gebiet zu entkommen. Ich mache mir so große Sorgen um sie. Sie ist erst zwölf Jahre alt. Falls sie noch lebt, weiß ich genau, was diese Ungeheuer mit ihr anstellen. Darüber möchte ich gar nicht nachdenken. Von Verwandten habe ich gehört, dass sie einmal versucht hat, nach Kurdistan zu telefonieren, aber das Gespräch ist plötzlich abgerissen. Damals war sie noch in Mossul. Ich bin ihr Bruder, doch ich kann ihr nicht helfen. Das ist, als ob man aus einem Albtraum weglaufen möchte, aber keinen Schritt von der Stelle kommt.

Die Menschen in meinem Dorf waren sehr offen und herzlich. Ich habe dort viele Freunde gehabt. Darunter waren auch Karim, Hussein, Kawa, 13, 15 und 16 Jahre alt. Oft sind wir in die Berge gegangen oder haben viel Zeit gemeinsam bei der Schafherde verbracht. Eigentlich lebten wir mehr draußen in der Natur als im Ort. Es war so schön, wenn wir nachts im Gras lagen, neben uns schliefen die Schafe, und in der Ferne hörte man die Melodien der Flöten, die die Hirten schon vor Hunderten von Jahren gespielt haben.

Hauptsächlich lebte meine Familie vom Gemüseanbau. Unsere Ernte haben wir in der Stadt Sindjar verkauft. Vater hat gelegentlich auf Baustellen gearbeitet und versucht, uns damit über Wasser zu halten. Besonders gut war ich nicht in der Schule, weil ich öfter draußen bei der Feldarbeit als im Unterricht war. Meine drei älteren Schwestern und mein 19-jähriger Bruder sind in die Großstädte im Nordirak gezogen, weil sie dort bessere berufliche Chancen hatten. Sie haben uns mit ihrem Geld unterstützt.

Eigentlich wollte ich auch so schnell wie möglich mit der

Schule fertig werden und wie mein großer Bruder nach Dohuk oder Arbil gehen, um Geld zu verdienen, damit mein Vater und meine Mutter sich endlich zur Ruhe setzen konnten. Meine Mutter ist eine sehr starke Frau. Sie hat den Haushalt geführt, auf uns aufgepasst und in der Landwirtschaft mitgeholfen. Sie hat nie gejammert und war immer für uns da.

Mutter hat uns erklärt, wie wir uns richtig verhalten sollten, damit es uns allen gut ginge. Sie hat uns nie geschlagen. Auch Vaters größte Sorge galt der Familie. »Wie kann ich mehr Geld verdienen, um besser für euch zu sorgen?« Und ich wollte ihm diese Sorge so gerne nehmen. Bei uns zu Hause hat Vater das letzte Wort gehabt. Wir Kinder haben gelernt, ihm nicht zu widersprechen, aber er hat immer auf meine Mutter gehört und uns gut behandelt.

Wir sind Jesiden, und die Familie ist bei uns sehr wichtig. Jeder muss auf jeden aufpassen und versuchen, den anderen zu unterstützen. Wie alle Jesiden im Dorf haben wir im Winter drei Tage lang gefastet und im Frühling ein großes Fest im ganzen Dorf veranstaltet, uns gegenseitig besucht, Essen verteilt und eine schöne Zeit miteinander verbracht. Ich glaube an Gott und an unseren Schutzengel Tausi Melek. Bis heute bin ich Jeside. Trotz allem.

Als ich am 3. August 2014 von der Schule nach Hause gekommen bin, herrschte große Aufregung in der Familie. Wie sich herausstellte, hatten einige IS-Kämpfer dem Bürgermeister von Kocho das Messer auf die Brust gesetzt. »Alle Leute im Dorf müssen Muslime werden.« Andernfalls drohe uns in drei Tagen der Tod. Die meisten Einwohner waren völlig außer sich. »Seit 4000 Jahren haben wir unsere Religion, schon immer sind wir von Muslimen verfolgt worden, doch auch dieses Mal werden wir unseren Glauben nicht aufgeben.« Genauso sah ich das auch. Auf keinen Fall wollte ich Muslim werden. Für mich ist das die schlimmste Vorstellung, die es gibt. Das ist das Land unserer Ahnen und unserer heiligen Stätten. Wie sollten wir plötzlich zu anderen Menschen werden?

Wie viele andere Dorfbewohner wollte Vater dieses Ultimatum nicht abwarten. Kurz bevor meine kleine Schwester, Mutter, Vater und ich mit unserem alten Auto das Gebirge erreichten, schrie Mutter auf: »Da sind sie!« In der flirrenden Luft standen ihre großen Pritschenwagen, auf denen schwere Waffen montiert waren. Überall schwarze Fahnen und schwarz gekleidete IS-Kämpfer mit Maschinengewehren.

Hinter uns sind einige Familien bei laufendem Motor aus ihren Fahrzeugen herausgesprungen und, ohne sich noch mal umzusehen, panisch in Richtung der Berge losgerannt. Die IS-Kämpfer haben ihre Kalaschnikows gehoben und den Flüchtenden in Rücken und Beine geschossen. Manche der Erwachsenen haben sie nicht richtig erwischt, eine Mutter versuchte, am Boden bis zu ihren toten Kindern hin zu robben, bis auch sie liegen geblieben ist.

Wir Übrigen konnten gar nicht glauben, was wir gerade gesehen hatten. Wie erstarrt sind wir mit etwa 300 anderen stehen geblieben. Mit ihren Waffen fuchtelten einige Maskierte in Munitionswesten vor uns herum. Nur ihre zusammengekniffenen Augen waren zu sehen. »Wenn ihr flieht«, knurrten sie, »bringen wir euch alle um!« Nur die alten Männer haben da noch den Mut gefunden, den Mund aufzumachen, aber diese Sunniten hatten keinen Respekt vor dem Alter. Einen über 70-Jährigen haben sie umgestoßen und mit den Füßen mehrmals in die Hüften getreten. »Mit Ungläubigen soll man nicht reden! Halt den Mund! Sonst werdet ihr erschossen!«

Wie Raubtiere sind sie vor uns auf und ab getigert und haben uns schließlich in Gruppen aufgeteilt. Einige der jesidischen Väter wollten ihre Frauen und Kinder nicht allein zurücklassen. Da sind die Gesichter dieser Mörder noch dunkler vor Zorn geworden. Wahllos haben sie einige unserer Männer gepackt, auch meinen Vater. Mein Herz machte einen Satz. »Was macht ihr mit meinem Vater?!«, habe ich ihnen hinterhergerufen. Nur ein paar Meter von uns entfernt haben sie den Abzug gedrückt. »Was machen Sie …?!« Die anderen Männer habe ich gar nicht gesehen. Ich habe nur Vater angestarrt. Wie er sich die Hand vor den Bauch hielt und zusammenbrach. Wie er den Mund öffnete, als ob er noch etwas sagen wollte. Augenblicklich sind wir zu ihm gestürzt, haben uns vor ihm auf den Boden geworfen, wollten ihm helfen, aber er hat nicht mehr gelebt. Mein Vater war tot.

Vor Entsetzen haben meine kleine Schwester, meine Mutter und ich nur noch geschrien und geheult, und als ich in Vaters offene Augen blickte und das Blut auf seinem Bauch sah, habe ich noch lauter geweint. Die Milizen haben uns angeschnauzt, dass wir damit aufhören sollten. »Haltet euer blödes Maul!« Sofort hat Mutter meine Schwester und mich an den Köpfen gefasst und uns an sich gezogen. »Schsch, sonst bringen sie uns alle um, schsch, bleibt ruhig, bleibt ruhig …«

Kurz darauf haben sie alle restlichen Dorfbewohner auf den Ladeflächen ihrer Pick-ups in die Stadt Sindjar geschafft. In einem Amt, in dem sonst die Ausweise ausgestellt wurden, sind wir auf mehrere Räume verteilt worden. Jede Familie, in kleine Grüppchen aufgeteilt, saß nah zusammen. Verschreckt traute sich keiner, noch irgendetwas zu sagen oder sich zu bewegen. Meine kleine Schwester schluchzte so lange, bis sie einschlief. Tausend Fragen jagten mir durch den Kopf. Warum machen sie so etwas? Was haben sie mit uns vor? Wollen sie uns auch erschießen? Ohne jede Erklärung hatten sie einfach die Tür hinter sich abgeschlossen.

Einmal am Tag warfen sie Dosen mit Bohnen und Fleisch ins Zimmer herein. Die ganze Zeit über hat mein Magen geknurrt, aber ich habe nichts davon gewollt. Vater ist nicht mehr da. Und er wird auch nicht mehr da sein. Ich fühlte mich wie krank. Es war August, es gab keine Klimaanlage. Die heiße Luft erstickte uns beinahe, wir waren müde, fast ohnmächtig.

Nach drei Tagen haben diese Typen uns mit Stöcken in den Hof hinausgeprügelt und die Menschen auseinandergetrieben. Ich habe in dem Chaos noch versucht, mich an Mutter festzuhalten, aber ein IS-Kämpfer hat mich mit dem Fuß ins Kreuz getreten und mit der Hand auf den Kopf geschlagen. »Gleich bin ich tot«, habe ich gedacht und jeden Moment auf den Schuss gewartet. Doch es knallte nicht. Still blieb ich auf dem Beton liegen, hob nur das Kinn und musste zusehen, wie sich meine Mutter und meine Schwester immer weiter von mir entfernten, bis sie weg waren.

Waren es Minuten oder Stunden, ich weiß das nicht mehr, bis sie einige unserer Jungen zwischen 10 und 16 Jahren gezwungen haben, in einen Bus nach Tel Afar einzusteigen. Einen Monat lang verbrachten wir dort in einer osmanischen Burg, die sie zum Gefängnis umgebaut hatten. Wir waren 133 jesidische Kinder und Jugendliche. Gleich zu Beginn haben sie uns jeden Mut genommen: »Wenn ihr das Bekenntnis zum Islam nicht aussprecht, schneiden wir euch den Kopf ab.« Wir hatten Todesangst, schreckliche Todesangst. Deswegen haben wir alle 133 zugestimmt: »Ja, wir sind Moslems«, und haben begonnen, wie Moslems zu beten. Einmal am Tag gab es etwas zu essen. Schläge gab es immer. Zur Bestrafung oder zur »Stärkung unserer Persönlichkeit«, haben sie gesagt. Es war schwierig, nachts auf diesen dünnen Matratzen zu schlafen; viele Jungen haben im Schlaf geweint. Viele hatten auch starkes Bauchweh, das sah man, aber keiner hat es ausgesprochen.

Danach haben sie mich in einer Gruppe mit etwa 20 Jungen in ein Internierungsdorf gebracht. Die Häuser der geflohenen

Schiiten dienten dort zur Unterbringung weiterer konvertierter jesidischer Gefangener, die als Sklaven für den IS arbeiten mussten. In diesem Ort blieb ich etwa zweieinhalb Monate. Morgens vor Sonnenaufgang fingen wir mit den Gebeten an. In einer Schule haben uns IS-Kämpfer von morgens bis abends im Koran unterwiesen. In meinem Kurs befanden sich etwa 60 jesidische Kinder.

Schweigend hörten wir uns an, was der Bewaffnete da vorne von sich gab. Manchmal wurden wir in Gruppen unterrichtet, manchmal mussten wir den Koran nehmen, allein durcharbeiten und auf Anfrage vorlesen. Es gab auch jesidische Kinder, die keine arabische, sondern eine kurdische Schule besucht hatten. Sie haben kein Wort Arabisch verstanden. Diesen Kindern erging es sehr schlecht. Immer wieder wurden sie geohrfeigt, wenn sie sich versprochen haben oder die Worte nicht richtig aussprechen konnten. Je mehr Angst sie vor dem nächsten Schlag hatten, desto mehr stotterten sie.

Der Unterricht zog sich von frühmorgens bis in den Abend hinein. Sie belehrten uns auch darüber, wie schlecht unsere eigene Religion sei. Dass es eine Religion der Ungläubigen sei. Dass unser Schutzengel der Teufel sei. Ich wusste nicht viel von unserer Religion, doch so etwas hatte ich vorher nie gehört. »Ihr betet das Böse an!« Wir sollten froh sein, dass wir ab sofort zum Islam, zur großen Gemeinschaft, gehörten. Wir Muslime seien alle wie Brüder und wie Schwestern und würden einander gut behandeln. Alle Ungläubigen aber müssten getötet werden. »Wenn wir einem Dieb die Hand abhacken, so schützen wir den Besitz vieler Menschen. Wenn wir einen Ehebruch bestrafen, retten wir die Ehre der Leute. Wenn wir einen Mörder oder Abtrünnigen hinrichten, bewahren wir damit andere Leute vor Unheil.« So erklärten sie uns ihre Gesetze.

Diese Männer aber hatten so viele meiner Landsleute umgebracht. Das konnte ich ihnen nicht vergeben. Sie hatten meinen Vater erschossen. Sie kennen nichts anderes, als zu morden. Ständige Prügel und Beschimpfungen. Kaum essen und trinken. Immer Angst. So ein Leben war schwer auszuhalten. In einer Nacht hat ein 16-Jähriger versucht zu fliehen, aber sie haben ihn geschnappt. Am nächsten Tag haben die IS-Milizen alle Kinder und Jugendlichen gezwungen, auf den großen Sammelplatz zu gehen. Wir wollten bei der Hinrichtung aber nicht zusehen. »Wenn du die Augen schließt, wirst du genauso enden wie er«, hat mich einer der Aufseher angefahren. Da nahm ich meine Hände wieder vom Gesicht weg.

So habe ich mit eigenen Augen gesehen, wie ein IS-Kämpfer mit Kinnbart den Jungen am Schopf gefasst hat und ihm blitzschnell mit einem Messer die Kehle durchgeschnitten hat. Dabei spritzte viel Blut, und ein unglaublicher Schrei entfuhr dem Jungen. Seine Augen voller Pein zusammengekniffen und sein Mund verzogen. Noch immer träume ich von diesem Schrei. Danach haben sie uns befohlen, wieder zum Unterricht zurückzukehren und weiter den Koran zu lesen.

Der Hunger wühlte in unseren Mägen. Es gab schlechten Reis, der immer wieder aufs Neue aufgekocht wurde. Ich fühlte mich die ganze Zeit müde, hatte keine Kraft, war schlapp und wollte einfach nur noch schlafen. Nachts aber hatte ich Angst davor wegzudämmern, weil ich dachte, dass sie plötzlich in der Nacht auftauchten und mich genau wie den Jungen enthaupten würden. Man fühlte ihre strafenden Blicke, auch wenn man sie nicht sehen konnte.

Während jener zweieinhalb Monate musste ich noch bei drei weiteren Enthauptungen dabei sein. Auch diese Jungen hatten versucht, nachts zu türmen. Wieder haben sie uns gezwungen, auf dem großen Platz in der ersten Reihe zu stehen, ganz nah dabei zu sein, um genau zu verfolgen, wie sie ihnen die Klinge an die Halsschlagadern legten. Diesmal waren es meine Freunde aus Kocho. Karim*, Hussein* und Kawa*, 13, 15 und 16 Jahre alt.

»Der erste Schnitt trennt die Venen durch. Das Blut wird sich mit deinem Speichel vermischen. Der zweite Schnitt öffnet den Hals. Ab dem Moment kannst du nicht mehr durch die Nase atmen, nur über die Kehle. Du wirst gurgelnde Laute von dir geben und am Ende in deinem eigenen Blut ertrinken.« Auf diese Weise hatten sie uns darüber aufgeklärt, wie ein Hingerichteter aus dem Leben schied. Mit dem dritten Schlag trennte der Schlächter den Kopf ab und legte diesen auf dem Rücken oder das Hinterteil des Toten ab.

Zur letzten Enthauptung von Kawa* hatten die IS-Leute auch Zuschauer aus anderen Internierungsdörfern herbeigeholt. Auf dem Platz vor der Moschee drängten sich etwa 3000 Jesiden, stumm und traurig, um dabei zuzusehen, wie man meinem Freund den Kopf vom Rumpf trennte. Sein Gesicht bekomme ich nicht mehr aus meinen Gedanken heraus. Wie er in die Menge starrte und es schien, als riefen seine Augen: »Helft mir!« Man fühlte sich, als würde man selbst da stehen.

Die IS-Aufseher haben uns Jungen danach klargemacht: »Es ist nicht erlaubt, sie zu begraben!« Körper und Köpfe haben die Männer etwa 50 Meter entfernt in einen Graben nahe dem Dorf geworfen. »Die Hunde sollen ihr Fleisch fressen«, haben sie gesagt. In dieser Nacht habe ich mir so sehr gewünscht, Vater wäre hier und würde mich retten. Aber Vater war tot. Und ich würde ihn niemals wiedersehen. Niemals.

Fast jeden Tag musste ich an den Leichen vorbei zum Koranunterricht gehen. Vorsichtig habe ich immer wieder einen Blick in ihre Richtung geworfen, wollte aber gleichzeitig so schnell wie möglich vorbeieilen, um diesen Anblick nicht ertragen zu müssen. Schwarze Fliegenschwärme surrten über ihren Körpern. In der Hitze hatte das Fleisch begonnen, süßsauer zu stinken. Mich würgte es. Schon viele Meter vorher habe ich die Luft angehalten und bin mit großen Schritten daran vorbeigehastet. Trotzdem hatte ich diesen Gestank noch monatelang in der Nase. Und wenn ich heute Fleisch rieche, dreht es mir den Magen um.

Als ich den IS-Kämpfern vorschlug, dass es vielleicht doch besser sei, sie zu begraben, haben sie mich merkwürdig angeschaut. »Willst du etwa auch dort landen?« Da habe ich nichts mehr gesagt. Nach etwa einem Monat sind wir in eine andere Schule verlegt worden. Alle Jungen in meinem Alter mussten Arabisch schreiben und lesen lernen. Im Mittelpunkt stand weiter der Koran, die Sunna (Anm. Überlieferungen) und die Religion des Islams. Die Lehrer sprachen viel über den Propheten Mohammed. Mir war dauernd schwummrig, schwarze Wellen flimmerten vor meinen Augen. Es fiel mir schwer, mich zu konzentrieren, aber ich hatte so viel Angst, von ihnen getötet zu werden, wenn ich etwas Falsches sagte. Von daher versuchte ich, so gut es ging, mitzuarbeiten.

An einem Nachmittag teilte mich ein Vorgesetzter zusammen mit einem IS-Mann namens Abu Kassim dazu ein, aus einem Lager Lebensmittel zu holen. Da ich bereits ein bisschen lesen und schreiben konnte, durfte ich die Rationen an die Gefangenen aufteilen. »Aber mach das ganz genau …«, schärfte mir Abu Kassim ein und hob beschwörend den Finger. Schon der kleinste Fehler konnte das Ende meines Lebens bedeuten. Jeden Nachmittag kamen die Leute, auch aus anderen nahe gelegenen Dörfern, und holten Oliven, Reis, Mehl und andere Sachen ab.

Ich war froh, dass ich eine Aufgabe hatte und ansonsten niemand etwas von mir wollte. Nur noch morgens musste ich in der Schule den Koran lernen, ab nachmittags war ich im Lager beschäftigt. In dieser Zeit kam einer der IS-Emire auf mich zu und lobte mich: »Du machst deine Arbeit gut und bist ein guter Moslem geworden. Ich möchte dich dafür belohnen.« Ich versuchte, wie ein Mann auszusehen, nicht wie ein Junge, der vor Freude rot wurde, aber es gelang mir nur halbwegs. Vielleicht durfte ich endlich nach Hause zurück? Meine Mutter und meine Schwester wiedersehen? Doch es kam anders. Er sammelte noch 20 andere Kinder und Jugendliche auf und schaffte uns in Richtung Mossul.

Dort schickte man uns in eine Garnison, etwa 15 Kilometer von Mossul entfernt, in der schätzungsweise 1000 IS-Kämpfer untergebracht waren. Schon am Eingang der Kaserne sahen wir, wie junge Männer gruppenweise trainierten, mit Waffen schossen oder auch Sport trieben. Alles wirkte sehr militärisch. Auch ausländische IS-Kämpfer waren darunter. Sie waren hellhäutiger, sahen anders aus und konnten kaum Arabisch sprechen. Aber wir hatten mit ihnen nichts zu tun.

In einem großen Schlafraum sollte sich jeder von uns seinen Platz auf einer Matratze am Boden suchen. Dort haben wir tagsüber gegessen und nachts geschlafen und uns dauernd wegen der Flöhe gekratzt. Am Nachmittag hat ein IS-Kämpfer uns in sehr scharfem Tonfall befohlen: »Raus! Laufen!« Wir wussten natürlich nicht, wohin, und wieder hatte ich Angst, dass sie uns jetzt endgültig alle umbringen würden. Auf einem Platz baute sich ein IS-Kämpfer vor uns auf und reckte das Kinn nach vorne. »Ihr seid jetzt Gotteskrieger!« Sein Tonfall sagte uns, dass wir darauf stolz sein sollten. »Ihr seid jetzt Moslems und wisst, was der Islam ist. Jetzt wird es Zeit, auch für diesen Glauben zu kämpfen und zu sterben.«

Jeden Tag mussten wir Sport treiben, laufen, springen, über Hürden hüpfen. Jeden Tag bei glühender Hitze auf dem Boden robben, unter Stacheldraht durchwälzen, lernen, wie man Minen legt und die Zündung eines Sprengstoffgürtels auslöst … Nach etwa einer Woche durfte jeder eine eigene Waffe haben. Auch ich habe eine Maschinenpistole bekommen, darin waren sogar Patronen. Scharfe Munition! Beklommen hielt ich die Maschinenpistole wie eine Schlange in der Hand, die jederzeit ihre Giftzähne in meine Haut schlagen könnte.

Schließlich zeigten uns die Ausbilder, wie man die Kalaschnikow auseinandernimmt, putzt und damit schießt. Unter dem Gebrüll dieser Männer duckten wir uns jedes Mal zusammen. »Wenn ihr eure Maschinenpistole nicht sauber haltet und nicht damit umgehen könnt, werdet ihr bestraft.« Wieder mussten wir vielen Hinrichtungen beiwohnen. Sogar ihre eigenen Leute haben sie umgebracht. Es waren IS-Kämpfer, die irgendetwas falsch gemacht hatten. Ein falsches Wort. Eine ausländische Nachricht auf dem Handy. Der Wunsch, wieder zurück nach Hause zu gehen … Ein Menschenleben ist bei ihnen nichts wert.

Bei einer Übung mussten wir alle wie Statuen in einer Reihe stehen. Der IS-Ausbilder ging auf jeden von uns zu und verpasste seinem Gegenüber eine kräftige Ohrfeige. Dabei durften wir uns nicht bewegen und keinen Laut von uns geben. Egal, wie sehr das schmerzte. Ein kleiner Junge, der zu weinen begonnen hat, wurde noch mal geschlagen und noch mal. Er ging auf die Knie und hob stumm bettelnd die gefalteten Hände. Er hat noch sehr viele Schläge bekommen.

Sie haben uns auch die Faust in den Bauch gerammt, mit den Sportschuhen auf den Rücken getreten. Und wir sollten stillhalten. Als ich einmal von der Wucht umgefallen bin, hat der IS-Ausbilder noch mal nachgetreten und mich angeblafft: »Steh jetzt sofort auf!« Irgendwann hatte ich gelernt, dass ich nicht weinen darf, wenn ich geschlagen werde. Dass ich keine Schmerzen zeigen darf, wenn mir alles wehtut. Dass ich sofort wieder aufstehen muss, wenn ich auf den Boden gefallen bin. Dass ich so tue, als ob nichts passiert sei. Dass ich die Zähne zusammenbeiße und nicht daliege und winsele wie ein kleines Kind.

Weiterhin erhielten wir Religionsunterricht und mussten gemeinsam beten. Es gab einige Ausbilder, die nett zu uns waren, uns umarmten und mit »Brüder« ansprachen. »Ihr gehört jetzt zu unserer Familie, zu unserer Gemeinschaft, und wir kämpfen für den richtigen Glauben und werden gemeinsam alle Ungläubigen vernichten.« Wir waren so dankbar, dass jemand mal ein freundliches Wort für uns fand. Manche waren allein dafür bereit, alles zu geben.

Bei einer anderen Übung, die ich nicht vergessen werde, sollten sich immer zwei Kinder gegenüber aufstellen. Ich musste dem anderen Jungen eine Ohrfeige austeilen. Und er durfte sich nicht bewegen. Danach war er an der Reihe. In Boxerstellung vor mir aufgepflanzt, verpasste er mir einen schweren Haken. Aus meiner Nase schoss das Blut. Es hat so sehr geschmerzt, mich aber auch so wütend gemacht, dass ich ihn noch heftiger zurückschlug und er wiederum noch stärker zuhaute, sein Auge war getroffen und zugeschwollen, bis der Ausbilder sagte: »Hört auf.«

Danach konnte ich kaum noch atmen und drückte mich mit angezogenen Knien auf die Matratze. Fassungslos blickte ich auf meine vom Schmerz pochende Hand. Das war meine Hand, die da zugeschlagen hatte. Ich schloss die Augen und sah Vater wieder vor mir. Wie er auf dem Boden lag, sein Bauch voll Blut. Wenn nur der Tod nicht so schwer gewesen wäre und wir nicht so hilflos.

Als Nächstes begannen die Schießübungen auf Säcke, halb mit Sand und halb mit Stoff gefüllt. »Stellt euch vor, dass das ungläubige Jesiden sind. Stellt euch vor, wie ihr sie alle umbringt!« Andauernd redeten die Ausbilder vom Heiligen Krieg und dass wir, wenn wir sterben, alle ins Paradies kämen. Irgendwann habe auch ich angefangen, das zu glauben. Dass das Sterben kein Problem sei. Ich merkte, wie ich mich langsam verändert hatte. Ich spürte keine Schmerzen mehr, und mir war alles gleichgültig. Und ich hatte auch keine Angst mehr davor, getötet zu werden.

Ich machte einfach nur das, was man mir sagte. Ich wollte nicht mehr nachdenken. Es war sowieso sinnlos.

Ich hatte verstanden, dass der Tod eine Erlösung und das Leben eine Strafe war. Allerdings habe ich nie wirklich meinen Glauben an unser Jesidentum verloren. Heimlich habe ich das für mich behalten, aber dennoch weiß ich nicht, wie ich mich verändert hätte, wenn ich noch länger dort geblieben wäre. Vielleicht wäre ich am Schluss genauso wie die anderen jesidischen Kinder und Jugendlichen vollkommen taub in mir geworden. Davon überzeugt, als Märtyrer ins Paradies zu gelangen. Und dass alle Jesiden Ungläubige sind.

Viele der Jungen, mit denen ich mich in der Garnison unterhalten habe, schimpften mittlerweile auf unsere Landsleute: »Die Jesiden sind Teufelsanbeter! Wir müssen sie alle auslöschen!« Abends mussten wir uns immer viele Videos voller Gewalt und Gesänge über den Dschihad ansehen. Vor allem ging es darum, wie siegreich der IS ist. Dass wir IS-Kämpfer überall auf der Welt Freunde und Unterstützer hätten. Egal, ob in Europa, Amerika, Saudi-Arabien oder Australien. Dass wir eines Tages die ganze Welt kontrollieren würden. Und sie berichteten über die Heldentaten der IS-Kämpfer. Dass sie keine Furcht vor dem Tod kannten. Und nur ein Ziel verfolgten: den Feind zu vernichten.

Diese Filme mussten wir uns fast jeden Abend anschauen, und einige unter uns klatschten und johlten sogar, wenn der Abspann lief. Für sie waren die Amerikaner, aber auch die Deutschen, Franzosen, Engländer alle Teufel. Sie sind böse und wollen uns zu Sünden verführen, die nichts mit den islamischen Werten zu tun haben. »Sie haben keine Ehre. Sie müssen alle getötet werden«, rief unser IS-Anführer unter Applaus. Ich weiß nicht, wie oft ich das gehört habe.

Nach etwa sechs Wochen erkundigte sich ein IS-Emir nach dem Namen meiner Mutter. Nachdem ich ihm Antwort gegeben hatte, blickte er in eine lange Liste. »Ja, sie lebt noch. Zur Belohnung für deinen Einsatz darfst du deine Mutter sehen.« Ich konnte mein Glück erst gar nicht fassen und blieb misstrauisch, aber sie haben mich wirklich für eine Woche nach Tel Afar in ein ehemaliges schiitisches Dorf gebracht.

Als ich Mutter von Weitem sah, wie sie mir die Arme entgegenstreckte, bin ich auf sie zugerannt, habe ihr erst die Hand geküsst und mich dann an ihren Hals geworfen. Wir weinten beide lange, lange Zeit und setzten uns erst dann nebeneinander auf den Boden. »Wo ist meine Schwester?« Schniefend wischte ich mir die Nase und schaute mich fragend um. Da fing Mutter wieder an zu weinen und stieß, zwischen tiefen Schluchzern, hervor: »Ich weiß es nicht. Sie haben sie mir weggenommen.«

Obwohl ich schon 14 Jahre alt war, habe ich jede Nacht bei Mutter geschlafen, sie die ganze Nacht fest, sehr fest gehalten, wollte sie nicht wieder loslassen; und sie drückte mich genauso fest an sich. So verbrachten wir eine Woche lang zusammen. Dann musste ich wieder zurück nach Mossul in dieses Ausbildungslager. Das war sehr schwer. Aber ich habe versucht, nicht wieder zu weinen, damit Mutter nicht noch trauriger wird.

»In erster Linie ist es wichtig, dass ihr alle zur Gemeinschaft der Muslime gehört.« Mit diesen Worten nahm mich der IS-Emir in Empfang. Das sei die größte Belohnung überhaupt. Doch auch die Familie sei wichtig, und wir könnten weiterhin Kontakt zu ihr halten, »aber nur, wenn du genau das befolgst, was wir von dir verlangen«. Ich nickte und sagte immer »Ja«, um in Ruhe gelassen zu werden.

Nach vier weiteren Wochen Ausbildung haben sie mich mit anderen Gleichaltrigen beauftragt, in der Stadt Mossul von morgens bis abends durch die Straßen zu spazieren und uns heimlich Notizen über auffällige Personen zu machen. Falls jemand nicht vorschriftsmäßig gekleidet war oder schlecht über den

IS spräche, sollten wir das sofort aufschreiben. Abends wurden wir wieder abgeholt und mussten Bericht erstatten. Ich selbst habe niemanden verraten, obwohl es viele Leute in Mossul gab, die über den IS schimpften, wenn sie sich unbeobachtet fühlten. Ich habe aber andere Jungen gesehen, die tatsächlich Namen und Straßen notiert und diese weitergegeben haben. »Die sind gegen den IS«, sagten sie und haben damit wahrscheinlich deren Todesurteil ausgesprochen.

Es dauerte nicht lange, da kam der IS-Ausbilder, der Abu Mussa hieß, wieder zu uns. »Jetzt wird es Zeit, dass ihr in den richtigen Kampf zieht.« Noch einmal durften wir vorher eine Woche lang unsere Mütter besuchen. Diese Leute wussten genau, dass wir dafür unser Leben geben würden, denn wir litten so an Heimweh, dass es kaum auszuhalten war. Als ich Mutter im Dorf erzählte, dass ich in den Krieg ziehen müsse, zitterte ihre Hand so sehr, dass sie den Tee neben die Tasse goss. »Sie werden dich töten«, sagte sie heiser, »das werde ich nicht zulassen!«

In dem Dorf lebten noch andere Jesiden aus Kocho, zu denen Mutter Vertrauen hatte und die sie um Rat fragte. Gemeinsam entschieden die Erwachsenen, dass wir alle miteinander fliehen müssten. Doch ich hielt dagegen: »Sie werden uns erwischen und wie alle anderen köpfen.« Mutter aber war nicht mehr von ihrem Plan abzubringen. »Besser auf der Flucht zu sterben, als hier von ihnen erschossen zu werden.«

Doch noch bevor wir unseren Plan ausgearbeitet hatten, holten die IS-Kämpfer mich wieder ab. Zum Abschied habe ich Mutter nicht ins Gesicht geschaut, weil ich ihren Blick nicht ausgehalten hätte. »Es ist jetzt an der Zeit, Kurden zu töten«, sagten die IS-Männer und setzten mich direkt an der Front nahe der Stadt Kirkuk ab. Unsere Einheit bestand aus ungefähr 20 Jungen und einem Anführer, der uns anwies, was wir zu tun hatten. Ich trug schwarze Kleidung, hatte eine Kalaschnikow und viele

Handgranaten bei mir. Der Auftrag lautete: »So viele auslöschen wie möglich.« Noch nie zuvor hatte ich einen richtigen Kampf erlebt. Und plötzlich steckte ich mittendrin.

Ohrenbetäubender Lärm. Die Maschinengewehre ratterten. Die Luft qualmte und schmeckte bitter auf den Lippen. Blind wie eine Maschine habe ich einfach in die Richtung geschossen, wo sich die Peschmerga versteckten. Sie waren nicht weit von uns weg, aber ich habe keinen gesehen. Im nächsten Moment lag ich flach am Boden, über mir spritzten Steine und Splitter. Ich wischte mir den Dreck aus den Augen und schoss weiter. Mein Herz raste, als wollte es mir aus der Brust hinausspringen.

Ich hatte so furchtbare Angst, wollte mich verstecken, bemerkte aber, dass der Emir Abu Mussa mich dauernd fixierte. Wie ein Sprachrohr formte er die Hände vor seinem Mund: »Los feuert! Feuert! Tötet sie alle.« Ich weiß nicht, ob ich irgendwelche Menschen getroffen habe. Ich hoffe nicht. Um mich herum waren viele Jugendliche, die mit Feuereifer dabei waren und dauernd »Allahu akbar« (»Allah ist groß«) schrien, obwohl sie selbst Kurden waren.

Abwechselnd kämpften wir an der Front und zogen uns wieder zum Lager des IS-Militärs zurück, das nicht weit weg war. Immer ging es hin und her. Mein Kopf platzte fast. Zwischendrin übermannte mich kurz die Müdigkeit, und ich versank im Schlaf, als ob ich tot wäre. Aber dann birst die Erde vor einem, und man wacht wieder auf. Während dieser Schießereien habe ich nicht miterlebt, dass auf unserer Seite jemand getötet worden wäre.

Etwa zwei Wochen blieb ich an der Front. Als Gegenleistung durfte ich danach wieder zu Mutter. Als Erstes habe ich zu ihr gesagt: »Wir müssen fliehen.« Mutter ist gleich aufgestanden und hat ihre Jacke genommen. Einen großen Plan hatten wir nicht. Wir sind einfach in der Nacht mit acht Leuten losgelaufen, in Richtung der kurdischen Gebiete nach Sindjar. Tagsüber haben wir uns in den Tälern versteckt und unter Dornenbüschen Schatten gesucht. Die Luft war staubtrocken. Die Hitze unerträglich.

Die Flucht war sehr schwierig, denn meine Mutter ist schon sehr alt. Jede Minute in der Nacht war kostbar, da durften wir keine Pausen machen. Ich musste Mutter stützen und ihr immer wieder aufhelfen. Wir hatten kein Essen und kein Wasser. Hunger und Durst haben uns alle so schwach und so schwindelig gemacht. Wir irrten umher, aßen Blätter und fühlten uns verloren. Wir liefen und liefen. Jede Nacht hindurch. Auf einmal hörten wir arabische Stimmen. Alle acht duckten wir uns zusammen und rührten uns nicht. Plötzlich bog ein Mann vor uns den Busch zur Seite. Ich schluckte, so fest ich konnte. Es war ein Hirte. Sicher ein Verräter. Er musterte uns kurz, dann kramte er in einer Tasche und streckte uns ein Stück Brot entgegen. »Keine Angst, nehmt das«, sagte er. Sicher eine Falle. Aber Mutter streckte vorsichtig die Hand aus und nahm es. Und dann haben wir alle gemeinsam gegessen, jeden Krümel aufgelesen und uns dabei die Tränen aus den Augen gewischt.

Nur mithilfe dieser arabischen Schafhirten haben wir es geschafft, die Berge zu erreichen. Ein anderer Hirte hat uns eine Felsspalte gezeigt, in der wir uns tagsüber verbergen konnten. In der Nacht hat er uns in die Richtung geführt, in die wir weiterlaufen sollten. Nach vier Tagen hat uns eine jesidische Einheit aufgefischt und nach zwei weiteren Tagen in den Bergen in die Stadt Dohuk gebracht. Im Camp Kadya haben Mutter und ich unter 16 000 Jesiden meine älteren Schwestern ausfindig gemacht. All diese Menschen, die sich dort bei 50 Grad in den kleinen Zelten drängten, waren aus dem Sindjar-Gebiet geflohen. Es mangelte an Wasser, an Nahrung, an allem. Meine Schwestern passten auf uns auf, aber sie hatten ihre eigenen Kinder und ihre Männer zu versorgen. Wir wollten ihnen nicht zusätzlich zur Last fallen.

Mutter und ich hatten das große Glück, in Deutschland Schutz zu finden. Hier ist das Leben so schön, so ruhig und so geregelt. Ich besuche jetzt die Schule. Manchmal fällt es mir schwer, mich auf den Unterricht zu konzentrieren, weil mir so viele Gedanken und Bilder durch den Kopf wirbeln. Leider habe ich noch keine Freunde gefunden. Ich spreche aber schon ein bisschen Deutsch und hoffe, dass meine Mutter und ich hier gut von den Menschen aufgenommen werden. Im Irak gibt es nichts, was wir noch haben. Ich möchte die Schule beenden und dann einer Arbeit nachgehen, damit ich meine Mutter selbst versorgen kann. Das ist mein größter Wunsch.

Seitdem ich in Deutschland bin, beschäftige ich mich wieder mit meinem Glauben. Es gibt einige Bücher, die ich gefunden habe, und hier erfahre ich mehr über meine Religion als im Irak. Seitdem der IS gegen die Jesiden kämpft, versuche ich, noch mehr darüber zu lernen. Ich weiß nicht, ob ich wirklich gläubig bin und ob es einen Gott gibt. Es fällt schwer, an so etwas zu glauben, wenn man so viele schreckliche Dinge erlebt hat. Aber dennoch wünschte ich mir, es würde einen Gott geben, der uns alle irgendwie beschützt.

Eine Kindheit auf dem Schlachtfeld

Der »Islamische Staat« verfolgt Kinder. Die Extremisten wollen die Jungen zu »Gotteskriegern« machen, damit sie Ungläubige und am Ende sogar ihre eigenen Familien töten. Ende Januar 2016 habe ich aus dem Irak mit einigen jesidischen Jungen in Rakka telefoniert. Sie berichteten mir, dass sich in ihrer Gruppe 250 jesidische Kinder im Alter von 8 bis 16 Jahren befinden. Die meisten hatten sich an die Regeln des IS gewöhnt und wollten nicht mehr zurück. Ein Jugendlicher, mit dem ich sprach, war zwölf Jahre alt und stammte aus der Stadt Sindjar. Wörtlich sagte er: »Ich bin jetzt ein Kriegskämpfer für den richtigen Glauben ... Ich werde alle Jesiden töten, die dem Islam und dem Kalifen nicht folgen.« Das Gespräch dauerte nur einige Minuten. Seine Familie beschwor ihn zur Rückkehr, was er aber strikt ablehnte. Dennoch hatte er heimlich ein Handy bei sich und versteckte es vor seinem IS-Kommandanten.

Die Kinder werden in der Form ausgebildet, dass sie sich oftmals als Persönlichkeit mit all ihrer Einzigartigkeit verlieren. Ihre frühere Identität wird durch permanente Gehirnwäsche wie durch Säure zersetzt. Denn nur so kann eine neue Person, eine Art religiöser Roboter entwickelt werden, der kritiklos den Befehlen des IS – bis hin zum Mord und Selbstmord – gehorcht. Wenn sich die eigene Persönlichkeit nur noch über die Feindschaft anderer gegenüber versteht, wird jede Annäherung unmöglich.

Der Unterricht beim IS besteht neben täglicher religiöser Indoktrination aus Kampfsport und Abhärtung gegen Schmerzen und Grausamkeiten. In Städten, wie in Tel Afar, Mossul oder Rakka, müssen die Kinder zusehen, wie IS-Kämpfer andere Bürger steinigen, auspeitschen, enthaupten oder Körperteile auf öffentlichen Plätzen amputieren. Alles, was die Kinder bisher von ihren Eltern gelernt haben, soll bedeutungslos werden. Sie sollen verlässliche neue Kämpfer des Kalifats werden.

Einige Jungen, die vom IS zurück in ihre Familien geschickt werden, haben sich stark verändert. Ihr Auftrag: die pathologische Ideologie des »Islamischen Staates« in die kurdische Gesellschaft zu tragen und diese von innen auszuhöhlen. Wieder zurück in den oftmals zerrissenen Familien, verteidigen sie die Ideen des radikalen Islams, obwohl sie Jesiden sind. Sie drohen den eigenen Familien mit Enthauptungen, falls sie sich dem Kalifat nicht anschließen wollen. Kleine Jungen reden bei ihrer Rückkehr manchmal nur noch arabisch, haben ihre eigene Sprache vergessen, imitieren in der Freiheit, was sie in Gefangenschaft gelernt haben. Sie beißen, schlagen, zertreten die Sachen anderer, spielen das Kopfabschneiden auf der Straße nach.

Zum Teil werden die Jungen schon mit sieben oder acht Jahren in kriegerische Auseinandersetzungen einbezogen. Nach Schätzungen bildet der IS derzeit etwa 1200 bis 2000 Kinder und Jugendliche unter 18 Jahren zu Soldaten aus. Eine neue Generation reift heran, die noch präziser, noch verrohter und noch grausamer gegen den Feind vorgehen soll.

Die Gründe für den »Einsatz« von Kindersoldaten sind vielfältig:

> Kinder sind anspruchsloser, sie benötigen weniger Kleidung und Nahrung.
> Aufgrund ihrer Unerfahrenheit und Unerschrockenheit werden die Kleinen vorgeschickt, um Minen auszulösen und so eine begehbare Schneise durch Minenfelder zu sprengen.
> Kinder sind leichter zu manipulieren.
> Die Entwicklung von neuen, leichteren Waffen trägt dazu bei, dass Kinder diese bedienen können.
> Der IS benötigt Nachwuchs, um seine Position zu stärken oder zu verteidigen.

Aus zahlreichen Ländern und Studien wissen wir, dass Kinder, die als Soldaten im Krieg gekämpft haben, sehr stark traumatisiert zurückbleiben. Sie leiden unter großen Ängsten, Albträumen, Schuldgefühlen, Depressionen sowie einem Mangel an Selbstwertgefühl und Vertrauen. Doch nicht nur deshalb ist die Wiedereingliederung der Kinder und Jugendlichen in vielfacher Hinsicht sehr schwierig. Das lässt sich auch im IS beobachten, wo die Kinder folgenden Methoden ausgesetzt sind:

> Kinder werden gezwungen, Angehörige ihrer Familie oder ihres Dorfes zu töten, die nicht die Ideologie des IS annehmen. Dadurch will die Terrormiliz sie noch stärker an sich binden, denn wer so ein Verbrechen begangen hat, kann unmöglich unter den eigenen Leuten weiterleben. Die alte Struktur der Kinder, seien es Familie, Bekanntenkreis oder Gemeinde, wird eliminiert.

> Kinder suchen nach Sicherheit durch Erwachsene. Wenn sie mitansehen, wie wehrlos die eigenen Eltern dem Terror ausgesetzt sind, erleben einige die Zuwendung der IS-Kämpfer, die eine Struktur von Gewalt und Gehorsam bieten, als »Schutz«.

> Viele der Kinder haben eine friedliche Konfliktlösung in dieser Umgebung der ständigen Gewalt nicht gelernt. Dadurch ist der Aufbau einer friedlichen Gesellschaft oft mit erheblichen Schwierigkeiten verbunden.

Vorsichtig geschätzt, haben bereits über 400 Kinder in diesem sogenannten »Heiligen Krieg« ihr Leben gelassen. Das IS-Kalifat missbraucht den Nachwuchs anderer Religionszugehörigkeiten als Soldaten, Boten oder Sexsklaven. Nicht nur die Jungen, sondern auch die kleinen Mädchen werden durch den IS missbraucht und getötet. Sie müssen häufig zusammen mit anderen Mädchen und Frauen einem IS-Emir oder älteren Soldaten sexuelle Dienste leisten. Zudem werden sie als Köchinnen und/oder Dienerinnen an besonders »gute« Familien, die den IS unterstützen, verschenkt oder verkauft. Mehrere Hundert bosnische und tsche-tschenische Männer, die mit ihren Kindern und Ehefrauen nach Syrien ausgewandert sind, um für den IS zu kämpfen, halten sich Kinder als Sklaven.

Kindersoldaten, die lange Zeit an Gewalttaten beteiligt waren und in der Gemeinschaft der IS-Milizen gelebt haben, möglicherweise auch für ihre Morde »belohnt« worden sind, erleben in der Gemeinschaft nicht nur das Gefühl, aufgehoben zu sein, sondern entdecken auch die berauschende Möglichkeit, selbst Macht über andere Erwachsene auszuüben. Auch im Nationalsozialismus, in der Sowjetunion unter Stalin oder in China unter Mao sind Kinder als Spitzel eingesetzt worden, um ihre Vorgesetzten über abtrünnige Lehrer oder Eltern zu informieren. Angst vor Kindern war in solchen Gesellschaften nicht unbekannt. Heute durchstreifen die Kleinen in Rakka und Mossul die Straßen und beobachten dort die Menschen. »Verräter« werden gemeldet, von IS-Milizen abgeholt und vor ein IS-Gericht gestellt. Das Strafmaß kann von der Geldstrafe bis zur Hinrichtung reichen.

In die Klauen des IS geraten leicht auch Kinder, die in Flüchtlingslagern leben. Sie hausen in Zelten, die bei Regen im Schlamm versinken und bei Sturm in sich zusammenstürzen, sind möglicherweise Waisen oder haben kein Vertrauen mehr in die zerfallene Gesellschaft. Die Vorstellung, zu einer starken Macht wie dem IS zu gehören, in der Ordnung und Stärke herrschen, kann eine Resozialisierung in die Gesellschaft erschweren. In den Flüchtlingscamps leben manchmal bis zu 20 000 Menschen in Zelten, eng nebeneinander, ein Zelt nach dem anderen, bis zum Horizont. Im Winter sterben viele Kinder und Alte. Diese Lebenssituation hat mit den vorherigen dörflichen Strukturen, in denen sie sich geborgen fühlten, nichts mehr gemeinsam.

Umgeben von bitterer Armut, Perspektivlosigkeit und ständiger Angst vor dem Feind, fühlen sich Kinder und Jugendliche verloren. Aus ihrer Sicht funktioniert gar nichts mehr. Die besondere Verwundbarkeit dieser entwurzelten Kinder entwickelt sich in zunehmendem Maße zu einer Bedrohung für die Gesellschaft. Diese Heranwachsenden sind in Gefahr, selbst zu Kämpfern zu werden oder Aggression gegen sich und andere zu richten. Eine schwere Bindungsstörung ist entstanden, die ihre Persönlichkeit nachhaltig und negativ beeinflussen kann. Je näher das Konfliktgebiet, wie das in Kurdistan der Fall ist, desto höher ist das Risiko, selbst in die Gewalt abzugleiten.

In den Ausbildungscamps des IS müssen die Kinder, zusätzlich zum Risiko von Tod oder Verstümmelung im Kampf, Drill und Härte des militärischen Alltags in Kauf nehmen. Jüngere Kinder leiden durch das häufige Tragen schwerer Lasten unter dauerhaft heftigen Rücken- und Schulterschmerzen. Sie quälen sich darüber hinaus mit Hör- und Sehproblemen, Infektionen der Atemwege und der Haut, Geschlechtskrankheiten sowie Folgen der Unterernährung.

Hinzu kommen die schwerwiegenden psychologischen Folgen, wenn Kinder Grausamkeiten miterleben beziehungsweise selbst an ihnen beteiligt sind. Das volle Ausmaß dieser Schäden für die betroffene Generation und für die ganze Gesellschaft wird erst langsam deutlich, wie die Auswirkung einer unbehandelten schwelenden Wunde.

Unterwegs als Henker: Ein Job wie jeder andere

Der Scharfrichter schlägt die Köpfe ab und löffelt danach beim Mittagessen mit Frau und Kind seine Suppe. Wie schaffen Menschen es, so eine Bluttat problemlos mit ihren Werten und ihrer Ethik in Einklang zu bringen? Bereits in der Antike waren Enthauptungen eine gängige Strafmaßnahme. Kelten und Römer haben auf verschiedene Weise Menschen geköpft. In einigen Kulturen galt dieser Hinrichtungsakt als eine »ehrwürdige« und in anderen als eine demütigende Bestrafung des Opfers.

In zahlreichen Gesellschaften genoss der Henker Ansehen und hatte ein gutes finanzielles Auskommen. Seine Aufgabe bestand in der Regel darin, das Opfer schnell und »schmerzlos« zu enthaupten. Allerdings belegen viele Berichte, dass es nicht so einfach war, einem Menschen den Kopf vom Rumpf zu trennen, und mancher Henker musste mehrere Schläge ausführen, bis seine blutige Arbeit vollendet war.

Im 18. Jahrhundert entwickelte der französische Arzt Joseph-Ignace Guillotin die nach ihm benannte Guillotine, verbunden mit der Absicht, Hinrichtungen weniger schmerzvoll vollziehen zu können. Laut Materialien aus französischen Archiven sollen während der französischen Revolution mehr als 15 000 Menschen durch die Guillotine ihr Leben verloren haben.

Der Tod tritt ein als Folge der Durchtrennung des höchsten Teils der Halswirbelsäule und der damit verbundenen Unterbrechung der Erregungsausbreitung. Nach vereinzelten Überlieferungen und medizinischen Untersuchungen abgeschlagener Köpfe sollen jedoch noch Reaktionen in den Gesichtern zu erkennen gewesen sein. Die Lippen machten Sprechversuche, Augen schlossen sich noch reflexartig, wenn eine Hand sich schnell auf das Gesicht zubewegte, oder das abgetrennte Haupt reagierte noch auf Zurufe. Es ist sehr strittig, ob dieser Tod schmerzfrei ist.

Enthauptungen waren auch beispielsweise in Britannien bis 1747, in Dänemark bis 1892 und in Norwegen bis 1905 eine offizielle Hinrichtungsart.[19] Das Fallbeil, das die Deutschen seit dem 17. Jahrhundert anwandten und womit im »Dritten Reich« über 16 500 Leute geköpft wurden, kam zuletzt in Westdeutschland im Jahr 1949 und in Ostdeutschland im Jahr 1967 zum Einsatz.[20]

Im Islam ist die Geschichte der Enthauptungen so alt wie die Religion selbst. So soll Mohammed in seiner ersten Biografie »As-sîra an-nabawiyya« laut Ibn Ishaq (704–768 n. Chr.) und anderer Autoren offenbart haben, dass nach der Schlacht in Medina bis zu 900 Gefangenen der Kopf abgeschlagen wurde. Die meisten Enthauptungen soll Ali, Schwiegersohn des Propheten Mohammed, vollzogen haben.[21]

Im Koran heißt es unter anderen im 4. Vers »Qital« (Krieg) des Mohammed-Abschnittes: »Begegnet ihr im Krieg Ungläubigen, schlagt ihnen die Köpfe ab (…) wenn Allah wollte, hätte er sich auf andere Weise an ihnen gerächt; er will aber damit die einen von euch durch die anderen prüfen. Und denjenigen, die auf Allahs Weg getötet werden, wird er ihre Werke nicht fehlgehen lassen.«

Der alte Glaubenskrieg erlaubt den heutigen IS-Kämpfern, ihre Gegner zu massakrieren und zu köpfen. Nach bisherigen Erkenntnissen muss man davon ausgehen, dass die Enthauptung neben anderen Tötungsarten in der gesamten islamischen Geschichte durchgehend praktiziert wurde.

Im Irak, Jemen und Iran, in Katar und Saudi-Arabien wird seit jeher enthauptet. Zwar ist in Katar, im Jemen und Iran das Köpfen als Strafmaß auch weiterhin Teil der Verfassung, aber es wird seit geraumer Zeit nicht mehr praktiziert. In Saudi-Arabien dagegen sind Vergewaltigung, Ehebruch, Ermordung, Konversion in eine andere Religion, Hexerei, bewaffneter Raub, Handel mit Betäubungsmitteln und langfristiger Konsum von Betäubungsmitteln nach wie vor unter Strafe gestellt und werden auf öffentlichen Hinrichtungsplätzen geahndet.

In Metropolen wie Riad, Dschidda und Dhahran verrichten die Henker nach dem Freitagsgebet ihre grausame Arbeit. Die Verurteilten werden in ein weißes Gewand gekleidet, die Augen werden mit einem schwarzen Klebeband verbunden, die Hände auf dem Rücken gefesselt, der Kopf wird in Richtung Mekka ausgerichtet. Dann wird das Urteil verlesen, und der Scharfrichter verrichtet das Geschäft mit einem Schwert. Auch bei Frauen wird diese Praxis angewandt. Im Jahr 2010 wurden 47 Frauen enthauptet.

Im Irak existierte die Enthauptung als gängige Hinrichtungsart bis zum Jahr 2000, erst danach wurde sie offiziell abgeschafft.

Ab 2003 entführten jedoch islamistische Terroristen vermehrt US-Amerikaner, Türken, Kurden, Araber, Koreaner, Bulgaren, Engländer und Nepalesen und ermordeten über 150 Geiseln auf diese altbekannte Art, weil sie für deren Freilassung kein Lösegeld bekommen hatten.

All diese Grausamkeiten passierten auch deshalb, weil bedeutende Islamisten wie Sayyid Qutb und Maududi den Koran nicht mehr als historischen, sondern als universell gültigen Text interpretierten und damit den Weg für einen neuen Fundamentalismus ebneten. Der Kontext und die Zeit, in dem dieser Text entstand, spielt ihrer Meinung nach keine Rolle. Nicht nur der IS, sondern auch viele andere islamistische Vereinigungen führen die Enthauptungspraxis auf den Koran zurück. Nur daher ist die Zustimmung vieler sunnitischen Gemeinden zu diesem kollektiven Verbrechen zu verstehen.

Der IS macht Enthauptungen zu Großveranstaltungen und zu einem regelrechten Medienspektakel. Die ganze Welt soll am besten live im Internet dabei zuschauen, wie sie mit Ungläubigen und »Abtrünnigen« umgehen. Sogar der ehemalige türkische Minister Emrullah Isler entdeckte gute Seiten an dieser menschenverachtenden Todesform: »Sie töten wenigstens, ohne zu foltern.« Mit »sie« meint er die Terrorvereinigung IS und misst damit deren Grausamkeiten noch einen humanen Wert zu.[22]

Das Töten der Individualität

Damit es den »Gotteskriegern« leichter fällt, andere zu töten, nimmt der IS ihnen jegliche Form von Eigenheiten. »Sie sind alle gleich«, klagt der 14-jährige Kindersoldat über die Mordlust der IS-Kämpfer. Sie töten sich und andere in der festen Überzeugung, ihr Leben einer höheren Sache zu opfern. Ein altes Kriegsprinzip, mit dem jeder Soldat auf der Welt vertraut ist.

Wenn ein Mensch erst einmal dazu gebracht wird, sein eigenes »Ich« zum Wohl der Terrorgruppe zu opfern, beginnen sein Denken und Handeln, sich zu automatisieren. In jeder Situation wird dann ein vorher eingeschultes Verhaltensschema aktiviert, in dem nur die eigene Art des Denkens für richtig gehalten wird und die aller anderen getilgt werden muss. Sein Handeln ist wie seine Interpretation des Korans unfehlbar und undiskutierbar. Selbstmord und Mord werden auf diese Weise zur Selbstverständlichkeit.

Das Böse der eigenen Handlungen wird zum Guten hin verdreht. In ihrem System gelten ihre Abscheulichkeiten nicht nur als normal, sondern als heldenhaft. Auf einer weiteren psychischen Ebene, gleich eines Wahns, glauben sie sogar, die Opfer durch den Tod vom »Elend des Ungläubigen« zu befreien. Der Täter, der selbst getötet werden könnte, wird zu einem »Märtyrer«, also unsterblich.

Letztlich verlassen diese Kämpfer jede Form der uns bekannten Realität. Durch extreme Gewalt soll das Opfer ausgelöscht werden, es soll nur noch sein Fleisch spüren, eine Zwischenform von Existenz und Nichtexistenz annehmen. Sein Wissen, dass der Schmerz nicht so schnell weichen wird, ist eine Erfahrung grenzenloser Hilflosigkeit. Das Opfer ist ausgeliefert, ohne jegliche Kontrolle. In Saddams Folterkellern amputierten Sadisten den Menschen die Zungen oder verbrannten sie mit glühenden Eisen, verwandelten ihre Opfer, laut Aussagen von Zeugen, in »ein blutiges Stück Fleisch«. Bei jedem Öffnen einer Tür zucken ehemalige dieser Gefangenen noch Jahre danach vor Entsetzen in sich zusammen. Denn »die Tür stellt die Schwelle zwischen Leben und Tod dar«, blickt ein Überlebender zurück.

Insbesondere geübte Folterer kennen die Anatomie des Menschen und wissen, wie sie jemandem unendlichen Schmerz zufügen können. Schon lange ist allerdings bekannt, dass man Geständnisse unter Folter kaum erpressen kann. Zwischen Wahrheit und Folter besteht keine Beziehung. Durch Folter produziert man lediglich Falschgeständnisse, weil das Opfer dem Schmerz entgehen will. Beim »Krieg gegen den Terror« greift auch die USA immer wieder zu diesem Instrument. Ein CIA-Report beschreibt auf Hunderten Seiten detailliert die eigene Unmenschlichkeit unter der Regierung George W. Bush, der Verdächtige z.B. in Guantanamo ausgesetzt waren. Die Politik rechtfertigte brutale Methoden wie Waterboarding oder Schlafentzug damit, dass man dadurch das Volk schützen wolle. Folter aber hat bislang keinen Anschlag verhindert und kein Menschenleben gerettet.

Die Macht des Folterknechts ist der Schmerz des Opfers, das aufhört, Mensch zu sein.[23] Diese Macht kann er verlieren, wenn das Opfer seinen Körper nicht mehr wahrnimmt oder durch eigene Mechanismen den Schmerz nicht mehr empfindet. Daher ist der Täter bemüht, nie die Grenze zu erreichen, nach der das Opfer keine Schmerzen mehr empfindet.

So berichtete mir beispielsweise ein politischer Gefangener aus dem Irak, der zu Zeiten Saddam Husseins acht Jahre im Gefängnis aushalten musste, dass er wie alle anderen Inhaftierten mit allen möglichen Methoden gefoltert wurde. Er selbst leidet jedoch an einer seltenen Genmutation und empfindet keinen Schmerz. Er habe deswegen auch nicht geschrien und nach der Folter wie alle anderen versucht, seine Wunden zu pflegen.

Seinen Peiniger aber hat dieses stoische Verhalten derart zur Weißglut getrieben, dass er mit allen Mitteln versucht hat, ihm noch schlimmere Qualen zuzufügen. Am Ende war der Folterknecht so verzweifelt, dass er sein Opfer regelrecht anflehte, wenigstens einmal zu schreien, danach werde er ihn in Ruhe lassen. In diesem Fall hatte der Gefolterte plötzlich Macht über den Täter gewonnen.

Solch apokalyptische Einstellungen der IS-Täter führen zu einer Entmenschlichung ihrer Opfer. Und »Nichtmenschen« müssen, ihrer Logik zufolge, vernichtet werden wie Parasiten oder Schädlinge.

Im Diesseits für das Jenseits leben – töten und getötet werden als Befreiung

Das einzig Sichere im Leben ist der Tod. Da uns diese Gewissheit, jederzeit sterben zu können, im wahrsten Sinne des Wortes Todesangst einjagt und unsere Innenwelt terrorisiert, wenden wir Menschen nach den Gesetzen der Psychologie eine bestimmte Form des »Terror-Managements« an. Wir alle versuchen, diese unveränderbare Realität, unsere Verletzlichkeit und Sterblichkeit, fern von uns zu halten. Das gelingt uns durch kulturelle sowie religiöse Werte oder eigene erdachte Methoden.

Um den Tod leichter zu verdrängen, setzen wir Kinder in die Welt oder schaffen geistige sowie materielle Werte, die etwas mit uns zu tun haben und uns überdauern werden. Sonst wäre das alltägliche Leben nur schwer auszuhalten und eine Zukunftsplanung kaum möglich. Solcherlei Maßnahmen machen den Umgang mit der Todesangst erst möglich.

Die jeweils kulturell bedingte Sichtweise erlaubt uns, die bewusste Angst vor dem Tod zu minimieren, indem wir die Welt mit Ordnung, Beständigkeit und Sinn füllen. Und letztlich hilft uns die Hoffnung auf Transzendenz der eigenen geistigen Existenz. Womöglich gelingt es uns, auch das Unbegreifliche durch Überschreiten unserer begrifflichen Erfahrungswelt, sei es durch Meditation oder andere Techniken, zu erfassen oder zu erahnen. Alle Gesellschaften enthalten ihre eigenen Verhaltensvorschriften, wie man ein wertvolles Leben führt, und den damit verbundenen Verweis auf Unsterblichkeit. Nach der Devise: »Wer brav ist, kommt in den Himmel.« Wer diese Regeln achtet, erhält Selbstachtung und Schutz, die ihm von seiner Kultur versprochen werden.[24]

Unser Bedürfnis nach Selbstachtung speist sich demzufolge vor allem aus der treibenden Kraft unserer Angst vor dem Tod. Somit dienen alle Ziele auf die eine oder andere Art dem Selbsterhalt. Zwar ist nicht alles, was Menschen tun, *unmittelbar* auf den Selbsterhalt ausgerichtet, wohl aber der Selbstachtung. Das trifft zu, wenn etwa ein IS-Kämpfer, um Anerkennung zu erlangen, sich in einer Schlacht in Gefahr begibt.

Der IS hebelt die Regel nach dem Selbsterhalt aus, indem er das richtige Leben im Jenseits sieht. Erst dort wird der Terrorist seine Selbstachtung erhalten und braucht keine Angst mehr vor dem Tod zu haben, da er ewig leben wird. Im Falle der radikalen Islamisten wird also die Angst durch die Religion freigesetzt und nur durch den Tod besiegt. »Wir lieben den Tod so sehr wie ihr das Leben«, lautet ihr Slogan, mit dem sie bevorzugt neue Interessenten anwerben.

Die Mehrheit muslimischer Theologen teilt die Ansicht über den Märtyrertod. In ihren Augen betrifft das auch Attentäter, die sich in Autos oder mit Sprengstoffgürteln in die Luft jagen und dabei Unschuldige mit in den Tod reißen. Dabei handelt es sich nicht um Selbstmord, den der Islam streng verbietet, meinen sie. Vielmehr gilt der Märtyrertod als eine Art Verteidigung des aus ihrer Sicht »ungerecht behandelten Islams«. Ein Selbstmordattentäter ist daher kein Selbstmörder, der im Jenseits die Strafe Gottes erwartet, sondern ein Verteidiger des Islams, der im Paradies seinen Lohn erhält.

Nach dschihadistischer Interpretation versucht die westliche Welt, nicht nur mittels Kriegen, sondern auch durch ihren westlichen Lebensstil und ihre Propaganda den Islam zu zersetzen, weshalb es die selbstverständliche Pflicht eines jeden guten Muslimen ist, für seinen Glauben zu kämpfen. Nur auf diese Weise kann nach ihrem Verständnis das System der Gerechtigkeit, die Scharia, für alle Menschen eingeführt werden.

Der Koran bewilligt die Gewalt zur Verteidigung des Glaubens, zumindest aus historischer Sicht: »*Wenn ihr nun auf die Ungläubigen stoßt, dann schlagt sie auf den Nacken! Wenn ihr sie schließlich vollständig niedergerungen habt, dann legt sie in Fesseln. Und denen, die auf dem Weg Gottes getötet werden, ihr Wirken wird nicht umsonst gewesen sein. Er wird sie rechtleiten, alles für sie in Ordnung bringen und sie ins Paradies eingehen lassen, das er ihnen zu erkennen gegeben hat*« (47,4–6).

Der Märtyrer stirbt nach dieser Auffassung nur scheinbar, denn er kommt direkt in den Himmel. Daher sollen die Hinterbliebenen auch nicht um ihn trauern: »*Und haltet die um Gottes Willen Getöteten nicht für tot, nein, sondern für lebendig bei ihrem Herrn – froh über das, was Gott in seiner Huld ihnen gab und voller Freude darüber, dass die, die nach ihnen kommen, keine Furcht haben und nicht trauern werden*« (3,169–170).[25] Der Märtyrer wird nach seinem Tod keine Fragen der Grabesengel über seine guten und schlechten Taten erdulden müssen. Sein Glaube ist über jeden Zweifel erhaben. Aus dem Grund geht er – nach weitgehend übereinstimmender Auffassung muslimischer Theologen – unmittelbar nach seinem Tod ohne vorherige Wartezeit oder eventuellen zeitweisen Verbleib im Höllenfeuer ins Paradies ein. Er wird nicht der sonst üblichen rituellen Totenwaschung unterzogen, sondern in seinen blutbefleckten Kleidern direkt am Ort seines Sterbens beigesetzt.

Aus psychologischer Sicht versuchen Terroristen, ihre Sterblichkeit zu verdrängen und mit fanatischem Eifer aus reiner Angst und Feigheit vor dem Tod paradoxerweise gerade durch den Tod selbst die Unsterblichkeit im Jenseits zu erreichen.[26] Die islamische Religion wird aber nicht nur von den islamisierten

Terroristen als eine Ressource für Sinnstiftung verstanden, sondern ist tief in der ganzen islamischen Welt verwurzelt.

Vor dem Übergang in die ersehnte neue Welt steht nach Ansicht der Extremisten das letzte Gefecht. Im festen Glauben, dass damit die Zeit der Erlösung angebrochen sei. Erlösung aber funktioniert nur durch Zerstörung. Dass in einer letzten Schlacht zwischen Gut und Böse der Endsieg notfalls in eine transzendentale Welt verlegt wird, gehört bei allen Weltuntergangspropheten und Sekten der Welt zum festen Repertoire.

Auf das Versprechen, dem Menschen die Todesangst zu nehmen, setzen alle Religionen. Der IS aber setzt zur Überwindung der Todesangst auf den Tod ohne Angst.

Die »Ehre« der Mörder: Über Gehorsamkeit und Autoritäten

Wieso sind unter dem IS-Regime so viele Menschen bereit, sich in den Dienst der Tötungsmaschinerie der Terroristen zu stellen? Liegt es an einem grundsätzlichen Charakterfehler dieser Menschen oder gibt es Situationen und Umstände, unter denen möglicherweise jeder in der Lage wäre, andere Menschen zu quälen und zu töten? Warum beugen sich Menschen einer Autorität und befolgen deren »unmenschliche« Anordnungen?

Diesen Fragen nach der Gehorsamsbereitschaft ging der Sozialpsychologe Stanley Milgram bereits in den 1960er-Jahren in einem aufsehenerregenden Experiment nach. Das Ergebnis zeigt, dass scheinbar alle Menschen unter Druck bereit zu Gehorsam und Gewalt sind. Hintergrund dieses sogenannten Milgram-Experiments waren die Geschehnisse im Zweiten Weltkrieg. In einem Labor sollten willkürlich ausgewählte Testpersonen an einem »Lernexperiment« teilnehmen und in die Rolle des Lehrers schlüpfen. Im Nachbarraum zeigte man ihnen den Schüler, der auf einer Art elektrischen Stuhl festgegurtet war. Allerdings handelte es sich in der Realität nur um Schauspieler.

Die Testpersonen sollten als »Lehrer« ihrem Schüler Aufgaben stellen und ihn mithilfe von Stromstößen bestrafen, falls seine Antworten falsch waren. Bei ihnen saß ein Versuchsleiter als Autoritätsperson. Zuerst teilten die Testpersonen nur zaghafte Stromstöße aus, dann aber gab der Versuchsleiter ihm die Anweisung, die Stromstärke schrittweise zu erhöhen.

Bei vermeintlich 120 erreichten Volt stieß der Schüler Schmerzensschreie aus. Bei 150 Volt jammerte er und flehte darum, das Experiment abzubrechen. Bei 200 Volt brüllte er vor Schmerzen. Ab 330 Volt herrschte im Nebenraum Totenstille.

Genau wie die standardisierten Reaktionen des Schülers hatte Milgram auch den Versuchsleitern ihre Reaktionen vorgegeben. Zuerst übte er auf die Testperson nur leichten Druck aus. »Bitte machen Sie weiter!« Dann steigerte er sich zu »Sie müssen unbedingt weitermachen!« bis zu »Sie haben keine Wahl, Sie müssen fortfahren«. Das Ergebnis: Zwei Drittel der Testpersonen waren bereit, auf autoritäre Anweisungen die höchste Stufe der Stromstärke einzustellen. Unabhängig von Geschlecht, Religionsangehörigkeit oder Weltanschauung.

Ein anderer Versuch, den der Psychologe Philip Zimbardo durchführte, kam zu einer ähnlichen Erkenntnis. Im »Stanford-Prison-Experiment« schlüpften normale Studenten in die Rolle der Gefängniswärter und wandelten sich binnen sechs Tagen zu grausamen Aufsehern. Zimbardos Fazit: Menschen würden zu Folterern, wenn sie sich in Rollen begeben, die ihnen andere Autoritäten zuteilen. Mit Uniform und Machtkompetenzen eines Wächters ausgestattet, sei die Brutalität eine natürliche Konsequenz.

Dieser Schlussfolgerung allerdings widersprach 2012 ein Forscherduo im Fachmagazin »PloS Biology« von der australischen

University of Queensland. Die beschriebenen Testpersonen wären nicht aus blindem Gehorsam den grausamen Befehlen gefolgt, sondern im Glauben daran, dass sie etwas Bedeutsames für die Wissenschaft, etwas Gutes und Ehrenvolles ausführten. Das Forscherteam zog den Schluss: »Menschen handeln (…) aus einer Überzeugung heraus, nicht weil es natürlich ist. Sie begehen die Tat, weil sie sich dafür entscheiden, nicht weil sie gezwungen wurden.« Gewalt entstehe ihrer Meinung nach, wenn Böses als Tugendhaftes dargestellt werde.

In einem 2016 geführten Interview drückt sich ein inhaftierter IS-Anhänger folgendermaßen aus:

»Ein Ehrenhafter zu sein bedeutet, zu gehorchen, sich Gottes Willen unterzuordnen. Es ist unwichtig, was für Interessen oder Gefühle ich habe, ich muss lernen, sie einzuordnen und mich gegen den Teufel zu wehren. Der Teufel redet wie die westlichen Kreuzzügler von Individuen und Freiheit, das ist alles verlogen und böse. (…) Es geht aber um die Gemeinschaft und nicht um den Einzelnen. Wir sind auf die Welt gekommen, um uns für unseren Glauben aufzuopfern und uns dem Willen Gottes zu ergeben.«

Ähnlich wie der SS-Obersturmbannführer Adolf Eichmann, in leitender Funktion zuständig für die Vertreibung und Deportation der Juden, der sich nicht als stumpfer Befehlsempfänger, sondern als stolzer Akteur betrachtete und vor seinem Gerichtsprozess einzig bedauerte, nicht eine noch größere Anzahl Juden umgebracht zu haben, bekennt auch der inhaftierte IS-Soldat seinen größten Wunsch: »In Freiheit den Kampf fortsetzen und noch mehr Ungläubige töten!«

Denkschemata des IS

> Sie vertreten das Gute und kämpfen gegen das Böse.
> Religiöse Begründung sämtlicher eigener Handlungen.
> Distanzierung bis Verachtung all derer, die als Ungläubige (Kuffar) bezeichnet werden (Angehörige anderer Glaubensgemeinschaften, Religionslose sowie die Mehrheit der Muslime, die weniger strengen Richtungen angehören).
> Ablehnung anderer islamischer Konfessionen (Sufismus, Schiitentum, Volksislam usw.).
> Beschreibung politischer Ereignisse als Kampf des Westens gegen den Islam.
> Beschreibung kriegerischer Konflikte in islamischen Ländern als Dschihad.
> Befürworten von Selbstmordattentaten, sogenannten Märtyreraktionen.
> Beschreibung des Dschihad als sechste Säule des Islam.
> Antisemitische Argumentationslinien.
> Ablehnung der Demokratie.
> Ablehnung der Gleichberechtigung der Geschlechter,
> Ablehnung der Evolutionstheorie.

In hierarchischen Organisationen ist das autonome Handeln von Menschen nicht gewährleistet beziehungsweise außer Kraft gesetzt. Durch die Art der Erziehung und Sozialisation in diesen Gesellschaften ist es durchaus möglich, dass sich die Menschen dessen gar nicht bewusst sind, dass sie selbst keine freien Entscheidungen mehr treffen dürfen. Viele erleben dies, wie bereits diskutiert, als Sicherheit und sehnen sich nach der vergangenen Zeit, in der alles noch viel strukturierter und besser schien.

> Salafistische Kleidung, bezogen auf die angeblich originär islamische Kleiderordnung wie zu Zeiten des Propheten Mohammed (z. B. Kleidungslänge bis zu den Knöcheln, das Tragen einer gehäkelten Kopfbedeckung oder auch eines Turbans, bei Mädchen und Frauen ein Ganzkörperschleier).
> Vermeidung von Augenkontakt mit dem jeweils anderen Geschlecht.
> Vermeidung von Körperkontakt mit dem jeweils anderen Geschlecht (kein Händereichen bei der Begrüßung).
> Selbstverpflichtung zum Aufruf zum Islam (missionarische Tätigkeit).
> Zwangsislamisierung wird befürwortet.
> Regelmäßiger Aderlass als medizinische Prophetentradition.
> Juden und Christen sind ebenfalls Ungläubige und dürfen versklavt werden.
> Andere Religionen, die keine »Buchreligion« sind, dürfen versklavt oder ermordet werden.
> Kriegsbeute ist erlaubt, auch Kinder und Frauen.
> Junge Mädchen, die körperlich »ausreichend« entwickelt sind, können geheiratet werden, schon ab neun Jahren (Heirat bedeutet hier auch Vergewaltigung).

Dahinter steckt kein Gefühl der Angst vor Repressionen oder negativen Konsequenzen, sondern eher eine schicksalsergebene Haltung, sie nehmen das als »von Gott gegeben« hin.

Diktatoren und Militärregimes im Mittleren Osten verzichten nur auf Gewalt, wenn die Schwachen gehorchen. Und die Schwachen gehorchen nur, weil sie Angst vor der Gewalt der Diktatoren haben. Diese Gebote sind in Syrien und im Irak aufgehoben, da es keine Gesetze, keine Regeln und keine Ordnung mehr gibt. Nun ist das Töten nicht nur jenen erlaubt, die mit der Macht ausgestattet sind, Sanktionen durchzuführen, wie Polizisten, Henker oder Soldaten, die im Auftrag des Gewaltmonopols strafen oder Kriege führen. Nun bestimmen auch die vielen Warlords und Stämme über Leben und Tod.

In den neuen rechtsfreien Räumen gibt es keine Ordnungsmacht mehr, die in der Lage wäre, Leib und Leben der Bürger zu schützen. Mit den Worten des Soziologen Wolfgang Sofsky herrscht nun eine unbedingte Freiheit, und das Leben darin ist kurz, weil jeder jeden tötet.[27] Sowohl religiös als auch rechtsstaatlich scheint in diesen kriegszerrütteten Regionen das Tabu, zu töten, ausgehebelt zu sein, und die Menschen sind im Wirrwarr verloren.

Der IS benötigt diesen Hexenkessel als Grundlage für sein Treiben. Da der Mensch aus deren Sichtweise schwach ist, muss er kontrolliert und durch die Religion gelenkt werden. Alle anderen Verhaltens- und Denkweisen sollen durch islamische Erziehung und Disziplinierung systematisch abgetötet werden, bis alle sich äußerlich und innerlich dieser Lebensweise anpassen.

Mit seiner faschistischen Ideologie wird der IS nur so lange herrschen können, solange die Länder drum herum nicht zusammenstehen und sich gegenseitig das Wasser abgraben. Solange die Menschen, freiwillig oder gezwungenermaßen, diese rückwärtsgewandte Haltung aufnehmen und in der Folge genauso beginnen, andere zu unterdrücken.

Der Tod im Irak und in Syrien ist allgegenwärtig. Dass Jesiden, Christen, Juden, Schiiten oder andere Menschen erschossen werden, empfindet in dieser Umgebung kaum noch jemand als anstößig. Die Situation ist derart paradox, dass sogar die Opfer selbst »zu verstehen« beginnen, warum der IS sie vernichten will. Sie nehmen das Grauen fast hin wie eine Naturkatastrophe.

Wie der IS ganze Familien für sich gewinnt:
Das Band des Blutes

Nur ein Kind muss als Märtyrer für den IS sterben, um seine ganze restliche Familie in den Strudel der Gewalt mit hineinzuziehen. Durch das »Band des Blutes« werden Angehörige zu gewollten und ungewollten IS-Anhängern. Die Diktatur zwingt sie, hinter dem getöteten Kind, dem Märtyrer oder der Märtyrerin, zu stehen.

Gezielt suchen die IS-Milizen die Familien der getöteten Kinder auf und ermahnen sie, im Namen des Islams sich ihrer Organisation anzuschließen und diese mit Geldern zu unterstützen. Die Väter sollen dem IS auch ihre anderen Söhne als Soldaten übergeben. Wenn sich Familien weigern, werden sie zunächst unter Druck gesetzt. Nachbarn oder Freunde dürfen keinen Kontakt mehr mit ihnen haben, sie werden ausgegrenzt. In einem nächsten Schritt folgt die konkrete Drohung, entweder die Forderungen zu erfüllen oder die öffentliche Hinrichtung eines Familienmitglieds zu riskieren.

Dieses Vorgehen wird nicht überall auf die gleiche Weise durchgeführt, um unter den Sunniten keinen zu großen Widerstand gegen den IS zu provozieren. Zeugenberichte belegen aber immer wieder, dass Familienmitglieder abgeholt wurden, spurlos verschwanden oder ihnen vor Publikum die Kehle durchgeschnitten wurde.

Betroffenen Familien bleibt in der Regel keine andere Wahl, als sich ihrem Los zu fügen. Kaum ein Verwandter kann sich diesem Sog noch entziehen, da sich meistens bereits längst andere Angehörige dieser Terrormiliz angeschlossen haben oder für sie gestorben sind.

Durch ständige Tweets, Videos und Bilder sowie eine hollywoodreif in Szene gesetzte mediale Darstellung wird der Druck auf die Menschen im IS noch zusätzlich erhöht. Sicher hat es solch ein Medienspektakel im »Ur«-Islam noch nicht gegeben, aber nur wer auch die Macht über die Bilder beherrscht, ist in der Lage, solch ein Paralleluniversum als Realität in den Köpfen zu verankern.

Der religiöse Totalitarismus verspricht seinen Kämpfern als Belohnung für ihre Hingabe ein neues Ich, eine neue Identität. Sie werben beispielsweise damit, zu einer ehrenvollen Gemeinschaft zu gehören, Frustration offen gegen ihre Feinde ausleben zu können und Anerkennung in der ganzen muslimischen Welt zu erlangen. »Vorher war ich niemand«, urteilt beispielsweise der IS-Terrorist Abu Dschihad über sich. Am Ende im Gefängnis aber schmückt sich der ehemalige Henker wie ein Heiliger mit Adjektiven wie »rein, ehrlich und vorbildlich«.

Ob er tatsächlich mit sich im Reinen ist, wissen wir nicht. Ungefragt verteidigt er sich anfangs in Hinblick auf seine düstere Vergangenheit: »Ich habe nichts Falsches gemacht«, und klingt dabei, als leide er tatsächlich unter dem Anflug eines schlechten Gewissens. Abu Dschihad reagiert auf diese Weise, weil er weiß, wie andere über Mörder denken.

Es scheint bei ihm jedoch keine ethische und moralische Reflexion stattzufinden. Würde er tatsächlich zum Schluss kommen, dass er ein Schlächter ist, der das Schlimmste angerichtet hat, wozu ein Mensch eigentlich niemals in der Lage sein sollte, dann müsste er sich selbst umbringen oder schizophren werden, um unsere Realität zu verlassen, da er mit dieser Erkenntnis nicht weiterleben könnte. Wenn er sich auch nur zum Teil dessen bewusst ist, ist er gezwungen, diese Erkenntnis zu verdrängen. Sonst wäre das Leben die Hölle für ihn.

SHIRINS KORAN-SCHULUNG: ALLE UNGLÄUBIGEN MÜSSEN UMGEBRACHT WERDEN!

Anfangs war ich mit etwa 700 Mädchen in einer Schule eingesperrt. Manche unserer Käufer waren so alt, dass sie nur noch am Stock laufen konnten, haben sich aber das jüngste Mädchen ausgesucht. Neun Mal bin ich verkauft und mehrmals vergewaltigt worden. Einmal war ich schwanger und habe gewaltsam abgetrieben. Bis heute spüre ich keine Lust am Leben, habe Hemmungen, über sexuelle Dinge überhaupt nachzudenken. Dabei hätte ich so gerne ein Kind, das ich lieben und beschützen könnte. Bevor ich Sexualität überhaupt kennenlernen durfte, ist mir die Freude daran für immer vergangen.

Der erste Mann hat mich zur Belohnung für seinen Einsatz an der Front geschenkt bekommen. Er war Turkmene und hieß Nasser. Ich war 17 Jahre alt und Jungfrau. Er war 30 Jahre alt und ein hässlicher Zwerg. Bevor der IS kam, ist er als Gemüsehändler von Dorf zu Dorf gezogen. Nasser hat nie eine Schule besucht. Jetzt spielte er sich als Soldat auf und wollte Hochzeit feiern.

Vom Bett sind wir auf den Boden gestürzt, haben uns gegenseitig geprügelt, aber ich habe ihn mit allen Kräften abgewehrt. Das war nicht so schwer, denn er war klein und nicht besonders stark. Auf Dauer aber hätte ich keine Chance gehabt. Nachdem er mich am Morgen darauf erwischt hatte, wie ich mich mit einem Schal strangulieren wollte, hat er mich ins Haus seiner Familie gebracht. Er schaffte es nicht, mich ständig zu bewachen, weil er an der Front Menschen töten musste.

Um irgendwie meine Würde zu retten, habe ich dieser turkmenischen Familie aufgetischt, dass ich bereits verheiratet sei und mein Ehemann noch lebe. Anfangs haben sie im IS verheiratete Frauen noch nicht vergewaltigt. Später war ihnen das egal. In diesem Terrorstaat haben sie ihre Regeln immer so geändert, wie es für sie am besten gepasst hat. Im Grunde hat mich die erdichtete Hochzeit auch nur deshalb geschützt, weil seine Ehefrau furchtbar eifersüchtig auf mich war. Fortan sollte ich ihr als Hausklavin zur Verfügung stehen.

Alle Leute im IS-Staat, die Sklaven besaßen, haben es als Verpflichtung gegenüber Allah verstanden, solche Ungläubigen wie mich durch eine Schulung in den neuen Glauben einzuweisen. »Für jeden Ungläubigen, den wir erziehen, werden wir belohnt von Gott«, hat die Turkmenin gesagt. Das ist wie bei einem Rabattmarken-System. Für einen Muslim, der auf den rechten Weg gebracht wird, gibt es zehn Punkte und für einen Konvertiten 20 Punkte bei Allah. Drei Monate lang musste ich den ganzen Koran durcharbeiten und die Gesetze des Islams auswendig lernen. Am Wohnzimmertisch hat mich die turkmenische Ehefrau täglich wie eine Lehrerin abgefragt und kontrolliert.

Im Koran habe ich gelesen, dass man Ungläubige umbringen oder so lange schlecht behandeln darf, bis sie konvertiert sind. An einer anderen Stelle hieß es: »Wenn ein Mensch aber auf dem richtigen Weg ist, solle man diesen akzeptieren, egal, welcher Religionszugehörigkeit er sei.« Aber wie sie das auslegten, war wieder eine andere Sache. Für mich persönlich ist der richtige Glaube derjenige, der Menschlichkeit predigt. Für sie aber gilt nur der Islam als richtiger Weg. Und dieser Islam des IS geht über Leichen.

Jedes Kapitel musste ich inhaltlich zusammenfassen und mit ihr durchsprechen. Sie besaß auch noch mehrere kleinere Gebets- und Gesetzesbücher. Wenn ich ins Stottern geraten bin oder den Faden verloren habe, musste ich noch mal von vorn anfangen.

Anhand von Schaubildern hat sie mir die sieben Gesetze und drei Verse, die ihr besonders wichtig waren, eingetrichtert. Im Prinzip ging es immer um dasselbe: um die totale Unterwerfung unter Gott. Man dürfe keine schlechten Gedanken haben. Und richtige Gedanken bedeuteten Glaube an ihre Regeln. Sogar deinen eigenen Ehemann darfst du nicht so sehr lieben wie Gott. Gott steht über allem. Für Gott muss man seine Familie und seine Verwandten opfern.

Es fiel mir schwer, an solche Worte zu glauben. Jemand, der meine Familie zerrissen hat, dessen Gebote kann ich niemals akzeptieren. Alle Männer aus meinem Dorf Hardan haben sie nach dem Überfall versammelt und vor unseren Augen auf die Knie gezwungen. Eigentlich wusste ich in dem Moment schon, dass mein 18-jähriger Bruder tot war, aber ich wollte das lange Zeit nicht wahrhaben. Für mich ist meine Familie mein Glauben. Wir lieben einander bedingungslos.

Fünfmal am Tag muss ein Muslim beten. Die Turkmenin hat mich gezwungen, den IS in jedes Gebet mit einzuschließen, damit das Kalifat noch stärker und noch größer werde. »Gott soll die IS-Kämpfer schützen«, sollte ich sagen. Nicht Gott, sondern diese Mörder waren für sie ihre Beschützer, ihre Allmächtigen.

»Ich kann nicht so gute arabische Gebete sprechen, besser beherrsche ich das auf Kurdisch.« An Ausflüchten hat es mir nicht gefehlt. »Gut«, hat sie eingewilligt, »aber du musst die richtigen Gebete sprechen.« Sie haben die IS-Kämpfer ehrfürchtig als »Mujahidin« bezeichnet. Also habe ich auf Kurdisch gesprochen, dass Gott sie bestrafen soll, diese »Mujahidin«. Dass Gott ihnen aufzeigt, was sie uns Mädchen und unseren Familien angetan haben. Dass Gott sie dafür in ihre Hölle schicken soll. Und bei all diesen Wünschen habe ich immer das Wort »Mujahidin« eingeflochten. Da war sie gerührt. »O Gott, sie betet für unsere Kämpfer.«

Als ich in den Augen dieser Familie Muslimin geworden war, haben sie mich als »Schwester« akzeptiert, trotzdem habe ich deswegen nicht mehr Rechte gehabt als vorher. Mit mir selbst hatte das sowieso nicht viel zu tun, es ging nur um ihre eigene Leistung. »Wir haben es geschafft, dich zur Muslima zu machen.« Darauf waren sie sehr stolz.

Nasser hat auch oft davon geschwärmt, dass er eines Tages als Märtyrer ins Paradies einzöge. Trotzdem war er mehr ein Angsthase als ein Held. Er hat sogar Angst vor seiner eigenen Frau gehabt. Die Frau hatte in dieser Ehe die Hosen an. Doch ihm war wichtig, im Krieg zu sterben, damit er als Märtyrer dastand. Immer, wenn Bomben vom Himmel regneten, ist er auf die Straße gerannt, um in den Explosionen umzukommen. Die Frau hat ihm hinterhergeschrien: »Geh nicht raus!« Aber er war der Meinung: »Lieber gehe ich auf diesem Weg ins Paradies, als im Haus verschüttet zu werden.« So ein Tod hätte nämlich nicht gereicht, um Märtyrer zu werden. Und dann hätten keine Jungfrauen mehr im Paradies auf ihn gewartet …

Die turkmenische Ehefrau, die eifersüchtig auf ihre Sklavin war und ständig Sex haben wollte

Viele dieser Dschihadisten hatten es besonders auf uns jesidische Jugendliche abgesehen, weil wir im Gegensatz zu ihren arabischen Ehefrauen schon voll entwickelt waren. In ihrer muslimischen Kultur werden die Mädchen zur Hochzeit freigegeben, obwohl sie noch im Körper eines Kindes stecken. Die Ehefrauen, denen ich im Hause des Turkmenen das Essen serviert habe, waren wie ich 16 oder 17 Jahre alt, hatten aber längst drei oder vier Kinder.

Da sie mich als Muslimin betrachteten, durfte ich bei Gesprächen mithören und auch Fragen stellen. »Warum habt ihr so jung so viele Kinder?« Eine Nichte Nassers, sie hieß Heba, erzählte mir, dass sie schon im Alter von sieben Jahren vergeben war. »Als ich das erste Mal meine Menstruation bekommen habe, hat meine Mutter das sofort meinem Vater verkündet: ›Sie ist jetzt reif, sie hat ihre Blutungen.‹ Dann haben sie meine Hochzeit gefeiert.«

Das haben diese Frauen jedoch nicht mit Bedauern ausgedrückt. Im Gegenteil. »Welch glückliches Schicksal, wenn man schon so jung von einem Mann beschützt wird!« Ich habe auch gelernt, dass in jedem Clan die Leute innerhalb der Familie heirateten. Immer Cousinen mit Cousins. Sie holen sich keine Töchter von außen dazu und geben auch keine Töchter nach außen weg. Auch darauf sind sie sehr stolz, weil ihre Familie dadurch immer größer und einflussreicher wird. Und die Frauen drücken das voll Inbrunst aus: »Gott will das so! Der Mann ist ein Geschenk von Gott für uns.«

Sobald Besucher das Haus verlassen haben, hat die Turkmenin Nasser abgeküsst, in ein Nebenzimmer gezogen und schnell und laut Sex mit ihm gehabt. Sie haben nicht einmal die Tür geschlossen. Für mich war das sehr merkwürdig. Bis dahin wusste ich gar nicht, was Sexualität bedeutete. Bei uns zu Hause ist das ein Tabu. Benehmen, Anstand und Ehre spielen eine sehr große Rolle.

Offenbar haben diese Frauen genau gewusst, worum es ihren Männern ging. Und die Frauen haben sich ihnen ergeben, nach dem Motto: »Ich werde den Mann begehren, damit er nur auf mich guckt und nur mich als Frau haben will.« Auf diese Weise haben sie die Aufmerksamkeit ihrer Männer auf sich gezogen.

Die Turkmenin hat es nicht toleriert, dass Nasser sich eine zweite Frau nehmen wollte. Sie hatte Angst, von mir aus ihrer Position verdrängt zu werden. Das war mein großes Glück. Sie war unablässig damit beschäftigt, zu verhindern, dass Nasser mir zu nahekam, und hat ihn sofort verführt, damit er keine weiteren Bedürfnisse mehr verspürte.

Da sie aber nicht ununterbrochen neben mir stehen konnte, hat dieser Zwerg versucht, mich bei jeder Gelegenheit zu betatschen. Wollte er mich mit beiden Händen einfangen, habe ich mich blitzschnell unter seinen Armen hindurchgewunden und nach seiner Frau gerufen. »Hilfe! Dein Mann will mich küssen …!« Selbst wenn ich nichts gesagt habe, hat sie mir das sofort angesehen, weil ich so große Angst vor ihm hatte. Dann hat sie ihn sich vorgeknöpft: »Ich weiß genau, was du vorhast.« Es gab einen Zwist, aber nicht so arg, und danach habe ich meistens wieder diese komischen Geräusche aus dem Zimmer gehört. Wenn sie wusste, dass ihr Mann von der Front nach Hause kam, hat sie sich gleich die Haare gemacht und sich geschminkt. Das half nicht viel, denn sie war keine sehr attraktive Frau.

Als sie bemerkt hat, dass sie wieder schwanger war, hat sie ihren Mann angewiesen, mich zu verkaufen. »Und zwar so schnell wie möglich!« Sie dachte, dass sie in der späteren Schwangerschaft keinen Geschlechtsverkehr mit ihm mehr haben dürfe und er sich deshalb ausgehungert über mich hermachen würde. Doch der Turkmene wollte mich behalten.

Zu Beginn ihrer Schwangerschaft hat sie noch mehr Sex mit ihrem Mann haben wollen. Sexualität war für sie eine Freude, kein ehelicher Zwang. Sie war sehr aktiv. Die Turkmenin hat mit mir ganz offen über all das gesprochen. Sie hat mir genauestens geschildert, was sie mit ihrem Mann anstellte und wie sie es miteinander machten. Das war unglaublich!

Niemand hatte mich jemals aufgeklärt. Mit offenem Mund

habe ich der Turkmenin zugehört. Im Grunde habe ich von ihr alles über Geschlechtsverkehr gelernt. Dass Männer mit ihrem Penis in alle Öffnungen einer Frau eindringen wollten. Bis heute geht es mir schlecht, wenn ich darüber nachdenke. Sie hat mir große Angst eingejagt.

All ihr Wissen hat sie stets nur unter einer Voraussetzung preisgegeben: »Falls mein Mann in deine Nähe kommt, musst du mir das sofort mitteilen.« Selbst wenn der Mann nicht in meine Nähe gekommen ist, habe ich ab sofort Meldung gemacht. »Dein Mann hat versucht, mich anzufassen.« In der Folge haben sie sich gestritten, und ich hatte meine Ruhe. Dadurch hat sie sich nur noch mehr an ihn geklammert. Und das war gut für mich.

Jedes Mal, wenn der Turkmene, behängt mit seinen Waffen, zur Tür hereingetreten ist, hat er seine Brust wie ein Hahn gewölbt und von den Kämpfen in Sindjar berichtet: »Fatima, weißt du, ich hab heute wieder so viele Kuffar umgebracht.« Sie hatten mich Fatima getauft. Wer Muslim wird, erhält einen muslimischen Namen.

Einerseits hasste mich die turkmenische Ehefrau, weil sie vor Eifersucht fast verrückt geworden ist. Andererseits fand sie es toll, eine Sklavin zu besitzen. Nicht jeder konnte sich das im IS leisten. Für mich war all das wie ein schlechter Traum. Ein paar Tage vorher war ich noch ein freier, ein ganz normaler Mensch gewesen. Plötzlich war ich eine Sklavin. Unter lauter Verrückten. Ich habe immer darauf gewartet, dass ich aus diesem Albtraum endlich aufwache.

Wandeln im Albtraum: Vom Alltag unter Verrückten

Sklavin zu sein bedeutet, keinen Wert zu haben. Man hat kein Recht zu sprechen. Sie haben mir gegenüber alles Mögliche über sich preisgegeben, aus ihrem Sexleben und über ihre Gefühle, und mir viele Befehle erteilt. Aber ich durfte nie meine eigene Meinung dazu äußern. Wenn ich gekocht habe, dann nur das, was ihnen schmeckte. Es ging nie darum, was ich selber mochte. Selbst konvertiert als Muslimin bleibt man Sklavin. Ein Nichts.

Fernsehen war für mich verboten. Einmal hat ihr kleiner Sohn die Fernbedienung gedrückt, er wollte einen Zeichentrickfilm sehen, es sind aber Nachrichten gekommen. Man sah, wie die Kämpfe in Sindjar zwischen Jesiden und »Mujahidin« tobten. Da hat die Turkmenin schreiend ihrem Sohn die Fernbedienung weggenommen. »Dass diese Ungläubigen das wagen! Sie müssen alle ausgelöscht werden!« Und gleich darauf ist sie mit mir ins Gericht gegangen. »Fatima, du weißt genau, dass die Kinder so was nicht sehen dürfen!«

Was unser Volk betraf, fiel ihr nur Schlechtes dazu ein. Diesen Hass gegen uns trugen sie aber schon in ihrem Herzen, bevor der IS eingefallen ist. Damals führte dieses Ehepaar ein sehr ärmliches Leben. »Wir wollten schon immer eure Häuser und euer Land haben, aber das war nicht möglich, weil amerikanische und irakische Soldaten uns daran gehindert haben.« Die Turkmenin hat sich nicht geschämt, das offen zuzugeben. Als die IS-Truppen einmarschierten, haben sie die günstige Gelegenheit genutzt, um mit ihnen gemeinsam endlich das zu bekommen, was sie sich schon lange gewünscht hatten.

Obwohl sie sich die Taschen mit unserem Schmuck und Gold gefüllt hatten, waren sie nicht glücklich mit ihrem neuen Leben. Denn sie lebten in diesem Kalifat in ständiger Angst, etwas falsch zu machen und dafür schwer bestraft zu werden. Hätte beispielsweise beim Eintreten in die Wohnung ein fremder Mann zufällig einen Blick auf das unverschleierte Gesicht der Turkmenin erhascht, wäre entweder ihr Ehemann dafür getötet worden oder das Ehepaar hätte eine hohe Geldstrafe bezahlen müssen. Wenn Gäste angekündigt waren, hielt sich die Hausherrin deshalb völlig bedeckt, trug sogar Handschuhe und vor dem Schleier, der die Augen frei ließ, noch ein Netz.

Große Angst hatten sie auch vor dem Freitagsgebet. Schaffte man es nämlich nicht, in der Moschee zu erscheinen, ist man zur Strafe geköpft worden. Deswegen sind sie alle freitags losgerannt, selbst wenn sie todkrank waren. Nasser und seine Frau haben mir auf »Youtube« Videos vorgespielt, auf denen die IS-Milizen den Leuten, die das Gebet verpasst hatten, mitten in der Menschenmenge die Köpfe abgeschnitten haben.

Ihren Kopf haben auch diejenigen verloren, die einem jesidischen Mädchen zur Flucht verhelfen wollten. Und wenn die IS-Anhänger auch nur den leisesten Verdacht schöpften, dass jemand nicht 100-prozentig hinter dem »Gottesstaat« stand, haben sie dessen Frau und Kinder gefangen gehalten. Viele Sunniten versuchten, heimlich zu verschwinden. Oft hat das nicht geklappt, weil die Spitzel drum herum schon vorher Wind davon bekommen hatten.

Im Gegensatz zu den muslimischen Frauen musste ich nicht mal einen »Hijab« tragen, der nur das Gesicht frei lässt. Meistens habe ich das Kopftuch trotzdem umgelegt, weil ich nicht zu sehr auffallen wollte. Nasser wünschte eigentlich, dass ich mich völlig verschleierte und mich niemandem zeigte, denn er wollte meinen Anblick nicht mit seinen Gästen teilen. Er gab aber nach, da seine Frau dauernd herummeckerte. »Ihr Gesicht soll offen bleiben, damit jeder sie sehen und mitnehmen kann.« Das hat der Turkmene nicht zugelassen, musste aber im Gegenzug seiner Frau versprechen, dass er die Hände von mir ließ.

Oft haben diese Besucher mein Aussehen gelobt: »Oh, das ist aber eine Hübsche.« Das hat die Gastgeberin sogleich abgeschmettert: »Nein, das stimmt doch gar nicht.« Mir war das unangenehm, wenn mich diese Leute wie ein Tier im Zoo angestarrt haben, doch alles war mir lieber, als weiterverkauft zu werden. Ich habe der Turkmenin andauernd in den Ohren gelegen: »Lieber bleibe ich deine Sklavin und tue alles für dich, aber gebe mich nicht weg.« Waren wir allein im Haus, hat die Hausherrin sich umgezogen, Hosen getragen und kurze T-Shirts übergestreift.

Die Eltern der Turkmenin aus Mossul kamen regelmäßig zum Essen vorbei und haben mit leuchtenden Augen die neuesten Sensationen aus ihrer Stadt zum Besten gegeben. »Letztens hat ein jesidisches Mädchen versucht zu flüchten, sie haben sie geschnappt und hinten an einen Pick-up gebunden und die Straße hoch- und hinuntergeschleift, bis sie tot war.« Mir ist so schwach geworden, dass ich mich mit dem Tablett in der Hand an der Wand anlehnen musste. »Diejenigen, die vor dem Islam weglaufen, haben das verdient«, hat der alte Herr im Brustton der Überzeugung herausposaunt. Er war überzeugt, dass es Allah selbst war, der für den Tod dieser Verräter sorgte.

Da ich in Nassers Augen eine gute Muslima geworden war, ermöglichte er mir zwischendurch Besuche bei meiner Mutter, die in einem der Internierungsgebiete am Stadtrand Tel Afars eingesperrt war. Dort brüsteten sich die IS-Wachen vor unseren Müttern mit ihren Verbrechen. »Wir haben eure Männer und Jungen umgebracht.« Und dann haben sie in quälenden Einzelheiten geschildert, auf welche Weise sie das getan und wie ihre Opfer dabei gelitten haben.

Zwischen Nacht und Morgengrauen hat mich die Turkmenin wieder zum Gebet geweckt. Ein- oder zweimal haben wir zusammen gebetet, dann haben wir uns gestritten, und jede hat danach für sich allein weitergebetet. Das lag daran, dass ihr Mann mir wieder einen Besuch bei meiner Mutter erlauben wollte, die Frau aber strikt dagegen war.

Nachts beim Gebet habe ich sie darauf angesprochen. »Ich will meine Mutter wiedersehen.« »Du hast kein Recht, etwas zu verlangen«, fauchte sie, »du bist eine Sklavin, du hast kein Recht zu sprechen. Dein Wort gilt bei uns nicht. Also halt bloß deinen Mund.« »Gut«, habe ich gesagt und ab sofort alle meine Aufgaben erledigt, aber kein einziges Wort mehr mit ihr gewechselt.

Eine ganze Woche war so verstrichen, als die Alliierten wieder Bomben auf Tēl Afar abgeworfen haben. Ich hockte an der Wand und versteckte mein Gesicht in einem Kissen. Der Boden bebte. Die Turkmenin hat in ihrer Todesangst in dieser Bombennacht ihr Ungeborenes verloren. Am nächsten Tag kam sie völlig erschöpft zu mir und sagte, was passiert sei. Jetzt, da sie nicht mehr schwanger war, durfte ich in ihren Augen wieder im Haus bleiben. Sie war zu dem Schluss gekommen, dass sie mir Unrecht zugefügt hatte. »Deswegen habe ich das Kind verloren«, glaubte sie. Das sei eine Strafe Gottes.

Eine Ehefrau hatte in dieser Gesellschaft vor allen die Rolle, ein Kind nach dem anderen zu bekommen. Der Mann hat ihr das ständig vorgeworfen: »Du musst mehr Kinder bekommen.« Wenn eine Frau kein Kind bekommt, nimmt der Mann sich eine Zweitfrau. Da aber die Turkmenin unbedingt die Einzige in seinem Leben bleiben wollte, hat sie ihn erstens ständig verführt und zweitens ständig versucht, schwanger zu werden.

Der Turkmene hat nicht mehr mitbekommen, dass seine Frau sein Kind verloren hat. Er ist an der Front erschossen worden. Für mich fing damit das Martyrium erst an.

Gottes Bordell: Sich bedröhnt ein Stück vom Paradies kaufen

Der Bruder des Turkmenen verkaufte mich in ein Neubaugebiet in Tel Afar, in dem noch vier andere jesidische Mädchen eingesperrt waren. »Mach dich locker«, hat der zweite Mann von mir verlangt, aber ich war steif wie ein Brett vor Panik. Da er es nicht geschafft hat, mich zu entjungfern, hat er mich anal benutzt. Danach konnte ich vor Schmerzen tagelang nicht mehr sitzen.

Der Dritte hieß Aymen. Er hat mich in eine dunkle Kammer gesperrt, ausgehungert und geschwächt, schließlich zusammengeschlagen und mir eine Tablette in den Mund geschoben. Danach konnte ich tagelang nicht mehr aufstehen. Die anderen Mädchen umsorgten mich, damit ich nicht verblutete. Dieser Mann besaß das Reihenhaus, eine Zwölfjährige und mich.

Die Typen, die uns gekauft haben, kamen lediglich, um ihre sexuellen Bedürfnisse zu befriedigen und gleich darauf wieder in den Krieg zu ziehen. Sie haben uns auch untereinander ausgetauscht. Manche waren sehr schmutzig. Ihre Bärte haben gestunken in unseren Gesichtern. Zwölf Bewacher standen mit ihren Kalaschnikows um das Haus herum.

In einer Tür war ein Loch, dadurch lugten wir Mädchen in einen Innenhof auf einen Anbau, ähnlich einer Scheune, die voller großer Waffen war. Wir haben beobachtet, wie sie Maschinengewehre, Raketen und Munition auf die Pick-ups aufluden oder anderen Kämpfern in die Hände drückten.

All diese Verbrecher sahen gleich aus. Sie trugen immer ihre typische Kluft, waren bewaffnet, hatten einen langen Bart und lange Haare. Nur der Käufer von Mahrusa hat eine Schule besucht, die anderen waren Analphabeten. Bildung hat in diesem System keine Rolle gespielt, sie haben sich alle nur auf den Islam fixiert. Diese Männer waren zwischen 19 und 60 Jahre alt. Vor der Tür wachte ein Jugendlicher mit Pickeln im Gesicht. Er hat uns immer das Essen hingestellt. ▬

Diese Unmenschen hatten eins gemeinsam: ihren Hass auf die Schiiten. »Die Schiiten sind schmutzige und ungläubige Muslime.« Deswegen haben sie auch die schiitischen Mädchen meistens lieber umgebracht, als sie für sich zu behalten. Sie waren davon überzeugt, dass aus ihnen nie aufrichtige Muslime werden könnten. Im Gegensatz zu uns Jesiden.

Sobald die IS-Kämpfer die Tür aufgesperrt haben, drängten wir Mädchen uns dicht zusammen wie ein Knäuel und haben auf den Boden geguckt. Sie wollten nicht, dass ihre Ehefrauen von uns erfuhren, sonst hätten sie uns mit zu sich in ihr Haus genommen. Einige haben Kondome verwendet. Andere haben uns anal vergewaltigt, um keine Kinder zu zeugen.

Zwischendurch hat jener Aymen seinen Laptop aufgeklappt und uns Videos über Massenexekutionen vorgespielt. »Schaut mal, wir haben so viele eurer Landsleute umgebracht.« Es hat ihm Spaß gemacht, uns zu Tode zu erschrecken. Über sich persönlich hat Aymen uns nur mitgeteilt, dass er 28 Jahre alt sei. Ansonsten haben diese Verbrecher kaum ein Wort mit uns gewechselt.

Es waren nur die ewig gleichen Sprüche, die wir zu hören bekamen. »Wir wollen bis nach Europa und die ganze Welt islamisieren!« Einmal hat sich Aymen auch kurz zu mir gesetzt. »Du bist ein kluges Mädchen, du sollst allen anderen den Koran beibringen, weil du das schon so gut kannst. Wenn du ihnen das beibringst, ist das für dich ein großes Lob von Gott.« »Ja stimmt, ich bin eine gute Muslima. Aber ich bekomme kein Lob von Gott, wenn ich ihnen auf deinen Befehl hin deinen Islam beibringe. Nur wenn sie sich das aus eigener Überzeugung aneignen, bekommt man dafür Gottes Lob.«

Da hat er es auf anderem Wege versucht. »Wenn du sie den Koran lehrst, wirst du nicht verkauft.« Das hat mich zum Nachgeben bewegt. »Gut, ich kann mit ihnen darüber reden.« Mit diesem Versprechen, nicht weiterverkauft zu werden, haben uns die Männer immer gelockt. Deswegen wollte jedes Mädchen lernen. Als mir aber klar wurde, dass sie uns nur belogen haben, habe ich es nicht mehr geschafft, mich zusammenzureißen. »Ihr versprecht uns etwas, wir handeln entsprechend, und ihr macht trotzdem genau das Gegenteil!« Dafür haben mich diese IS-Milizen nur ausgelacht. Da ich aber meine Wut immer schlechter kontrollieren konnte, habe ich mir auch immer wieder Prügel eingehandelt.

Die jüngeren Mädchen, die 12- und die 14-Jährige, haben ihren Widerstand schneller aufgegeben als wir Älteren. Zumindest hat das dieser Aymen mal behauptet, als ich versucht habe, ihn von mir wegzustoßen. »Du bist so blöd, die Zwölfjährige lässt mich einfach an sich ran. Sie kommt von selbst. Und du wehrst dich immer noch.« Ob das stimmte, war eine andere Sache.

Ich weiß nicht, ob diese Kerle nie eine richtige Erziehung gehabt haben. Ich weiß nur, dass sie keine Gefühle mehr hatten und nur noch das als richtig empfanden, was sie im Namen Allahs tun mussten. Morden, foltern und beten. Indem sie »ungläubige« Frauen vergewaltigen und sie dadurch zum Islam konvertieren, glauben diese Kerle, eine gute Tat zu vollbringen. So machen sie den Islam groß und mächtig. Jeder versucht, sich auf diese Art und Weise ein Stück vom Paradies zu kaufen.

Manchmal hatten sie feuerrote Augen, waren völlig außer sich, nicht mehr in der Lage, normal zu sprechen und normal zu denken. Sie wirkten wie unter Drogen oder wie Betrunkene. Es war, wie wenn sich ein Wolf auf einen Hasen stürzte. Als hätten sie noch nie zuvor in ihrem Leben Frauen gesehen.

Von Aymen weiß ich, dass er Pillen geschluckt hat. Er hat mir so eine Packung gezeigt. »Das macht mich kräftig, und es erregt mich sehr, da bekomme ich noch mehr Lust auf Sex.« Zum Glück hat er das bei mir nicht genommen. Im Haus lagen überall Tabletten herum. Man hat es den Männern angesehen, die das Zeug geschluckt haben. Sie hatten viele Muskeln.

Vermutlich ist heute keines der Mädchen mehr in diesem Reihenhaus. Sie sind längst alle verkauft worden und werden in anderen Häusern weiterhin vergewaltigt. Tag für Tag.

Zwei Gesichter aus Gier und Hass: Die mächtigen Männer im IS

Wie ein Krug voller Wasser bin ich von einem zum anderen weitergereicht worden. Auch an die mächtigen Männer im IS. Man erkennt diese an der Größe ihrer Häuser, der Anzahl ihrer Wächter und der Menge ihrer Waffen, die sie an die einfachen Kämpfer verteilt haben. Ständig hielten sie Funkgeräte in der Hand und standen miteinander in Verbindung.

Die Mächtigen suchten sich in den Sammelunterkünften die schönsten Mädchen aus und reichten sie weiter wie abgetragene Kleider, wenn sie diese nicht mehr wollten. Der Ablauf in ihren Villen war immer gleich: Zuerst musste ich meine eigenen Kleider ablegen, dann duschen und die Kleider ihrer Frauen und Mädchen anziehen. Schwarzer Hijab und langes Kleid, unter dem alle Konturen verschwanden. Danach oder davor haben sie mich vergewaltigt.

Drei Tage lang war ich im Schlafzimmer eines Killers eingesperrt, der sich Ramzi nannte. Er suchte mich früh auf, schlug mich und blieb die ganze Nacht. Am Morgen hat er mir ein Foto von seinem Sohn gezeigt und gesagt: »Ich habe nur den einzigen Sohn, er ist sechs Jahre alt, und ich bin seit zwölf Jahren verheiratet.« Ich weiß nicht, warum er das Bedürfnis gehabt hat, mir so etwas mitzuteilen. Für mich trugen all diese Kämpfer zwei Gesichter. Doch keines davon hatte etwas mit Menschlichkeit zu tun. Das eine zeigte Gier, das andere Hass.

Um einen höheren Rang im IS zu erhalten, musste ein Mann nicht besonders schlau sein. IS-Emir ist automatisch derjenige geworden, der mindestens sechzehn Menschen geköpft hatte. Die Turkmenin hatte mir das auseinandergesetzt. »Aus Nasser wird nie ein Emir, weil er es bis heute noch nicht geschafft hat, einen Kuffar eigenhändig abzuschlachten.« Er wollte das nicht.

Die Turkmenin war über seinen mangelnden Ehrgeiz aber nicht ungehalten. »Das muss nicht sein. Wir sind auch so zufrieden.«

Nicht alle diese Mörder waren Analphabeten wie Nasser. Unter ihnen befanden sich auch Lehrer, Ingenieure, Ärzte. Einer älteren jesidischen Mitbewohnerin habe ich in Deutschland ein Foto gezeigt, das ich von einem meiner Vergewaltiger im Netz gefunden hatte. Darauf trägt er eine kugelsichere Weste, Handgranate, Kalaschnikow, Vollbart, Baseballkappe auf dem Kopf. Da hat sie gesagt: »Den Mann kenne ich. Der hat früher als Kinderarzt in einem Krankenhaus in Sindjar gearbeitet.«

Immer wieder finden wir Frauen im Internet Fotos oder Filme, auf denen wir unsere Vergewaltiger oder auch Familienangehörige entdecken. Die IS-Kämpfer machen das bewusst, um uns noch mehr zu erniedrigen. Manche der Bilder haben aber auch kurdische Soldaten bei toten IS-Kämpfern in Sindjar auf ihren Handys gefunden und dann ins Netz gestellt.

Noch einen anderen meiner Peiniger habe ich dabei identifiziert. Anfangs bin ich beim Anblick dieser Männer fast ohnmächtig geworden. Mittlerweile reagiere ich nicht mehr so empfindlich. Diese IS-Kämpfer, eingeschlossen Ramzi und Doktor Abu Hissam, sind bei Schießereien getötet worden. In diesem Fall glaube ich an die Gerechtigkeit Gottes.

Diesen Doktor Abu Hissam kann ich nie vergessen. Vor seinen großen Augen habe ich immer noch große Angst, wenn ich an sie denke. »Ich habe dich gekauft für einen Pick-up«, hat er mir gesagt, als er mich abgeholt hat. In seinem Haus hat er verlangt: »Zieh dich aus!« »Nein, ich will mich nicht ausziehen.« Daraufhin wollte er meine Zähne sehen. Darüber habe ich mich gewundert. Dafür hat er mir mit voller Wucht ins Gesicht geschlagen, sodass ich über das Bett geflogen bin. Er hat mir die Kleider vom Leib gerissen. Er war ein sehr großer Mann und hat mit seinen aufgerissenen Augen auf mich herabgestarrt. Als er fertig mit mir war, zog er aus einem Schrank ein Frauenkleid heraus. »Zieh das an!« So hat er mich wieder vor der Tür meiner Mutter abgesetzt.

Abu Hissam hat mich zur Strafe für meine Aufsässigkeit nach Rakka geschickt. In die IS-Hochburg. Nach Syrien verschleppt zu werden galt als das übelste Schicksal für uns Jesidinnen. »Dort wartet der Tod auf dich«, hatte mir der Doktor deutlich gemacht und mich ins Auto eines anderen IS-Emirs namens Marwand geschickt.

Über dem Eingang seines Büros hing eine Überwachungskamera. Es herrschte ein Kommen und Gehen von IS-Kämpfern. Als Erstes hat mich dieser Marwand in seinen Schlafraum geführt und mich darin umkreist wie ein Schakal seine Beute. »Ich und Abu Hissam, wir beide schneiden den Menschen die Köpfe ab. Weißt du das?«

Mir war klar, dass ich ab sofort meinen Mund halten musste. An der Wand lag ein großer Berg mit Mädchenkleidern auf dem Boden. In Deutschland habe ich Jesidinnen kennengelernt, die auch unter diesem Ungeheuer hatten leiden müssen. Er war der Schlimmste von allen.

Es gibt immer auch Gute unter den Bösen: Der Retter

Sogar Rakka hatte ich überlebt. Nie wieder wollte ich danach meine Mutter verlassen. Nie wieder auch nur einen Fuß vor die Tür setzen. Ich war 17 Jahre alt, aber körperlich und nervlich ein Wrack. Da stand auch schon der nächste IS-Kämpfer im Raum, der mich mitnehmen wollte. Meine Mutter und ich haben uns heulend aneinander festgehalten. Am nächsten Tag kam er wieder. Diesmal hat mich dieser magere Kerl geohrfeigt, an meinem Schopf gepackt und mich zur Tür hinausgezerrt. Wie hätte ich ahnen sollen, dass er mich befreien wollte?

Mit einem Taxi sind wir zu ihm nach Hause gefahren. Seinen Heimatort werde ich nicht nennen, weil das seine Familie in Lebensgefahr bringt. Wakkas war höchstens 20 oder 22 Jahre alt. Während der Taxifahrt haben wir nicht viel miteinander gesprochen. Man wusste nicht, wer am Steuer mitlauschte. Wakkas hat nur gesagt: »Du bist jetzt in Sicherheit.« Vor seinem Elternhaus stiegen wir aus. Man sah, dass es reichen Leuten gehörte.

Anfangs wollte mich Wakkas tatsächlich zur Frau nehmen. Ich weiß nicht, warum er es sich dann doch anders überlegt und mich freigegeben hat. Seine Mutter hat mir erzählt: »Wir haben schon das Brautgold für dich besorgt.« Plötzlich hat Wakkas' Schwester nach mir gerufen. »Mein Bruder will dich sehen!« Mir ist schlecht geworden. »Jetzt wird er mich vergewaltigen«, war ich überzeugt. Zitternd bin ich in das Zimmer getreten, in dem auch der ältere Bruder auf mich wartete. »Du brauchst vor uns keine Angst zu haben«, beruhigten sie mich, »du kannst dich hier wie zu Hause fühlen, essen und schlafen, aber zeig dich keinem einzigen Nachbarn von uns.« Deswegen bin ich nie hinausgegangen, auch nicht in den großen Garten. In diesem Staat hat jeder vor jedem Angst. Jeder hat den anderen misstrauisch bewacht und beäugt.

Ich habe die Welt nicht mehr verstanden. »Warum seid ihr so?« »Wakkas wird dich zu deinem Vater bringen«, haben mir die Brüder zur Antwort gegeben. Mit meinem Retter selbst habe ich nicht viel geredet, die meiste Zeit habe ich mit den Frauen verbracht. Die Mutter hat mir ihr Leben in den vom IS besetzten Gebieten geschildert. »Mein Bruder war Soldat bei der irakischen Armee. Die IS-Kämpfer haben ihn öffentlich hingerichtet.« Auch andere Familienangehörige seien ihnen zum Opfer gefallen. Die Schwester von Wakkas hat gesagt: »Das sind keine richtigen Menschen. Das sind Tiere.«

Diesen Frauen fielen fast die Augen aus dem Kopf, als sie von mir erfuhren, wie die IS-Banden mit den jesidischen Mädchen umgingen. Bis dahin waren sie überzeugt gewesen, dass diejenigen, die den Islam angenommen hatten, als Familienmitglied von den Sunniten aufgenommen seien und als solche für immer bei einem einzigen Mann blieben. Sie konnten kaum fassen, dass wir als Konvertierte verkauft wurden wie Gemüse auf dem Markt.

Die Vorschriften im IS sah diese Familie nicht so verbohrt. »Den Tschador haben wir nur aus Angst angezogen. Und wenn unsere Mädchen sich verlieben, dürfen sie diesen Mann auch heiraten.« Müde rieb sich die alte Frau die Augen. »Wir sind viele Muslime in diesem Ort, die so frei denken. Wir sind nicht gegen alle anderen.«

»Sind wir Ungläubige denn wirklich so schlimm?« Ich wollte unbedingt erfahren, mit welchen Augen sie mich betrachteten. Wakkas' Mutter hat mit den Händen in der Luft gewedelt, als wolle sie meine Gedanken wie Stechmücken verscheuchen. »Meine Tochter, wirf diese Gedanken aus deinem Kopf hinaus! Unser Glaube verbietet es, andere Menschen zu töten. Ein Mensch, der deinen Bruder umbringt, ist ein Ungläubiger. Ein Mensch, der eine Frau vergewaltigt, ist ein Ungläubiger.« Kurz hielt sie ein und sah mich besorgt an. »Doch sprich nicht mehr mit uns über Religion. Wenn wir uns nach außen hin nicht genau so verhalten wie diese IS-Leute, werden sie auch unsere Töchter mitnehmen, unsere Söhne köpfen, unser Land stehlen und uns genauso behandeln wie euch.«

Während ich im Koran selbst nichts Gutes entdecken konnte, habe ich in dieser muslimischen Familie viel Gutes erlebt. Ein wenig habe ich da den Glauben zurückgewonnen, dass es auch unter Muslimen gute Menschen gibt.

Wakkas' Familie hat den gleichen Koran gelesen, aber sie haben nach ihren eigenen Interpretationen und Instinkten gelebt und gehandelt. Letztlich kann ich nicht beurteilen, warum Wak-

kas mich befreit hat. Um seine Seele mit einer guten Tat reinzu-
waschen? Um sich selbst in Sicherheit zu bringen? Ich weiß auch
nicht, ob er mit ihnen gekämpft hat. Ob er viele Menschen getötet hat oder nicht. Im Verdeckten arbeiteten er und seine Verwandten auf jeden Fall gegen den IS.

Unter Lebensgefahr lieferten sie Schiiten sowie Kurden wichtige Informationen aus den vom IS kontrollierten Gebieten. Unser Fluchtweg führte über Kerbela, dort habe ich gehört, wie er
sich mit den schiitischen Wachsoldaten ausgetauscht hat. »Ihr
habt gesehen, dass der IS Tikrit angegriffen hat, aber ich hatte
euch ja vorher gewarnt.«

Nie hätte ich mir vorstellen können, dass mich ausgerechnet
ein Sunnit aus dieser Hölle herausholen wird. Ich hoffe so sehr
darauf, dass meine neunjährige Schwester, die vom Leben noch
nichts wusste, von einem Mann wie Wakkas befreit wird. Zuletzt
haben meine Cousine und andere Frauen sie in Mossul in einer
Art Festhalle beim Ramadan-Fest mit vielleicht 200 anderen
kleinen jesidischen Mädchen gesehen – umringt von IS-Milizen.
Ich hoffe, dass es in ihrer Nähe noch jemanden gibt, der ein gutes
Herz hat.

Normalität lernen: Wenn ich einmal heiraten sollte …

Nachdem ich freigekommen bin, habe ich zunächst gar nicht registriert, dass ich neun lange Monate in Gefangenschaft gewesen
war. Die ganze Zeit über bin ich davon ausgegangen, dass das nur
ein Albtraum war. Ich hatte nicht realisiert, dass das die Wirklichkeit gewesen ist.

So sehr hatte ich auf den Tag hingefiebert, meinen Vater wiederzusehen. Als ich ihn dann aber mit offenen Armen auf mich
zukommen sah, habe ich ihn plötzlich gehasst, weil er ein Mann
war. Alle Männer waren wie ein schwarzes Tuch für mich. Ich

konnte keinen Mann mehr ohne Angst und Ekel ansehen oder gar anfassen.

Je länger ich aber in Deutschland in psychologischer Behandlung bin, je mehr ich anderen Menschen zugehört habe und je mehr ich darüber erfahre, wie Heiraten und Sexualität normalerweise ablaufen, desto mehr verliere ich meine Angst. Je besser ich verstehe, dass Normalität etwas anderes ist als das, was ich erlebt habe, desto eher finde ich zu meinen alten Gedanken wieder zurück.

Vor dem Überfall der IS-Milizen hatte ich einen Freund. Wir haben uns nur einmal im Leben gegenübergestanden, ansonsten nur sehr viel miteinander telefoniert und geschrieben. Nachdem ich frei war, ist er sogar nach Deutschland gekommen, um mich zu heiraten. Aber ich wollte ihn nicht sehen. Da ist er wieder in den Nordirak zurückgekehrt, um dort als Journalist zu arbeiten. Er ist 24 Jahre alt.

Zu meinem Freund habe ich gesagt: »Wenn man unter Hochzeit versteht, dass du mich schlägst und vergewaltigst, dann werde ich dich niemals heiraten. Selbst wenn es nicht so ist, will ich nie mit dir in einem Bett schlafen, und ich will nicht, dass du mich jemals anfasst.« Er hat versucht, mir zu erklären, dass Heiraten in Wirklichkeit etwas völlig anderes sei. Aber ich konnte mir das nicht vorstellen. Heute schaffe ich es, freier darüber zu reden, auch weil mein Freund weiter zu mir steht. Das gibt mir Halt. Er nimmt mich so an, wie ich bin. Mit allen meinen Wunden.

Nur mein Vater weiß noch immer nicht, was mit mir passiert ist. Er nimmt an, dass ich als Haussklavin gearbeitet habe. Es belastet mich sehr, dass ich mich noch immer nicht getraut habe, ihm die Wahrheit zu sagen. Meine Mutter wollte das für mich übernehmen, doch der Kontakt zu ihr ist abgerissen. Sie ist nach Rakka verschleppt worden.

Schule in Deutschland: Dialoge mit IS-Anhängern

Viele unserer vom IS gefangenen Landsleute werden von ihren Verwandten freigekauft. Das Kalifat hat viele Gebiete verloren und auch finanzielle Verluste erlitten. Doch was glaubt ihr, was die Terroristen mit dem Lösegeld für ihre Geiseln machen? Wer die Möglichkeit hat, finanziert damit seine Flucht nach Europa. Ihre Familien schicken sie voraus. Sie wissen, dass sie im Irak oder in Syrien in Gefahr sind und keine Zukunft haben, schimpfen aber offen: »Europa ist der Feind.« Sie schwätzen vom Märtyrertod, rennen jedoch vor dem Tod davon und suchen Schutz im Land ihrer Gegner. Wie das zusammenpasst, weiß ich auch nicht. Aber was der IS sagt und wie er handelt, sind immer zwei verschiedene Sachen.

Es ist eine Tatsache, dass viele unserer gefangenen Landsleute in Syrien freigekauft werden konnten, als das Land besonders stark bombardiert worden ist. Wir ehemaligen IS-Geiseln erleben heute deren Kinder in der Schule in Deutschland. Diese Jugendlichen beschimpfen uns als »Ungläubige«. Sie verbergen nicht, dass sie Kinder des IS sind und wohin sie geistig gehören. Die Deutschen aber glauben uns das so lange nicht, bis sie es mit ihren eigenen Augen gesehen haben.

Nur die muslimischen Jungen sitzen bei uns im Unterricht, ihre Mädchen schicken sie nicht in unsere Schule. Einmal habe ich mich mit einem syrischen Jungen namens Achmed auf eine Diskussion eingelassen. Unsere ersten Schulstunden sind ausgefallen, wir hatten das vergessen, sodass wir beide zu früh in der Schule erschienen sind.

»Unsere Religion ist die einzig wahre Religion«, sagte Achmed und ließ noch viele andere mir bekannte Sprüche dieser Art folgen.

»Ich weiß, ich habe euren Koran gelesen, und darin stehen

nur schlechte Sachen. Wieso steht da, dass außer euch alle anderen Menschen ungläubig sind und dass man sie töten muss?«

Achmed war erschrocken und hat das abgestritten: »Nein, das stimmt nicht, in unserem Koran steht nur das Beste, dass alle Menschen gleich sind und dass man sie achten soll … »

Daraufhin habe ich ihm ein paar Verse aus dem Koran zitiert. Nachdenklich hat er da geschaut und mich gefragt: »Wenn du all das weißt, wieso bist du dann keine Muslimin?«

»Um Gottes willen, nein! Ich war neun Monate bei Sunniten in Gefangenschaft.«

»Wo warst du?«

»Im Irak, aber auch in Syrien.«

»Bei wem?«

»Beim IS«.

»Was, du warst beim IS – und die haben dich nicht auf der Flucht geschnappt?«

»Aber ihr seid doch auch dort gewesen und von dort entkommen?«

»Ja, aber wir hatten dort unser Haus, unseren Besitz und so. Das ist unser Land, und das sind unsere Leute, die tun uns nichts.« So hat er geredet. Und dann schob er erneut seine Frage hinterher: »Wenn du das alles aus dem Koran weißt, wieso bist du noch Jesidin geblieben?«

Langsam habe ich die Geduld verloren. »Frage dich lieber selbst, wieso jeder, der kein Muslim ist, als Ungläubiger getötet werden muss!« Er schüttelte seine Locken. »Nein, nein! Das ist nicht gegen euch gerichtet, nur gegen die Juden. Nur die Juden sind Ungläubige und müssen umgebracht werden!« Eigentlich hätten die IS-Kämpfer den Koran diesbezüglich falsch interpretiert.

»Das stimmt doch nicht! Der IS hat nicht nur etwas gegen Juden, sondern auch gegen alle anderen.«

Da hat er angefangen, mich zu löchern: »Wo warst du genau? Bei wem warst du? Wir haben schon davon gehört, dass sie jesidische Mädchen und Frauen gefangen haben, aber wir glauben nicht, dass irgendjemand freigekommen ist, denn sie dürfen sich ja gar nicht frei bewegen und werden beaufsichtigt.« Er hat mir einfach nicht geglaubt.

»Warum bist du überhaupt hierhergekommen?«, giftetet ich ihn an.

»Der IS wollte, dass wir auch gegen die Kurden und gegen Assad kämpfen. Wir wollten aber nicht als Kämpfer in den Krieg ziehen, deshalb mussten wir flüchten.«

Mit zwei anderen Schülern verlief das Gespräch so, dass ich am Ende zusammengebrochen bin. Zwei arabische Jungen, einer davon war 19 und stammte aus Ägypten, befanden sich mit mir im Klassenzimmer. Der Syrer Murat, 17, saß neben mir. Ein Schwarzer aus Afrika war auch noch anwesend. Die beiden Jungen haben dauernd den Afrikaner auf Arabisch angeredet.

»Ich kann kein Arabisch, ich bin auch kein Moslem«, hat dieser Schwarze geantwortet.

»Doch, du bist Moslem, du willst dich nur unter den Ungläubigen verstellen, damit du hier bessere Karten hast«, haben sie ihn provoziert.

Da habe ich mich eingeschaltet. »Ich bin auch keine Muslimin. Wieso sprecht ihr von Ungläubigen? Gehört ihr etwa zum IS?«

Mit aufgerissenen Augen haben sie mich angestarrt. »Wieso bist du keine Muslima? Du kannst doch Arabisch.«

»Ja, ich kann Arabisch, aber ich bin Jesidin.«

Danach hat sich Murat von mir weggesetzt und sich weit von mir entfernt gehalten, als litte ich unter einer ansteckenden Krankheit.

Den Afrikaner aber haben sie eines Tages von hinten festgehalten, den Hals umklammert und ihm mit dem Handrücken symbolisch die Kehle durchtrennt. Damit wollten sie ihren Protest ausdrücken, nach dem Motto: »Wir schneiden dir die Kehle durch, wenn du kein Moslem bist.«

Als ich das gesehen habe, bin ich so erschrocken, dass ich laut in der Klasse zu schreien angefangen habe. »Was macht ihr? So etwas macht nur der IS! Und ihr seid IS! Aber der IS ist doch nicht gut!« Da hat der eine Syrer in fast gelangweiltem Ton gemeint: »Wieso ist der IS nicht gut? Der IS ist sehr gut, er ist nur gegen Ungläubige.« Beide haben nicht nur demonstriert, wie der IS die Leute umbringt. Sie haben mir gegenüber auch betont, dass sie dasselbe tun werden, wenn jemand kein Moslem ist und nicht betet.

Zutiefst erschrocken habe ich da die Lehrerin aufgesucht. »Das sind Daish«, habe ich versucht, ihr das in meinem gebrochenen Deutsch und meiner Aufregung nahezubringen. Doch die Lehrerin hat dieses arabische Wort für »IS« nicht verstanden. Und ich kannte damals den Begriff »IS« noch nicht. Die Lehrerin hat ihre Tasche genommen und ist mit mir zum Direktor gegangen. Wieder habe ich versucht, mich zu erklären: »Ich muss weg, hier sind Daish.« Und er hat mich auch nicht verstanden. In der Not haben sie einen muslimischen Übersetzer geholt, der Arabisch beherrschte. Er hat mich angehört und ermahnt: »Du darfst solche negative Sachen über uns Muslime nicht sagen. Und ich werde das auch nicht übersetzen.«

Da habe ich mich derart aufgeregt und so schnell geatmet, dass ich das Bewusstsein verloren habe. Danach bin ich nicht mehr in die Schule gekommen und habe auch unserem Sozialarbeiter von dem Vorfall berichtet. Wahrscheinlich haben sie daraufhin mit dem Rektor gesprochen und erklärt, was passiert war. Seitdem sind beide Jungen nicht mehr in der Schule.

Die anderen Muslime, aus Afrika, reden nicht über den Islam. Sie sprechen gar nicht über Religion. Manche verstecken ihren Glauben sogar. »Wir sind nur Menschen«, sagen sie. Was sie aber im Herzen tragen, weiß man nicht.

Meiner Erfahrung nach gibt es leider unter den Flüchtlingen nicht wenige, die so fanatisch denken, und wenn sie irgendwann mal ihre Gelegenheit bekommen, werden sie das auch wieder ausleben. Wenn man, wie ich, aus diesen Ländern kommt, weiß man, wie die Menschen dort ticken.

Viele der jesidischen Mädchen und Frauen fürchten: »Hier wird es auch bald wie im Irak sein, denn hier wimmelt es von IS-Leuten.« Vor ein paar Jahren gab es auch noch keine Bombenanschläge in Europa, oder? Für uns ist das ein Zeichen, dass sie längst hier angekommen sind.

Die Saat des Terrors

Mordende junge Männer verunsichern unsere Welt. Die Saat des IS-Terrors keimt auch hierzulande auf. Misstrauen und Angst wuchern wie Unkraut. Mit jedem Anschlag wird der Ruf nach Sicherheit lauter. Und mit jedem Ruf nach Sicherheit beschneidet der Staat fast reflexartig mehr Rechte und Freiheiten, in der Bevölkerung verstärken sich Polarisierungen, und das Nachahmungsrisiko dieser in der Öffentlichkeit inszenierten Massenmorde steigt an. In der Konsequenz werden sich weitere Leute in beide Richtungen radikalisieren. Ein Teufelskreis. Vorurteile sind schnell parat, Schuldige werden in allen Lagern gesucht, viele Zeigefinger deuten in Richtung der Flüchtlinge. In ihrer Angst isolieren sie sich. Und Isolation wiederum kann gefährliche Emotionen aufrühren.

Tatsache ist, dass die Mehrheit der jugendlichen Migranten nichts mit islamistischen Gruppen zu tun haben möchte. Im Gegenteil. Es sind genau die Schlächter, vor denen sie selbst geflohen sind. Wegen ihnen haben sie unter widrigsten Umständen in vermüllten Notlagern ausgeharrt, im Mittelmeer ihre Kinder verloren und messerscharfen Stacheldraht überwunden.

Demokratische Gesellschaften und ihre Institutionen dürfen nicht zulassen, dass falsche Feindbilder geformt werden. In diesem aufgeheizten Klima des Terrors sind von allen Seiten besondere Achtsamkeit und spezielles Engagement gefragt. Wir müssen nicht nur Migration meistern und Terrorgefahr abwehren, sondern gleichzeitig Aufklärung betreiben, damit beides nicht zusammen in einen Topf geworfen wird. Der Terror war schon vor den Flüchtlingen da.

Aus der Zeit zwischen dem Ersten und Zweiten Weltkrieg wissen wir, dass Demokratie dann besonders gefährdet ist, wenn sich im eigenen Land extremistische Kräfte bilden, die sich erst gegenseitig anfeinden, zuletzt aber auch den Handlungsspielraum der Demokraten immer mehr in den Würgegriff nehmen. Die politisch Rechten geraten leicht in Versuchung, aus so einer Konstellation Kapital zu schlagen und den Extremisten die Hand zu reichen, um die eigene Macht zu erweitern. Blickt man in die Türkei, nach Russland, Ungarn oder Polen, scheint die demokratische Regierungsform gerade im Straucheln zu sein. Der Rechtspopulismus grassiert.

Fremdenfurcht hat immer auch etwas mit Misstrauen zu tun. Die Furcht, die Fremden könnten uns etwas wegnehmen, steckt tief in uns. Auf den Fuß folgen oft Hartherzigkeit und Rücksichtslosigkeit, die beiden Töchter der Grausamkeit. Zwar ähneln sich Morgen- und Abendland nicht so sehr in ihren politischen Systemen, in ihrem Einsturz aber gleichen sie sich sehr. Die Angst vorm Fremden verliert sich erst, wenn wir uns ihm annähern. Die Neugierde darauf, seine Absichten kennenzulernen, ist das beste Gegengift gegen Misstrauen.

Vom Wunsch, die Wirklichkeit hinter hohen Zäunen auszusperren

Welche Gruppe der Flüchtlinge hat sich bislang dem IS ange-schlossen? Eine Rolle bei so einem Entschluss spielen meist tra-ditionelle Erziehung, Kriegserfahrungen und die Sichtweise, dass der Westen an den Konflikten die ursächliche Schuld trägt. Geschickt postiert der IS seine Männer an den Fluchtrouten oder schickt sie in Flüchtlingsheime, um dort neue Mitglieder für den Kampf anzuheuern und seine Netzwerke auszubauen. Die Vor-bereitung von Attentaten, die von der IS-Zentrale geplant wer-den, bereitet den Terroristen wenig Probleme, denn sie können ihre Leute in jedes beliebige Land einschleusen. Verschiedene Länder wie Katar und Saudi-Arabien, reiche Araber aus Ägypten und Tunesien, religiöse Netzwerke in der Türkei beliefern den IS mit Pässen, Geldern und Waffen.

Radikale Organisationen wie der IS haben oft ein leichtes Spiel, vernachlässigte junge Migranten für sich zu gewinnen. Zum ersten Mal schenken dieser verlorenen Generation freund-liche Leute Beachtung und messen ihnen Bedeutsamkeit bei. Die Rekrutierer versprechen ihnen Geld, eine Frau und eine Zukunft. Sie bringen sie mit anderen Jugendlichen zusammen, schulen sie politisch sowie religiös. Die jungen Männer bekommen Aufga-ben und erleben einen starken Zusammenhalt, der ihr Selbst-wertgefühl stärkt. Religiöse Botschaften motivieren sie politisch und psychologisch-militärisch, sodass der IS sie alsbald als fri-sches Kanonenfutter an der Front verheizen kann.

Es ist unsere Aufgabe, zu verhindern, dass junge Flüchtlinge in unserem Land in Perspektivlosigkeit abgleiten und sich von der Gesellschaft abwenden. Oftmals kontrollieren sich die Ju-gendlichen in den Sammelunterkünften bereits gegenseitig und prüfen, ob einer darunter ist, der sich radikalisiert oder bereits die Seiten gewechselt hat. Auch bei uns ansässige Organisationen und Vereine, die Migranten politisch, kulturell, religiös oder auf andere Weise vertreten, müssen stärker zur Verantwortung gezogen werden, damit im Sinn einer Prävention Kinder und Jugendliche davon abgehalten werden, sich der Terrorgruppe anzuschließen. Viele dieser Verbände haben bislang kaum auf die gesellschaftliche Eingliederung ihrer Landsleute hingearbeitet und deren psychosoziale Versorgung vernachlässigt.

Das hängt unter anderem mit einer konservativen Haltung zusammen sowie mit den Traditionen, die Großeltern und Eltern mit nach Deutschland gebracht und jahrzehntelang in den Familien konserviert haben. Erschwerend kommen oft noch sehr enge Bindungen zu Verwandtschaft oder kulturellen, religiösen und politischen Organisationen im krisengebeutelten Heimatland dazu, die weiterhin großen Einfluss auf die jugendlichen Migranten haben, ihnen ihr Leben in Deutschland diktieren wollen und dadurch unter Umständen ihre Integration behindern. Nicht förderlich sind auch islamische Führer, die Integration als Assimilation verteufeln. Es ist kein Zufall, dass gerade viele Deutschtürken zu einer autoritären Weltsicht neigen.

Seit dem 11. September 2001 erleben wir eine zunehmende Debatte der Muslime über ihre Werte und Normen. Religion ist für diese Gruppe eine zentrale Kategorie ihrer Identität geworden, ein nach innen und außen wichtiges signalhaftes Bekenntnis. Besonders die junge Migranten-Generation, die in Europa geboren worden ist, hat größere Probleme als ihre Eltern, die eigene ethnische Zugehörigkeit zu definieren. Dieser öffentlich geführte Diskurs der Erwachsenen fordert eine Reflexion über die eigene Rolle als Muslim und eine Positionierung geradezu heraus, was unter den jungen Menschen häufig zu einer Abgrenzung führt. Zur Gemeinschaft aller Muslime zu gehören, egal, ob radikal oder nicht, scheint ihnen da oft wesentlich einfacher.

Die Antwort darauf war in der Gesellschaft dieselbe schlechte Integrationspolitik wie zuvor, die durch Drohung, viel zu lange Wartezeiten, Arreste und Sanktionen die Konflikte verstärkt und letztlich den Terroristen zuspielt. Integration darf keine Strafaufgabe sein, sie soll den Menschen eine Zukunft aufzeigen und Interesse am Mitmachen wecken. Gerade die ersten Monate und Jahre sind wichtig für den Karrierepfad der Geflüchteten, wissen Migrationsexperten. Die jungen Menschen sollen aktiv am Leben teilnehmen und sich mit allen demokratischen Kräften dafür einsetzen, dass sich die Zustände, die zu ihrer Vertreibung führten, in ihrem Land verbessern. Insbesondere die hohe Zahl von muslimischen Jugendlichen, die sich in Europa radikalisieren oder dem IS anschließen, hat gezeigt, dass die Migrationspolitik ernsthaft verändert werden muss, ohne sie dabei auf reine Sicherheitsvorkehrungen zu beschränken.

Die Mehrheit der Migranten lebt friedlich in Europa. Meist sind sie sogar wesentlich besorgter über den Terror als die Einheimischen selbst. Die beste Waffe gegen Terror ist immer noch eine mitmenschliche und solidarische Gemeinschaft. Mehr denn je müssen wir unsere europäischen Werte wie Gleichberechtigung, Toleranz oder Meinungsfreiheit verteidigen. Demokratie ist das Gegenteil rechtsstaatsferner Willkür, die der IS betreibt. Die Extremisten wollen unsere Lebensart und für uns selbstverständliche Freiheiten zerstören, wie ungezwungen und frei zu feiern, zu tanzen, sich in Cafés mit Freunden zu treffen oder ein Konzert zu besuchen. Diese Freiheiten werden aber auch anderswo bedroht. Heute erleben wir mehr als je zuvor, wie der IS ganze Länder in die Katastrophe stürzt. Wenn vor den Grenzen Europas unglaubliche Gräueltaten und Genozide verübt werden, in denen sich auch unsere Ignoranz, Orientierungslosigkeit und unsere falschen Interessen widerspiegeln, stoppen diese Konflikte auch vor unserer Haustür nicht.

»Terror ist ein Samen, den man im Garten des Nachbarn gepflanzt hat, die Früchte fallen jedoch auf den eigenen Grund«, formulierte der Schriftsteller George Bernard Shaw. Da nutzen keine noch so hohen Zäune, um das Elend der Welt dahinter auszusperren. Das ist genauso widersinnig wie der Wunsch, die Wirklichkeit abschaffen zu wollen. Und es wird nicht die letzte große Migrationsbewegung gewesen sein. Als Gegenmaßnahme hilft nur eine gerechtere Politik, die Entwicklungschancen auch für schwächere Länder bietet. Nicht die Flüchtlinge, sondern die Fluchtursachen müssen wir bekämpfen. Wir leben gemeinsam in einer immer kleiner werdenden Welt, in der jede Gesellschaft Verantwortung für ihre Taten genauso wie für ihre Untätigkeit trägt und jedes Geschehen eine Wirkung zeigt. Überall. Wo Völkermord droht, darf der Westen nicht schweigen. Sonst verrät er seine eigenen Ideen. Die Erfordernis, den Kriegsopfern wieder auf die Beine zu helfen, ist umso zwingender, je mehr Chancen wir davor vergeben haben, den Krieg zu unterbinden.

Unabhängig vom Terror sollten Menschen andere stets so behandeln, wie sie selbst gerne behandelt werden möchten. Menschenrechte gelten überall für alle Menschen gleich. Die Terroristen und ihre Sympathisanten wollen von solchen universalen Normen aber nichts wissen. Sie reden von einer vermeintlichen Überlegenheit des Islams, der eine andere Vorstellung vom Gemeinschaftsleben hat als wir. Das Existenzrecht von anderen Kulturen darf jedoch nicht infrage gestellt werden, auch von keiner Religion.

Die Frage nach dem Sinn: Delegitimierung und Verneinung der Humanität

»Warum?« Die Frage nach dem Sinn plagt nicht nur das Opfer eines Verbrechens. Das Leben gilt als heilig. Und auch wer diese Regel bricht, braucht eine Rechtfertigung dafür. Das resultiert aus dem grundlegenden Bedürfnis des Menschen, in einer sinnvollen, berechenbaren und gerechten Welt zu leben.

Die Ausführenden müssen wissen, warum sie die gewaltsamen Handlungen ausführen sollen. Und die Opfer müssen erfahren, warum sie die Verluste erleiden mussten. Häufig holen die Opfer zum Vergeltungsschlag aus und werden so selbst zu Ausführenden. In diesem Fall betrachten sich beide Seiten als Opfer, die beide physische Gewalt einsetzen. Beide Konfliktparteien benötigen eine Legitimierung für ihre Untaten.

Über die Rechtfertigungen von Gewalt haben die irischen Psychologen McFarlane und Kollegen (1986) eine Untersuchung zum Konflikt zwischen Protestanten und Katholiken vorgelegt. Bewohner ländlicher Gegenden Nordirlands hatten das Bedürfnis, extreme Gewalttaten, wie Morde oder Bombenattentate, zu erklären. So überrollte im August 1979 beispielsweise der IRA-Mann Danny Lennon versehentlich drei Kinder, nachdem er von einem Soldaten durch einen Schuss mit Todesfolge getroffen worden war. Die Befragten beharrten darauf, dass es sich dabei lediglich um Verirrungen handelte, von Außenseitern verübt.[28] Von Bedeutung ist die Tatsache, dass die Erklärungsschemata meist Themen beinhalten, die den Gegner delegitimieren.[29]

Das Absprechen der Legitimation ist definiert als eine extrem negative Einordnung sozialer und religiöser Gruppen, die letztlich deren Humanität verneint. Delegitimierung unterstellt, dass die gegnerische Partei böswillig, unmoralisch und unmenschlich ist. Das ist die einfachste, effektivste und umfassendste Art zu erklären, weshalb Menschen umgebracht werden. Mögliche innerpsychische Konflikte wie Gewissensbisse werden von allen Beteiligten verdrängt, was aber nicht den Rückschluss erlaubt, dass solche Personen psychisch krank sind.

Ein moralisches Dilemma. Reagiert Frankreich beispielsweise auf die Attentate mit einer Kriegserklärung gegen »das Böse«, kann es im Anschluss daran den Gegner schlecht dafür verdammen, dass es selbst erneut attackiert wird, denn im Krieg gelten Gewalt und Gegengewalt als üblich. Wer mit Gewalt zuschlägt, kann andere für ihre aggressive Antwort darauf schlecht verurteilen. Er verliert seine moralische Integrität, indem er den Feind als solchen anerkennt und sich mit ihm auf eine Stufe stellt.

Die Gewalt immer weiter im Irak und in Syrien eskalieren zu lassen verschlimmert die Situation vom Schlimmen zum noch Schlimmeren. Die Falle schnappt zu, die der IS seinen »Gegnern« gestellt hat, denn weitere Bombardierungen, Mord und Totschlag treiben dem Terrorregime noch mehr Wütende, Verzweifelte, Helfende und psychisch Kranke in die Arme. Je mehr Nationen sich an diesem Kampf beteiligen, desto mehr sehen die »Gotteskämpfer« ihre Vision einer bevorstehenden apokalyptischen Endschlacht bestätigt.

Wichtiger als weitere Bomben wären Maßnahmen zur Stärkung des Friedens. Das politische System könnte reformiert werden, indem die sunnitische Bevölkerung in einen politischen Prozess als gleichberechtigte Partner mit einbezogen wird. Die Sunniten sind am besten in der Lage, den Terroristen ideologisch das Wasser abzugraben. Wie die Erzählungen vieler Überlebender im IS belegen, haben einige schon lange verstanden, dass die Extremisten weder ihre Beschützer noch Retter sind, sondern eher wie eine Mafia-Gang gewaltsam für Ordnung sorgen, die unterdrückt, Gelder abpresst und denjenigen erschießt oder foltert, der nicht spurt. Viele Sunniten wünschen sich einfach nur

Frieden. Das aber ist das Letzte, was der IS will. Aus den Augen verlieren dürfen wir dabei auch nicht alle anderen radikalen Organisationen, die in deren Windschatten segeln.

Das beste Argument für Krieg: Die Bedrohung der kulturellen Identität

Ein einziges gutes Argument reicht aus, um schnellstmöglich ein ganzes Volk in Aufruhr zu versetzen. »Unsere kulturelle Identität ist bedroht!« Das ist eine der treibendsten Kräfte, mit denen man Menschen dazu bringt, zu den Waffen zu greifen. Egal, ob die Sorge berechtigt ist oder nicht. Die Menschen beginnen, über Identität zu reden, wenn sie aufhören, über Gemeinsamkeiten zu reden, meint der Historiker Eric Hobsbawm. Die »Bedrohung der kulturellen Identität« ist zu einem Schlüsselbegriff für ethnische Konflikte geworden.

Während gewalttätige Konflikte früher in erster Linie durch Macht- und Wirtschaftsinteressen und in den arabischen Ländern zum Teil mit dem arabischen Nationalismus erklärt wurden, betont Samuel Huntington in seinem kontrovers diskutierten Buch »Kampf der Kulturen«, dass die Konflikte des 21. Jahrhunderts in erster Linie an der kulturellen Nahtstelle zwischen Orient und Okzident entstehen.[30]

Für ihre Kultur, Ideologie oder Religion sind Menschen bereit, ihr Leben aufs Spiel zu setzen. Vor allem »islamische Religionskultur« hat in der arabisch-islamischen Welt eine existenzielle Bedeutung und wird als Kern menschlicher Sinnstiftung für das Diesseits und Jenseits verstanden.

Nach dem Anthropologen Ernest Becker (1975) versteht man unter »Kultur« den Puffer, der die Angst vor der eigenen Sterblichkeit begrenzt.[31] Wird die eigene Kultur, Religion oder Ideologie durch eine andere konkurrierende Weltsicht gefährdet, versuchen Menschen zunächst, deren Bedeutung zu leugnen, abzuwerten oder wie im Fall des islamisierten Terrors aktiv zu bekämpfen. Glaubenskonflikte, auch innerhalb des islamischen Schiitismus und Sunnitismus, werden deshalb so heftig geführt, weil Religionen in ihrem Kern ein Versprechen für eine sinnvolle Existenz und ein Versprechen für die Unsterblichkeit beinhalten.

»Der Islam ist einer permanenten Bedrohung ausgesetzt! Unsere Existenz als Muslime ist gefährdet!« Diese Botschaft wird in diversen Ausführungen von politischen und religiösen Anführern der islamischen Welt in Umlauf gesetzt. Die eigenen machtpolitischen Interessen lassen sie dabei außen vor. Die Leute glauben den Worten der Oberen, fühlen sich ungerecht behandelt, weil sie davon ausgehen ihre ursprünglichen Bedürfnisse nicht mehr ausreichend befriedigen zu können. Es ist, als habe man ihnen etwas Lebenswichtiges weggenommen. Ähnlich wie ein Gefühl von Hunger, den man nicht stillen kann. Hunger nagt. Hunger macht aggressiv. Moral und Grundsätze aber sind bekanntermaßen nur dann gültig, wenn der Mensch satt ist. Ein Gefühl von Deprivation, also Mangel und Entbehrung, plagt sie. Unter diesen Umständen betrachtet, sind der Zulauf vieler jugendlicher Muslime zu den Terrororganisationen und das Schweigen der islamischen Welt vielleicht auch als Ohnmacht zu deuten.

Fühlt sich ein Mensch in seiner Identität bedroht, kann sich in jedem von uns schnell der Rassist bemerkbar machen. Wir ordnen unsere Welt in einfache Kategorien, um sie übersichtlicher zu machen, Energie zu sparen und notfalls schnell handeln zu können. Eigenschaften, die wir mit den Stereotypen verbinden, kann man sich in unserem Denken wie aneinandergereihte Dominosteine vorstellen. Sieht ein IS-Kämpfer beispielsweise einen Europäer, meint er nicht nur seine Kleidung und Hautfarbe sofort zu erkennen. Wird ein Stein angestoßen, fallen auch alle weiteren um. Charaktereigenschaften wie »arrogant, islamfeindlich, gefährlich ...« Ob wir nach solchen Kategorien handeln, hängt davon ab, ob wir uns unsere Vorurteile bewusst machen.

Allgemein unterscheiden Kulturen zwischen verbotener, gebotener und erlaubter Gewalt. Was in manchen Kulturen als Gewalt gilt, ist anderswo nur eine Körperberührung. In Gesellschaften, die ihre Konflikte durch das Gesetz der Blutrache regeln, kann Töten zu einem Gebot werden, dem sich kein Mann entziehen darf. Auch im Krieg ist Gewalt angesagt, und wer nicht tötet, wird disziplinarisch zur Verantwortung gezogen. Und dennoch ist im Krieg zwischen Nationen nicht jede Form von Gewalt erlaubt. Das Töten von Sanitätern, Parlamentariern, Kriegsgefangenen und Zivilisten ist verboten. In Bürgerkriegen gehört es allerdings zur Strategie.

Solche Reglements variieren von Kultur zu Kultur, und innerhalb einer Kultur von Zeit zu Zeit. Es ist noch nicht lange her, da war auch im Westen physische Gewalt gegen Frauen und Kinder in der Familie erlaubt, dann beschränkte sich das nur noch auf die Kinder, und heute gilt das Verbot für beide Gruppen. Erst wenn Menschen glauben, sich in einer Zone gebotener oder erlaubter Gewalt aufzuhalten, können andere ihre Gewaltbereitschaft stimulieren. Menschen besitzen nicht von Natur aus eine Tötungshemmung, sondern sie haben angelernte Hemmungen, an nicht dafür vorgesehenen Orten und an Menschen mit denselben kulturellen Vorstellungen Gewalt auszuüben. Immer bleibt den Menschen die Wahl, sich dem Schlimmen zu verweigern.

Kultur und Religion schränken Menschen ein, wenn sie den Glauben ideologisieren und ihnen die Humanität entziehen. Sie können einen Raum der Entsagungen, der Selbstbestrafungen, aber auch des Tötens und Bestrafens schaffen, wenn die von ihnen befohlenen Regeln nicht eingehalten werden. Ursprünglich sollten Lebensart und Glaube den Menschen als Orientierung dienen, ihr Zusammenleben erleichtern, erweitern und bereichern. Wenn sie jedoch als Herrschafts- und Machtinstrumente missbraucht werden, um Menschen zu schaden und ihre Freiheit zu beschneiden, müssen islamische Gelehrte sie auf den Prüfstand stellen und hinterfragen, ob sie noch ihre Gültigkeit besitzen.

Seit 1400 Jahren leidet die Region im Mittleren Osten unter großen theologischen Konflikten. Seither machen sich Sunniten und Schiiten gegenseitig wegen einer Meinungsverschiedenheit über die Nachfolge des Propheten Mohammeds nieder. Überraschend war damals der Gründer des Islams im Jahr 632 gestorben. Seither ist der Islam gespalten. Um das Vakuum an der Spitze der Muslime zu füllen, traten die Schiiten dafür ein, dass nur ein Familienangehöriger des Propheten – also Ali und seine Söhne, die Enkel Mohammeds – dessen Nachfolge antreten durften. Die Sunniten aber forderten die Wahl eines Anführers aus dem Stamme Mohammeds, der kein Familienmitglied des Propheten sein musste. Sie setzten den Mohammed-Vertrauten Abu Bakr als ersten Kalifen durch. Erst im Jahre 656 konnte Ali zum Kalifen gewählt werden, der allerdings bei Kämpfen um die Führung der islamischen Gläubigen im Jahre 661 ermordet wurde. Und bis heute gibt es keine Sicherheit, dass die Gewalt bald enden wird.

Historische Gewohnheit und Sozialisation haben allein in den letzten hundert Jahren im Mittleren Osten den Menschen ein starkes Misstrauen gegenüber ihrer Umwelt eingeimpft. Kultur hat Gewalt integriert. Dabei hat die Kultur des Mittleren Ostens die Gewalt geformt, und die Gewalt hat daraus wieder die neue Kultur geformt.

Der Völkermord und die Auswirkung auf die nachfolgenden Generationen

Auf der einen Seite Massenmord an den Menschen im Nahen Osten. Auf der anderen Seite Terrorangriffe des IS in der westlichen Welt. Zu viel. Zu schnell. Zu plötzlich. Die Ereignisse überwältigen die Menschen, hinterlassen ein kollektives Trauma und haben weitgreifende Folgen. Die geschlagenen Wunden treffen eine ganze Gemeinschaft und können nicht allein bewältigt werden.

Wie bei den Holocaust-Opfern und anderen Überlebenden von Massakern sowie Völkermorden werden auch in diesem Fall die nachfolgenden Generationen unter den Auswirkungen der Gewalt leiden. Viele Studien beweisen, dass Kinder von Überlebenden des Holocausts, die zwar selbst nicht dem Nazi-Terror ausgesetzt waren, trotzdem ähnliche psychische Symptome und soziale Auffälligkeiten zeigten wie die Opfer selbst. Gerade so, als hätten sie es selbst erlebt.[32, 33]

Auch die jetzigen nachfolgenden Generationen werden sich wie bereits ihre Eltern mit dem Genozid beschäftigen und möglicherweise Identitätsprobleme, Selbstwertverlust oder eine Art »Minderwertigkeitskomplex« entwickeln. Verbunden mit der durchaus berechtigten tiefen Überzeugung, ungerecht von der Welt behandelt worden zu sein. Dies wird auch Einfluss auf die Erziehung und die Beziehung in der Familie nehmen.

Solche Kinder und Jugendlichen scheuen sich erfahrungsgemäß, Konflikte mit den Eltern auszutragen, um sie als Überlebende nicht noch zusätzlich zu belasten. Offene Aggression ist da eher ein Tabu. Vielmehr versuchen die Kinder, normalen Ärger oder Feindseligkeit, die sie gelegentlich gegenüber ihren Eltern empfinden, in Schach zu halten oder unbewusst zu unterdrücken, denn sie wissen, wie stark ihre Väter und Mütter leiden mussten. Diese aufgestauten Emotionen werden in Zukunft das Familienleben belasten.

Eine Rückkehr ins alte Leben, wie es einmal war, ist nicht mehr möglich. Die Betroffenen brauchen jedoch ein Gefühl der Kontinuität und die Hoffnung, dass es einen Weg zurück in die alte Sicherheit und damit eine lebendige Zukunft für sie gibt. Sie dürfen die Geschichte des Terrors nicht verdrängen, aber diese darf auch nicht die Macht besitzen, sie zu zerstören. Die Menschen müssen lernen, die Vergangenheit zu ordnen und als einen Teil ihres Lebens zu akzeptieren. »Nur wer die Vergangenheit kennt, hat eine Zukunft«, schrieb schon der Gelehrte Wilhelm von Humboldt.

Selbst wenn die Familien zerstört, die Angehörigen noch in Haft oder vermisst sind, kann der Hinterbliebene an den Erfahrungen wachsen und sogar erst recht den Drang entwickeln, leben zu wollen, sofern er lernt, sein Trauma zu verstehen.

Die schwer traumatisierten und gefolterten Jesidinnen werden versuchen, schnell andere Überlebende zu finden und sich mit ihnen zu solidarisieren. Einige werden aber auch rasch eine Ehe eingehen, in der Hoffnung, von der eigenen Gesellschaft als Vergewaltigte nicht ausgegrenzt zu werden. Ohne Aufarbeitung werden solche Ehen nicht glücklich sein, aber die Frauen sehnen sich nach Anerkennung einer fast zertrümmerten Identität. Sie versuchen, ihre Gemeinschaft wiederherzustellen, und betrachten es als ihre Pflicht, dafür zu sorgen, dass ihr Volk überlebt.

Für die Misshandelten wird es jedoch noch viele Probleme nach sich ziehen, mit dem eigenen Trauma, mit dem ihrer Vorfahren und dem ihres Kollektivs umzugehen. Diese drei Formen von Traumata fließen ineinander über, vermischen sich und machen die Verarbeitung besonders schwer. Die Gemeinschaft und der Einzelne werden Wert auf Sicherheit, Ordnung, Stabilität legen, um zu überleben, aber auch in vielerlei Hinsicht auf Liebe, Nähe und individuelle Belange bewusst verzichten und unbewusst großes Leid ertragen.

Es wird zudem viele Überlebende geben, die die traumatischen Erfahrungen nicht in ein neues Leben integrieren können. Nicht nur für sich selbst bleiben diese Menschen eine lebenslange Belastung. Auch bei ihren Nachkommen äußert sich der psychische Druck in Träumen, Fantasien, emotionalem Erleben oder unbewusstem Agieren. Transgenerationale Übertragungsphänomene schlagen wie ein Bumerang in die nachfolgende Generation zurück.

Ausgehend von zahlreichen Studien zum Holocaust, müssen wir auch bei den Jesiden und anderen Minderheitenreligionen davon ausgehen, dass die unmittelbaren Opfer des IS-Terrors sich aus dem Erlebten psychisch nicht mehr wirklich befreien können; sie werden dort haften bleiben.[34] Bei vielen der gefolterten Frauen drückt sich das in einer weitgehenden Amnesie gegenüber der Lebenszeit vor der Verfolgung aus. Die Erinnerung streikt, die Menschen können auf das Erlebte nicht mehr zugreifen. Gleichzeitig aber kommt es zu einer Hypermnesie, also einer abnormen Steigerung der Erinnerungs- und Merkfähigkeit bezüglich bestimmter Haft- und Vergewaltigungserlebnisse. Das Gute wird vom Schlechten dominiert, schlimmstenfalls in seiner Dunkelheit erstickt.

In einer Therapie geht es für die Überlebenden nicht darum, das Trauma zu vergessen. Es geht darum, zu lernen, mit der seelischen Wunde zu leben. Sie sollen begreifen: »Das Trauma ist ein Teil meines Lebens, aber es bestimmt nicht mein ganzes Leben.«

Die Welt der kollektiven Traumata: Vom Leben in einer stehen gebliebenen Zeit

Die nachfolgenden Generationen versuchen, die fehlenden Personen und emotionalen Lücken in der Familie zu füllen. Sie identifizieren sich nicht nur stark mit den überforderten Eltern, sondern übernehmen teils auch deren Rollen. Ohne sich dessen bewusst zu sein, versuchen die Kinder, die lebensgeschichtliche Kontinuität der eigenen Eltern und Großeltern wiederherzustellen. Damit ist auch der übermächtige Wunschgedanke verbunden, nachträglich in den Ablauf der Vergangenheit einzugreifen und diese ungeschehen machen zu wollen. Sie übernehmen für Eltern und Geschwister deren Schuldgefühle, unter wenigen überlebt zu haben, um diese zu entlasten und zu heilen. Sozusagen im »Dienste des traumatisierten Kollektivs« unterdrückt die Jugend die eigenen Wünsche und Fantasien.

Dass diese nachfolgende Generation ihre natürlichen Generationsgrenzen verleugnet oder verdrängt, beeinflusst nachhaltig die ganze Gesellschaft. Natürlich leben die Heranwachsenden in einer anderen Zeit, in anderen Verhältnissen und unter neuen Bedingungen, aber dennoch geraten sie in den Strudel einer traumatischen Zeitschleife, dem auch die nachfolgenden Kinder und Enkel nicht entkommen. Sie erleben die Traumata der Vergangenheit immer wieder wie eine unmittelbare Realität, was sich durch die erneute Wiederholung eines Genozids um ein Vielfaches verstärkt.

Bereits jetzt lässt sich beobachten, dass die jungen Jesiden, unabhängig vom Genozid 2014, aufgrund der historischen Traumata in zwei eng miteinander verbundenen Welten hausen. In der eigenen Welt, in der sich ihre Generation einigermaßen eingerichtet hat, und in der Welt der kollektiven Traumata. Diese Welt aber ist wie eine stehen gebliebene Zeit. Ohne Kontinuität.

Ohne echte Strukturen und Rahmen. Sie ist nicht wirklich fassbar und auf die eigene Persönlichkeit übertragbar, aber immer existent im Gedächtnis. Ähnlich wie schwarze Gewitterwolken, die sich am Himmel so mächtig über einem auftürmen, dass sie sich jederzeit mit flutartigen Regengüssen entladen und alles unter sich im Schlamm mitreißen könnten.

Ein derartig düsteres Droh-Szenario nimmt entsprechend Einfluss auf das Denken, Verhalten und die Emotionen der verletzten Seelen. Das äußert sich in Träumen, Affekten, Impulsen, Irritationen, Verunsicherungen, unerklärlichen Ängsten oder Zwängen, Zwangshandlungen, Depressionen, Gefühlen von innerer Leere, Apathie, aber auch in einer fast krankhaften Betriebsamkeit, im Zusammenhang mit den extrem belastenden Erlebnissen der Vorfahren – um nur einige wenige Folgen des Unheils zu nennen.

Die Spuren jahrhundertelanger Verfolgung: Wege aus der Zerstörung finden

Das ganze Leben besteht aus Erinnern. Oder wie der Gedächtnisforscher Daniel Schacter resümiert: »Wir sind Erinnerung.« Da viele Fragen in Bezug auf die Religion und die Genozide an den Jesiden seit 800 Jahren nicht von den überforderten Vorgenerationen geklärt wurden, schafft es die Gesellschaft nicht, die unverarbeiteten traumatischen Eindrücke wie ein fehlendes Puzzlestück ins kollektive Gedächtnis einzufügen. Ohne ein zusammenhängendes Bild ist aber auch der neuen Generation und deren Kindern der Weg zur Aufarbeitung und Trauerarbeit verbaut.

Die Zugehörigkeit zu einer Gruppe, die seit Jahrhunderten als Minderheit lebt, immer unterdrückt, ermordet, vertrieben und verfolgt wurde, führt zu einem Gefühl der Schwäche unter den einzelnen Personen. Sie können die eigene Wut im Bauch auch deshalb nicht herauslassen, da sie sonst mit weiterer Unterdrückung rechnen müssen. Dieser Zorn, verbunden mit einer tiefen Hilflosigkeit und Ohnmacht, wird meist allein in der Familie, im Stamm oder in der eigenen Gemeinschaft kanalisiert.

Die ständige Angst vor Übergriffen, selbst wenn es manchmal keinen Grund dafür gibt, führt dazu, dass sich Traumatisierte von anderen Leuten distanzieren, übervorsichtig im Kontakt verhalten und auch mögliche Konflikte vermeiden. Die nachfolgenden Generationen haben es deshalb oft nicht gelernt, ihre Aggression auszuleben oder als einen Teil von sich zu akzeptieren. Ein innerpsychischer Konflikt mit dysfunktionalen Kognitionen, also Denkfehlern und irrationalen Annahmen, die zu Gefühlen der Bedrohung führen, bestimmen das Leben des Individuums und des Kollektivs. So werden beispielsweise ohne fehlende Beweise oder sogar trotz eines Gegenbeweises willkürliche Schlussfolgerungen gezogen.

Familiäre Bindungen sind häufig auch durch die Ermordung der Eltern und anderer Familienmitglieder dauerhaft zerstört. Diejenigen, die Geiselhaft, Folter und Flucht überlebt haben, leiden selbst an Traumata und können eine sichere und gesunde Bindung nicht ohne Weiteres wieder aufbauen. Solche Eltern sind nicht oder kaum mehr in der Lage, ihren Kindern Halt und Zuwendung zu geben. Die Kinder erleben das wie einen Vertrauensbruch, denn sie erwarteten von ihren Eltern Hilfe, mussten aber erfahren, dass Vater und Mutter genauso hilflos einem allumfassenden Grauen und Elend ausgesetzt waren. Auf diese Weise wirken in den gemeinsamen Erinnerungen Spuren des Giftes von Generationen.

In der Gemeinschaft aber haben Betroffene die Chance, ein kollektives Trauma durch Versöhnung, Vertrauen und eine Zukunftsperspektive so zu verarbeiten, dass sich bei ihnen die seelische Wunde nicht pathologisch oder krankhaft auswirkt. Ein individuelles Trauma, das einen Menschen in seinem Selbstverständnis stark beschädigt hat, benötigt allerdings professionelle Hilfe. Doch zum Glück werden nicht alle, die diese lebensbedrohlichen Erfahrungen durchleiden mussten, automatisch psychisch krank.

Einige Überlebende verfügen über individuell angeborene und starke Widerstandskräfte (Resilienzen), die ihnen helfen, mit der psychischen Erschütterung umzugehen. Das bedeutet aber nicht, dass sie diese Ereignisse vergessen oder verleugnen. Vielmehr ist ihnen im Gegensatz zu den anderen diese schmerzliche Vergangenheit nicht nur bewusst, sie wachsen und reifen sogar daran. Oft besitzen solche Menschen die Fähigkeit, bestimmte Dinge anzunehmen und Kleinigkeiten im Leben viel intensiver zu schätzen als völlig unbelastete Personen. Sie wissen, was es bedeutet, einmal alles, körperlich sowie seelisch, verloren zu haben. Sie erkennen in ihrem Leben eine neue Chance und fassen neue Ziele. Dennoch muss man davon ausgehen, dass durch den IS-Terror vorsichtig geschätzt 30 bis 40 Prozent der Opfer eine posttraumatische Belastungsstörung entwickelt haben.

Ein Zugeständnis der islamischen Welt an den historischen und aktuellen Terror sowie ein Schuldgeständnis der jeweiligen Täter ist wichtig, damit die Leidtragenden trauern können. Der Tod wirft die Hinterbliebenen sonst in die Einsamkeit. Er ist eine Zäsur, teilt das Leben in ein Davor und ein Danach. Kummer. Leere. Zorn. Es ist ein schmerzhafter Prozess, solche Verluste zu akzeptieren. Wenn Hoffnung auf Frieden besteht und den Menschen eine behutsame Verarbeitung des Traumas auf individueller sowie gesellschaftlicher Ebene ermöglicht wird, finden sie den Mut, sich neu aufs Leben einzulassen. Erst dann ist eine lebenswerte Zukunft möglich.

GESCHICHTE EINER MUTTER: DER WAHNSINN HAT EIN MILCHGESICHT UND MORDET KLEINE KINDER

Bunt blühen die Blumen in den Beeten. Dass es so viele Farben gibt, habe ich gar nicht mehr gewusst. Kein Unkraut dazwischen. Die Menschen sitzen im Park auf der Bank, werfen ihren Hunden einen Ball. Alte Damen mit kurz geschnittenen Silberhaarfrisuren schieben ihre Rollatoren vor sich her. Ich bringe Hena, 6, und Kemal, 5, zum Kindergarten. Vor dem Eingang steht eine Mutter, sie hält ein kleines Mädchen im Arm, vielleicht zweieinhalb Jahre alt.

In dem Augenblick sehe ich meine Tochter Tulay, zweieinhalb Jahre alt. Wie festgenagelt bleibe ich stehen. Nur zwei Meter von mir entfernt liegt sie auf der Straße. Eine dunkle Pfütze bildet sich unter ihrem blonden Schopf. Rechts, wo das Auge war, klafft eine dunkle Höhle. Da liegt sie, wie von der Hand eines Riesen auf den Asphalt geschmettert.

Sieht das denn niemand außer mir?! Die Leute spazieren an Tulays leblosem Körper vorbei, ohne ihr Beachtung zu schenken. Mit aufgerissenen Augen starre ich sie an, lausche meinem eigenen Herzschlag, viel zu laut und viel zu schnell poltert es. »Hilfe!« Meine Lippen bewegen sich, aber es kommt nur ein Stöhnen heraus. Hört ihr denn nicht? Das ist Tulay! Meine kleine, wunderschöne Tochter Tulay. Sie ist tot.

Schnell! Bloß weg! Ich greife Hena und Kemal an den Händen, ziehe sie für einen Moment hinter mir her, aber dann haben die beiden begriffen, und wir rennen gemeinsam in hohem Tempo zurück, als jage der Tod wieder hinter uns her. So wie er es noch vor sechs Wochen getan hat. Ein Jahr und zwei Monate lang. Atemlos schmeiße ich die Tür hinter uns zu.

Mein Kopf gleicht einem Scherbenhaufen aus Erinnerungen. Und in jeder Scherbe spiegelt sich ein anderes Bild. Sobald ich diese Bilder aber genauer betrachte, verlieren meine Muskeln ihre Kraft, die Knochen geben meinem Körper keinen Halt mehr, mein Kopf dröhnt, als schlage jemand eine Trommel darin. Ich halte mir die Ohren zu. Schließe die Augen. Vielleicht verschwinden die Bilder, wenn ich sie wieder öffne. Aber sie kommen und gehen, wie sie wollen.

Manchmal merkt man mir nichts an. Ich rede flüssig, ganz normal. Dann plötzlich wechsle ich die Themen, tausche sie gegen andere aus, immer schneller, als liefen in meinem Gehirn nebeneinander mehrere Filme ab, und ich muss sie alle beschreiben, um den Wahnsinn zu erklären, weil die Leute einfach nicht begreifen können …

All diese Filme handeln von meiner Vergangenheit, die mein ganzes heutiges Leben bestimmt. Sieben Tage lang hat der IS-Kämpfer meine kleine Tochter in einen Blechtopf gestopft, Deckel drauf, bei einer Hitze wie im Ofen. Gleichzeitig lauere ich mit diesem Mann in den Bergen, mit vorgehaltener Kalaschnikow, der schwarze Stoff meines Gesichtsschleiers klebt an meinen Wangen. Nebenher rupfte ich die Taube in der Küche, denn ich soll ihm sein Abendessen bereiten. Meine Finger beben. Ich habe so große Angst davor, dass er nach Hause kommt. So schrecklich große Angst. Nicht um mich. Um meine Kinder.

In der Anwesenheit von Hena und Kemal soll ich über das Geschehene nicht mehr sprechen, hat mein Therapeut gesagt.

Das helfe ihnen, besser damit zurechtzukommen. Nur manchmal kann ich trotzdem nicht mehr an mich halten, dann rede ich und rede und zeige ungefragt jedem das Bild auf meinem Handy. Lockiges Haar. Goldbraune Augen. Ein Lächeln im Gesicht. Das ist meine wunderschöne Tochter Tulay ...

In Deutschland sind wir sicher. Die ersten Wochen haben sich Hena und Kemal hinter dem Sofa versteckt, sobald eine fremde Person in unserer Sammelunterkunft aufgetaucht ist. Jetzt lachen sie wieder. Nur nachts wacht meine Älteste noch auf und schreit. »Tulay, Tulay, Tulay ...!« Immer wieder.

»Fang von vorne an zu erzählen«, fordert mich der Therapeut auf, »atme ganz tief durch, langsam, Zug für Zug. Versuche, dich zu spüren.« Spüren? Ich will mich nicht spüren, denn alles tut mir so weh. So schrecklich weh. Ich will nicht mehr leben. Aber ich muss leben. Für meine beiden Kinder, die mir noch geblieben sind.

Ganz langsam, tief durchatmen, ich komme aus Kene und bin Halbwaise. Meine Mutter ist früh verstorben. Mit zehn Jahren habe ich die Schule einen Monat lang besucht. Das war das erste und letzte Mal. Auf dem Pausenhof hatten Jugendliche meinen Bruder hinterrücks mit einem Messer angegriffen. Wir wissen nicht, wer das war. In dieser Schule gab es fast keine Jesiden, nur Araber.

Nach dem Ereignis hielt Vater es für sicherer, wenn wir Kinder wieder zu Hause blieben. Auf dem Feld und mit dem Vieh gab es ohnehin genug zu tun. Vaters neue Frau mochte uns nicht besonders, deshalb hat er meine drei Brüder und mich fast alleine großgezogen.

Leider durfte ich mir als junges Mädchen meinen Ehemann nicht selbst aussuchen, aber ich war zufrieden mit Vaters Wahl.

Ein Barbier, sieben Jahre älter als ich. Mir ging es gut bei diesem Mann. Wir besaßen einige Grundstücke, ein Auto und haben drei Friseurläden miteinander aufgebaut.

Jesidische Männer verhalten sich sehr respektvoll ihren Frauen gegenüber. In meinem Dorf habe ich nie davon gehört, dass ein Mann seine Kinder und Frauen geschlagen hätte. Frauen und Familien waren bei allen hoch angesehen. Heute haben wir keine Männer mehr. Unsere Männer sind alle tot.

Beim Bau unseres Hauses haben wir drei arabische Arbeiter aus den Nachbardörfern beschäftigt, die den Zement gerührt und Bretter genagelt haben. Zwischendurch musste mein Mann die Baustelle verlassen, um in unseren Läden die Kunden zu bedienen. Deshalb hat er mich angewiesen. »Schau nach ihnen und sorge dafür, dass es unseren Arbeitern an nichts fehlt.« Jedes Mal habe ich extra vorher ein paar Hühner gekauft und den dreien frische kalte Buttermilch zubereitet. Ich war hochschwanger, konnte nicht richtig laufen, weil meine Füße geschwollen waren, aber ich habe trotzdem für sie gekocht.

Die Speisen habe ich ihnen wortlos hingestellt und bin dann schnell wieder gegangen. Die Art, wie sie mich betrachtet haben, gefiel mir nicht. Unter ihnen war auch ein etwa 50-jähriger Tunesier mit Hakennase. Dunkle Haut, schlank, kurze schwarze Haare und gestutzter Vollbart. Mein Unbehagen habe ich meinem Mann gleich mitgeteilt. »Das sind keine guten Menschen.« Er wollte das aber nicht glauben. »Das sind nur Araber, die sind etwas grob, aber das sind keine schlechten Menschen.«

Um unseren schönen Neubau herum haben wir schließlich Feigen- und Birnbäume angepflanzt. Unser erstes Baby, Hena, hat mich viele Nerven gekostet. Die Kleine hat Tag und Nacht geplärrt. Kemal folgte kurz darauf. Er war weder einfach noch schwierig. Ein normaler Junge, der gerne mit schmutzigen Hosen im Sand gespielt hat und viel Unsinn im Kopf hatte. Meine

Drittgeborene, Tulay, war dagegen ein sehr pflegeleichtes Baby. Ich konnte sie hinlegen und in Ruhe meiner Arbeit nachgehen. Sie hat nur vor sich hin glucksend ihre dicken Beinchen in die Luft gereckt.

Wir waren eine kleine Familie wie tausend andere im Irak, die sich Sorgen um die Zukunft ihrer Kinder gemacht hat. Seit Jahrzehnten drohen den Kurden Entwurzelung, Gewalt, Auslöschung. Selbst wenn es uns persönlich an nichts gefehlt hat, war doch die Lebenssituation vieler Menschen um uns herum sehr schwierig. Meinen Mann hat eine düstere Vorahnung geplagt: »Eines Tages könnten uns die Muslime aus dem Irak jagen.«

Gemeinsam haben wir uns deshalb abends auf dem Sofa gerne Sendungen über Deutschland im Fernsehen angesehen. Wir wussten alles. Wie man dort lebt, wie es dort aussieht, wie die Berufsaussichten dort sind. »Wir sollten dahin auswandern«, hat mein Mann vorgeschlagen. »Ja, das wäre schön«, fand ich.

Aber wir haben das Leben auch in unserem Dorf sehr genossen, so, wie es war. Für unsere religiösen Feiertage putzten wir uns alle heraus. Männer wie Frauen. Bevorzugt habe ich knielange Röcke angezogen. Besonders blaue Farben habe ich geliebt. Meine dunklen, dichten Haare reichten mir bis zur Hüfte. Mein ganzer Stolz.

Mein Mann hat dieses Haar so geliebt. So oft gestreichelt. Als mich mein erster Peiniger später geschlagen hat, rastete ich derart aus, dass ich mir meinen Zopf mit der Schere abgeschnitten und diesem Kerl vor die Füße geschleudert habe. Es war nicht einfach nur ein Zopf aus Haar, ganz tief in mir hatte ich damit auch etwas von meiner Persönlichkeit abgetrennt. Ich wollte nicht mehr hübsch aussehen. Dafür hat mich dieser Kerl noch fester geohrfeigt.

Tulay war nicht einmal ein Jahr alt. Sie hatte gerade angefangen, sitzen zu lernen. Sobald wir sie losgelassen haben, ist sie umgefallen. Hena war vier, Kemal drei Jahre alt. Sie sprachen schneller, als sie dachten, und sie rannten, sprangen, tanzten und hüpften den ganzen Tag. Beide trotzig und wütend über sich selbst, wenn sie dabei vor Eile über ihre eigenen Füße gestolpert sind. Dauernd Fragen auf den Lippen: »Warum ist der Himmel blau? Warum ist das Wasser nass? Warum ist der Mann so böse? ...« Warum? Warum? Warum? Viele Fragen, ohne richtige Antworten.

Wir hatten geplant, mit den Kindern nach Deutschland zu gehen. Aber es durfte wohl nicht so sein, dass ihr Vater mit uns kommt. Als sie ihn erschossen haben, war er 33. Ich war 26. Oder war ich noch jünger? Dauernd vergesse und verwechsle ich Zahlen und Tage. Seitdem die Mörder in unser Dorf eingefallen sind, kann ich mir nichts mehr merken ...

Wie Falken sich vom Himmel stürzen

Natürlich wussten einige Leute bei uns, dass diese Bande auch vor unserem Ort nicht haltmachen würde. Doch wir haben geglaubt, dass sie nur an unserem Land, nicht aber an uns Jesiden Interesse hätten. Wir haben auch nicht geahnt, dass sie Mädchen und Frauen rauben würden. Wir hätten genug Zeit gehabt, um wegzulaufen.

»Bevor sie kommen, hauen wir ab«, hat mein Mann seinen Kunden erzählt, während er ihnen die Haare geschnitten und die Bärte eingeschäumt hat. Die muslimischen Kurden haben ihn beruhigt: »Ihr braucht euch nicht vor dem IS zu fürchten. Von euch wollen die doch gar nichts.« Andere haben sich sogar lustig über die Ängstlichen unter uns gemacht. »Was seid ihr denn für Männer? Wollt ihr etwa abhauen?«

Wie Falken vom Himmel herab auf leichte Beute zuschießen und sie mit ihren Schnäbeln und Krallen attackieren, so haben sich die IS-Milizen über uns hergemacht. Unter den Männern, die bei uns ins Dorf eingefallen sind, waren über die Hälfte Amerikaner. Keine Dunkelhäutigen, nur Weiße. Sie wollten alle nur eins: hübsche Mädchen vergewaltigen.

Hunderte IS-Kämpfer, schwarz wie die Nacht gekleidet, trieben etwa 300 unserer Männer und Jungen wie Schafe zusammen. Hilflos musste ich mit ansehen, wie sie meinen drei kleinen Kindern den Vater und mir ein Stück meines Herzens weggerissen haben.

Mit ihren Pick-ups haben diese Männer, die ihre Gesichter unter schwarzen Tüchern verborgen hielten, unsere Brüder, Väter, Großväter, Onkel, Kinder und Neffen in die Nähe einer Schlucht transportiert. Zwölf nahe Familienmitglieder haben sie dort niederknien lassen und erschossen. 14 weitere Verwandte von mir sind im Kugelhagel umgekommen. Nur ein Schwager hat diese Massenexekution überlebt, begraben unter einem Berg von Leichen. Sein Gesicht, von einem Schuss unterm Auge, für immer entstellt.

Im Dorf herrschte ein einziges Chaos. Erst sind wir Frauen und Kinder nach Solak gebracht worden. Dann mit Autos und Pick-ups nach Tel Afar. Zwischendrin war ich mit vielen anderen Frauen und Kindern im Gefängnis »Badusch« bei Mossul eingesperrt. Dort wurden wir bombardiert. Gereizt haben uns die Bewacher daraufhin wieder aussortiert in ältere und junge Frauen. Ich kam nach Qizilkoy, eines der ehemaligen schiitischen Dörfer.

Wir hatten die Bomben überlebt, uns wortlos ihre Spucke aus den Gesichtern gewischt und ihre Fausthiebe wie Steinschlag im Gebirge über uns niederprasseln lassen. Was würde als Nächstes passieren? Wir stiegen aus dem Bus heraus, kniffen die Augen zu, weil die Sonne blendete, und stellten uns vor den fremden Männern mit ihren Sturmgewehren auf. Ich hatte Tulay auf dem Arm, Hena an der Hand, und Kemal klammerte sich an mein Bein.

Auf einmal deutete ein konvertierter Jeside mit dem Finger auf mich. »Das ist meine Ehefrau«, behauptete er den IS-Kämpfern gegenüber. Zu dem Zeitpunkt war die Vergewaltigung von Verheirateten im IS noch nicht »halal«, also nicht zugelassen. Damit rettete der Unbekannte vorerst unser Leben und nahm uns zu sich in sein Haus auf. Schläge und Prügel aber gehörten für alle Jesiden im IS zur Tagesordnung. Mit Gewalt wollten sie uns ihre Religion und ihre Regeln einbläuen.

Als sie mich im August aus meinem Dorf verschleppten, verstand ich noch kein Wort Arabisch. Aber diese Dschihadisten haben uns so lange beschimpft und mit Füßen getreten, weil wir den Koran nicht lesen konnten, dass ich vor Angst ihre Sprache gelernt habe.

Der Tunesier

Nach drei Monaten waren dort auf einmal auch die jesidischen Mütter und Verheirateten zum Missbrauch jeder Art freigegeben. Sie haben mich mit den Kindern nach Tel Afar zu einem Frauenhändler gefahren, dieser Mann namens Abu Misrat hat uns an einen etwa 50-Jährigen verkauft.

Dieser IS-Kämpfer war mir bereits vorher aufgefallen. Er war mit dabei gewesen, als sie in Kene in unser Haus eingefallen waren. Bislang hatte ich von ihm aber nur die Augen gesehen, weil er dieses Tuch um sein Gesicht gewickelt hatte. Als er es auf der Straße von seiner Hakennase gezogen hat, blieb mir der Mund vor Schreck offen stehen. Es war der Tunesier, der uns beim Hausbau geholfen hatte.

»Du gehörst jetzt mir!«, hat er entschieden und uns angewiesen, in sein Auto einzusteigen. »Nein!«, sagte ich entsetzt. Da hat er mir einen so festen Kinnhaken verpasst, dass ich mit dem Baby im Arm umgefallen bin. Tulay hat gebrüllt. In meiner Panik habe ich am Boden nach einem Stein gelangt und damit auf ihn eingeschlagen, aber das machte ihn nur noch wütender. Immer wieder holte er aus und schlug zu. Kemal und Hena haben wie verrückt geschrien. »Mama! Mama! Lass unsere Mama in Ruhe!«

Mein Kopf dröhnte. Alles vor mir war wie verschoben. Mein drei Jahre alter Sohn hat den Tunesier an der Hose gezogen, aber er hat den Kleinen wie eine Dose weggekickt, sodass er mit dem Hinterkopf auf den harten Boden aufgeschlagen ist. Anschließend hat er mir, wie ein Polizist einem Verhafteten, den Arm auf den Rücken gedreht und mich und die heulenden Kinder in sein Auto gestoßen.

Als Erstes wollte er mich in Chinta in seinem Haus vergewaltigen, aber sobald er mir zu nahe kam, bin ich weggerannt. Meine Füße habe ich zum Treten, meine Finger als Krallen und meine Zähne zum Beißen benutzt. Hena hielt angstvoll Tulay fest im Arm. Kemal hat sich auf die Fingerknöchel seiner Hand gebissen, um sein Schreien zu ersticken. Schreien bedeutete Schläge. Das hatten die Größeren schon gelernt. Aber dann konnten sie nicht mehr anders. Sie haben geschrien und geschrien. »Lass sie los!« Die Pupillen weit, die Schultern zu den Ohren gerissen.

Da hat er meinen kleinen Sohn am Nacken gepackt, ihn mit dem Seil an seinem Pick-up festgebunden und zu mir gesagt: »Entweder du lässt dich von mir vergewaltigen oder ich ziehe den Jungen so lange hinter mir her, bis er stirbt.« Kemal blickte stumm mit hängenden Schultern zu Boden, den Strick um die Füße, die Tränen zogen eine weiße Rille in seine schmutzigen Wangen. Was hätte ich da noch tun sollen?

Dieser Tunesier war ein furchtbar schlechter Mensch. Er hat mich mit roher Gewalt missbraucht und mir gezeigt, dass ich keine Rechte mehr besaß. Was immer ihm an Demütigungen eingefallen ist, hat er an mir ausprobiert. Und wenn ich mich zur Wehr gesetzt habe, benutzte er meine Kinder als Geiseln.

Er hat mit mir geredet, nicht weil er mich wertschätzte, sondern um mich noch kleiner zu machen. Auf diese Weise habe ich auch erfahren, dass er bereits verheiratet, seine Frau aber Schiitin war. Seine Kampfgenossen hatten sie samt ihrer Familie in einem Haus in der Nähe von Bagdad eingesperrt. »Das sind Ungläubige! Das geschieht ihnen recht«, fand dieser Mann. Er hat mir sogar Fotos von seiner jungen Frau gezeigt. Vielleicht ist sie längst tot. Keinen interessiert das in diesem Land.

Der Tunesier hat mit mir geredet, um sich für sein eigenes Schicksal an mir zu rächen. Als Waisenkind in einem staatlichen Heim aufgewachsen, hatte er beruflich nichts erreicht. Bei seinen Gelegenheitsjobs auf den Baustellen hatte er offenbar Leute vom IS kennengelernt. Mit ihnen zusammen stellte er fest, dass wir Jesiden gut lebten und zufrieden waren. Und das hat sie mit Neid und Gier erfüllt.

Selbst beim IS hat dieser Tunesier keine besondere Position erreicht. Als Fahrer hat er Krankentransporte übernommen. Einmal erwähnte er, dass er verwundete Kämpfer nach Mossul und auch nach Syrien in die Klinik bringen müsse. Am liebsten aber zog er über das Jesidentum her. Dass wir alle »Kuffar« seien. Dass ich meine neue Religion als Muslima gefälligst schätzen sollte.

Zu den Kindern war er fast genauso böse wie zu mir. Vor allem Kemal hat er mit seinem Gürtel oft grün und blau geprügelt. Aber auch meine vierjährige Tochter Hena musste unter seinen Ausbrüchen leiden. Das Baby hat er zum Glück nicht angerührt. Immer wieder hat er den Kleinen Angst eingejagt, sie mit einem Messer in der Hand erschreckt. Die Kinder schrien vor Grausen, wollten nicht mehr von meiner Seite weichen oder verkrochen sich unterm Tisch. Ihre Angst hat ihm Freude gemacht.

Vor allem aber hatte er es auf meinen dreijährigen Sohn abgesehen und so lange auf ihn eingedroschen, bis er sich nur noch wie ein Häuflein Elend schützend die Hände über dem Kopf zusammengehalten hat. Ich weiß nicht, wie oft ich diesen Mann in Gedanken umgebracht habe. Meine eigene Stimme gellte in meinen Ohren. »Warum tust du das? Lass doch den Jungen in Ruhe!«

Doch der Tunesier glaubte, im Recht zu sein. »Wenn die beiden Mädchen groß sind, gehören sie zur Familie«, begründete er sein aggressives Verhalten, »das gilt aber nicht für den Jungen.« Sobald Kemal alt genug sei, wollte er ihn als Kämpfer an die Front schicken, damit er dort sterbe. »Weil sein Vater ein Ungläubiger ist«, hat er voller Verachtung geschnaubt. Nach außen hin aber stellte er sich als frommen Menschen dar. Schon um 1 Uhr morgens hat er angefangen, den Koran zu lesen.

Manchmal hat dieser Kerl beim Fernsehen den kurdischen Sender eingeschaltet, und ich sollte ihm alles übersetzen, was da gesagt wurde. Auf diese Weise habe ich selbst erfahren, an welcher Front gerade gekämpft wurde und wie aussichtslos unsere Lage war. Vier Monate lang mussten wir bei diesem Mann aushalten. Dann hat er die Lust an mir verloren und mich in Tel Afar wieder an Abu Misrat übergeben.

Diesmal hat ein Libyer dem Frauenhändler ein zusammengerolltes Bündel mit Geldscheinen für mich in die Hände gedrückt. Er schien fast gleich alt wie ich zu sein, zwischen 20 und 25 Jahre, sah aber noch aus wie ein Jugendlicher. Ein richtiges Milchgesicht. Er hatte sich eine Halbglatze rasiert, seitlich und hinten trug er lange Haare, den Schnurrbart hatte er sich abgenommen, dafür aber einen sehr langen Bart am Kinn stehen lassen.

Dieser Mann war wegen der jesidischen Frauen und Mädchen in den Irak gekommen. »Weil sie so hübsch sind und ich auch eine haben will«, hat er zu mir gesagt. Allein dafür hatte er diesen weiten Weg auf sich genommen.

Der Libyer

Vor uns lag eine elend lange Autofahrt durch die Wüste. Rechts Henas Wange an meiner Schulter, links lehnte Kemal mit verschrammtem Gesicht an meinem Arm, auf meinem Schoß schlummerte Tulay, ihr Daumen hing ihr lose im Mund. Vorne am Steuer saß Abu Mustafa. Der Asphalt draußen flackerte wie eine Pfütze im Licht.

Schweigend und schwitzend haben wir uns umgeblickt. Nichts als Sand, Steine, Sand. Manchmal ist Tulay aufgewacht und hat mit ihren kleinen Fingerchen an meinem schwarzen Gesichtsschleier gespielt, dann habe ich sie unter mein schwarzes Gewand gezogen und gestillt. Die Kinder waren erschöpft von der Hitze, sie haben viel geschlafen.

Irgendwo in Damaskus endete die Fahrt in einer Siedlung aus Hochhäusern. Bis heute wird mir übel, wenn ich Hochhäuser sehe. Mit der Hand wies Abu Mustafa uns den Weg nach oben. Viele Treppen ging es hoch, bis ins sechste Stockwerk. Kemal und Hena nahmen noch die Stufen einzeln mit demselben Fuß.

In dieser Wohnung lebten noch eine weitere jesidische Frau, vielleicht 35 Jahre alt, und zwei Mädchen aus Kene, nicht älter als 18. Alle drei kamen mir im Vorraum entgegen. »Hazal!«, rief ich erstaunt aus. Beim Einmarsch der IS-Milizen im August hatte ich noch mitbekommen, wie ein etwa 20-jähriger Deutscher sie sich sofort geschnappt hatte. Sie war die Schönste in Kene und die Erste, die unser Dorf verlassen musste.

Mit einem Aufschrei der Freude fielen wir uns alle in die Arme. Die Frauen herzten und küssten Tulay, streichelten und liebkosten unter Tränen Kemal und Hena. Doch die Kleinen wollten mich kaum loslassen. Tulays Lippen zitterten, sie streckte die Arme nach mir aus und wollte sofort auf meinen Arm zurück. Für einen Moment fühlte ich mich fast ein bisschen zuversichtlich. Ich glaubte, dass wir in dieser Wohnung nicht so einsam, so hilflos und so verlassen sein würden. Und dass meine Kinder besser geschützt wären.

Eine nach der anderen berichtete, wie es sie hierher nach Damaskus verschlagen hatte. Daliya war in die Fänge eines Amerikaners geraten. Shakeba, die ehemalige ältere Nachbarin wiederum, hatte sich ein ägyptischer Araber als Braut auserkoren. Sie hatte schon erwachsene Kinder.

Jede der Frauen hatte dort ein Zimmer. Jede ihren Besitzer. »Mittags bringen die IS-Kämpfer Einkäufe vorbei und essen mit uns, dann gehen sie wieder zum Kämpfen oder Beten«, setzte mir Hazal auseinander. »Abends kehren sie aber wieder zurück«, fügte Daliya hinzu. Und alle schwiegen und senkten beschämt die Köpfe. Mein Blick schweifte zum Fenster, als ob da draußen die Rettung läge, aber ich konnte nur Wasser sehen. Wir waren irgendwo am Mittelmeer.

Alle diese IS-Kämpfer waren brutal, die Ausländer genauso wie die Einheimischen. Der Ägypter aber hat einmal vor uns Frauen zugegeben, dass er beim IS nur noch mitmache, weil die anderen ihn sonst umbringen würden. Auch der Deutsche fühlte sich längst nicht mehr wohl in diesen Kreisen. Einmal hat er meiner Freundin auch seinen Pass gezeigt. Beide Männer verurteilten die Bestialität der anderen IS-Milizen, konnten aber nicht mehr heraus aus ihrer Rolle. So etwas gab es auch. Aber nicht bei mir. Anders als meine zwei Freundinnen war ich nicht bei so einem Dschihadisten mit Selbstzweifeln gelandet.

Dieser Deutsche hat Hazal täglich abgeholt. Abends brachte er meine Freundin wieder zurück. Sie hat nur erzählt, dass er mit ihr über den »wahren Islam« gesprochen habe. Das war so üblich. Was er aber mit ihr genau gemacht hat, weiß ich nicht. Missbraucht haben sie uns alle.

Geld hat für diese jungen Kerle sicher auch eine Rolle gespielt, sich den Terroristen anzuschließen. Wenn es stimmt, haben diese IS-Kämpfer bis zu 400 Dollar im Monat erhalten, was dort sehr viel Geld ist. Der Deutsche hat gerne mit seinem teuren irakischen Handy herumgespielt. Obwohl draußen Bomben fielen, schien es diesen IS-Leuten in Syrien kaum an etwas zu fehlen. Es gab Fachgeschäfte für Elektrowaren, Supermärkte, Boutiquen …

»Ich will nicht mehr zu den Jesiden zurück«, hat die bildschöne Hazal gesagt. Anfangs fand ich das seltsam, aber bald sind wir anderen Frauen zum selben Entschluss wie sie gekommen, denn wir konnten uns nicht erklären, warum gerade uns so etwas Schreckliches zustieß. Wir hatten erkannt, dass unser Engel, Tausi Melek, nicht in der Lage war, uns zu schützen. Gott und die Welt hatten uns vergessen. Mit dieser Wahrheit wollten und konnten wir nicht mehr länger leben. Und manchmal haben wir vier uns zusammengesetzt und stundenlang geweint.

Ich liebe dich, ich töte dich

Für mich hat dieser Libyer viele schöne Worte gefunden. Wie wunderschön ich aussähe. Wie sehr er sich nach mir verzehre. Er hat sogar einmal um mich geweint. Aber zu den Kindern war er so schlecht. So entsetzlich schlecht. Er hat Kemal und Hena dauernd so heftig geschlagen, ihnen dabei Milchzähne aus dem Mund gebrochen, ja, manchmal hat er sie fast zu Tode geprügelt. Zwischendurch hat er alle drei auch im Zimmer eingesperrt, sie in dieser Hitze tagelang nicht hinausgelassen, ihnen nichts zu essen und zu trinken gegeben. Auch dem Baby.

Können Sie sich das vorstellen? Was das für eine Mutter bedeutet? Auf so eine verschlossene Tür zu blicken? Das Weinen der Kinder dahinter zu hören, »Mama!«, das immer schwächer wird. Ihr Wimmern. Ihr Kratzen an der Tür. »Mama.« Können Sie sich das vorstellen? Den eigenen Kindern nicht helfen zu können?

Tulay war die Schwächste, deshalb hat es sie am schlimmsten erwischt. Sie ist fast verdurstet. Ihre Haut war wie durchsichtig, der Körper ausgezehrt, die Augen wirkten noch größer in dem zarten Gesicht. Doch er hat mir nicht erlaubt, meine Kleine zu stillen. Bei allen drei Kindern hatte ich nur in einer Brust Milch. Und diese Brust war so geschwollen, dass die Milch vorne dauernd hinausgeflossen ist. Mein T-Shirt war nass davon. Ich musste das Baby von der Milch abgewöhnen.

Ja, warum hat dieser Mann um mich geweint? Dauernd habe ich auf ihn eingeredet. Mit Engelszungen, mit Flehen, mit Schreien. Alles habe ich versucht. »Es ist eine Sünde, was du mit meinen Kindern machst!«, habe ich ihm lautstark vorgehalten. Ich habe ihm alle möglichen Angebote unterbreitet. Von mir aus solle er alle Kurden der Welt bekämpfen. Mein Leben lang würde ich für ihn da sein, beschwor ich ihn. Er könne mit mir machen, was er wolle. Mich auch umbringen, wenn er das möchte. Aber er solle bitte aufhören, die Kinder zu quälen.

Sein Blick aber blieb so feindselig, dass mir schien, als ob der Boden unter meinen Füßen schwankte. Manchmal hat er meinen Sohn am Schopf gepackt, in die Toilette gezogen und die Tür hinter ihm abgeschlossen. In dieser Hitze. In diesem kleinen Raum. Stunde um Stunde. »Mama. Bitte. Mama hilf mir.« Ich habe mich vor diesen Mann auf den Boden geworfen, ihm sogar seine Füße geküsst. »Lass ihn raus! Gnade! Bitte! Gnade!«

Ja, warum hat so ein Mann um mich geweint? Immer wieder hat er mir gegenüber bezeugt: »Ich liebe dich so sehr.« Dass er mich für sich ganz allein haben wollte, aber er könne nicht damit umgehen, dass ich Kinder habe. Deshalb sind ihm vor Wut die Tränen über sein Gesicht gelaufen, weil er mich wollte. Aber er wollte die Kinder nicht, deswegen konnte ich diesen Mann nicht ertragen.

Natürlich haben die anderen IS-Kämpfer in der Wohnung mitbekommen, wie er mit meinen drei Kindern umgegangen ist. Sie haben ihn auch öfter ermahnt oder versucht, ihn zur Ruhe zu bringen. »Lass das doch.« Doch sie haben sich das schnell verkniffen, weil sie seine Tobsuchtsanfälle selbst gefürchtet haben. Er hat sich sowieso nichts sagen lassen.

Manchmal ist er morgens ohne große Worte abgehauen, »Ich fahre nach Chinta«, hat er gesagt, seine Waffe genommen und die Tür hinter sich zugesperrt. In dieser Wohnung gehörte ihm ein ganzes Zimmer voller Waffen und Munition. Eines Tages hat mir Abu Mustafa sogar eine eigene Pistole geschenkt. Damit sollte ich mich verteidigen. »Falls jemand hier eindringt und dich mir wegnehmen will.«

Seitdem hatte ich diese Waffe in unserem Zimmer griffbereit. Oft, so oft, habe ich sie angestarrt und mir ausgemalt, wie ich sie erst in die Hand wiege, dann hochhebe und auf Abu Mustafa richte. Und wie ich den Auslöser drückte. Peng! Peng! Peng! Immer wieder habe ich mir diese Szene vorgestellt, aber ich wusste, wenn man solche IS-Kämpfer tötete, würden sie wieder auferstehen, um sich dann noch grausamer dafür an den Menschen zu rächen. Sie erschienen mir wie übermächtige Untote. Meine Furcht um die Kinder war so groß, dass bald nichts anderes mehr in mir übrig war. Deshalb habe ich nicht gewagt, die Waffe auf ihn zu richten.

Abu Mustafa selbst hatte keine Angst vor dem Tod. Vielmehr wartete er voller Hoffnung darauf, dass endlich sein Name wieder auf der Liste der Selbstmord-Attentäter auftauchte. Scheinbar war es unter IS-Kämpfern üblich, sich dort eintragen zu lassen. Zweimal, so hat er mir erzählt, sei sein Name schon auf der Liste aufgeführt gewesen. Zweimal aber sei er noch nicht bereit gewesen, in die Dschanna, also ins Paradies, zu gehen, weil er mich nicht hier allein zurücklassen wollte. »Ich würde vor Sehnsucht nach dir eingehen«, meinte er.

Auf allen vieren über den Balkon krabbeln

Die Wohnung verfügte über einen Balkon, den ich gelegentlich benutzte. Vorher musste ich mir natürlich Handschuhe anziehen, mich komplett unter dem schwarzen Zelt verbergen, das nur Öffnungen für Kopf und Hände lässt. Wie die Umgebung drum herum aussah? Das weiß ich nicht, denn ich durfte dort nicht stehen, sondern nur krabbeln wie ein Käfer. Wenn ich Wäsche zum Trocknen auf dem Balkon aufhängen wollte, musste ich auf allen vieren kriechen. Keiner sollte mich sehen.

Es war klar, dass sich im IS Mädchen und Frauen verschleiern mussten, sobald sie das Haus verließen. Bei Abu Mustafa aber galt das sogar für meine vierjährige Tochter Hena. Dieser Libyer nahm alles tausendmal genauer als der IS. Er war auch in der Wohnung furchtbar pingelig. Manchmal war ich bis mittags damit beschäftigt, Bad, Möbel und Böden zu polieren, das hinterste Eck unterm Schrank sauber zu wischen, weil er nicht mal ein Staubkorn geduldet hätte.

Derweil sollten sich die Kinder auf dem Balkon in eine Ecke setzen und durften sich nicht bewegen. »Ich lege mich hin und will mich ausruhen«, machte er klar und ging. Und die Kinder durften nicht aufstehen, sich nicht mal leise auf Zehenspitzen bewegen. Ein Dreijähriger, eine Vierjährige und ein Kleinkind, das gerade erst das Laufen gelernt hatte. Kinder, die Sand zum Spielen, Heuschrecken zum Beobachten und Bäume zum Klettern brauchten. Oft, so oft, hatte ich so schreckliche Angst um sie.

Sie waren so artig, so eingeschüchtert, bemühten sich, alles richtig zu machen. Aber manchmal haben sie vergessen, dass sie

Gefangene sind. Sie haben gelacht oder auf dem Sofa mit den Beinen gebaumelt oder sich vor Angst in die Hose gemacht. Aus Zorn darüber hat Abu Mustafa meinen Sohn gegen Stühle und Tischkanten geworfen, bis Kemal mit einer Gehirnerschütterung liegen blieb. Das Mädchen hat er gebissen, bis die Wunde am Arm anschwoll. Für jede Kleinigkeit hat er die Kinder geschlagen und bestraft.

Als ich dagegen protestiert habe: »Es reicht! Ich will nach Hause!«, schnappte er sich den nächsten Gegenstand und haute ihn so fest auf meinen Kopf, dass das Blut auf meine Schulter tropfte. Mir war das eigentlich egal, ob ich sterbe. Mich trieb nur die Sorge um meine Kinder um. Ich lebte in der ständigen Angst, dass allen dreien etwas Entsetzliches zustoßen könnte.

Ja, ich hatte angefangen, an meinem Glauben zu zweifeln. Natürlich. Ein oder zwei Monate lang habe ich mich ganz vom Jesidentum und von meinen Landsleuten distanziert. Ich dachte: »Es ist vielleicht wirklich so, wie er sagt, dass ich wegen all dieser Vergewaltigungen keine Jesidin mehr bin.« Dass ich jetzt alleine ihm, mit Leib und Seele, gehörte und dass das vielleicht auch besser so ist. Ich hatte meine Heimat verloren. Und ich hatte nicht mehr das Gefühl, einen Wert zu besitzen.

Unsere Landsleute würden uns dafür verachten, dass andere Männer unsere Körper geschändet hatten. Dass man uns Ehre und Stolz geraubt hatte. Und dass wir trotzdem noch lebten. Ich habe versucht, mich mit meinem Schicksal abzufinden. Ich hatte deren Sprache gelernt und jeden Tag im Koran gelesen. Meine Wandlung hat Abu Mustafa genau beobachtet und sozusagen auch belohnt.

Tulay hatte ich beigebracht, auf Arabisch »Papa« zu ihm zu sagen. Ich dachte, dass er sie dann lieber mögen würde. Noch immer sehe ich das Bild vor mir, wie mein kleines Mädchen auf der Brust dieses Mannes lag. Sie hatte so viele Verletzungen und

Krusten an ihrem Kopf. Er hatte sie sich auf den Bauch gelegt. Mir kommen die Tränen, wenn ich daran denke. Ich konnte meiner Tochter nicht helfen.

Die Kleine stolperte ihm auf ihren wackeligen Beinchen entgegen, sobald er nach Hause kam und die Tür aufschloss. »Papa«, hat sie gerufen. Meine kleine Tulay. Mit ihren blonden Locken. Und ihren großen goldbraunen Augen.

Die syrische Nachbarin

Warum Abu Mustafa so herzlos war? Wir alle hatten ein schwieriges Leben, aber er? Er hatte Brüder, Schwestern und Eltern, die um ihn besorgt waren. Seine Mutter war dagegen, dass er sich dem IS angeschlossen hatte. Sie hat auch immer wieder versucht, Einfluss auf ihn zu nehmen. Vor allen wegen der Kinder, schätze ich. Wenn sie mit ihrem Sohn telefoniert hat, hat sie im Hintergrund manchmal ihr Weinen gehört.

Wie ich mitbekommen habe, ist Abu Mustafa in seiner Familie sehr verwöhnt worden. Er hatte nur auf der faulen Haut gelegen und nie gearbeitet. Sein Bruder war nach Deutschland ausgewandert. Auch Abu Mustafa hätte die Möglichkeit gehabt, zu ihm zu ziehen, er wollte aber lieber in Syrien bleiben.

Die Mutter habe ich nie persönlich kennengelernt. Gelegentlich hat er mir den Hörer weitergereicht, damit ich mit ihr spreche. Die alte Frau war sehr freundlich zu mir. »Du bist wie meine eigene Tochter.« Nach jedem Gespräch mit mir hat sie ihren Sohn geschimpft. »Lass deine Frau und die Kinder in Ruhe!« Sie war sehr erregt, als sie von mir erfahren hat, dass er uns ständig prügelte. »Du musst sie gut behandeln! So verlangt es unser Glauben!« Einmal hat mich Abu Mustafa dafür geschlagen.

Manchmal hat dieser jugendliche Mann wie ein Geistesgestörter auf mich gewirkt. Regelmäßig hat er große weiße Kapseln geöffnet, die innen blau waren, und diese mit einem Glas Wasser hinuntergespült. Danach ist er jedes Mal sehr aggressiv geworden, hat Schuhe oder sonst etwas gepackt und ist mit einem Wutschrei auf die Kinder losgegangen. Der Schrubber geht zu Bruch, er packt die andere Hälfte und schlägt damit noch rasender auf ihre Rücken, Köpfe, Arme ein, bis auch dieses Stück zerbricht und er nach etwas Neuem greift und damit auf mich einprügelt, weil ich mich vor Kemal und Hena werfe.

Nachts verkroch ich mich auf die Matratze, mit Schmerzen in allen Gliedern und Gedanken, die sich wie ein Karussell drehten. Irgendwie mussten wir es schaffen durchzukommen. Und ich habe mir vorgenommen, nicht mehr vor ihm zu weinen, weil ich ihm nicht länger Genugtuung damit verschaffen wollte.

Nebenan hauste eine syrische Frau, mit der Abu Mustafa bekannt war. Die Nachbarin war zwischen 30 und 40 Jahre alt, hatte ein paar graue Strähnen im dunklen Haar. Wenn ich mich kaum aufrecht halten konnte, ist sie mir manchmal im Haushalt zur Hand gegangen.

Gelegentlich setzte sie sich zu uns Frauen aufs Sofa und hat mit uns geweint, besonders um die Kinder hat sie viele Tränen vergossen. Es bedurfte nur eines Blickes auf ihre Blutergüsse im Gesicht, ihre braun unterlaufenen Augen und ihre Male am Hals, um unsere Situation zu erfassen. Ihren Missmut über die Herrschaft des IS hat sie mir gegenüber, unter vier Augen, sehr deutlich zum Ausdruck gebracht. »Alles, was diese Leute machen und worauf sie sich berufen, das steht so überhaupt nicht in Mohammeds Buch.« Sie behauptete sogar, dass Mohammed selbst ein Ungläubiger gewesen sei.

Offenbar hatte sie sich viel mit dem Islam auseinandergesetzt. »Mohammed hat das alles geschrieben, weil er selbst kein guter Mensch war«, sagte sie. Und Gott habe diese Texte gelesen und deren Inhalt für so schlimm befunden, dass er diese Schriften in einem Baum versteckt habe. Irgendwann aber sei ein Mann dort vorbeigekommen, und der Baum habe sein Geheimnis vor ihm freigegeben. Und weil dieser Mann ein sehr schlechter Mensch war und das, was in den Texten stand, ihm zupasskam, hat er das Buch mitgenommen. So erst sei das ganze Unglück über die Menschen gekommen.

Wenn der Libyer mir die ganze Nacht hindurch gepredigt hatte, wie falsch mein Glaube und wie wahr seine Religion sei, hat mir die Nachbarin tags darauf wieder den Kopf zurechtgerückt, dass ich nicht an mir selbst zweifeln müsse. Nicht mein Glaube, sondern sein Glaube sei nichts als ein Irrglaube. Dieser Kerl hätte nichts von dem verstanden, was im Koran geschrieben stand.

Mir hat das gutgetan, und ihre Argumentation erschien mir nachvollziehbarer als seine. Ohne Übereinstimmung mit der ganzen »Umma«, also der Gemeinschaft der Gläubigen, dürfe man auch kein Kalifat einführen, meinte sie. Keine Religion der Welt gestatte, dass Frauen und Mädchen vergewaltigt oder getötet werden. Und Kindern noch Grauenhafteres zugefügt werde.

»Wenn die passende Zeit gekommen ist, werde ich dir helfen zu fliehen«, hat sie mir versprochen. Vor Erleichterung habe ich da nach langer Zeit wieder geweint. Sie verlangte nach einer Telefonnummer von meinen Familienangehörigen. Mit fahrigen Bewegungen habe ich ihr die Nummer meines Schwagers aufgeschrieben, der in Kurdistan lebte. Die syrische Nachbarin hatte ein sehr gutes Herz. Am Ende aber hat sie das ihr Leben gekostet.

Ein kleines Mädchen in einem Blechtopf

Irgendwann hat uns Abu Mustafa mit in ein anderes Dorf genommen, nach Dabakh, irgendwo zwischen Syrien und dem Irak. Von dort aus war es nicht so weit für ihn an die Front. Wir lebten in einem Haus, das einst Schiiten gehört hatte.

Tulay hatte Hunger. Die Tränen liefen ihr an beiden Seiten der Nase übers Gesicht. Abu Mustafa ist ausgerastet. Er hat Tulay ins Gesicht geschlagen. »Mama! Mama! Mama!« Jeder Schlag hat mir so wehgetan, dass ich schließlich noch greller als Tulay gebrüllt habe. »Du bringst sie noch um!« Die Augen fest zusammengekniffen, lag die Kleine in sich zusammengezogen in ihrem Kleidchen und ihrer Windel am Boden. »Mama!«, wimmerte sie. Ich durfte ihr nicht helfen, aber dann hatte er eine Idee. Eine so grässliche Idee.

20 Koranverse sollte ich an einem Tag auswendig lernen. »Dann lasse ich sie weiterleben«, sagte er mit bedrohlich sanfter Stimme, während er am Tisch das Taubenfleisch vom Knochen abnagte. Ich wusste, dass man mit ihm nicht verhandeln konnte, habe mich sofort zurückgezogen, über den Koran gebeugt und versucht, die Worte förmlich in mich hineinzusaugen. Tulay kroch mit dem Kopf unter meinen Arm, dicht an meine Brust.

»Pst«, sagte ich, legte den Zeigefinger vor den Mund und bettete sie neben mich aufs Sofa. Eine Hand legte ich ihr zur Beruhigung auf den Bauch und begann wie eine Verrückte, diese Verse vor mir her zu murmeln, wiederholte sie immer wieder. Mein Schädel wummerte noch von der Wucht seines letzten Hiebes. Die Zeilen verschwammen mir vor den Augen. Krampfhaft bemühte ich mich, die Augen scharf zu stellen, mich zu konzentrieren, alles andere auszublenden. Schneller, das muss schneller gehen.

»Mama.« Tulays Stimme so leise, dass ich sie kaum verstand. Sie hatte eine Platzwunde an der Stirn. Sofort schaute ich zurück auf die Seiten, doch da türmten sich so viele Worte aufeinander, so viele Buchstaben, die sich wie Schleifen ineinander verschlangen und verknoteten und immer mehr verhedderten, je mehr man daran zog, um sie zu entwirren. Über Unterwerfung, Gehorsamkeit, Opfer ... So viele Opfer muss man bringen, für Allah ... Aber doch nicht meine eigene Tochter?! Was war bloß mit meinem Kopf los? Was für ein Durcheinander! Ich schlug mit der Hand gegen die Stirn. Noch mal und noch mal. Konzentriere dich, Lamya*, konzentriere dich.

»Wenn du die Koranverse auswendig lernst, dann lasse ich sie weiterleben.« Das hatte er mir versprochen. Und ich habe mich verbissen in diese Texte, meine Hände so fest in den Stoff gebohrt, bis die Wolle unter meinen Nägeln steckte. So viele Prüfungen muss man ablegen, für Allah ... So viele Seiten studieren. So viele Suren lernen. In so kurzer Zeit ...

Und dann hat er mich kontrolliert. Der Schweiß perlte mir von der Stirn. Vers für Vers habe ich heruntergebetet. Streng blickte er mich mit übereinandergeschlagenen Armen an. Für jeden Fehler erhielt erst ich, dann Tulay einen Schlag. Mein Herz sprang mir fast aus der Brust. Und meine Worte kamen immer langsamer und immer schwerfälliger über die Lippen, leiser und leiser, weil ich wusste, dass es bald nicht mehr weiterging. »Weiter«, verlangte er.

Aber ich hatte mir nur zwölf Verse eingeprägt. Die anderen waren wie durch ein Sieb in mir hindurchgefallen ... ich zögerte, redete wirres Zeug, aber seine Augen blieben hart wie Stein. Niedergeschmettert habe ich ihn angeblickt. Vielleicht würde er mir noch mal verzeihen? »Ich schaffe nicht mehr als zwölf Verse ... bitte, gebe mir noch mehr Zeit!« Angriffslustig schob er sein Kinn vor. Meine Beine zitterten, auch wenn ich mir Mühe gab, meine Angst zu verbergen. »Du hast die 20 Verse nicht auswendig gelernt«, unterbrach er mein Gestammel barsch und machte eine Handbewegung, als wolle er damit all meine Bitten auslöschen, »dann bring ich sie jetzt um. So war die Abmachung!«

»Mama!« Panisch hat Tulay mich umklammert, aber er hat meine kleine Tochter unter den Arm geklemmt wie sonst seinen

Gebetsteppich und sie in eine Art Besenkammer getragen »Was tust du?« Ich stürzte ihm hinterher. Seitlich an der Wand hing ein leerer Blechtopf mit Henkeln, in dem sonst Butter oder Margarine aufbewahrt wird. Etwa einen halben Meter breit und ebenso hoch.

Abu Mustafa lüpfte den Deckel in der Mitte und stopfte die zu Tode erschreckte Tulay dort hinein. Sie war steif vor Angst wie ein Tier, das sich tot stellt. Mir stockte der Atem. »Das Kind wird darin ersticken!« In der Kammer staute sich die Luft bereits vor Hitze. In diesem Blechtopf jedoch war es unerträglich heiß. Vielleicht 40 Grad.

Kemal und Hena waren dicht hinter mir, sie haben sich an meinem Rock festgehalten. Tulay, mein Baby! In diesem Blechtopf! Die Kleine hat sich nicht mal mehr getraut, nach mir zu rufen. So angsterfüllt war sie. Gott! Ich war halb wahnsinnig vor Verzweiflung. »Dann bring sie doch gleich um! Lass sie nicht so leiden! Oder bring uns alle um, lass uns alle nicht so leiden.« Doch er hat das abgelehnt und die Tür vor unserer Nase zugezogen.

Seltsam, dass einem das Herz nicht einfach stillsteht, wenn es einem fast die Brust zerreißt. Ich sank auf dem Boden nieder und habe mir die Hände vors Gesicht geschlagen und sie nicht mehr dort weggenommen. Da ist Tulays ältere Schwester mit ihren mittlerweile fünf Jahren einfach zur Kammer hingelaufen, hat die Tür aufgerissen und versucht, mit ihren dünnen Ärmchen ihre kleine Schwester aus dem dunklen Topf herauszuziehen.

Abu Mustafa aber ist ihr hinterhergerannt und hat Hena angebrüllt: »Lass das! Sonst wirst du noch schlimmer enden als sie!« Tulay hat in diesem Blechtopf kaum Luft bekommen. Sie war so eingeschüchtert, dass sie still in diesem Topf liegen blieb.

Jede Sekunde eine Ewigkeit. Jede Minute eine Qual. Jede Stunde die Hölle auf Erden. »Bitte, lass mich ihr Wasser geben ...«

»Bitte, lass mich ihr Nahrung geben« »Bitte, bitte, bitte, bitte, hab Erbarmen …« Aber er hatte kein Erbarmen. Er hatte etwas anderes mit mir vor.

In den Bergen auf Kurden schießen

»Steck deine Waffe ein und zieh dich um«, ordnete er mir an, »du musst mit mir in den Bergen gegen die Kurden kämpfen!« Zuerst habe ich mich gesträubt. Auf keinen Fall wollte ich Kemal und Hena allein zurücklassen. Tulay, meine arme, kleine Tulay. »Ich kann doch als Frau nicht kämpfen …«, haderte ich. Schon als kleines Kind hatte ich das Gebot gelernt: »Du sollst nicht töten.« Meine Einwände aber haben Abu Mustafa nicht gekümmert. »Doch, du musst sie töten, sonst bring ich deine Kinder um.«

»Bitte, lass mich ihr vorher noch etwas zu essen geben«, lag ich ihm in den Ohren. Aber er schüttelte den Kopf. Vielleicht jedoch würde er Tulay am Leben lassen, wenn ich ihm folgte? Vielleicht musste ich mich mehr unterwerfen? Noch mehr Prüfungen bestehen? Vielleicht würde er dann meine Kinder leben lassen?

Sonst waren mir meine drei Kinder von Raum zu Raum gefolgt, hatten sich eng an mich geschmiegt und bei jeder Gelegenheit ihre Hände in die meinen gelegt. Hatten sie mich auch nur für einen Moment aus den Augen verloren, hat sie die Panik gepackt, dass ich für immer gehen könnte. Sie fürchteten sich vor vielen Dingen, aber ihre größte Angst war, von mir allein gelassen zu werden. »Ich komme wieder …«, habe ich ihnen versprochen. Sie hielten die eigenen Schultern, als fürchteten sie, sonst auseinanderzufallen, sagten aber kein Wort.

Sieben Tage lang hat er mich von meinen kleinen Kindern getrennt. »Du musst mit mir in den Bergen gegen die Kurden kämpfen«, hat er wiederholt. Sieben Tage lang durchstreiften wir die Berge. Die Nächte haben wir in den vom IS besetzten Dörfern verbracht. Einschlafen war wie bewusstlos werden.

Jede Stunde von jedem Tag in diesem verdammten Gebirge habe ich gezählt. Jede Sekunde von jeder Minute habe ich hinter jedem Dornenstrauch und jedem Felsbrocken mein kleines wunderschönes Mädchen vor mir gesehen. Tulay! Der letzte Blick auf sie. Ihre verwirrten Augen, ihre bebenden Nasenflügel. Und ich kann nicht helfen.

In der Zwischenzeit sind Hena und Kemal klammheimlich über den Hof gelaufen und von dort aus durch ein schmales Fenster geschlüpft, das Abu Mustafa vergessen hatte zu schließen. Auf Zehenspitzen haben sie den Topfdeckel hochgezogen und ihrer Schwester auf diese Weise etwas Wasser eingeflößt. Sie war zu schwach, um selbst etwas in der Hand zu halten. Aber ihre Geschwister haben sich nicht getraut, Tulay aus dem Topf herauszuholen. Er hatte ihnen mit dem Tod gedroht. Sie hatten so große Angst. Hena und Kemal haben bestimmt furchtbar gezittert, während sie Tulay das aufgeweichte Brot in den Mund geschoben haben …

Unterdessen bin ich in dem schwarzen, langen Gewand in der prallen Wüstensonne, nur einen schmalen Schlitz für die Augen frei, mit meinem Gewehr über die Steine geklettert, um auf meine Landsleute zu schießen, aber zum Glück haben wir niemanden gefunden. Da habe ich zu ihm gesagt: »Entweder töte ich mich jetzt, oder du bringst mich sofort zu meinen Kindern.«

Tulays Tod

Wieder zurück, durfte ich als Lohn für meinen Einsatz in den Bergen meiner kleinen Tochter etwas zum Essen und zum Trinken bringen. Kemal und Hena folgten mir wie zwei Schatten. Als ich die Tür zur Kammer öffnete, sah ich, dass die Kleine aus dem aufgehängten Blechtopf gestürzt war. Wie im Fieber lag sie benommen auf dem Boden. Ihr Körper war mit Kot verschmiert.

Fassungslos habe ich mich vor sie auf die Knie geworfen, vorsichtig mein Ohr auf ihre ausgemergelte Brust gelegt. Ihr Herzschlag so leicht und schnell wie der eines Schmetterlingsflügels. »Tulay«, murmelte ich, streichelte ihr die bleiche Stirn und habe sie vorsichtig geküsst. Sie schwitzte nicht mehr. Ihre Haut war bräunlich und trocken wie Papier. Tulay schnappte nach Luft. Sie schaute mich nur an.

»Tulay, Tulay!«, habe ich sie gerufen. Aber sie hat sich nicht mal mehr getraut, »Mama« zu sagen. So viel Angst hatte sie. Sogar ihr Atem roch nach Urin. Ihr Körper begann langsam, sich selbst zu vergiften. In meine Augen schossen die Tränen, sodass ich nur noch verschwommen sehen konnte. Mit der Hand wischte ich mir schnell darüber, drehte mich zu Abu Mustafa um, der sich hinter mir breitbeinig aufgebaut hatte. »Das ist doch Sünde!,« habe ich geschrien. »Das ist doch ein Kind. Das kannst du doch nicht machen!«

Die Kleine konnte nur noch sehr schwer atmen. Sie röchelte. Ich wollte ihr trotz allem ein bisschen zu essen in den Mund eingeben, aber sie hat sich erbrochen. Nichts konnte sie mehr behalten und sank wieder apathisch in sich zusammen.

Hinter meinem Rücken hat er in einem fort herumgewettert: »Das ist die Tochter eines Ungläubigen, eines Kuffars!« Ich habe ihn angefleht, versucht, ihn zur Besinnung zu bringen: »Das ist doch nur ein kleines Mädchen. Lass sie doch in Ruhe!« Er hat das nicht hören wollen. »Nein, das ist eine Ungläubige!«

Und plötzlich hat er Tulay gepackt, ist mit ihr nach draußen in den Hof gelaufen und hat das völlig überhitzte Kind in ein Behältnis mit eiskaltem Wasser getunkt. Tulays Kreislauf ist zusammengebrochen, ihr Blutdruck in die Höhe geschossen. Als er sie wieder hochgezogen hat, ist ihr ein Auge herausgefallen. Vor

Entsetzen habe ich die Hände vor dem Mund zusammengeschlagen. »Was tust du? Was tust du da?«

Hasserfüllt starrte er auf ihren Körper. Im nächsten Moment hat er mit seinen kräftigen Händen auf den kleinen Rücken geschlagen. Immer wieder. Bis ein »Knacks« zu hören war. Er hatte ihr das Rückgrat gebrochen. Dann ist er gegangen.

Die ganze Nacht und den ganzen Tag lang lag Tulay auf dem Sofa, mit dem Gesicht nach oben; vor Schmerzen konnte sie sich nicht rühren. Sie schaffte es nicht einmal mehr, den Kopf zu bewegen. Keinen Laut hat sie mehr von sich gegeben. Mein Kind, ein Bündel aus Angst und Schmerz. Sie lag nur noch da und hat mich angeschaut. Der Körper schwarz verschwollen. Voller Schmerz. Und voller Angst.

Zwei Tage lang habe ich ihre Hand gehalten. Ich habe sie in den Arm genommen. Ihr Körper war kalt. Tulay war tot. Da habe ich nach ihm gerufen und ihn angeklagt: »Da, sieh! Sie ist gestorben! Sie lebt nicht mehr!« Ich schenkte ihm keine einzige Träne. Nur meinen Hass. Meinen ganzen Hass. Meine Stimme hat sich überschlagen. »Ihr seid doch keine Menschen!«

Mit verzerrtem Gesicht ergriff er ihren Leichnam, hob ihn in die Höhe und schleuderte ihn von oben auf den Boden herab. »So geht man mit Ungläubigen um!« Meine Tochter Tulay. Wenigstens hat ihr das keine Schmerzen mehr bereitet. Sie war schon tot. Und unablässig hat er wie eine Maschine wiederholt: »Das ist die Tochter eines Kuffars!« Eine dunkle Pfütze bildete sich unter ihrem blonden Schopf.

Ich kann verstehen, dass diese »Gotteskämpfer« meinen Mann und meinen Bruder, dass sie alle Männer aus meinem Dorf erschossen haben. Das waren für sie Feinde, vor denen sie Angst hatten. Aber dass er meine Tochter getötet hat, das kann ich nicht verstehen. Das vergesse ich nicht. Das ist ständig in meinem Kopf.

Diese kleinen Kinder wissen doch noch von nichts. Sie wissen nicht, was ein Ungläubiger ist. Diese kleinen Kinder haben doch keine Schuld. Wie kann man jemanden bestrafen, der nichts verbrochen hat? Wie kann man so ein kleines Mädchen töten? Auf so grausame Weise töten?

Wie ich die Tage nach Tulays Tod überlebt habe, ohne den Verstand zu verlieren, weiß ich nicht mehr. Er hat ihre Leiche irgendwo begraben. Mehrmals habe ich versucht, mich umzubringen, mich mit Benzin zu übergießen und anzuzünden, mir mit einem Messer die Pulsadern aufzuschneiden, aber wegen Hena und Kemal habe ich es dann doch nie zu Ende geführt.

»Das ist Sünde, sich zu töten!«, hat er getobt und mich dafür geschlagen. Aber ich habe das nicht mehr gespürt. Zur Strafe hat er meine Hände gefesselt. Ich konnte mich nicht mehr rühren. Hena musste mir das Essen in den Mund schieben. Mit mühsam beherrschter Stimme forderte ich ihn auf: »Du hast doch schon meine kleine Tochter umgebracht. Lass mir wenigstens die beiden anderen. Befreie meine Hände, damit ich meine Kinder wieder versorgen kann.« Dafür hat er meinen Kopf genommen und an die Wand geschlagen, weil ich es gewagt hatte, meinen Mund aufzumachen.

Jeden Abend kam er zu mir, schluckte irgendwelche Tabletten und hat mich danach vergewaltigt, obwohl meine Hände gefesselt waren. Jeden Tag habe ich zu Gott gebetet: »Warum befreist du mich nicht aus den Händen dieses Mörders?« Immer wieder habe ich ihn darum gebeten. »Verkauf mich doch an jemand anderen«, aber er wollte das nicht.

30 Tage lang war ich gefesselt. Bis heute sieht man noch die Narben an meinen Handgelenken. Danach sind wir nach Damaskus in das Hochhaus zurückgekehrt.

Flucht

Es ging nur noch darum, zu warten. Auf den richtigen Moment, um abzuhauen. An diesem Morgen wollte er auf dem Markt Fische kaufen. »Ich habe noch etwas zu erledigen ...«, verkündete er. In letzter Zeit ging es mir sehr, sehr schlecht, ich litt unter großen Magenschmerzen. Ständig musste ich mich übergeben. Mir war hundeelend zumute.

Mit der syrischen Nachbarin hatte ich ein Signal verabredet. »Wenn er zu Hause ist, hängst du ein rotes Tuch auf den Balkon«, hatte sie mich angewiesen, »wenn er weg ist, nimmst du ein gelbes.« Kaum war er weg, bin ich auf den Balkon gekrochen und habe draußen ein gelbes Tuch über die Brüstung geworfen.

Umgehend tauchte die Nachbarin bei mir auf. »Wann kommt er zurück?«, wollte sie ungeduldig in Erfahrung bringen. »Er wird erst morgen Mittag wieder heimkehren«, antwortete ich. Sie reichte mir ihr Handy. »Ruf deinen Schwager Ahmed an. Ich bringe euch hier weg.« Mein Schwager hatte alles vorbereitet. »Morgen schicke ich ein Taxi.«

Es dämmerte draußen, als die Nachbarin uns zuzischte. »Beeilt euch! Zieht euch an!« So schnell es ging, habe ich das schwarze Gewand und den Schleier übergestreift, danach Hena und Kemal ebenfalls geholfen, sich zu verhüllen. Kemal sollte aussehen wie ein Mädchen. Der Libyer hatte mir zuvor einmal Geld gegeben, damit ich mir hübsche Kleider für ihn kaufte. Diese Scheine steckte ich ein. Er hatte mir auch meine Waffe geschenkt. Und auch diese Waffe habe ich mitgenommen.

Zu viert glitten wir fast lautlos die Treppen hinab, unten zur Tür hinaus und sprangen ins Taxi hinein. Wenn er uns erwischte, waren wir tot. Ich habe nicht gewagt, mich noch mal umzusehen, weil ich fürchtete, dass er jeden Moment hinter uns auftauchen würde ...

Wegen der Verläufe der Frontlinien war es unmöglich, auf direktem Weg in den Irak zu fliehen. Deshalb sind wir zunächst etwa eine Stunde lang bis nach Rakka gefahren. Am Checkpoint hatten sie die Straße mit ein paar Plastikfässern verengt, ein vielleicht 15-Jähriger senkte den Kopf zum Fahrer hinunter. Dann blickte er zu mir nach hinten. »Wo wollt ihr hinfahren?« Auf diese Frage hatte ich eine Antwort vorbereitet, aber die Zunge lag mir schwer dabei im Mund. Ich sei die Schwester eines IS-Kämpfers und »will nur kurz meinen Bruder in der Türkei besuchen«. Es war bekannt, dass sich dort zahlreiche IS-Anhänger aufhielten. »Und wie heißen deine beiden Mädchen?«, bohrte er nach. Schnell habe ich irgendwelche Namen erfunden: »Ayshe und Felek.« Der Fahrer steckte ihm ein paar Scheine zu. »Okay«, meinte er dann, »aber ihr müsst euch sehr beeilen und schnell wieder zurückkommen.«

In Rakka sollten wir in ein anderes Auto umsteigen. Diesem Fahrer, einem IS-Kämpfer, hatte mein Schwager 10 000 US-Dollar bezahlt. Die syrische Nachbarin aber ließ er nicht einsteigen, sie musste wieder zurückfahren. Der Mann hatte vorher nicht gewusst, dass auch sie fliehen wollte.

Im Auto drehte er sich noch mal zu mir um. »Falls dich jemand unterwegs anspricht, sage ihnen, dass wir verheiratet und eine Familie sind.« Auf dem Weg wurden wir zweimal angehalten und von IS-Wachen befragt. »Wo wollt ihr hin?« Und ich habe jedes Mal Herzrasen bekommen. Und jedes Mal wiederholt, dass dieser IS-Kämpfer am Steuer mein Mann sei. Er hat das auch immer bestätigt.

Fast hatten wir Kurdistan erreicht, da klingelte das Handy des Fahrers. Am Apparat war Abu Mustafa. »Ich weiß, dass Lamya* bei dir ist.« Er hat so laut gerufen, dass ich seine Stimme bis zur Rückbank hören konnte. »Ich schneide dir die Kehle durch!« Beide haben angefangen, am Telefon miteinander zu streiten.

Der IS-Kämpfer am Steuer verteidigte sich. »Wie kann das sein, dass du ein kleines Mädchen, fast noch ein Baby, umbringst?«

Mit einem Mal hörte man auch die syrische Nachbarin im Hintergrund schreien. Sie verlangte, mich zu sprechen, tobte, machte einen großen Aufstand. »Lamya*, ihr müsst zurückkommen!« Die IS-Kämpfer hatten ihre Wohnung gestürmt und waren ihr an die Gurgel gegangen. Vermutlich hatte den Männern irgendein Spitzel gesteckt, dass sie uns geholfen hatte. Lautstark hat sie geweint. In ihrer Bedrängnis hatte sie Abu Mustafa auch die Nummer des Fahrers gegeben. Sie schrie dem Mann ins Ohr: »Alle wissen jetzt, dass Lamya* bei dir ist und dass du ihr hilfst. Dreh sofort um! Bring sie wieder zurück! Sonst bist du tot!«

In der Ferne habe ich bereits die Flaggen der PKK-Kämpfer im Wind flattern gesehen. Vielleicht war alles vorbei. Vielleicht sind wir schon in ein paar Stunden alle nicht mehr am Leben. Mein Kopf war voll von Rauschen. Ich habe beide Arme um die Kinder gelegt und die Augen geschlossen. Der Fahrer aber ist nicht umgedreht. Er hat uns zur Kontrollstelle der Kurden gebracht.

Die Leute von der YPG und der PKK dort haben mir sehr geholfen. Aus Dankbarkeit habe ich ihnen die Golduhr gegeben, die mir Abu Mustafa einmal für meine Kenntnisse im Koran geschenkt hatte. Mehrmals musste ich all diesen Kurden gegenüber wiederholen, was uns zugestoßen war. Die Rebellen haben mich zu einer jesidischen Familie gebracht, die mich und die Kinder erst einmal aufgenommen hat.

Die Namen von Blumen lernen

In Deutschland ist das Leben für Kemal und Hena sehr schön. Sie können essen, was sie wollen. Sie können hinausgehen und sich bewegen, wann sie wollen. Sie besuchen die Schule. Ihnen geht es gut. Mir nicht. Mir mangelt es zwar an nichts, aber ich fühle mich schlecht. Ich träume immer noch sehr schlimm, und ich sehe meine Tochter Tulay immer wieder vor mir. Ja, ich sehe sie wirklich, nicht unscharf oder verwischt wie eine Erinnerung oder einen Geist. Nein, sie ist aus Fleisch und Blut. Manchmal denke ich, dass ich früh sterben muss, weil die Trauer mich auffrisst.

All das, was wir im Irak besessen haben, ist auf immer verloren. Ich hatte drei Brüder, die der IS mir genommen hat. Es waren gute Menschen. Und dann noch meine kleine Tochter Tulay … Wenn ich an sie denke, kann ich nicht mehr aufhören zu weinen. Ich weine manchmal tagelang, bis meine Augen so geschwollen sind, dass ich sie kaum noch öffnen kann.

Immer denke ich: »Was wäre gewesen, wenn ich sie hätte retten können?« Ich muss immer wieder daran denken, dass ich sie nicht aus diesem Blechtopf herausholen durfte. Dass ich sie nicht schützen konnte. Dass sie am Boden lag und sich nicht mehr getraut hat, mich um Hilfe zu rufen. Dass sie am Ende vor den Augen ihrer Geschwister gestorben ist.

Langsam beginnen Hena und Kemal von selbst, über das Erlebte zu sprechen. Kemal hat beispielsweise letztens auf dem Handy Fotos von seinem Vater gesehen, und ihm ist eingefallen, wie wir früher immer gemeinsam gegessen haben. Und dann wollten die Kinder von mir wissen: »Wo ist der Vater jetzt?« Ich habe ihnen geantwortet, dass er im Gefängnis sitze und eines Tages wieder freikommen werde. Kemal aber hat gesagt. »Das stimmt nicht. Er ist tot.«

Irgendwann werden die Kinder vergessen. Sie werden Neues erleben. Vielleicht werden sie es auch nie vergessen, aber ich glaube, dass sie anders damit umgehen als ihre Eltern. Über ihre Erinnerungen wird sich Staub legen. Solange ich lebe, werde ich versuchen, ihnen den Vater zu ersetzen.

Ob es in Deutschland eine Zukunft für uns gibt? Wir haben

hier ein sicheres Leben. Ich möchte hier bleiben. Ich möchte hier auch sterben. Ich möchte es schaffen, für mich und die Kinder allein zu sorgen. Ich möchte irgendeine Arbeit finden, da bin ich nicht wählerisch. Nur ohne Sprache ist das schwierig.

Es kommen auch Deutschlehrer in unsere Unterkunft und lernen mit Frauen und Kindern. Da könnte ich mitmachen. Ein Jahr und zwei Monate lang war ich im IS. Dabei habe ich Arabisch gelernt. Zwei Jahre bleiben mir in Deutschland dazu noch. Und es wäre gut, wenn ich in dieser Zeitspanne genauso gut Deutsch lernte.

Die Kinder lernen leichter. Kemal braucht ein bisschen länger, aber Hena kann schon auf Deutsch jemanden begrüßen, sich verabschieden und sie hat viele Namen von Blumen gelernt; ich selbst aber habe nichts gelernt und schaffe das im Moment auch nicht. Ich bin nicht mehr so wie früher. Ich denke und glaube auch nicht mehr so wie früher. Seit ich dem IS entkommen bin, habe ich nicht ein einziges Mal mehr gebetet. Wenn es einen Gott gibt, weiß ich nicht, wozu. Welcher Gott würde so etwas zulassen? Ich möchte nicht mehr über die Vergangenheit sprechen. Es kostet zu viel Kraft.

Andere Jesidinnen, die sich aus Syrien befreien konnten, haben mir erzählt, was sie über Abu Mustafa mitbekommen haben. Nachdem ich ihm entkommen war, hat er sich wieder auf die Liste der Selbstmordattentäter setzen lassen. Bei diesem dritten Anlauf hat er sich in die Luft gesprengt.

Der Psychopath, der sich in tausend Einzelteilchen zerlegte

Sein eigenes Elend hat der Peiniger beendet. Das seiner Opfer aber dauert an. Immer wieder leidet Lamya* unter plötzlich einschießenden Gedanken, die sich in Bilder verwandeln. So sieht sie ihre kleine Tulay vor sich und spürt wieder die Grausamkeit des IS-Terroristen. Sie beginnt zu zittern, wird nervös und angespannt. Wenn sie wach ist, weint sie. Wenn sie schläft, wacht sie schreiend aus ihren Träumen auf, sodass alle Bewohner in der Unterkunft wach werden. Auch tagsüber, wenn sie ihre Kinder in den Kindergarten bringt, sieht sie andere Kleinkinder, die sie an Tulay und damit sofort wieder an den Horror der IS-Gefangenschaft erinnern. Es gibt viele sogenannte Reize oder »Trigger«, wie Bilder, Gerüche oder Wörter, die von einer Sekunde auf die andere diese traumatisierten Erinnerungen auslösen.

Ob Lamya* die Situation richtig einschätzt, dass Abu Mustafa aus einer behüteten Familie stammt, weiß man nicht. Soweit bekannt, kommt die Mehrheit der IS-Kämpfer tatsächlich eher aus unauffälligen Familien. Von Generation zu Generation berichten ihnen die Erwachsenen jedoch über die Demütigung der Araber und des Islams durch die »Kreuzzügler«. Dazu kommen politische Ideen, individuelle Charakterzüge und andere Faktoren, die zuvor unauffällige Menschen wie Abu Mustafa zu Monstern machen.

Sein Verhalten deutet eher darauf hin, dass dieser junge Mann schon in seiner Kindheit eine Reihe von Deprivationen, also Mängeln und Entbehrungen, erlebt haben muss. Inwieweit man den subjektiv geprägten Aussagen seiner Mutter glauben darf, dass er »ein verwöhntes Kind« war, ist schwer einzuschätzen. Theoretisch kann jeder in solchen »rechtlosen Räumen der Gewalt«, wie in Syrien und im Irak, unterdrückte sadistische und psychopathische Verhaltensweisen ausleben.

Abu Mustafa hat jedenfalls Freude daran, anderen Schmerzen zuzufügen. Er macht keinen Unterschied zwischen Kindern und Erwachsenen. Das verschafft ihm ein angenehmes Gefühl von Macht. Gleichzeitig aber auch ein Gefühl, dass er existiert, dass er noch lebt. Durch das Leid und Töten anderer Menschen erlebt er sein eigenes Ich, das bisher unterdrückt und ungeachtet war.

Er scheint sich tatsächlich in Lamya* verliebt zu haben, betrachtet die Kinder aber als Konkurrenz. Er spürt, wie abgöttisch die Mutter ihre Kinder liebt. Wenn er die Kleinen schlägt, so glaubt er in seiner Krankhaftigkeit, ist er sich der erzwungenen Liebe Lamyas* sicher. Vielleicht spielt er mit dem Wissen, dass sie sich in der Folge noch mehr um seine Gunst bemühen wird. Zunächst reichen ihm diese Misshandlungen und Vergewaltigungen aus, um Nähe zu dieser Frau zu erreichen. Im nächsten Schritt aber sieht er sich genötigt, die Kinder zu töten.

Mit Tulay fängt er an. Als Schutzbedürftigste genießt sie die größte Aufmerksamkeit ihrer Mutter. Abu Mustafa jedoch will Lamya* ganz für sich allein haben oder idealerweise sogar mit ihr im Kampf gegen die »Ungläubigen« zusammen sterben, damit beide als Paar auch im Jenseits noch vereint sind. Möglicherweise ist dieser Mann intelligent, hat aber keinen Zugang zu den Gefühlen anderer, rationalisiert und setzt seine durch den IS gestützte Haltung auf Kosten anderer um.

Bis zum Eintritt in den IS hat Abu Mustafa seine Krankhaftigkeit vermutlich nur versteckt ausgelebt. Vielleicht hat er sich in jungen Jahren gewünscht, andere Kinder zu schlagen, war aber zu unsicher und ängstlich, um das wirklich zu tun. Eher hat er heimlich Menschen beobachtet und beispielsweise Gegenstände von ihnen kaputt gemacht. Er war ein Mitläufer, meist angepasst und unauffällig.

Dieser junge Mann leidet unter einer schweren Persönlichkeitsstörung. Sein Verhalten ist nicht direkt auf eine Hirnschädigung oder -krankheit oder auf eine andere psychiatrische Störung zurückzuführen. Solche Persönlichkeitsstörungen treten meist in der Kindheit oder in der Adoleszenz in Erscheinung und bestehen während des Erwachsenenalters weiter, wie es bei

Abu Mustafa der Fall zu sein scheint. Vermutlich ist er vor dem Eintritt beim IS ein scheuer und schüchterner Mensch gewesen, der eine übermäßige Vorliebe für Fantasien entwickelt hat. Durch den IS erhält er endlich die »Möglichkeit«, seine Pathologie auszuleben, und wird dafür sogar noch von seinen Vorgesetzten belohnt, was zur grenzenlosen Brutalität bei ihm führt.

Irgendwann bekommt er mit sich selbst »Probleme«, da ihm die bisherige Grausamkeit, wie das Beißen oder Schlagen der Kinder, nicht mehr ausreicht. Seine Fantasie ist jedoch auf diese Formen der Gewalt »beschränkt«, was dazu führt, dass er keine ausreichende Befriedung erlebt und unter ständiger Anspannung steht. Seine Gedanken kreisen nur noch darum, auf welche Weise er noch andere Grausamkeiten durchführen könnte, um endlich dadurch Erleichterung zu erfahren.

In seiner Wahrnehmung ist Abu Mustafa so eingeschränkt, dass er den Schmerz und die Qualen der Mutter und ihrer Kinder nicht nachfühlen kann. Jegliche Form von Mitleid, Empathie und Gefühlen anderen gegenüber waren entweder schon in der Kindheit nicht vorhanden, im Sinne einer schizoiden und/oder antisozialen Persönlichkeit, oder können sich erst im jungen Erwachsenenalter entwickelt haben. Abu Mustafa ist kalt, gefühllos und spürt keine Regung, wenn er ein zweijähriges Kind zu Tode foltert.

Die von der Gesellschaft festgelegten Regeln berühren ihn nicht, er ist aber zugleich ängstlich und kann nicht offen mit Menschen umgehen, weswegen er andere eher meidet; durch Gewalt versucht er jedoch, diese Defizite auszugleichen. Er schafft es, die einseitige Beziehung mit Lamya* nur gewaltsam einzugehen, weil er Angst vor einer Ablehnung hat. Was das Opfer will, interessiert ihn nicht.

Die Schreie der jungen Mutter und der kleinen Tulay werden ihn in der Nacht nicht verfolgen. Er wird nicht darunter leiden.

Vielmehr gilt für ihn: Ich bin der Allergrößte, weil ich das allerschlimmste Verbrechen begangen habe. Sein Tod ist für ihn eine logische Konsequenz, da er glaubt, durch das gewählte Szenario endlich am Ziel seiner Wünsche angekommen zu sein.

Der IS benutzt solche gestörten Persönlichkeiten für seine Zwecke, um damit andere abzuschrecken und Kritiker in den besetzten Gebieten zum Schweigen zu bringen. Bewusst rekrutieren die Werber labile Menschen, suchen nach ihnen in Flüchtlingslagern oder im Internet in einschlägigen Foren und schicken sogar geistig Behinderte, wie 2015 den Freiburger Yannik P. im Nordirak, als Selbstmordattentäter los.

Das Kalifat vergibt quasi an jedermann eine Lizenz zum Töten. Jeder tief frustrierte und hasserfüllte Mensch, der noch kein Feindbild hat, kann sich bei diesem Angebot bedienen. Laut einer Terroranalyse von »Europol« leiden 35 Prozent aller erfassten Einzeltäter des IS unter psychischen Problemen. Sollte dies der Fall sein, dann hätte der Wahnsinn tatsächlich Methode.

Psychologie des Terrors

Ein Täter wie Abu Mustafa ist sich seiner Handlungen und Taten bewusst, er geht strukturiert vor, mit wenig Affekt. Der Mann kann klar denken, und ihm ist bewusst, dass er andere Menschen verletzt und ihnen Schmerz zufügt. Den Berichten Lamyas* zufolge, würde er vermutlich vor Gericht für schuldfähig erklärt und entsprechend verurteilt werden.

Warum aber wird so ein junger Mann wie er zum kaltblütigen Killer? Sämtliche Versuche, die Motive von Terroristen psychologisch zu erfassen, indem man bestimmte Charakterdispositionen oder lebensgeschichtliche Ereignisse gegenüberstellt, haben bisher zu keiner befriedigenden Erklärung geführt. Weder biografische Analysen noch theoretische Konstruktionen, betrach-

tet nach entwicklungspsychologischen oder familiendynami-
schen Denkmustern, geben uns ausreichende Anhaltspunkte
dafür, welche Bedingungen zur Karriere eines kaltblütigen Terroristen führen.

Beim Erforschen der menschlichen Abgründe gibt es keine
einfachen Antworten, denn jeder Kontext ist bei jedem Täter anders, und die Gründe für derartige Horrorszenarien sind individuell verschieden. In der Darstellung der Medien handelt es sich
bei IS-Kämpfern häufig zunächst einmal um Einzelpersonen,
wenngleich sie eine terroristische Gruppe oder Sympathisanten
hinter sich haben. Bei einer Analyse müssen stets vielfältige Ar-
gumentationslinien zusammenfließen, damit man ein einigermaßen übersichtliches Bild psychologischer Motive und ihrer
soziologischen sowie politischen Zusammenhänge erhält.

Ein paar Schubladen reichen nicht aus, um das Phänomen
des Terrors zu begreifen. Unter Kategorien, wie den vier »M«,
versucht beispielsweise das Bundesamt für Verfassungsschutz,
die Salafisten in Deutschland einzuordnen. Männlich, muslimisch, mit Migrationshintergrund und Misserfolg in Pubertät,
Schule oder einer sozialen Gruppe. Fakt ist, dass wir noch immer
in einer von Männern dominierten Gesellschaft leben und uns
geschlechterspezifisch verhalten. Es ist typisch für die junge,
männliche Spezies, eigene Probleme und Störungen nicht nach
innen, sondern nach außen zu tragen und Gewalt als Befreiungs-
schlag auszuleben. Die älteren Männer haben dagegen die Zeit
des Aufstandes in der Regel schon hinter sich. Und Frauen wiederum reagieren eher kommunikativ-zurückhaltend. Was aber
nicht bedeutet, dass sie nicht ebenso gewaltsam zuschlagen
könnten, wie unter anderem ein verhinderter Anschlag dreier
Islamistinnen im September 2016 in Paris gezeigt hat.

Genauso wenig aber wie Terrorismus, pauschal betrachtet,
ein pathologisches Syndrom ist, genauso wenig sind Terroristen

erfolglose, identitätsdiffuse junge Kriminelle, die ihre eigenen Bedürfnisse sowie Fragen nach ihrer Identität: »Wer bin ich? Und was will ich?«, nicht erklären können. Weder an Bildung, Nationalität, Status oder Gehalt lässt sich festmachen, ob jemand am Ende zum Bombenleger wird oder nicht. Nicht mal die Religiosität ist ausschlaggebend. Unter den Dschihadisten findet man Christen, Juden, Atheisten und Muslime, die in einem durchaus gemäßigten Umfeld groß geworden sind. Natürlich gibt es unter ihnen auch Kleinkriminelle, Drogenabhängige und andere abgestürzte Persönlichkeiten.

Die Attentäter in Paris oder Brüssel mögen manche der oben aufgezeigten »M«-Kriterien erfüllen, aber sie waren nicht »erfolglos«, wie einige Terrorexperten urteilen, denn die Männer sind gestorben, also »erfolgreich« davongekommen. Das ist eine der besonderen Eigenschaften der IS-Terroristen: Sie wollen nicht mehr leben und »erfolgreich« so viel Schaden wie möglich hinterlassen. Dabei geht es nicht um den Einsatz kontrollierter Gewalt, sondern um den Eindruck unvergesslichen Horrors. Um maximale öffentliche Aufmerksamkeit, um Ruhm und Medienpräsenz. Wenigstens einmal im Leben das Gefühl zu haben, etwas Besonderes zu sein. Besser als Massenmörder berühmt, denn als ein »Nobody« zu sterben. Besser gehasst als nicht geliebt. Besser gefürchtet als nicht geachtet.

So schwer es uns auch fällt, den Gedankengängen der Terroristen zu folgen, so deutlich muss uns bewusst sein, dass die Hemmschwelle, die einen Einzelnen davon abhält, gewalttätig zu werden, bei vielen Menschen wesentlich niedriger liegt, als wir das wahrhaben wollen. Aus Selbstschutz möchten wir aber lieber hören, dass es sich bei den Terroristen um klassische Täter, um in sich verderbte oder kranke Typen handelt. Das scheint das Unbegreifliche begreiflicher zu machen, vernebelt aber die Realität. Zudem entlastet es die Täter unfreiwillig, weil man ihnen damit

Unzurechnungsfähigkeit zubilligt. Die Wahrheit, dass fast jeder, unter bestimmten Umständen, einem anderen das Messer an die Gurgel setzen könnte, ist nicht leicht zu ertragen.

Aus der eigenen Geschichte wissen wir aber, dass viele der Führungsoffiziere in den Konzentrationslagern ein Doppelleben geführt haben. Tagsüber hat der Kommandant Tausende von Juden in die Gaskammer geschickt, abends hat er sich in seiner Villa kultiviert ans Klavier gesetzt und den Gästen Beethoven vorgespielt. Da passt keine Schablone. Der ekelhafte Fiesling kann unschuldig, der sympathische Freund indes ein Mörder sein. Gefühlskälte, Gewalttätigkeit und antisoziale Störungen besagen nicht, dass ein Täter seine Handlungen nicht mehr hätte steuern können. Er ist schuldfähig und voll verantwortlich für das, was er angerichtet hat. Das Denken der IS-Milizen folgt keinem Wahn, sondern einer Ideologie. Ihre Motive sind uns fremd, ihre Moral und ihre Methoden abscheulich.

Erkenntnisse aus unterschiedlichen historischen und gesellschaftlichen Zusammenhängen helfen uns, einen Zugang zu grundsätzlichen Überlegungen zu schaffen.

Aggression und Gewalt: Eine tödliche Geschwulst

Warum kommt es zu Aggressionen? Dazu gibt es viele Theorien. Zum einen geht die Wissenschaft davon aus, dass Aggression ein angeborener Trieb ist, beim einen stärker ausgeprägt, beim anderen weniger. Ein anderer Erklärungsansatz behauptet, dass ein Mensch umso aggressiver wird, je mehr Kontakt er mit anderen aggressiven Personen hat.

Jeder lernt anhand von Vorbildern, welche Reaktion in bestimmten Situationen angemessen ist. Nicht zu unterschätzen ist dabei auch die Macht der Medien, die mit ihren Gewalt verherrlichenden Darstellungen negative Gefühle aufheizen. Computerspiele, Videos oder Animationen, in denen Dschihadisten als Helden und »Underdogs« in der syrisch-irakischen Wüste nach vorne preschen, in Deckung gehen, den Gegner aus dem Hinterhalt niederschießen. Töten als Spiel. Das ganze Szenario unterlegt mit Rap, Pop oder Rock. Das riecht nach Abenteuer, nach einer Chance, sich aus der eigenen Bedeutungslosigkeit in die Position des Mächtigen zu katapultieren.

Gezielt postieren sich die IS-Werber unter anderen auch in einigen deutschen Großstädten, verteilen in Fußgängerzonen an »Lies mich!«-Ständen den Koran und erklären den jungen Menschen die Welt. »Unsere Gemeinschaft ist in Gefahr. Wir brauchen einen Krieg. Wir brauchen dich!«, heißt es da an jeden Einzelnen gerichtet. Was Krieg aber wirklich bedeutet, ist den Faszinierten dabei überhaupt nicht klar. Viele IS-Aussteiger berichten, dass schwer verwundete IS-Kämpfer ohne Versorgung sich selbst überlassen wurden oder im Kampf gefallene Gefährten wie Müll am Straßenrand entsorgt worden seien.

Aggression entsteht in der Regel dann, wenn ein Akteur versucht, sich gegen den Willen eines Konfliktpartners durchzusetzen, um dadurch seine Ziele zu erreichen. Ist dies der Fall, so ist diese Aggression zugleich die Verteidigung seiner ursprünglichen Handlungsziele gegen eine (tatsächliche oder vermeintliche) Aggression des anderen.[35]

Manifestiert sich eine feindselige Haltung derart, dass deswegen andere Menschen physischer und psychischer Gewalt ausgesetzt sind, formt sich in einer Gesellschaft wie bei einer Krebskrankheit aus gesunden Zellen eine tödliche Geschwulst. Gewalt ist immer an Macht geknüpft, denn nur Macht ermöglicht dauerhafte, zielgerichtete Aggressionen. Das beweisen die diktatorischen Länder im Nahen und Mittleren Osten in den letzten 80 Jahren, indem sie den Menschen dort täglich die Daumenschrauben anlegen und Meinungsfreiheit ein Fremdwort bleibt.

Hat Gewalt einen gesellschaftlichen Hintergrund, der die Rechtfertigung für Verbrechen liefert, spricht der norwegische Friedensforscher Johan Galtung von »kultureller Gewalt«. Der IS, der nach außen hin großen Wert auf Sinn und Rationalität seiner Motive legt, prangert beispielsweise den Werteverfall in den modernen Industriegesellschaften an und liefert somit gleichzeitig eine Berechtigung für politisch motivierte Gewalttaten. Diktatoren oder Herrscher wiederum, die ihre Macht schwinden sehen, weisen die Bevölkerung mit Vorliebe auf den religiösen Feind hin. Eine beliebte Strategie, um von eigenen, inneren Problemen und Gegnern abzulenken. Nie die eigene Unkultur, immer die andere Kultur bekämpfen.

Das Gefühl, im Recht zu sein und möglicherweise in seinem Recht beschnitten zu werden, kann für manche Leute bereits der Auslöser sein, andere umzubringen. Viele unterdrückte Gruppen, deren Existenz oder deren Rechte von einem Staat nicht anerkannt werden, sehen beispielsweise den bewaffneten Kampf als legitime Methode an. Dies galt und gilt bis heute auch für viele Stammeskämpfe und muslimische Glaubensgruppen in der islamischen Welt. Sieht eine Gruppe ihren Besitz oder ihre Legitimation in Gefahr, schlägt sie zu, wie auch der jahrhundertelange Kampf zwischen Schiiten und Sunniten zeigt.

Das Verlangen nach Gerechtigkeit mündet ebenfalls oft im gewalttätigen Widerstand. Die Menschen fühlen sich in ihrer Umgebung nicht beschützt. Unter dem »Bedürfnis nach Geborgenheit im öffentlich-politischen Raum« versteht der Psychologe Siegfried Preiser unter anderem die Suche nach Fairness, den Wunsch nach Fürsorge des Staates, nach verlässlicher Information der Bürger durch Regierung und Verwaltung und nach Beachtung moralischer Prinzipien durch die staatlichen Institutionen.[36] Werden all diese Erwartungen nicht erfüllt, greifen die bedrängten Menschen zu den Waffen, in der Hoffnung, dadurch das gestörte innere Gleichgewicht der Gesellschaft wiederherstellen zu können. Wenn die Gemeinschaft allerdings so ein Angriffsverhalten bejaht oder stillschweigend toleriert, verstärkt sie es dadurch.[37]

Kochende Emotionen: Wut vergeht, aber Hass folgt dem Feind auf dem Fuß

»Je öfter er zuhaut, desto mehr wird er zur Stein«, beschreibt eine Jesidin ihren Peiniger. Gewalt anzuwenden, ohne dabei von Mitgefühl gehemmt zu werden, ist nicht zwangsläufig das Ergebnis einer angeborenen Pathologie, sondern eher eines Lernprozesses. Selten beschränkt sich der Akteur bei diesem Prozess auf ein einziges Vorbild, und auch nicht alles, was seine Leitfigur tut, duldet oder unterlässt, wird er eins zu eins reproduzieren. Meistens verschmelzen mehrere verschiedene Verhaltensweisen von mehreren Vorbildern miteinander, was Experimente belegen.[38]

Dass Menschen verschiedene Modelle nachahmen beziehungsweise Elemente aus ihnen miteinander vermengen, wirkt vor allem auf jugendliche Islamisten oder Konvertierte aus den westlichen Ländern anziehend, die sich den Terrorgruppen anschließen. Durch Nachahmen, wie beispielsweise der Einhaltung religiöser Riten und der Übernahme neuer moralischer Werte, erhoffen sie sich Anerkennung in den Terrororganisationen. Schnell wechseln da die Jungen ihre Jeans gegen die Pluderhosen der Dschihadisten, die Mädchen Shirt gegen Schleier.

Bei der Radikalisierung spielen natürlich auch psychosoziale Faktoren wie Familienverhältnisse, Bildungsstand der Eltern, Armut oder Konflikte in der Ehe eine Rolle. Besonders Jugendliche, getrieben von Selbstzweifeln und Sinnfragen, sind nicht nur besonders empfänglich für simple und unreflektierte Antworten, sondern auch leicht zu manipulieren. Solche sogenannten »Identitätsdiffusionen«, verbunden mit Fragen »Wo gehöre ich hin? Welcher Weg ist richtig?«, lösen sich üblicherweise im Rahmen einer normalen Entwicklung. Wen aber in solch einem Moment der Schwäche und der Zweifel die falschen Leute ansprechen, der wird leicht zur Beute von Rattenfängern.

Junge Leute, die bereit sind, sich zu radikalisieren, fühlen sich oft orientierungslos und in der eigenen Gesellschaft verloren. Sie finden keinen Platz darin, sehen keine Zukunft für sich. Manche sind völlig unauffällig und zurückgezogen, andere machen sich wichtig und geben an. Der IS bietet ihnen Gemeinschaftsgefühl, den Eindruck, etwas Besonderes zu sein, und vor allen Dingen Bestätigung. Anerkennung aber ist ein menschliches Grundbedürfnis wie Essen und Trinken. Ein ähnliches Angebot finden solche Sinnsuchenden auch in rechtsradikalen oder anderen extremen Gruppierungen. Letztlich ist es nur eine Sache der persönlichen Prägungen und Neigungen, in welch radikale Ecke es sie verschlägt. Tatsache ist, dass Menschen, die mit sich zufrieden sind, weder einen anderen noch sich selbst hetzen.

Eng mit den Aggressionen, die diese Personen in sich tragen, sind Emotionen wie Wut und Hass verbunden. Natürlich löst nicht jedes heftige Gefühl der Feindschaft den Drang aus, andere zu töten, aber Emotionen spielen beim Morden, vor allem verbunden mit bestimmten Einstellungen, eine wichtige Rolle. Wut und Hass auf die Ungläubigen und Kreuzfahrernationen, die aus der Sicht der Terrormiliz den Islam bedrohen, führen dazu, dass sie die von ihnen wahrgenommenen Bedrohungen bekämpfen. »Die Welt ist gegen uns«, glauben sie, »wir müssen uns wehren!«

Gemeinsam führen Wut und Hass zu unsäglichem Leid. Wut alleine versucht, ein bedrohliches Hindernis, wie beispielsweise eine unfaire Behandlung, zu beseitigen. Gelingt das, lässt die heftige Erregung nach. Scheitert es jedoch, wandelt sich Wut in Hass um. Und Hass verfolgt den Feind, selbst wenn er sich zurückzieht. Nicht umsonst heißt es »Hass verzehrt«, der eigene Untergang wird dabei in Kauf genommen. Wie ein Ballon, der bis zum Äußersten aufgeblasen wird und zerplatzt.

Wissen Menschen nicht mehr, welche Kräfte sie bei ihren Taten antreiben, reagieren sie irrational. Diese Unvernunft erklärt auch Auswüchse wie Terror und grenzenlose Brutalität. Hass stiftet den IS dazu an, jeden anzugreifen, egal ob Baby, Kind oder Frau. Angestachelt von diesem zerstörerischen Gefühl, versucht die Terrormiliz ihre eigene Angst, Verletzbarkeit sowie ihre Verachtung gegenüber ihren Feinden zu kompensieren und droht der Welt mit dem Finger am Abzug.

Ihren Hass tarnen sie nach außen hin als Ruf nach Gerechtigkeit. Als Gründe für ihre Verbrechen nennen muslimische Attentäter an vorderster Stelle die Hingabe an Gott, die Aussicht auf ein Leben im Paradies und die Bindung an ihre Gruppe.[39]

Angeknackster Selbstwert: Grausamkeit als Medizin

Aggression ist ein Verhalten, das darauf abzielt, jemanden direkt oder indirekt zu schädigen.[40] Frustration wiederum fördert Aggression. Doch nicht jede Frustration führt automatisch zur Aggression. Mehrere Faktoren müssen zusammenkommen, dass ein Mensch tatsächlich zum Angriff übergeht.

Ein geringes Selbstwertgefühl, das Versagen in der eigenen Gruppe sowie ein negatives Selbstbild begünstigen Gewaltanwendungen. Ursache dafür kann sein, dass sich ein Einzelner oder seine Gruppe gedemütigt fühlen und nichts dagegen unternehmen können. Die Grausamkeit soll wie ein Medikament gegen diese Kränkung helfen.

Bisherige Erfahrungen mit terroristischen und anderen extremen Gruppierungen bestätigen, dass bevorzugt Mitglieder aufgenommen werden, die als Voraussetzungen Gehorsamkeit und

Gewaltbereitschaft mitbringen. Nur wer auch bereit ist, auf Kommando zuzuschlagen, darf also mitmachen. Moralische und ethische Barrieren verlieren ihre Bedeutung gegenüber dieser Destruktivität. Die IS-Angehörigen müssen nicht mehr selbst denken, was bequem ist. Sie müssen einfach nur folgen.

Der Erhalt des Selbstwerts und die Integrität der Persönlichkeit sind wichtige Motive menschlichen Handelns, die sogar höher wiegen können als die eigene Existenz. Menschen, die versucht haben, sich selbst umzubringen, geben auf Nachfragen an, sich mehr oder weniger unbewusst doch ein Weiterleben nach dem Tod vorgestellt zu haben. Dies gilt selbst dann, wenn sie nicht gläubig sind. In ihrer Fantasie malen sie sich die Reaktionen ihres trauernden, bestürzten oder beschämten Umfelds aus und sehen sich selbst dabei in einem Zustand der Ruhe, des Schlafs oder über den Ereignissen schwebend. Ein wirklich totales Ende eigener Existenz kommt in solchen Schilderungen kaum vor. Sie selbst betrachten ihren Tod als gerechte Strafe für die Hinterbliebenen. Fast wie trotzige Kinder, die beleidigt mit den Füßen aufstampfen: »Das habt ihr jetzt davon!«

Der amerikanische Autor Theo Padnos, der zwei Jahre Geiselhaft in Syrien überstanden hat, schildert ein Gespräch mit seinen IS-Gefängniswärtern über deren Todessehnsucht. Sie antworteten ihm, dass sie sterben und in den Himmel wollten. Aber noch lieber wollten sie eigentlich nach Deutschland. Da ihnen dieses Ticket aber verwehrt blieb und ihnen kein anderes geboten wurde, wählten sie stattdessen die »Freikarte in den Himmel«.

Der Diskurs in der arabischen Welt über mangelnde Anerkennung in anderen Ländern sowie die internen Kämpfe um den »richtigen Glauben« haben deren Selbstverständnis erschüttert. Infolgedessen versuchen islamistische Extremisten, den mangelnden Respekt durch eine »Kultur der Gewalt« zu erzwingen.

Dabei müssen sie nicht einmal persönlich gekränkt worden sein. Wesentlich ist, dass sie eine reale oder angenommene Herabsetzung als einen fundamentalen Angriff auf ihre soziale und kollektive Identität erleben.[41] Letztere ist immer ein Teil der Ich-Identität, die wiederum Emotionen wie Hass aufwühlt, wenn der Gruppe oder ihren Mitgliedern etwas widerfährt.[42]

Niederlagen und Demütigungen führen zur Abwertung der sozialen und kollektiven Identität, unabhängig immer von individuellen Erfahrungen.[43] So befremdlich das in unseren Ohren klingen mag, resultiert aus »Erfolgen« der Gemeinschaft, auch im Sinne von Selbstmordattentaten oder dem Köpfen »Ungläubiger«, eine Selbst-Aufwertung.

Aggressionen können sich auch nach innen richten und zu innerpsychischen Konflikten führen, wie Krankheiten, Depressionen oder im Extremfall Selbstmordabsichten. Wut und Angst sind ständige Begleiter, die sich hinter aggressivem Verhalten verbergen. Es sind normale Gefühle, die jeder Mensch hat und derer sich niemand zu schämen braucht. Unterdrückt wirken die negativen Empfindungen allerdings im Unbewussten weiter und tauchen bei anderer Gelegenheit wieder auf. Die Energie sucht dann wie ein Ball, der unter Wasser gedrückt wurde und wieder hochschnellt, ihre Ersatzziele. Herrschsucht, Vorurteile und Grausamkeit gegenüber Schwächeren lassen sich auch als fehlgeleitete Aggressionen deuten. Restriktionen und Verbote, vor allem im Islam, können durchaus so interpretiert werden.

Unsoziales und destruktives Verhalten sind Ausdruck geringer Selbstachtung und tiefer Verunsicherung, sie zeugen von Angst und Frustration. Besonders archaische Gesellschaften unterstützen oder verlangen aber auch Aggressionen von ihren Mitgliedern als Ausdruck von Kraft und Mut. Wenn Grausamkeit als Waffe eingesetzt wird unter dem Vorwand, Werte und Normen zu schützen, wird sie zum Teil von der Gesellschaft und ihrer Kultur mitgetragen. Im Falle der »Verteidigung der Religion gegen den Feind« begrüßen viele Muslime auch den schonungslosen Kampf, selbst wenn das nicht immer öffentlich oder hinter vorgehaltener Hand geschieht. Trotz des Wissens, dass das Töten des Menschen moralisch falsch ist, lässt diese seit Jahrhunderten tief verankerte, stark emotional besetzte archaische Überzeugung keinen Platz für Humanität. Sie verleugnet jede Art von Menschlichkeit und rechtfertigt Mord.

Gewalt jedoch ist immer ein Mittel der Unterlegenen und Schwachen.

Die Suche nach einem positiven Selbstwertgefühl: »Wir sind wieder wer!«

Die Fixiertheit der IS-Anhänger auf Autoritäten, wie Kalif und Gott, die Ansehen und die damit verbundene Macht verkörpern, legt ihr tiefes Bedürfnis nach eigener Anerkennung offen. Durch die Bestätigung von außen scheint dem einfachen Mitglied nichts mehr unmöglich zu sein. »Wir sind wieder wer!«

Sein Selbstwertgefühl reguliert der IS-Kämpfer weniger durch gegenseitige als durch einseitige Beziehungen zu anderen Menschen. Er ist ständig bemüht, der höheren Autorität zu gehorchen. Alles, was von oben kommt, ist richtig und muss befolgt werden. Gleichzeitig kann er aber einen Kameraden, der auf der gleichen hierarchischen Stufe steht wie er, ohne Problem abweisen oder auch umbringen, wenn jener sich nicht an die von oben verordneten Gebote hält.

Warum aber ist der Selbstwert der IS-Kämpfer derart angeknackst? Besonders in religiösen und konservativen Familien wird ein Kind nicht um seiner persönlichen Gefühle willen geliebt, sondern aufgrund seiner Verhaltensweisen, mittels derer es sich an die idealisierten Vorstellungen seiner Eltern anpasst. Nur für das, was es tut, glaubt das Kind geliebt zu werden. Nicht für das, was es ist.

Erleben Kinder zusätzlich durch ihre Eltern Gewalt, leidet ihr Stolz noch mehr darunter. Schläge in der Öffentlichkeit oder in Anwesenheit der Mutter oder Geschwister sind besonders beschämend. Davon kommt ein Kind oft so einfach nicht wieder los. Der Wunsch, andere genauso zu beschämen, lässt sich oft in der Folge beobachten. Das geprügelte Kind fängt an, jüngere Geschwister oder andere Kinder zu malträtieren.

Im Sinne von »Wie du mir, so ich dir« wendet es die gleiche Gewalt immer wieder an, weil es die Bestrafung der anderen als Befriedigung erlebt. Die Gewalt verselbstständigt sich, überträgt sich wie eine ansteckende Krankheit, es kommt zur Gegengewalt und entwickelt sich mit der Zeit zu einer regelrechten Epidemie, die wie die Pest von Dorf zu Dorf zieht und sich zunehmend in ihrem Ausmaß verschärft. Zuletzt wird diese Brutalität politisch oder religiös anerkannt. Das Mitglied einer Terrororganisation verschafft sich selbst dadurch Aufwertung.

Autoritäten beziehen ihre Anziehungskraft aus ihren ungeprüften Versprechen, dass sie mit ihrer Person die einzig rettende Lösung in aussichtsloser Lage seien.

Die Akteure verstricken sich in einen schicksalhaften Kampf gegen den Rest der Welt. Fest verhaftet im Glauben, das Richtige zu tun, und im Bewusstsein, alle Notleidenden, Unterdrückten und Schwachen zu befreien. Damit erobern sie sich die verlorene Ehre wieder zurück, retten sozusagen ihre eigene Haut, indem sie andere in den Abgrund stürzen. Sie glauben durch einen Sieg in der Gegenwart eine Niederlage in der Vergangenheit wettzumachen. Das aber ist unmöglich. Wir müssen lernen, uns damit abzufinden.

Dieses Gefühl, zu einer heiligen Mission berufen zu sein sowie zu einer auserwählten Gruppe zu gehören, die das weitere

Schicksal der Welt entscheidend beeinflussen kann, weist auf eine narzisstische Kränkung hin. Durch das »Retter- und Helfersyndrom« verleugnen die Kämpfer die tatsächlichen oder die vermeintlichen Mängel und Fehler in der Gesellschaft, ja verkehren sie sogar ins Gegenteil. Die eigene Person wird idealisiert, aus dem Versager von einst, dem Marginalisierten und Perspektivlosen, wird der überlegene Befreier der menschlichen Ehre.

Durch ihre Taten wollen die IS-Soldaten als Helden im Gedächtnis der Welt lebendig bleiben. Ihre Schandtaten sollen sie verewigen. Dass der Tod weder Verlust aller Lebensfunktionen noch ein Ende ist, dafür hat die Sprachregelung dieser Terrororganisation gesorgt. Wer im Kampf für die Sache fällt, ist nicht tot, sondern ein Schehid (Märtyrer). Und Schehid sein bedeutet »ewiges ehrenvolles Leben«.

FREMDHEITSGEFÜHLE: TRÄUME EINER DSCHIHADISTIN VON EINER BESSEREN WELT

Am liebsten würde ich wie am Computer auf »Neustart« drücken. Das System herunterfahren, den Speicher löschen und noch mal komplett von vorn beginnen. Und alles, was ich als »Dschihad-Braut« in Syrien erlebt habe, rückgängig machen. Ich will das endlich hinter mir lassen. Nur fällt es mir sehr schwer, zu vergessen.

Seit meiner Rückkehr nach Frankreich im Herbst 2015 lebt meine Familie in Angst um mich, dass mich die IS-Leute im Internet oder auf der Straße ausfindig machen und mir den Kopf erneut verdrehen könnten. »Vielleicht wollen sie sich auch an dir rächen, weil du vor ihnen geflohen bist«, bangt meine Mutter. Leider sind die Sorgen nicht unberechtigt, denn der IS sieht solche Frauen wie mich als »Abtrünnige« an. Und mit Abtrünnigen machen sie meist kurzen Prozess.

Um meine Eltern und Geschwister vor Nachstellungen zu schützen, möchte ich nur so viel verraten, dass wir arabischer Herkunft sind. Ich selbst aber bin in Frankreich geboren und aufgewachsen. Vater und Mutter leben nicht wie strenggläubige Muslime, doch Tradition und Religion sind wichtig für sie. Ich bin die Drittgeborene von vier Geschwistern, habe hier den Kindergarten und die 10. Klasse besucht. Dann habe ich die Schule abgebrochen, obwohl ich keine schlechten Noten hatte, denn ich wollte nach Syrien. Die Lust am Lernen war mir vergangen, weil mir das, was unterrichtet wurde, uninteressant und lebensfremd vorgekommen ist.

Mittlerweile bin ich 18 Jahre alt. Vor zwei Jahren hatte ich angefangen, mich intensiver mit meiner Religion und Herkunft zu beschäftigen. Bis zu meinem 14. Lebensjahr hatte ich mit allen möglichen Mädchen gute Freundschaften, darunter Französinnen, Marokkanerinnen, Tunesierinnen und andere Nationalitäten. Irgendwie aber spürte ich die ganze Zeit, dass ich anders war. Wie eine Fremde. So ein Gefühl, wie nicht dazuzugehören und doch da zu sein.

In meiner Schule gab es sehr viele Muslime, mit denen ich mich daraufhin immer stärker zusammengeschlossen habe. Vor allem in den Pausen haben wir uns sowohl auf Französisch als auch ein wenig auf Arabisch unterhalten. Ich hatte den Eindruck, dass sie mich verstehen und das Gleiche empfinden wie ich.

Zu Hause lief das Leben eigentlich ziemlich entspannt ab. Mein Vater hat mich auch nie geschlagen, er ist in die Moschee gegangen, was aber nicht bedeutet, dass er wirklich sehr religiös war. Nach außen hin merkte man ihm seinen Glauben überhaupt nicht an. Er ist ganz normal angezogen, wie jeder Franzose oder Europäer, auch meine Mutter trägt lediglich ein Kopftuch.

Wie viele Jugendliche habe ich die meiste Zeit im Internet verbracht und mich mit Freundinnen in Cafeterias getroffen. Mit Jungs hatte ich nicht wirklich zu tun. In diesem Punkt waren meine Eltern sehr klar. Erst sobald ich heiratete, dürfte ich Sex mit jemandem haben. Damit hatte ich absolut kein Problem.

Ab meinem 14. Lebensjahr spürte ich auf jeden Fall diesen inneren Drang, mehr über mich und meine Kultur zu erfahren. Meine Geschwister waren zwar gläubige Menschen, aber für sie war es nicht wichtig, sich über ihren kulturellen Hintergrund zu informieren. Sie waren voll in der Gesellschaft integriert. Zwei hatten bereits geheiratet und eigene Familien.

Zunehmend suchte ich im Internet nach bestimmten Foren, die solche Themen über Identität und Glauben diskutierten, und fand relativ schnell viele Leute, die wie ich auf der gleichen Suche nach etwas waren, aber nicht genau wussten, was es ist. Mir gingen so viele Fragen durch den Kopf: »Wer bin ich? Woher komme ich? Warum fühle ich mich hier in Frankreich nicht zu Hause? Und warum habe ich das Gefühl, nicht richtig von meinen Eltern und meinen Geschwistern verstanden zu werden?«

Meine Eltern waren zwar bemüht um mich und liebten mich, aber zwischen uns hatte nie ein richtiges Gespräch stattgefunden. Sie fragten nie nach oder wollten erfahren, wie es mir wirklich ginge oder was ich wirklich dächte. Ihnen war vor allem wichtig, dass ich gesund war und zur Schule ging. Sie schmiedeten auch bereits Pläne für meine Zukunft. Entweder sollte ich noch Abitur machen oder gleich eine Ausbildung anfangen, danach heiraten und Kinder bekommen.

Was? Das sollte alles sein im Leben? Mir war das zu wenig. Ich spürte einen starken inneren Widerstand dagegen und beschäftigte mich noch stärker mit dem Islam. Zu Hause habe ich angefangen, den Koran, der irgendwo bei uns im Regal steckte, zu lesen. Auf Anhieb hat mir daran vieles gefallen. Das waren klare Worte und klare Vorgaben, die genau das sagten, was »gut« und was »schlecht« war. Das gab mir Sicherheit. Die Regeln im eigenen Land fand ich heuchlerisch. Wenn du auf der Technoparty bist, schluck nicht so viel Pillen. Wenn du kein »Aids« willst, nimm Kondome. Als ob das die Probleme lösen würde? Und ich hatte das Gefühl, dass der Prophet auch ein schwieriges Mädchen wie mich verstanden hat. Mir schien es sogar, als ob seine Worte genau mich selbst beschreiben würden. Und wenn alle Menschen sich an diese Gesetze halten würden, dachte ich, müsste es klappen, dass wir auf der Welt alle miteinander gut leben könnten.

Nach etwa einem halben Jahr begann ich, verstärkt mit meinen Geschwistern und meinen Eltern über den Islam zu diskutieren. Zuerst waren sie etwas verwundert, mit der Zeit aber freuten sie sich, dass sie eine religiöse Tochter hatten, und haben mich in Gegenwart meiner Geschwister gelobt. »Schaut mal, wie eure Schwester sich für den Islam interessiert und wie viel sie weiß! Nehmt sie euch als Beispiel!« Meine Geschwister schauten immer etwas dumm aus der Wäsche, zum Teil auch verärgert, und schüttelten bloß die Köpfe.

Mir reichte das aber noch lange nicht aus. Ich wollte noch mehr erfahren. Mit meiner kleinen Gruppe habe ich mich bald auch nach dem Unterricht getroffen. »Die Scharia wird falsch verstanden«, ärgerten wir uns. Im Westen schwafelte man immer nur von abgehackten Händen und gesteinigten Frauen. Dabei diente das nur der Abschreckung. »Wer Allah liebt, benimmt sich auch richtig«, waren wir uns einig. Und ich hatte das Gefühl, dass ich endlich irgendwo dazugehöre.

Langsam habe ich angefangen, meine Kleidung umzustellen. Zuerst habe ich nur ein Kopftuch getragen, aber das war bereits schwierig, weil mich viele Mitschüler schräg angeblickt haben. Und noch komischer haben sie geschaut, als ich mich später komplett mit Niqab, Gesichtsschleier, und Tschador, dem langen Gewand, bedeckt habe. Einige machten auch blöde Bemerkungen, die mich aber nicht wirklich interessierten, weil ich ja meine Freunde hatte, die ebenfalls begonnen hatten, sich anders anzuziehen. Ich betrachtete das sogar als eine gewisse Herausforderung. Dass die anderen öffentlich über mich sprachen, hat mich zwar trotzdem ein bisschen geärgert, aber auf der anderen Seite auch gefreut. Auf einmal stand ich im Mittelpunkt, konnte ihnen auch den Kopf zurechtrücken, dass sie selbst falsch lebten und dass ich das Recht hatte, mich so zu kleiden und so zu denken, wie ich es wollte.

In den Gesprächen mit meiner Clique ging es nicht unbedingt darum, was im Koran stand, sondern viel mehr um die Fragen, warum wir nicht akzeptiert werden, nur weil wir anders waren. Und wir spürten immer intensiver das Gefühl, abgelehnt und nicht gemocht zu werden. Und das bestätigte wiederum, dass wir stärker zusammenhalten mussten.

Einige Mädchen besuchten mich auch zu Hause, und wir diskutierten die meiste Zeit im Netz mit verschiedenen Gruppen, die unsere Meinung teilten. In dieser verlogenen westlichen Welt ginge es nur um Gewinn und Konsum. Dabei war es doch viel wichtiger, was das Herz bewegte. Und irgendwann waren wir so sehr mit dem Chatten beschäftigt, dass wir gar nichts mehr um uns herum mitbekommen haben. Das fiel auch meinen Eltern auf, die mir zunächst das Internet verboten haben und mir dann sogar verbieten wollten, mich weiter nach islamischer Art zu kleiden. Ich wehrte mich und bin dabei geblieben, was zu neuen Streitereien geführt hat.

Auch meine Geschwister setzten mich unter Druck. Zum Glück aber hatte ich meine Gruppe an der Seite und war wirklich froh, wenn ich mit ihnen zusammen war. Ich hatte das Gefühl, dass dies meine wahre Familie sei und meine Eltern und Geschwister mich gar nicht verstehen wollten. Und manchmal habe ich sogar, um ehrlich zu sein, Hass gegenüber meiner Familie empfunden. Ich habe sie als falsche Muslime betrachtet, als Heuchler, die nur so tun, als ob sie Muslime wären. In Wirklichkeit aber hatten sie sich an das Leben in Europa und in Frankreich angepasst und waren viel schlimmer als die Franzosen. Denn die Franzosen konnte ich ja noch verstehen, es war immerhin ihr Land und ihre Kultur, aber wieso versuchten meine Eltern, so zu tun, als seien sie keine Muslime? Warum haben sie sich so verbogen und untergeordnet? Das habe ich nicht verstanden.

Relativ schnell haben sich in unserer Gruppe auch Dschihadisten, die in Syrien kämpften, im Internet zu Wort gemeldet.

Mit 17 Jahren das Leben finden, nach dem ich schon immer gesucht habe

Bald chatteten wir mit einigen dieser IS-Kämpfer. Das ist überhaupt nicht schwer, solche Kontakte herzustellen. Es gibt so viele Blogs mit Tipps, Facebook-Gruppen und sogar Online-Heiratsmärkte für zukünftige »Dschihad-Bräute«. Auf Videoaufnahmen zeigten uns die Männer, wie schön Syrien ist. Die Wüste, die Sonnenuntergänge, die klaren Bäche, die scherzenden Kämpfer …

Natürlich hatten wir auch die Aufnahmen gesehen, auf denen Kämpfer mit abgeschlagenen Köpfen ihrer Feinde posierten. »Wir sind im Krieg, und im Krieg gibt es auch Opfer«, kommentierten sie das. Sie erklärten, was der Dschihad bedeutete und warum es wichtig sei, für seinen Glauben zu kämpfen. Wir hatten auch die Bilder von toten Kindern nach dem Giftgasangriffs Baschar al-Assads gesehen. »Jemand muss in Syrien helfen«, machten die IS-Kämpfer deutlich. Für mich war es offensichtlich, dass sie auf der richtigen Seite standen.

Irgendwann glaubte ich an diese Idee, dass in Syrien mit der Gründung des IS die Zeit des Propheten Mohammed angebrochen sei. Die Zeit, in der Menschen ihre Religion frei ausüben können. In der es feste Regeln und eine Ordnung gibt. In der Menschen wie Brüder und Schwestern miteinander umgingen. Egal, ob Kasache, Tschetschene oder Araber. Und wenn wir uns an all diese Vorgaben des IS hielten, was ich unbedingt wollte, würde ich ins Paradies kommen. Wobei ich offen zugeben muss, dass es mir nicht ums Paradies ging. Ich wollte im Diesseits etwas finden, was zu mir passte. Damals war ich fest überzeugt, dass genau dies das Leben war, nach dem ich schon immer gesucht habe.

Zuerst hatte ich Probleme mit dem erzkonservativen Rollenverständnis im IS. Dass Frauen und Männer meistens getrennt leben müssen und der Auftrag der Frau im IS die »göttliche Mutterschaft« sei. Je mehr ich mich aber damit auseinandersetzte, desto besser gefiel mir die Vorstellung von Ordnung und Sicherheit. Dass die Männer für die Frauen verantwortlich waren und sie beschützen sollten, fand ich gut. Im Nachhinein weiß ich, dass das Blödsinn ist. Mir war nicht klar, dass die Regeln vor allem dazu dienten, die Frauen mundtot zu machen.

Nach langer Diskussion mit meinen Freunden und Gesprächen übers Internet mit einigen Dschihadisten habe ich mich ein paar Tage vor meinem 17. Geburtstag entschlossen, nach Syrien aufzubrechen. Ich wollte dahin, um einen »Mujahidin« zu heiraten. Mir gefielen diese Männer mit Stirnband, die auf sandiger Straße an der Hausmauer lehnten, ihre Kalaschnikow im Schoß. Die »Ritter der Sunnah«, wie sie sich auf Facebook nannten. Das war alles ziemlich romantisch verklärt, aber die Realität ist leider eine andere.

Im Netz hatte ich auch schon einen Mujahidin für mich gefunden. Wir hatten bereits miteinander gechattet, ein Bild von ihm hatte ich nicht gesehen, was mir aber auch nicht wichtig war. Er schickte mir einen Smiley, ich ihm mehrere Herzen. Ich wollte einen Mann heiraten, der für seinen Glauben kämpft und bereit ist, dafür zu sterben. Einen Mann, der dazu steht, was er sagt.

Durch so eine Verbindung könnte ich meine religiöse Aufgabe erfüllen, habe ich mir vorgestellt, und alles für meinen Glauben opfern. Und wenn es sein musste, würde ich in einem von Allah gebilligten Krieg gegen die Feinde des Islams sterben. Und die Vorstellung, dass es jemand anderen gab, der genauso dachte und mich zur Frau haben wollte, fand ich unglaublich aufregend. Allein der Gedanke daran machte mich richtig euphorisch, und ich konnte es gar nicht mehr abwarten, endlich in Syrien zu sein. Meinen Eltern habe ich von meinen Plänen nichts erzählt, weil ich wusste, dass sie versuchen würden, mich mit allen Mitteln aufzuhalten.

Meine Gruppe in der Schule fand meine Entscheidung jedenfalls toll. »In Syrien verspottet einen niemand mehr, wenn man einen Niqab trägt«, sagte eines der Mädchen neidisch. Sie gaben mir das Gefühl, ein Vorbild zu sein. Jedes Mal, wenn sie sich mir näherten, um mit mir zu sprechen, wurden ihre Augen groß. Es hat gutgetan, so respektiert zu werden und etwas Besonders zu sein. Ich habe es genossen, dass so viele Leute den Kontakt zu mir suchten. Auf einmal war ich keine blöde Schülerin mehr, sondern eine echte Heldin.

Über zwei Männer in unserem Stadtteil lief die Reiseplanung ab. Ich weiß nicht, ob sie nur mit dem IS sympathisierten oder zu ihnen gehörten. In solchen Dingen haben sich die Leute in der Szene nur vorsichtig geäußert, weil die Polizei sehr wachsam war. Für mich aber hat das keine Rolle gespielt, ob IS-Mitglied oder nur Freund. Beides war das Gleiche.

Jedenfalls haben diese Typen ein paarmal mit mir gesprochen und abgeklopft, ob ich wirklich bereit wäre, diese Entscheidung zu treffen. Und ich beteuerte immer wieder. »Ich will auf jeden Fall nach Syrien und habe da auch schon einen Mann, der auf mich wartet.« Daraufhin beschlossen sie, mir ein Flugticket zu besorgen, sodass ich über die Türkei nach Syrien gelangen konnte. »Die türkischen Pässe sind am einfachsten zu fälschen«, erklärten sie mir. Das nächste Mal sollte ich ihnen Passbilder mitbringen.

Im März 2015 rief mich einer dieser Kontaktleute noch mal

an. »Du darfst nur eine kleine Tasche packen, damit du nicht auf-
fällst«, instruierte er mich, »komm damit zur Schule, da hole ich
dich ab.« So habe ich mir nur wenige Sachen eingepackt, für etwa
eine Woche Kleidung, und lief die Treppe hinunter, ohne mich
zu verabschieden. Meine Mutter war gerade unterwegs. Und
meine jüngere Schwester, die im Wohnzimmer saß, merkte nicht
wirklich, was ich machte. Ich bin einfach gegangen und habe die
Tür hinter mir zugezogen.

Von Istanbul nach Gaziantep: Die nervöse Begleiterin

Als ich zur Schule kam, habe ich für ein paar Minuten weiche
Knie bekommen. »Ist das wirklich richtig, was du da machst?«,
habe ich mich gefragt. Doch sobald ich ins Auto eingestiegen
war, verflogen alle Zweifel, und ich wusste wieder: »Ja, ich will
nach Syrien.«

Der Fahrer drückte mir mein Ticket in die Hand, das auf einen türkischen Namen ausgestellt war, und meinen türkischen
Pass, auf dem mein Foto abgebildet war. »Wenn du am Flughafen
in der Kontrolle angesprochen wirst, antwortest du auf Französisch oder Englisch, dass du Türkin bist, aber deine Eltern mit dir
nur französisch gesprochen haben.«

Am Gate wartete bereits ein anderes Mädchen, etwa in meinem Alter, die ein anderer Dschihadist dort abgesetzt hatte. Zusammen flogen wir nach Istanbul, nahmen uns dort ein Taxi und
fuhren zu einer Adresse, die uns die Männer zuvor zugesteckt
hatten. Wir überquerten die Brücke vom Bosporus und hielten
auf der asiatischen Seite vor einem einfachen Wohnblock.

Im dritten Stock in einer Wohnung mit drei Zimmern erwarteten uns vier Frauen. Eine hatte das Sagen. Sie alle begrüßten
uns sehr herzlich, umarmten uns und zeigten uns unsere Schlaf-
plätze. Die »Chefin« sprach sowohl arabisch als auch türkisch

und machte uns klar, dass wir ein, zwei Tage hier bleiben und die Wohnung nicht verlassen sollten, bis die Reise nach Syrien vorbereitet wäre.

Beim Tee teilten uns die anderen Frauen auf dem Sofa gleich mit, dass sie ebenfalls den Islamischen Staat unterstützten, und wollten gerade ausführen, was genau ihre Aufgabe sei, da hat ihnen die »Chefin« streng das Wort abgeschnitten. »Redet darüber nicht mehr«, wies sie die Frauen an und drehte sich zu uns, »und ihr fragt nicht mehr danach.« Alle zusammen aber bekundeten uns freudig, dass sie »Schwestern im Glauben gefunden haben, die für die gerechte Sache kämpfen«. Und sie fanden es großartig, dass wir aus Frankreich hierhergekommen seien, um uns ihnen anzuschließen. Die »Chefin« aber wirkte nervös, blickte immer aus dem Fenster und auf ihr Handy.

Nach zwei Tagen hat ein Fahrer die Frau und uns Mädchen aus Frankreich zu einem riesengroßen Busbahnhof gebracht, an dem sehr viele Busse eintrafen, warteten und in alle Richtungen wieder davonfuhren. Da herrschte großer Trubel, Leute schrien durcheinander, Motoren brummten, Händler zogen rufend mit ihren Karren herum und verkauften Süßigkeiten. Die »Chefin« hielt bereits unsere Bustickets in der Hand und ermahnte uns. »Falls euch im Bus jemand auf unsere Pläne ansprechen sollte, müsst ihr antworten, dass wir unsere Verwandten besuchen.«

Die Fahrt hat mehr als zwanzig Stunden gedauert. Die meiste Zeit haben wir geschwiegen, da uns die Frau das zuvor so aufgetragen hatte. Als ich ein Schild nach Gaziantep sah, blickte ich sie fragend an. »Ja, wir fahren dahin, in den Osten der Türkei«, sagte sie knapp, »von dort aus ist es kein Problem, nach Syrien zu kommen.« Wenn uns jemand fragte: »Und? Was macht ihr so?«, hat die Begleiterin sofort für uns das Wort ergriffen. Auf Türkisch habe ich nicht verstanden, was sie geantwortet hat. Weiter machte sie einen sehr gestressten Eindruck, als habe sie Angst, dass jeden Moment die Polizei den Bus anhalten und uns alle herausfischen könne.

Als wir endlich in Gaziantep eintrafen, war ich sehr erschöpft, aber dennoch hoch motiviert. Die Stadt selbst war völlig anders als Istanbul, eher arabisch als westlich. Die Frau hat sofort ein Taxi bestellt. »Der Fahrer ist auch einer von uns«, raunte sie uns zu. Wir sollten uns aber nicht anmerken lassen, dass wir das wüssten. Ich merkte, dass unsere Begleiterin viel entspannter wirkte, als würden wir uns endlich in Sicherheit befinden.

Aufs Neue setzte man uns in einer Wohnung ab, in der wir ein paar Tage verbrachten. Die Atmosphäre in Gaziantep war deutlich gelassener als in Istanbul. Immer wieder kamen Besucher vorbei. Sie sprachen sehr viel über den Islamischen Staat und wie wunderbar es sei, unter der »Herrschaft der schwarzen Flagge« zu leben. Über Syrien. »Den Boden der Ehre.« Die meisten von ihnen beherrschten recht gut Arabisch.

Bei der Gelegenheit erzählte mir das andere Mädchen aus Frankreich ihre Geschichte, die meiner sehr ähnlich war. Auch sie hatte sich bereits einen Mann ausgesucht, den sie heiraten wollte. Ich glaube, sie war genauso spannungsgeladen wie ich, was uns wohl in Syrien erwarten würde. Das war wie ein Aufbruch in eine vollkommen märchenhafte Welt.

Das Ziel der Träume: Willkommen in Syrien!

Soviel ich weiß, sind wir über die Stadt Kilis nach Syrien gelangt. Eigentlich war alles viel unspektakulärer, als ich es erwartet hatte. Ich hatte angenommen, dass wir uns nachts bei Mondlicht heimlich zu Fuß über die Grenze schleichen würden, dass uns jemand kontrollierte, aber wir sind einfach mit dem Auto über die Grenze gefahren, und irgendwann hieß es: »Willkommen in

Syrien«, und gleich darauf: »Auf nach Rakka.« Dort lebte mein zukünftiger Ehemann.

Draußen habe ich zunächst keine große Veränderung bemerkt, bis wir durch die vielen zerstörten Geisterdörfer kamen. Von Granaten durchsiebte Wände. Zwischen den Stahlskeletten hingen noch Fetzen von Kleidern. Am Straßenrand lagen ausgebrannte Autowracks. Manchmal sah man ein verdrecktes Kind zwischen den Ruinen sitzen oder eine Wäscheleine zwischen den Trümmern baumeln.

Über zehn Tage legten wir in einem kleinen Dorf einen Zwischenstopp ein, nicht weit von der IS-Hochburg entfernt. Draußen hatte ich eine Elektrizitätsanlage gesehen, die deutlich größer war als der ganze Ort. Man erzählte uns, dass der Strom von hier aus nach Rakka geliefert werde. Das Haus, das wir bewohnten, war sehr einfach eingerichtet. Dünne Matratzen mit vielen Kissen lagen auf dem Boden. Es gab keine Stühle oder Tische. In einem anderen Zimmer befand sich eine Küche mit einem Gasherd. Die Toilette war hinterm Haus. Wasser und Strom standen auch zur Verfügung.

In einem größeren Raum saßen noch fünf weitere Frauen. Eine ältere Hausherrin hob den Zeigefinger. »Bleibt hier drin, geht nur raus, wenn es unbedingt sein muss.« Ansonsten sollten wir abwarten, bis der IS nach uns riefe. Dass die Situation im Land brandgefährlich war, habe ich völlig ausgeblendet. Mir waren andere Sachen wichtiger. Und selbst wenn man diese Bilder von Leichen und Bombenabwürfen kannte – wer kann sich das schon wirklich vorstellen?

In diesen Tagen haben wir, nicht anders als zuvor, viel über den Islam geredet. »Endlich sind wir Muslime in der Lage, einen eigenen echten Islamischen Staat zu haben«, schwärmte eine der Frauen, und wir nickten alle dazu. »Die Welt wird noch lange über uns reden«, war sich die Hausherrin sicher, »und bald werden wir stark genug sein, diese neue Ordnung überall in der Welt zu schaffen.«

Erst im Nachhinein ist mir klar geworden, dass all diese Frauen vor allem die Aufgabe hatten, uns Neuankömmlinge vom IS zu überzeugen und gleichzeitig unsere Motivation zu überprüfen. Von Krieg, Vertreibung und Mord war da nie die Rede. Eher von den »verkommenen Sitten im Westen« und von Frieden, Bildung und Reinheit im Kalifat.

An einem Morgen erschienen unangemeldet zwei IS-Kämpfer, ganz in Schwarz gekleidet, wie wir sie aus dem Fernsehen und von den Internetseiten kannten. Mit Vollbärten, schwer bewaffnet, jeder eine Kalaschnikow über der Schulter. Sie riefen drei Namen auf, darunter auch meinen. Hier trennten sich die Wege von dem anderen Mädchen aus Frankreich und mir. In einem Jeep haben sie uns drei nach Rakka gefahren.

Die Fahrt hat etwa 40 Minuten gedauert. Es war extrem heiß, die Landschaft erschien mir sehr dürr und unwirklich. In der Stadt merkten wir gleich, dass wir mitten in der islamischen Welt gelandet waren. Alle Frauen waren genau wie wir voll verschleiert und unter dunklen Gewändern verhüllt. Auf den Basaren haben die Männer ihre Waren verkauft. Ein lebendiger Ort, an dem nicht auffiel, dass hier in der Nähe Krieg herrschte.

Vor einem Haus, umfasst von einer etwa drei Meter langen Mauer, hielten wir. Mit klopfenden Herzen traten wir durch das Tor in einen Garten. Die Wiese war fast verdorrt, die Bäume am Vertrocknen. Sicher hatte dieses Anwesen zuvor einer wohlhabenden Familie gehört. Ich war furchtbar gespannt darauf, endlich meinen Mann zu sehen. Kaum standen wir im Flur, liefen mehrere verschleierte Frauen und auch einige Männer fröhlich lachend auf uns zu.

Gleich boten sie uns in einem Raum Platz an und schenkten uns erst Wasser, dann Tee ein. In gelöster Stimmung unterhielten wir uns. »Woher kommt ihr? Wie alt seid ihr?« All solche Sachen wollten sie wissen. Die Frauen haben sich durch die Sehschlitze vielsagende Blicke zugeworfen und gelacht, weil wir heute einen Mann bekommen würden. Ich habe mich immer wieder umgeschaut, aber konnte nicht wirklich ausmachen, wer unter ihnen mein zukünftiger Ehemann sein sollte.

Erst am späten Nachmittag erschien Abu Khalid im Haus und begrüßte mich. »Ich bin der, mit dem du im Internet Kontakt geknüpft hast«, stellte er sich mir vor. Er sei mein zukünftiger Ehemann. Dieser Typ war sehr geradeheraus und wirkte auf mich, mit seinen Waffen und seinem Auftreten, sehr männlich und anziehend. In diesen Augenblick hatte ich das Gefühl, die richtige Entscheidung getroffen zu haben. »Heute Abend komme ich wieder mit einem Imam, dann heiraten wir offiziell«, stellte er klar. Nach etwa zehn Minuten stand er leider schon wieder auf und ging.

Die Frauen um mich herum rissen ihre Witze, lachten und sagten: »Oh, heute ist deine Hochzeitsnacht.« Ich lachte mit, war aber auch gleichzeitig nervös, da ich bisher keinen sexuellen Kontakt mit einem Mann gehabt hatte. Ich habe mich aber darauf eingestellt und mich irgendwie gefreut, auch wenn ich nicht genau wusste, was da auf mich zukam.

Dieses Haus teilten noch drei weitere Familien miteinander. »Wir leben zusammen in einer Gemeinschaft«, klärten mich meine zukünftigen Mitbewohnerinnen auf. Wir Frauen seien als »Hüterinnen der Familie« für den Haushalt zuständig, während die Männer für den Islamischen Staat kämpften. Relativ schnell habe ich mich dort wohlgefühlt, mich orientiert und gleich angefangen, mit den Frauen in der Küche zu kochen.

Am Abend tauchte Abu Khalid mit zwei weiteren Männern auf. Einer von ihnen war ein Imam. Mein Gesicht glühte richtig unter dem Schleier. Im Wohnzimmer, in Gegenwart anderer Personen, hat uns dieser Geistliche vermählt. Ein kleines Kind saß bei seinem Vater auf dem Schoß und spielte mit dem Patronengurt um den Hals. Auf dem Boden sitzend, haben diese Leute über viele Dinge gesprochen. Über Handy-Marken, Flachbildschirme oder Filmserien, die ich nicht kannte. Auch kurz über den »Heiligen Krieg«.

Kurz darauf zogen sich die Frauen auch schon in ein anderes Zimmer zurück. Nachdem die Männer gegessen hatten, trugen einige Mitbewohnerinnen das Essen zu uns herüber. Gegen Abend haben mir die Frauen mein Zimmer gezeigt, in dem ich in Zukunft leben würde. Als ich bereits eine Weile dort mit kribbelndem Magen wartete, ging die Tür endlich auf. Abu Khalid setzte sich zu mir und erklärte, dass er aus Tunesien stamme und seit einem Jahr für den IS kämpfe. Er spreche auch Französisch, was mich sehr erleichterte, da mein Arabisch nicht so gut war.

»Du bist jetzt meine Frau, die mir gehorchen muss«, machte er klar, »du darfst dich nur hier zu Hause aufhalten.« Er wünschte sich, dass wir irgendwann mal Kinder bekämen. Ich fühlte, wie ich rot wurde. »Je mehr Kinder, desto stärker das Kalifat.« Doch seine Aufgabe sei es vor allem, dem Islam zu dienen. Ich müsse akzeptieren, dass er öfter unterwegs sei und im Kampf als Märtyrer für ein weltweites Kalifat sterben werde. »Deswegen musst du dir keine Sorgen machen«, meinte er. Das interessierte mich in dem Moment alles gar nicht. Ich wollte ihn einfach nur küssen.

Er redete noch viel über den Islamischen Staat und zeigte sich richtig begeistert von dieser Idee. In der ersten Nacht behandelte er mich sehr zärtlich und hat mir nicht wehgetan. Am nächsten Tag hatte ich das Gefühl, endlich eine echte Ehefrau zu sein und einen starken Mann an der Seite zu haben. Für mich war er ein Held, der bereit war, sich für Unschuldige zu opfern. Ich war begeistert und sofort dabei, im Haushalt anzupacken. Am späten Nachmittag, als es nicht ganz so heiß war, durfte ich sogar mit den anderen Frauen zum Einkaufen auf den Markt gehen. Die Welt schien mir vollkommen, gut und geregelt zu sein.

In der ersten Woche war Abu Khalid jeden Tag zu Hause. Im Wohnzimmer sprachen wir mit den anderen viel über unsere Opferbereitschaft, allein dem Islamischen Staat zu dienen, und berauschten uns an dem Gefühl, Teil einer auserwählten Gemeinschaft zu sein.

Jeden Abend schliefen Abu Khalid und ich zusammen, was ich als völlig natürlich empfand, und ich freute mich darauf, endlich wieder mit ihm allein zu sein. Wahrscheinlich klebte mir wie einer verliebten Idiotin ein Dauergrinsen im Gesicht. Nach etwa zwei Wochen teilte mein Liebster mir mit, dass er für eine Woche zum Kampf in den Irak ziehen werde. »So Gott will, werde ich dort sterben oder auch wieder zu dir zurückkehren«, sagte er zum Abschied. Sollte er nicht zurückkommen, so sei alles für mich geregelt. Was das bedeutete, erklärte er aber nicht.

In dieser Woche hatte ich große Angst, zermarterte mir das Gehirn damit, dass mein Liebster sterben könnte. Ich starrte dauernd auf mein Handy, aber es kam keine Nachricht von ihm. Nachts warf ich mich hin und her. Obwohl ich längst verstanden hatte, dass er als Märtyrer ins Paradies käme. Dennoch hatte ich das Gefühl, dass ich ihn in diesem Leben noch brauchte.

Mein Herz hüpfte vor Freude, als er nach einer Woche wieder nach Hause kam. Voller Leidenschaft drängte ich mich an ihn, aber er war so erschöpft und müde, dass er mich in dieser ersten Nacht nicht einmal angerührt hat. Eine Woche später berichtete mir Abu Khalid, dass er auf seiner Rückreise in Mossul drei jesidische Sklavinnen gekauft hatte, die jetzt in Rakka in einer Wohnung lebten, die er für sie dort eingerichtet habe.

»Sie gehören mir«, sagte er, »zwei Wächter bewachen sie.« Das war eine ungewohnte Vorstellung für mich, da ich aber schon viel über Sklavenhaltung gehört hatte, war ich auch nicht überrascht. Es schien, als wollte er sie nur haben, um mir eine Freude damit zu machen. »Die Sklavinnen sollen dir dienen und den Haushalt führen.« Ich solle mich ausschließlich um die Kinder kümmern. »Maschallah« – so Gott will. Ich nahm die Dinge, wie sie kamen, und machte mir keine großen Gedanken darüber.

Vom öden Leben im Paradies: Halte die Klappe und ordne dich unter

Mit jedem Tag zeigte Abu Khalid weniger Interesse an mir. Zwar betonte er, dass ich seine Ehefrau sei, aber er kam nachts immer seltener nach Hause. Längst hatte ich begriffen, dass man keine falschen Fragen stellen durfte. Man muss gehorchen, denn es ist schon Sünde, allein an eine Sünde zu denken. Bald traut man sich gar nicht mehr, an irgendetwas zu zweifeln, weil man nichts falsch machen will. Manchmal rief Abu Khalid an und erkundigte sich kurz, ob alles in Ordnung sei. Ansonsten verbrachte ich die ganze Zeit allein mit den anderen Frauen in diesem Haus. Mit jedem Tag wurde ich trauriger und enttäuschter von dieser Beziehung, was auch die anderen Frauen merkten.

Irgendwann offenbarten sie mir, dass die Männer alle in der Nacht ihre Sklavinnen aufsuchten und mit ihnen Sex hatten. »Manche heiraten sie sogar«, fuhr die eine fort. Das schockierte mich zunächst, weil ich das so nicht erwartet hatte. Ich wusste zwar, dass muslimische Männer auch andere Frauen heiraten dürfen, hatte aber angenommen, dass ich für Abu Khalid etwas ganz Besonderes sei. Und er das deswegen nicht nötig habe.

Nachdem ich ihn mit meinen Gefühlen konfrontiert hatte, musterte er mich kühl und erwiderte ohne jede Regung: »Du musst dich unterordnen und gehorchen.« Er hatte nicht mal Schuldgefühle. Es sei sein Recht, Sex mit diesen drei Sklavinnen zu haben. Punkt und Ende der Diskussion. Und wenn es ihm gefalle, werde er sie auch heiraten. Er habe sich allerdings noch nicht entschieden.

So verstrichen die Tage, einer nach dem anderen, trist und öde in diesem abgeschotteten Haus. Leider verfügten wir nicht einmal über einen Internet-Zugang. Die anderen Frauen wussten aber, dass es in der Stadt ein paar Internet-Cafés gäbe. Zunächst nahm ich von dort aus Kontakt zu einigen meiner Freunde aus der alten Gruppe auf. Die wollten aber nichts über meine Enttäuschung hören, sondern nur voller Begeisterung Geschichten über das abenteuerliche und rosarote Leben im Islamischen Staat lauschen. Schnell merkte ich, wie sinnlos es war, mit ihnen zu reden. Wer sonst konnte mich verstehen?

So kam es, dass ich mich ein- bis zweimal in der Woche mit meiner Schwester, die ein Jahr jünger ist als ich, über das Internet ausgetauscht habe. »Es ist ganz anders, als ich es erwartet habe«, gab ich zu. »Komm nach Hause zurück!«, flehte sie mich immer wieder an. Zuerst habe ich das abgelehnt, aber mit der Zeit begann ich, mich mehr und mehr mit diesem Gedanken zu beschäftigen.

Allmählich hatte ich auch begriffen, wie tief enttäuscht und wie ängstlich die anderen Frauen in diesem Haus von ihrem Leben waren, aber keine traute sich, das offen zuzugeben. Andere Frauen wiederum, die zu Besuch kamen, zeigten sich begeistert von ihrem Alltag. »Wir haben Sklavinnen und gute Häuser bekommen und nichts zu beklagen.« Es schien sogar so, als ob es ihnen fast gleichgültig sei, ob ihre Männer auf dem Schlachtfeld starben. »Das ist eben so im Krieg«, meinten sie. Und jede überwachte jede mit Argwohn. Ein falsches Wort – und es wurde sofort an die Männer weitergegeben. Und ich hatte gedacht, dass wir uns im IS offen begegnen würden.

Nach etwa drei Monaten hat mein Ehemann beschlossen, mit mir in ein eigenes Haus zu ziehen. Vielleicht war das eine Chance für unsere Beziehung? Vielleicht würden wir da mehr Zeit miteinander verbringen? Das neue Haus war zwar nicht so groß wie das zuvor, aber es gefiel mir trotzdem. Auf zwei Etagen verfügten wir über mehrere Zimmer. Draußen war ein kleiner Garten, was mich völlig zufriedenstellte. Ich malte mir aus, wie unsere Kinder dort einmal spielen würden.

Keine zwei Tage später brachte er seine drei Sklavinnen mit. »Die werden jetzt auch hier leben«, ordnete er an, »zeig ihnen, was sie machen sollen.« Zwei der jungen Mädchen waren etwa in meinem Alter und sprachen Arabisch. Eine hatte ein blau unterlaufenes Auge. Die Dritte verstand kein Wort. Zunächst war ich unsicher, wie ich mich den Mädchen gegenüber verhalten sollte. Sie wirkten völlig verängstigt, blickten nur zu Boden und wagten kaum, sich von der Stelle zu rühren. Da gab ich mir einen Ruck und machte ihnen Abu Khalids Wunsch deutlich, dass sie die Wohnung sauber halten und sich sonst in ihrem Zimmer aufhalten sollten. »Mehr will ich nicht«, sagte ich.

Ab da begannen die Nächte für mich zu einem einzigen Horror zu werden. Abu Khalid prügelte die Mädchen und vergewaltigte sie im Nebenzimmer. Sie schrien vor Schmerzen. »Nein! Bitte nicht! Aufhören …!« Ihr Weinen habe ich noch heute in meinen Ohren. Irgendwann hielt ich das nicht mehr aus, und mir platzte der Kragen: »Lass sie doch endlich in Ruhe!« Er presste seine Lippen dünn wie ein Lineal aufeinander und schlug mir erst ins Gesicht, dann immer fester mit beiden Händen auf mich ein. Bei jedem Hieb, den er mir austeilte, plärrte er: »Du sollst dir deiner Rolle bewusst sein und gehorchen! Widersprich mir nicht!« Für mich war das ein Schock, zu erleben, wie der Mann, den ich glaubte zu lieben, gegen mich Gewalt anwendete und andere Frauen vergewaltigte.

Natürlich hatte ich von Vergewaltigungen im IS auch in Frankreich schon gehört, aber immer angenommen, dass die

376

Medien damit nur Propaganda gegen den IS betrieben. Und wieso sollten diese Frauen wie Dreck behandelt werden? Das waren ganz normale Mädchen wie ich. Mit der Zeit begann ich, mich zu verändern, hatte keine Lust mehr, irgendetwas zu machen, empfand kaum mehr Freude. Das war eine Welt, in der Frauen nichts und Männer alles durften. Eine Welt voller brutaler Egoisten.

Die Sklavinnen ließ ich machen, was sie wollten; es interessierte mich nicht. Ich weinte jeden Tag. Es war sogar so, dass die drei jungen Jesidinnen begannen, mich zu trösten, bis ich irgendwann entschlossen war, ihnen zur Flucht zu verhelfen. Ich wartete ab, bis Abu Kahlid weg war, und ließ sie einfach gehen.

Als er Tage später zurückkehrte und seine Sklavinnen nicht wie gewohnt quälen konnte, war er so außer sich, dass er mich zu Boden schlug. Ich schrie die ganze Zeit und verteidigte mich: »Sie sind geflohen! Ich habe geschlafen, ich weiß nicht, wann und wohin sie gegangen sind!« Wutschnaubend stürmte er zur Haustür. »Ich werde sie finden und sie töten!« Dann blickte er noch mal zurück und drohte mir mit geballter Faust. »Und du wirst auch nicht mit heiler Haut davonkommen.« Ehrlich gesagt, war mir das zu diesem Zeitpunkt völlig egal. Ich hatte ohnehin das Gefühl, innerlich längst abgestorben zu sein.

Zehn Tage lang kam Abu Khalid nicht wieder zurück, und ich fing an, mir langsam Sorgen um ihn zu machen. Irgendwie hing ich doch an ihm, er war schließlich mein Ehemann. Mir war damals gar nicht bewusst, dass er mich für mein Vergehen auch hätte umbringen können. Nach weiteren zwei oder drei Wochen suchten mich die Frauen aus dem anderen Haus auf, begleitet von einigen IS-Kämpfern. Gemeinsam teilten sie mir mit, dass Abu Khalid im Kampf zum Märtyrer geworden sei. In dem Moment hatte ich schreckliches Mitgefühl mit ihm. Hoffentlich hatte er nicht leiden müssen. Weinend saß ich auf dem Sofa, die Frauen trauerten mit mir und beruhigten mich immer wieder damit, dass er nun im Paradies sei und ich mir keine Sorgen machen müsse.

Nach einer Weile ergriff einer der IS-Kämpfer das Wort. Abu Khalid habe schriftlich hinterlassen, dass ich nach seinem Tod einen anderen IS-Kämpfer heiraten müsse. Wie ein Blitz durchfuhr mich diese Nachricht. Auf keinen Fall wollte ich von einem zum anderen weitergereicht werden. In diesem Moment wusste ich, dass ich Syrien verlassen musste. In der Zwischenzeit hatte ich auch gelernt, vorsichtig im Umgang mit anderen zu sein und nicht alles zu sagen, was ich dachte. Deswegen reagierte ich kaum auf diesen Hinweis, neu verheiratet zu werden. Ich bat nur darum, mir etwas Zeit zu geben. »Ich möchte gerne noch trauern und werde dann das tun, was man mir sagt.« Das sahen sie ein.

In den letzten Wochen hatte ich verstärkt Kontakt zu meiner Schwester gesucht. Sie hatte meine Eltern darüber unterrichtet, wo ich mich befand und wie es mir ging. Mit der Zeit entwickelten wir gemeinsam einen Plan, wie mein Vater und meine Mutter mir aus dem IS heraushelfen könnten. Ich schaffte es, die Frauen im anderen Haus davon zu überzeugen, dass meine Eltern in Frankreich ebenfalls Anhänger des Islamischen Staates geworden seien. Sie hätten von meinem Unglück erfahren, wären zur türkisch-syrischen Grenze gereist, um mir mein Mitgefühl auszusprechen. Danach würde ich sofort zurückfahren.

Als Frau eines Märtyrers nahm ich eine besondere Stellung in der IS-Gemeinschaft ein. Die anderen bekundeten mir ihren Respekt, auch weil ich versprochen hatte, mich danach ihren Wünschen zu beugen. Umgehend erhielt ich spezielle Papiere, die es mir ermöglichten, mühelos das vom IS besetzte Gebiet zu durchfahren. Allein, ohne männlichen Vormund, war es einer Frau allerdings nicht gestattet zu reisen. Einige IS-Leute aus Syrien und aus dem Irak begleiteten mich, sodass ich die Grenze überqueren und meine Eltern in der osttürkischen Stadt Kilis treffen konnte. Doch zu meinem Entsetzen waren auch sie nicht allein.

Diese IS-Kämpfer hatten meinen Vater und meine Mutter bereits als Freunde des Kalifats in Empfang genommen. Es war nur ein kurzer Moment der Unentschlossenheit, dann fielen wir uns schluchzend in die Arme, wir weinten sehr lange zusammen. Doch es war uns nicht möglich, offen miteinander zu sprechen, wir bemühten uns, so gut es ging, die Angst in unseren Augen zu verstecken. Auf keinen Fall wollte ich wieder zurück nach Syrien!

Meine Eltern spielten das Spiel mit, lobten mich als Märtyrer-Ehefrau, baten die IS-Kämpfer, uns allein zu lassen und mich in ein paar Tagen hier abzuholen. Schließlich zeigten sich die Männer damit einverstanden. Endlich konnte ich meinen Eltern erklären, was mit mir passiert war und warum ich fortgegangen war. Ich schämte mich so sehr. Für meine Naivität. Und dafür, dass ich meine Eltern so tief verletzt hatte. Vater verhielt sich zurückhaltend und hat mir keine großen Vorwürfe gemacht. Er hat mich nur gebeten, möglichst schnell die Türkei zu verlassen, bevor noch ein weiteres Unheil geschehe. Mutter hat sich schweigend die Tränen aus den Augen gewischt. Noch am selben Tag sind wir nach Gaziantep aufgebrochen, haben dort den nächsten Flug nach Istanbul genommen und sind gleich weiter nach Paris geflogen.

Seither lebe ich bei meinen Eltern. Immer wieder plagen mich die Erinnerungen an die Zeit im IS. Voller Hoffnung war ich aufgebrochen und musste am Ende feststellen, wie all meine Illusionen, eine nach der anderen, wie Seifenblasen zerplatzt sind. Ich weiß noch nicht genau, wie ich damit umgehen soll. Zwischendurch überlege ich, ob ich vielleicht in der islamistischen Szene mit den Frauen und Mädchen sprechen sollte. Ob ich sie davon abhalten könnte, die gleiche Dummheit wie ich zu begehen.

Allerdings ist mein Vater dagegen, weil er Angst hat, dass ich wieder mit diesen IS-Leuten in Berührung komme. Sogar den Kontakt zu meinen ehemaligen Schulfreundinnen aus meiner Gruppe habe ich komplett abgebrochen. Zwei Monate nach meiner Rückkehr sind wir aus meinem alten Stadtteil weggezogen. Wir versuchen, noch mal ganz neu von vorne anzufangen. Anders als früher laufe ich nicht mehr so unbedarft durch die Straßen. Immer wieder mal blicke ich mich nach hinten um, ob mir irgendjemand folgt.

Auf der Suche nach dem »Ich«: Erkenne dich selbst

Mithilfe seiner wirksamen Propaganda und seiner Gefolgsleute hat der IS es geschafft, mehrere Hundert Frauen und Schulmädchen nach Syrien zu locken. Sie heiraten IS-Kämpfer, bekommen Kinder und führen dort den Haushalt. Viele Kinder verheißen dem IS eine neue Generation an Kämpfern. Einige Frauen werden auch als Selbstmordattentäterinnen benutzt, die sich und andere in den Tod stürzen.

Dschihadistinnen, die den IS enttäuscht verlassen wollen, müssen mit Haft, Folter, Sklaverei oder Hinrichtung rechnen. Zahlreiche junge Frauen, die sich aus Europa oder anderen Ländern dem Kalifat angeschlossen haben, sind mittlerweile dort gefangen. Man droht damit, ihnen ihre Kinder wegzunehmen oder ihre Herkunftsfamilien in Europa oder anderen Ländern zu töten. Sie bleiben aus Angst.

Die meisten jungen Frauen aus Europa und den USA haben sich freiwillig und gegen den Willen ihrer Eltern der Terrormiliz angeschlossen. Sie suchen nach einem starken »Ritter«, der ihnen Liebe, Achtung und Anerkennung schenkt. Sie suchen nach etwas, was sie in Deutschland oder Frankreich nicht gefunden haben, und landen in einer langweiligen Welt mit verrohten

Kerlen, in der ihnen kleinkariert jedes Detail vorgeschrieben wird.

Bereits in der Antike ermahnte über dem Eingang vom Tempel zu Delphi eine Inschrift die Menschen: »Erkenne dich selbst!« Die Suche nach der eigenen Identität treibt die Menschen seit Anbeginn der Menschheitsgeschichte um. Auch die junge Dschihadistin sucht den Weg zu sich selbst, was ihr aufgrund der Herkunft der Eltern, die aus ihrer Sicht weder richtig Moslems noch europäische Franzosen sind, besonders schwerfällt. Sie sucht nach einem positiven Selbstwertgefühl.

Die Eltern leben einen liberalen Islam, der in ihrem Alltag wenig Bedeutung hat. Sie betrachten sich kulturell eher als islamisch, versuchen aber, in Frankreich zurechtzukommen. Gleichzeitig sind sie konservativ und bemühen sich, ihre Religion und Herkunftskultur nicht zu verlieren, genau wie die Tochter es nachahmt. Als sich die junge Dschihadistin mit dem Koran beschäftigt, sind die Eltern erst stolz und verstärken diese Haltung mit Lob, auch vor ihren eigenen Geschwistern, was einer Aufwertung gleichkommt.

Selbstverwirklichung ist »mehrdeutig, unergründlich wie allgegenwärtig«. Mit diesen Worten hat der Psychologe Erik Erikson den Begriff in die Psychoanalyse eingeführt. Das »Ich« erscheint bei ihm als »integrierende Zentralinstanz« mit weitgehender Konstanz. Dagegen aber ist das »Selbst« zeitlebens veränderlich und wie bei der Dschihadistin in ein Ungleichgewicht geraten. In ihrem 14. Lebensjahr stellt sie ihr »Ich« infrage, während sie ihr »Selbst« nicht näher überprüft.

Bildhaft kann man sich das »Ich« wie einen Busbahnhof vorstellen, und das »Selbst« sind die Busse, die zu unterschiedlichen Zeiten ankommen und abfahren. Der Busbahnhof versinnbildlicht dabei die zentrale Stelle, wo die Pläne und die Fahrzeiten der Busse festgelegt werden. Wenn in der Zentrale etwas schiefgeht, löst das Chaos aus, vielleicht sogar eine Katastrophe. Ähnlich entgleitet die Psyche bis hin zum katastrophalen Extrem der Schizophrenie. Das verdeutlicht die Schülerin, die versucht, in eine völlig andere Identität zu schlüpfen, die einer »Gotteskriegerin«.

Nicht nur durch seine Bezugspersonen entwickelt ein Kind Vertrauen und Sicherheit. Es identifiziert sich auch mit Fantasiegestalten, Fernsehhelden, Pop-Ikonen, Sportidolen und in dem Fall auch »Gotteskriegern«. »Was? Das soll alles sein im Leben?«, fragt sich das Mädchen. Abends mit der Familie auf dem Sofa vor dem Bildschirm sitzen, Chips knabbern, fremdbestimmt und faul? Da erscheint es aufregender, im Internet mit Dschihadisten zu chatten. Auf das Mädchen wirken diese Männer wie Superhelden mit überirdischen Kräften, die Selbstmordkommandos wagen, weil sie sich einreden, Gott selbst spreche durch ihre Gewalt. Nur »Übermenschen« wie sie lassen sich auf solche Kämpfe gegen überlegene Gegner ein. Dass solche Phantasmen entweder in die Psychiatrie oder in Katastrophen führen, ist ihr zu dem Zeitpunkt noch nicht klar.

Das Mädchen vollzieht eine Wandlung an sich selbst, saugt sich wie ein ausgetrockneter Schwamm mit islamisch-kämpferischen Inhalten voll. Von jetzt an will sie Teil dieses heldenhaft-utopischen Befreiungsaktes sein. Kurz vor der Ausreise nach Syrien bekommt sie für Momente Angst vor sich selbst. Was aber würde ihre Gruppe da über sie denken? Ihr Verstand ist eher bereit, sich an das Wunder einer heilen Welt im IS zu klammern, als die Wirklichkeit zu erkennen. Und wer nicht mehr zurück oder ausweichen kann, geht weiter nach vorn. Die Aufgabe des »Ichs« besteht darin, diese Identifizierungen ins Leben einzubauen und daraus eine persönliche wie auch psychosoziale Identität zu bilden. Dazu aber muss das »Ich« stabil sein, und die Bezugspersonen, wie Eltern, Geschwister, Verwandte, Lehrer, Mitschüler, müssen real sein.

Schräge Männerfantasien: Dschihadistinnen als IS-Sexpuppen

Die Eltern predigen Dinge, an die sie sich selbst nicht halten, und bemerken keine Unstimmigkeit dabei. Wenn sie sich auf den Koran beziehen und wünschen, dass die Kinder islamisch leben und aufwachsen, sich selbst aber europäisch kleiden, französische Freunde haben und dem heranwachsenden Kind nicht aufzeigen, dass das kein Widerspruch sein muss, wird der Nachwuchs nicht danach fragen und selbst nach Antworten suchen.

Die Dschihadistin findet ihre »Antworten« im Internet und in Chats mit anderen IS-Anhängern. Hat das Mädchen also versucht, aus ihrer Sicht die unbewussten Wünsche ihrer Eltern zu verwirklichen, ohne dabei aber die Eltern gefragt zu haben, ob sie diese Wünsche auch wirklich hegen? Wenn Kinder nicht eindeutig das Verhalten ihrer Eltern erkennen und entsprechend erzogen werden, können sie ein »falsches Selbst« entwickeln.

Die Heranwachsende beginnt, extrem und mit allen Konsequenzen eine Identität zu leben, die sich einseitig im übertragenen Sinne der Herkunft der Eltern angepasst, aber nicht deren eigener Identität entsprochen hat. Diese sogenannte »Identitätsdiffusion« verstärkt sich durch Migration und das Gefühl, nicht zur Mehrheit zu gehören.

Sofern Bezugspersonen und soziales sowie politisches Umfeld dem Kind die Kultur, Religion und deren Werte nicht erklären, kann sich die Identität eines Menschen bedrohlich deformieren. Dies nutzen der IS und andere radikale Gruppen leider sehr erfolgreich aus, besonders bei Kindern und Jugendlichen. Deshalb müssen wir diese jungen Menschen ansprechen, bevor es die Terroristen tun.

Die Dschihadistin lebt in einem innerpsychischen Konflikt wie eine Wanderin zwischen zwei Welten. Zunächst entscheidet sie sich für die alte Welt ihrer Herkunft, die sie jedoch gar nicht kennt. Vor dem geistigen Auge des Mädchens entfaltet sich eine gerechte und fast paradiesische islamische Welt im Irak und in Syrien. Fast wie in den Märchen aus Tausendundeiner Nacht.

Die Heranwachsende geht dabei der von Männern entwickelten islamischen Fantasie auf den Leim. Der IS betrachtet junge Frauen als Sexobjekte und verlangt, dass die Mädchen es als positiv erleben, sich den Männern untertan zu machen, was eigentlich nicht nur dem weiblichen »Ich«, sondern jeder menschlichen Vorstellung widerspricht. Das Mädchen aber will sich hingeben und ihr Leben einer höheren Wirklichkeit widmen.

Die »Gotteskämpfer« nutzen die Dschihadistinnen im Namen des Islams wie Sexpuppen, die ihren Fantasien dienen. Jederzeit sollen sie den Männern für Sex zur Verfügung stehen, ansonsten gilt ähnlich wie einst bei uns nach dem Zweiten Weltkrieg: »Kirche, Kinder, Küche.« Das weibliche »Ich« wird reduziert auf Sex, Reproduktion und Sklaventum. Die Dschihadistin erkennt diesen Widerspruch und schafft es nicht, dieses Leben mit ihrem »Ich« und ihrem »Selbst«, die vom kulturellen Leben in Frankreich geprägt sind, zu vereinbaren.

Eine Identitätsstörung führt zu einem Mangel an Realitätsbewusstsein, der sich allerdings nicht immer so extrem wie bei der Dschihadistin zeigen muss. Verstärkt vorhandene innerpsychische Konflikte können jedoch zu psychischen Erkrankungen führen, die bizarre Vorstellungen wie Gewaltfantasien entstehen lassen. Einige wenige Betroffene setzten diese dann in die Realität um, wie die IS-Terroristen in Europa. Dazu reichen ein Messer, ein Rucksack mit Splitterbombe oder ein Knopf, um den Sprenggürtel auszulösen.

Die Tagträume der Dschihadistin von »einer islamischen und gerechten Welt«, in der man Brüdern und Schwestern zu Hilfe eilt, entpuppen sich als eine Hölle der Realität, aus der sie mit viel Glück entfliehen konnte. Andere Frauen, die Ähnliches erleben und aus dem Islamischen Staat fliehen wollten, sind brutal hingerichtet worden. In Deutschland sind schätzungsweise 20 Prozent der Personen, die nach Syrien aufbrechen, weiblich.

Selbstverständlich erleben nicht alle Migrantinnen und Migranten eine Identitätsspaltung mit dem Ergebnis, sich einer radikalen Organisation anschließen zu wollen. In der Regel suchen die jungen Menschen nach anderen Möglichkeiten, die ihnen ordnungs- und sinnstiftend erscheinen. Dennoch muss es allen Eltern und Erziehern bewusst sein, dass jeder Jugendliche in dieser Phase der Identitätssuche in Gefahr ist, zur Beute ideologischer und politischer Verführer zu werden. Vom Idealismus zum Fanatismus ist der Weg manchmal nicht weit.

Als die Dschihadistin Frankreich in Richtung Syrien verlässt, glaubt sie endlich herausgefunden zu haben, wer sie ist. »Keine blöde Schülerin, sondern eine echte Heldin.« Zur Heldin jedoch wird sie erst, als sie den Mut hat, in Syrien den gefolterten Jesidinnen die Freiheit zu schenken, und zu Hause wagt, sich selbstkritisch im Spiegel zu betrachten.

Identität als Produkt der Umwelt: Hin- und hergerissen zwischen Selbst- und Fremdbild

Nicht jedes Kind muss eine belastende Kindheit hinter sich haben, um sich später einer radikalen Gruppe anzuschließen. Auch verwöhnte Kinder unkritischer Eltern, die ständig »grundlos« gelobt und gefeiert werden, entwickeln ein unrealistisches Selbstwertgefühl, das später ihr Denken, Fühlen und Handeln beeinflusst, indem sie glauben, etwas besonders »Großes« zu sein. In der Realität kann das immer wieder zu Selbstwertkrisen führen, da sie die Diskrepanz zwischen dem geglaubten Sein und der Realität, wie andere sie wahrnehmen oder behandeln, nicht verkraften.

Die Dschihadistin ist scheinbar in einer durchaus behüteten Familie aufgewachsen und hat immer die Unterstützung der Eltern und Geschwister erfahren, was aber für sie nicht genug war. Das weist auf eine narzisstische Struktur hin, die gierig nach Befriedigung sucht, aber keine finden kann. Vorstellbar wie ein Plastikbecher mit einem kleinen Loch im Boden, der nie voller Wasser sein kann, obwohl man ständig nachschenkt.

Möglicherweise schwankt auch diese junge Frau hin und her zwischen irrationaler Selbstüberschätzung und Minderwertigkeitskomplexen. Sie reagiert gekränkt, als ihr der Ehemann offenbart, auch Sex mit anderen Frauen zu haben, obwohl sie weiß, dass diese IS-Kämpfer laut dem Koran vier Frauen haben dürfen und sich »nebenbei« oft noch Sklavinnen halten. Vielleicht ist es ihrer narzisstischen Kränkung und Wut zu verdanken, dass sie beschließt, Syrien zu verlassen und wieder in Freiheit in Frankreich zu leben.

Identität ist ein Produkt der Umwelt, in der Kinder aufwachsen und leben. Zum einen wollen sie den gesellschaftlichen Erwartungen und der kollektiven Identität entsprechen. Zum anderen aber ist jeder Mensch einmalig, mit unverwechselbarer Persönlichkeit. Beide Aspekte führen zu einem Spannungsfeld, das nur durch eine Vereinigung beider Elemente in Einklang gebracht werden kann. Problematisch wird es, wenn radikale und/oder faschistische Organisationen oder Staaten mittels verschiedener Methoden darauf drängen, dass der Mensch sein »Ich« zum Wohle der kollektiven Identität aufgeben muss.

In der westlichen Welt mit ihren verschiedenen Erwartungen und zahlreichen Gruppen und Mikrokulturen ist eine Identitätsentwicklung heute nicht immer einfach. Kulturelle Unklarheiten, soziale Statusunsicherheiten und Verlustängste verwirren die Menschen. Früher schien alles klarer, weil die Welt in Kategorien wie Kirche, Großfamilie, geistliche und weltliche Obrigkeit geordnet war. Die Wertvorstellungen waren vorgegeben und wurden nicht hinterfragt. Das bildete die Grundlage für die Identität der Menschen vor etwa 500 Jahren. Und das scheint auch der heutigen gesellschaftlichen Entwicklung des Islams zu entsprechen. Die Zeit der Aufklärung in dieser Kultur hat bereits begonnen, ist aber wie bei einer Geburt mit einer Reihe schmerzhafter Wehen verbunden, weil sich in ihr noch viele Kräfte gegen das neue Wesen stemmen.

Die Schnelllebigkeit der Neuzeit, die ständige Umstellung und Neuorientierung, wird aber auch Auswirkungen auf die islamische Identität haben und sie verändern. In dieser Zeit des Umbruchs kämpfen radikale und terroristische islamische Organisationen mit aller Macht gegen solche Veränderungen, werden aber letztlich dabei verlieren. Noch stärker als bisher versuchen sie, unter den Menschen und vor allem unter den Jugendlichen Unsicherheit, Orientierungslosigkeit, »Identitätsdiffusion« zu verstärken, um sie für sich zu gewinnen.

Wie können wir es schaffen, Identitätssuchende davor zu bewahren, den radikalen Organisationen zu verfallen? Die Terrororganisationen versprechen ein klar strukturiertes und sicheres Weltbild, in dem die großen Fragen des Daseins all ihre Antworten im Islam finden und alle anderen Widersprüchlichkeiten auflösen. Können wir diesen Jugendlichen beibringen, in einer komplexen Welt mit Widersprüchen und Ungereimtheiten leben zu müssen? Die menschliche Psyche ist vielfältig und nicht alleine auf Sein oder Nichtsein zu beschränken. Beide Gefühle sind nicht gegeneinander gerichtet, sondern existieren nebeneinander. Aus beiden, negativen und positiven Gedanken, in einem guten Gleichgewicht, entwickelt sich der Mensch, und manch einer darunter ist in der Lage, am Ende »echte« Heldentaten zum Wohle der Gemeinschaft zu vollbringen.

Unsere Angst bekommt ihr nicht!

Trotz steigender Zahl von Terroranschlägen muss sich unsere Gesellschaft nicht hilflos hinter der »europäischen Mauer« verbarrikadieren. Viele der IS-Rückkehrer in Europa sind nach ihrem Irrweg im IS geläutert, versuchen, zurück in ein normales Leben zu finden, und können durchaus »vom System aufgefangen« werden. Wir dürfen sie nicht abweisen, sonst sehen sie sich mit ihrer religiösen Identität in dem bestätigt, was ihnen die Dschihadisten zuvor eingeflüstert hatten: »Der Westen hasst alle Muslime.« In so einem Fall kann sich die Haltung eines Rückkehrers schnell erneut radikalisieren.

Deradikalisierung ist ein langer Prozess. Die Menschen kommen zurück, beladen mit vielen unfassbaren Erlebnissen. Sie benötigen professionelle und langfristige Unterstützung, um wieder selbstständig denken und die Werte, die sie bekämpfen wollten, wieder schätzen zu lernen. Der Bremer IS-Rückkehrer Harry S., 27, berichtet vor Gericht, dass er viele junge IS-Kämpfer in Syrien getroffen habe, »die nur noch raus wollen, aber keinen Ausweg kennen«. Und wer könnte am Ende besser als diese Betroffenen selbst helfen, andere Jugendliche davor zu bewahren, sich einem völlig veralteten Verhaltenskatalog anzuschließen?

Die aktuelle Bedrohungslage erscheint uns vermeintlich erhöht, doch gerade in so einer Situation gilt es, Ruhe und einen kühlen Kopf zu bewahren. Wer die Nerven verliert, sich gegeneinander aufwiegeln und zur Gegengewalt hinreißen lässt oder als Politiker aus wahltaktischen Gründen extremistische Argumente in »abgemilderter« Form übernimmt, erweist den Tätern damit den allergrößten Gefallen. »Das ist genau das, was sie wollen«, sagt Harry S.

Es ist normal, sich angesichts dieser plötzlich einbrechenden Brutalität zu ängstigen, doch am wirkungsvollsten begegnet man ihr mit Rationalität. Hier haben vor allem die Politiker und auch die Medien eine große Verantwortung. Natürlich müssen wir damit rechnen, dass Terroristen auch weiter in Europa und Deutschland versuchen werden, Anschläge zu verüben. Trotzdem leben wir nach wie vor in einem der sichersten Gebiete der Welt.

Viel lähmender nach einem Anschlag als die unmittelbar erlebte Panik, die meist bald nachlässt, ist das Phänomen der »Angst vor der Angst«, denn die lässt Betroffene so schnell nicht wieder los. Die Angst vor der nächsten Panikattacke wird als so schrecklich empfunden, dass sie im Extremfall den ganzen Alltag bestimmt. Um bedrohliche Gefühle, wie Herzrasen oder Atemnot, zu meiden, wagen sich manche nicht mehr vor die Tür, wollen nicht mehr Bus fahren oder ein großes Fest besuchen. Die Angst hat ihr Leben fest im Griff.

Die Gesellschaft muss in einem gewissen Maß lernen, mit der Angst zu leben und sich ihr zu stellen, ohne dabei aber ihre Freiheit, Stück für Stück, einzuschränken. Dieser Feind ist nicht »übermächtig«, wir können etwas gegen ihn ausrichten. Wir müssen lernen, unser Verhalten an die Situation anzupassen und den Terroristen zu beweisen, dass sie unsere Gesellschaft nicht entzweien können. Lassen wir uns nicht aus dem Takt bringen, gehen wir weiter unserer Arbeit und unserem Alltag nach.

Auch Humor ist ein gutes Ventil, um Frust abzubauen, Mut und Trost zu finden, meinen Islamwissenschaftler und muslimische Satiriker. In einem libanesischen Fernsehsketch fährt ein Salafist mit einem Taxi. Der Salafist beschwert sich beim Taxifahrer: »Dreh das Radio aus! Zur Zeit des Propheten hat es so etwas nicht gegeben.« In einem fort beschwert sich der Salafist über den falschen Dialekt des Fahrers, seinen zu kurzen Bart, seine zu lange Hose … Erst als sein Handy klingelt, unterbricht er seine Schimpftiraden. Mit quietschenden Bremsen hält der Taxifahrer da an, springt aus dem Auto und öffnet seinem erstaunten Fahrgast hinten die Tür: »Zur Zeit des Propheten gab es keine Handys und auch keine Taxis. Also warte, bis das nächste Kamel vorbeikommt.«

Die rechten Gruppen versuchen, die Situation zu nutzen, um noch mehr Angst und Rassismus zu schüren. Sie provozieren und legitimieren damit direkt oder indirekt, dass Migranten auf der Straße angegriffen oder Flüchtlingsheime in Brand gesetzt werden. Wie die Terroristen folgen diese Profiteure des Hasses einem einfachen Freund-Feind-Schema: Ihr Gegner ist das Fremde und alles, was anders ist als sie selber.

Zwar ist die Zahl der Muslime, die sich dem IS anschließen, höher als die anderer Konfessionen. Doch die Zahl der rechtsradikalen Jugendlichen in unserem Land ist deutlich höher als die der radikalen Moslems. Und genauso wenig, wie jeder Deutsche ein Brandstifter ist, genauso wenig ist jeder Flüchtling ein Terrorist, und genauso wenig ist jeder Moslem ein Islamist. Vor Verallgemeinerungen sollten wir uns hüten und uns stattdessen die Fähigkeit zum Differenzieren bewahren.

Wenn Menschen Angst haben, sind sie verunsichert, machen sich Sorgen um ihre Familie und sich selbst, schlafen schlecht, werden noch nervöser, sind böse und misstrauisch gegenüber ihren Nachbarn, ihren Familien und natürlich auch gegenüber den Migranten. Diese Atmosphäre der Gewalt können wir entschärfen, indem wir – anders als die Terroristen – weder Empathie noch Humanität füreinander verlieren. Folgen wir stattdessen dem Motto, das Trauernde auf Plakate an den Anschlagsorten zwischen Blumen und Kerzen abgelegt haben: »Unsere Angst bekommt ihr nicht!«

Im Rampenlicht morden: Die Rolle der Medien

Kernige Kerle, die sich in klaren Bächen lachend mit Wasser bespritzen. Die mediale Strategie der Terroristen kommt bei jungen Leuten gut an. Von daher sind dringend mediale Gegenmaßnahmen notwendig, die das wahre Gesicht des Terrors zeigen. Die Romantisierung des Dschihads muss aufgehoben werden, und die Extremisten müssen als das gezeigt werden, was sie wirklich sind. Nämlich keine Retter der Erde, denen schmachtende Jungfrauen im Paradies zu Füßen liegen, sondern primitive Mörder, die über die Leichen ihrer eigenen Leute steigen.

Nichts fürchtet das Kalifat mehr, als desillusionierte IS-Rückkehrer, die den Medien ihre Eindrücke aus dem Terrorregime schildern, wie: »Sie sind korrupt, sie plündern die Banken und sammeln das Geld ein, das für die Armen gedacht war, obwohl die Leute in den Straßen bettelten.« Selbst der bekannteste salafistische Prediger Deutschlands, Pierre Vogel, bezeichnet den »IS« mittlerweile als »Idioten Staat«.

Die Medienprofis des IS sind darauf bedacht, dem Publikum mit Weichzeichner ihr schönes Leben im Kalifat sowie ihre Macht und Überlegenheit zu übermitteln. »Angriffe auf die Länder der Koalition der Kreuzritter« feiert der IS im eigenen Hochglanzmagazin und Radiosender, analysiert darin die besten Taktiken für Anschläge und preist Märtyrer, die »sich bereits früh in den Dschihad verliebt haben«. Über die Agentur »Amaq« verbreitet er Bilder in einschlägigen IS-Kanälen und Blogs, die meist so über Twitter in die Mainstream-Medien gelangen.

Die Kämpfer wollen im Rampenlicht morden und sterben. Und die Voraussetzungen dafür sind günstig, da die Bühne der Öffentlichkeit im Zeitalter der Hyperkommunikation größer denn je ist. Manche der IS-Milizen »wollen gar nicht als Märtyrer sterben, sondern als Star in einer Crime-Show«, urteilt der französische Journalist Nicolas Henin, ehemals Geisel beim IS. Hunderttausende nehmen über »Youtube« oder andere soziale Netzwerke als aktive Zuschauer, teils in Echtzeit, an beispiellosen Grausamkeiten teil. Sie sehen zu, wie Käfige mit angeketteten Gefangenen langsam zu Wasser gelassen werden.

Die Bilder des Terrors beginnen sich schnell zu verselbstständigen. Sie haben sich in unserem Gedächtnis eingenistet, und wir nehmen sie mit an viele Orte, die auf einmal schlimme Assoziationen bei uns auslösen. Ein allein stehender Koffer am Bahnhof lässt uns sofort an eine Bombe denken, die jeden Moment hochgehen könnte. Ein Mann mit langem Bart am Flughafen? Misstrauisch starren wir auf seinen Rucksack. Eine Frau in einem muslimischen Gewand im Café? Ihr Bauch wölbt sich seltsam, als trage sie einen Sprenggürtel darunter. Die Terroristen nutzen die bildhafte Sprache der Gewalt, weil sie sehr genau um ihre Wirkung wissen.

Großen Wert legt die Terrormiliz darauf, dass sich ihre Kämpfer in der globalen Welt der Medien durch Videoausschnitte, Selbstberichte und Enthauptungen ständig präsentieren. Das Ganze gut ausgeleuchtet, schnelle Schnitte und perfekt wie ein MTV-Video in Szene gesetzt. Ziel ist es, Begeisterung für Kampf und Kameradschaft zu wecken, neue Kräfte zu mobilisieren. In der Folge soll die arabische Gesellschaft destabilisiert und die westliche Welt zum Zittern gebracht werden. Gleichzeitig demütigen die Bilder alle Gegner des IS, indem sie ihnen ihre Hilflosigkeit vor Augen führen. Die Terroristen nutzen aber soziale Medien und das Internet nicht nur zur Verbreitung ihrer Botschaften, sondern auch zur Beschaffung von Waffen und Geld sowie zur Koordination ihrer Anschläge, wie etwa in Paris und Ansbach.

Bislang führte ein Terroranschlag in Europa in unseren Medien dazu, dass alle anderen wichtigen weltweiten Informationen völlig in den Hintergrund gedrängt wurden oder ganz vom Bildschirm verschwanden. Die Form unserer Berichterstattung, die Häufigkeit und Länge der Sendungen sowie der Grad der Dramatisierung haben allerdings einen gewaltigen Einfluss auf unsere Wahrnehmung der Terrorbedrohung. Wenn die Ereignisse sehr stark dramatisiert werden, erzeugt dies Wut bei der Bevölkerung, was wiederum zu möglicherweise übertriebenen militärischen Gegenmaßnahmen führt.

Das gesteigerte Bedürfnis nach Sicherheit, verknüpft mit Angst, verstärkt Ausgrenzungen und Vorurteile gegen Migranten, die plötzlich als potenzielle Gefahr gesehen werden. Selbst wenn der Nachbar seit 30 Jahren Einwanderer ist und die Kinder schon zusammen im Sandkasten gespielt haben, heißt es da schnell: »Dich meine ich nicht, aber alle anderen Terroristen.« Wer aber ist böser Terrorist und wer guter Migrant? Werden auf einmal alle fremdländisch aussehenden Menschen unter Generalverdacht gestellt?

Mit dem Terror kommt auf die Medien eine große Aufgabe zu, die nicht zu unterschätzen ist. Medien müssen und sollen objektiv Nachrichten verbreiten, damit die Menschen informiert sind. Es ist aber nicht die Aufgabe der Medien, Angst zu verbreiten. Natürlich argumentieren Journalisten schnell, dass die Angst zur Realität geworden sei und es nicht Aufgabe der Presse sein kann, diese zu unterdrücken. Dieser Wirklichkeit stehen jedoch gleichzeitig auch andere Bilder gegenüber, die wir damit ausblenden. Unter anderen Szenen im Krieg, blutüberströmte Menschen, in Panik schreiende Kinder, weinende Frauen, die mit den Händen in Trümmern nach ihren Liebsten graben. Bilder aus Syrien, dem Irak, Afghanistan, Israel, Pakistan … Szenen, die am Ende zu dem Schrecken führen, den wir heute im eigenen Land erleben. Zusammenhänge, die wir nicht übersehen dürfen, weil sonst eine Lösung des Problems unmöglich wird.

Terroristen wollen die Art und Weise verändern, wie wir Menschen leben, wie wir denken, wie wir auf Druck und Bedrohung reagieren, wie wir miteinander umgehen. In Frankreich und jetzt auch in Deutschland haben sich einige Zeitungen entschieden, keine Fotos oder Namen von Terroristen mehr zu veröffentlichen, so wie sich viele Medien auch dafür entschieden haben, keine Horrorvideos von Hinrichtungen mehr zu zeigen. Nicht als Selbstzensur, sondern als ethisch verstandenen Umgang mit Informationen. Vielmehr als vorher müssen wir uns also auch mit der Macht der Bilder beschäftigen.

Verschweigen ist sicher keine gute Lösung, eine richtige Auswahl der Informationen aber schon. Im Zeitalter des Internets verbreiten sich Meldungen ohnehin im Eiltempo, auch die falschen. Die Bilder von Solidaritätsbekundungen, Trauerfeiern, Pressekonferenzen sind wichtig, sie bieten uns Sicherheit und Zusammenhalt. Ein Schweigen der Medien würde nur dazu führen, dass sich Verschwörungstheorien und Ängste noch schneller verbreiten.

Eine Zwickmühle. Übertriebene Berichterstattung wiederum bietet Nachahmern und IS-Sympathisanten die Möglichkeit, wenigstens einmal im Leben im Mittelpunkt zu stehen. Bei Grippewellen ist es das Virus, das eine Ansteckung verbreitet. Bei solchen Amokläufen sind es die Medien, die die Täter anstecken. Sie malen sich aus, wie ihre Bilder in die ganze Welt getragen werden und in jedem Wohnzimmer präsent sind. In diesem Größenwahn, »im Mittelpunkt der Welt« zu stehen, lösen sich Blockaden bei Mordfantasien leicht auf und werden zu blutiger Realität. Solche Menschen töten, um bemerkt zu werden.

Diese Einzelgänger, ohne jeden Kontakt oder direkten Befehl vom IS, werden in der Presse gerne als »einsame Wölfe« bezeichnet, was unglücklicherweise eine positive Konnotation hat und inhaltlich auch nicht immer ganz richtig ist. Nichts ist motivierender für solche Täter, als sie durch eine bestimmte Wortwahl und die Fülle der Bilder im Fernsehen zu heroisieren. Gerade psychisch Labile fühlen sich dadurch animiert. »Was der kann, das kann ich auch«, denken sie. Laut einer US-Studie steigt die Gefahr von weiteren Amokläufen direkt nach einer Tat um 22 Prozent an.

Psychisch labil war auch der Täter aus Würzburg, der mit der Axt im Zug um sich schlug. Der 17-Jährige hatte zwei Selbstmordversuche hinter sich. Der LKW-Fahrer in Nizza, der in die Menschenmenge raste, war ebenfalls in psychiatrischer Behandlung. Ihn hatten seine Eltern wegen seiner Aggressionsausbrüche vor Jahren vor die Tür gesetzt. »Einsam« waren beide Täter in dem Sinne nicht, da sie mit der Hilfe anderer Radikaler vom IS ihre Tat lange vorbereitet hatten. Chat-Protokolle belegen, dass die Täter teils per Handy wie Marionetten an einer elektronischen Schnur ferngesteuert worden sind. Bevor beispielsweise Mohammad D., auf dem Festivalgelände in Ansbach den Sprengstoff zündete, bat er seinen Chat-Partner, noch für ihn zu beten. Schroff reagierte dieser: »Mann, was ist mit dir los? Ich würde es wegen zwei Personen durchführen.«

Einer wie der Attentäter aus Würzburg kam aus unserer Mitte und hinterlässt eine beunruhigende Botschaft, die auf einem IS-nahen Sender verbreitet wird. »Ich habe in euren Häusern meinen Plan gemacht und werde euch in euren Häusern und auf der Straße töten ...« Die Botschaft ist klar: Angst säen! Mit allen zur Verfügung stehenden Mitteln. Die Akteure wollen, dass die Medien die blutigen Bilder am besten rund um die Uhr verbreiten. Dem Plan sollten die Medien in der westlichen und der arabischen Welt nicht folgen.

Islamistischer Faschismus: Aktiv die Welt retten oder passiv dem blutigen Treiben zusehen

»Der Mensch für sich allein vermag gar wenig und ist ein verlassener Robinson, nur in der Gemeinschaft mit den anderen ist und vermag er viel«, bemerkte einst der deutsche Philosoph Arthur Schopenhauer. Tatsächlich ist es eines der wesentlichsten Merkmale des Menschen, soziale Bindungen eingehen zu können. Gezielt werden im IS junge Männer in Gruppen militärisch gedrillt und miteinander zusammengeschweißt.

Die Kämpfer verbindet die Erkenntnis, dass jeder Einzelne bereit ist, für die »heilige Sache« zu sterben, und dass die Kameraden womöglich die letzten Menschen sind, die sie in ihrem Leben sehen werden. In ihren Augen sind es Freunde, denen sie blind vertrauen, die ihnen beistehen im Kampf und helfen, wenn sie verletzt sind. Ein Gefühl, das sie vermutlich in dieser Intensität bisher in ihrem Leben niemals zuvor empfunden hatten. Die Gruppe verspricht Vertrauen, Nähe und Verständnis.

Wie ein eigener Organismus funktionieren solche Gruppen bis in den Tod. Die Verbundenheit fasziniert die IS-Anhänger, macht sie kritiklos und motiviert sie dazu, unerträgliche Verbrechen zu begehen. »Allahu akbar!«, schreit ein religiös verblendeter Kämpfer in die Videokamera. Mit einem Messer hat er einem syrischen Soldaten das Herz aus der Brust geschnitten, reckt das zuckende Organ triumphierend zum Himmel, führt es dann zum Mund, als wolle er es küssen. Ist Gott in so einem Moment groß?

Der Glaube wird vom IS ideologisiert und den eigenen Zielen entsprechend wie Knetmasse ummodelliert. Mord und Selbstmord sind beim IS dank ihrer Religionsdeutung erlaubt, obwohl die Ethik des Islams beides ausschließt. Wie andere islamisierte radikale Organisationen suggeriert der IS seinen Anhängern, dass das Töten Ungläubiger und das Sterben als Soldat in der Schlacht eine Pflicht in einem »Heiligen Krieg« seien. Diese Ideologie verfolgt allein den Zweck, dass der Einzelne seine moralischen Bedenken aufgibt und seiner bisher kontrollierten Gewaltbereitschaft freien Lauf lässt.

Die Aufmerksamkeit der IS-Terroristen wird derart stark auf »den wahren Islam zur Rettung der Menschheit« und auf ein weltumspannendes Kalifat gelenkt, dass sie alles andere ausblenden. Sie sind fixiert, wandeln wie in einer magischen Welt, in der sie mit einer kleinen, aber tapferen Minderheit die Welt retten.

Die Methodik, das Denken, Fühlen und Verhalten der Menschen zu beeinflussen, ist alt, aber sehr wirksam. Die Deutschen kennen das aus Zeiten des Nationalsozialismus, in der Führer und NS-Ideologie als unantastbar galten und Millionen Menschen diesem Faschismus folgten. Ideologen nutzen in den Menschen angelegte Instinkte und Verhaltensweisen. Sie spielen mit Begriffen wie Zusammengehörigkeit, Schutz, Überlebenskampf und Sicherheit durch Glauben. Das Ganze wird verbunden mit der mystischen Vorstellung, »besser, wichtiger und wertvoller« zu sein als alle anderen Menschen, die nicht zu ihnen gehören. Während sie sich als die ehrenhaften Menschen sehen, die die Kontrolle über die Menschheit erlangen müssen, sind alle anderen niedrigere Wesen, denen nur das Recht bleibt, Sklave zu werden oder zu sterben. Von dieser Idee des IS-Faschismus sind die Anhänger überzeugt.

Jegliche Kritikfähigkeit wird ihnen genommen, wenn es sein muss mit Gewalt oder sogar Tod. Die IS-Anhänger leben in einer sektenähnlichen Situation, in einer anderen Realität, die keinen Kontakt zur Wirklichkeit der Opfer hat oder ihnen eine andere Sichtweise erlaubt. In einer ständigen Umgebung der Gewalt stumpfen sie ab und wundern sich nicht mehr über die Leichtigkeit, mit der andere Menschen getötet werden. Die Hemmschwelle sinkt, der Tod wird als Schicksal angenommen, das man nicht abwenden kann.

Jedes Argument, das sich gegen den IS äußert, so unwiderlegbar es auch sein mag, wird als westliche Propaganda »der Kreuzzügler«, der Ungläubigen und deren islamischer Feinde abgetan. Mustafa Islamoglu, einer der renommiertesten Islamwissenschaftler in der Türkei, sieht als Grund für das bestialische Verhalten im IS die Benachteiligung vieler Menschen in der islamischen Gesellschaft und die ungelösten internen religiösen Konflikte. Frauen als Sexsklavinnen zu missbrauchen, zu verkaufen und zu foltern habe jedoch nichts mit dem Islam zu tun. Zwar habe es in der Geschichte ähnliche Ereignisse gegeben, die aber von den IS-Ideologen völlig aus dem historischen Zusammenhang gerissen werden. Sie täten so, als sei das im Islam schon immer üblich gewesen, was aber nicht der Fall sei.

Auf die Frage hin, warum sich die Muslime in der Welt, vor allem die Intellektuellen unter ihnen, so schweigsam verhielten, obwohl der IS im Namen des Islams Ungläubige tötet und versklavt, antwortet der Wissenschaftler Islamoglu: »Weil die Menschen nicht wirklich über den richtigen Islam Bescheid wissen.«

Wenn IS-Milizen anderen Menschen die Köpfe abschlagen, rechtfertigen sie das damit, dass der Islam das so vorschreibe. Die anderen Muslime glaubten das oftmals, weil sie es selbst nicht besser wüssten. Sie haben Angst, sich dagegen aufzulehnen und nicht mehr als Muslime akzeptiert zu werden. Sie wollen nicht riskieren, aus ihrer Gemeinschaft ausgestoßen zu werden, sie wollen sich nicht gegen den Glauben stellen, weil so etwas im Islam einer Exkommunizierung gleichkommt.[44] Dies führt laut dem Wissenschaftler Islamoglu unter anderem dazu, dass die islamische Bevölkerung passiv dem blutigen Treiben des IS zusieht, das Thema meidet oder gar verleugnet. Und damit den Terror stillschweigend stützt.

Über die Verantwortung: Verbrecher müssen als solche auch benannt werden

Terrorismus ist nichts, was schnell verschwindet. Es handelt es sich um ein langfristiges politisches Problem. Will die Gesellschaft die »Gotteskämpfer« erfolgreich in ihrem Kampfradius einschränken, müssen wir eine »Rückkonvertierung« der Täter in unsere Gemeinschaft möglich machen – so schwierig oder auch unerträglich das für die Opfer klingen mag. Aussteigerprogramme benötigen sinnvolle Konzepte. Ebenso wichtig wie solche praktischen Maßnahmen sind gute Gefährdungsanalysen, erstellt von Fachleuten, verbunden aber mit dem Wissen, dass nicht alle Terroristen wirklich in die Gemeinschaft zurückfinden werden. Aufmerksam beobachten muss man zudem die Situation in den Gefängnissen, in denen salafistische Rekrutierer für radikale Ideen werben.

Die Menschen müssen vor dieser andauernden Serie des Terrors geschützt werden. Dies ist effektiv aber nur möglich, wenn der Mittlere Osten mit seiner Bevölkerung aus eigener Motivation heraus bereit ist, eigene Einstellungen zu verändern und zu überdenken: »Warum erlaubt Religion die Anwendung von Gewalt gegen Unschuldige?« Andernfalls wird sich der Westen vor allem mit der Frage beschäftigen: »Wie können wir den Terror vor den Grenzen der westlichen Welt stoppen?« Die Schlüsselfrage aber lautet, ob die Führer der islamischen Welt in Zukunft in der Lage sein werden, ihre mehrheitlich friedlichen Bürger zu schützen und Systeme zu schaffen, in denen sie in Sicherheit und Freiheit leben können.

Wie unfassbar groß die Sehnsucht danach ist, offenbaren uns Bilder aus den vom IS befreiten syrischen Orten wie Manbidsch. Unter Jubel verbrennen Frauen dort ihre Gesichtsschleier, Männer rasieren sich vor laufender Kamera ihre Bärte ab, die sie sich wachsen lassen mussten, und Greise küssen aus Dankbarkeit kurdische Peschmerga-Kämpferinnen ab. Und selbst alte Frauen stecken sich eine Zigarette an. Nicht weil sie gerne rauchen, sondern als Symbol ihres Protests. Um zu zeigen: »Wir sind frei! Wir lassen uns nicht länger vorschreiben, was wir tun müssen!« Dabei fließen Tränen des Glücks.

An erster Stelle setzt ein Leben in Sicherheit und Freiheit den Respekt der Führer vor all ihren Bürgern voraus. Ganz gleich, ob Schiit, Sunnit, Jeside, Christ, Jude, Kurde, Türke, Perser, Araber, Homosexueller, Kopftuch oder nicht tragend, Mann oder Frau. Ein Prozess der Versöhnung und Vergebung ist notwendig, aber nur denkbar, wenn Gewalt motivierende religiöse und kulturelle Werte abgeschafft werden.

Nur wenn die islamische Welt ihre ganze Konzentration und ihren Willen darauf richtet, ein friedliches und gemeinsames Leben im Diesseits zu schaffen, ist Frieden erreichbar. Das beinhaltet auch die offene Verarbeitung historischer Genozide und Massaker an den vielen ethnischen und religiösen Gruppen im Mittleren Osten und das Zugeständnis, in wessen Verantwortung sie geschehen sind.

Kollektive Traumata müssen nicht nur von Opferseite, sondern auch von der Täterseite verarbeitet werden. Davon sind wir allerdings im Mittleren Osten noch sehr weit entfernt. Die psychologische Reflexion ist notwendig, damit die gedemütigten Opfer ihre Selbstachtung wahren können. Die Täter müssen als Täter benannt werden, wie es beispielsweise auch bei der Aufarbeitung des nationalsozialistischen Terrors geschehen ist. Es bleibt zu hoffen, dass die junge arabisch-muslimische Generation die begangenen Verbrechen nicht verleugnet oder verdrängt und sich im gleichen Teufelskreis ihrer Vorfahren weiter bewegt.

Nur die Verarbeitung der Vergangenheit ermöglicht es, die Fragen der Gegenwart zu beantworten. Durch Erinnerungsarbeit, Bewusstmachen und Aufdecken früherer Fehler hat man die Möglichkeit, nachwachsende Generationen gegen Terrorismus wie durch eine Impfung zu immunisieren. Zweifellos wird die Auseinandersetzung mit den eigenen oder den Verbrechen der Väter sehr schmerzlich sein, wie wir das selbst nach dem Zweiten Weltkrieg erfahren haben. Die Wirkungen der Gewalt lassen niemanden unberührt, auch nicht Generationen danach. Körperliche Gewalt verwandelt sich in psychische Gewalt und transformiert sich von einer Generation auf die andere.

Deren Folgen, verstärkt durch die vom IS dokumentierten Hinterlassenschaften in den Medien, werden im kollektiven Gedächtnis der Nachkommen von Opfern und Tätern bleiben. Für das Töten werden die meisten Täter allerdings später einen hohen Preis bezahlen: Sie müssen mit den Gedanken daran, was sie angerichtet haben, weiterleben. Für immer wird die Gewalt ein Teil von ihnen sein und ihr Leben bestimmen. Selbst wenn sie nicht im Gefängnis sitzen werden, haben sie ihre Freiheit für immer eingebüßt.

Blutsbande: Das unendliche Wirken des Patriarchalismus im Islam

Die Geschichte wiederholt sich nicht, aber dennoch lässt sich das Fortwirken der archaischen und feudalen Strukturen im Mittleren Osten nicht verleugnen. Alles dreht sich in der radikalisierten Gesellschaft des IS darum, ein guter Muslim zu bleiben, für die Ehre und den Glauben sein Leben aufs Spiel zu setzen.

Die Menschen lassen Familie, Besitz, Schule, Universität oder ihren Arbeitsplatz zurück und arbeiten, um ihr Ticket in den »Heiligen Krieg« bezahlen zu können und sich an der Rückeroberung der verlorenen Ehre zu beteiligen. Unter IS-Terroristen ist bewiesenermaßen die patriarchalische Vorstellung von

Ehre und Familie deutlich stärker verankert als religiöse Glaubensinhalte des Korans.

Jeder einzelne Kämpfer muss einen Bericht über sich und die Werte der Organisation, »die große Ehrwürdigkeit des Kalifen oder Glaubens« schreiben. Darauf legt die Führung des IS großen Wert. Diese Berichte werden nach dem Tod der Täter wie ein großer Schatz behandelt und in den IS-Zeitungen und -Zeitschriften, im Internet und Satellitenfernsehen ausgestrahlt.

Als Beispiel hierfür dient die Gruppe um al-Zarqawi, den Vertreter Al-Qaidas im Irak und geistigen Gründer des heutigen IS, der Morde zu einem »Schauspiel« für die Mobilisierung der arabischen Jugend benutzt hat. Unterlegt mit Kampfgesängen, lesen seine Zuschauer auf Arabisch in einem dieser Videos: »Die Mediensektion der Gruppe Al Tawhid wa Al Jihad präsentiert die Schlachtung der Geisel. Name: Eugene Armstrong. Nationalität: Amerikaner …«

Vor dem breitschultrigen und 1,86 Meter großen al-Zarqawi sitzt gefesselt und unruhig der Bauingenieur Armstrong mit weißer Augenbinde und zerzaustem Haar in einem orangefarbenen Overall. Er atmet schwer, während al-Zarqawi hinter ihm auf Präsident Bush schimpft. Dann zieht der Terrorist eine 25 Zentimeter lange Klinge hervor, hält das Kinn des Mannes mit der linken Hand fest und trennt ihm den Kopf ab. Die Kamera zoomt auf Armstrongs Gesicht.

Ahmad Fadhil Nazzal al Kalaylah, Jordanier, stammt aus dem Industriegebiet al-Zaqar, etwa 20 Kilometer von Amman entfernt. Er kommt als »schwarzes Schaf« aus einem großen Beduinenstamm, ist in einfachen Verhältnissen groß geworden und hat eine geringe Schulbildung. Als Halbstarker protzte er mit seinen Tätowierungen herum, zettelte Schlägereien an und galt als Alkoholiker.

Al-Zaqarwi ist der praktische Umsetzer dieser faschistischislamistischen Ideologie, die in der Hauptsache auf der Idee zweier Islamideologen aufbaut: Einer davon ist Abu Bakr Naji (Pseudonym), der 2004 einen Text über »Das Management der Brutalität« schrieb, in dem er unter anderem die wirtschaftliche Zerstörung und Demoralisierung der Feinde empfahl. In einer zweiten Phase sollte mit unbegrenzter Brutalität Widerstand geleistet werden. In einer dritten Phase soll eine Region befreit, von den Dschihadisten regiert und mit aller Gewalt die USA in den Krieg im Mittleren Osten hineingezogen werden. Der zweite Ideologe war Abu Musab al-Suri, der ein 1600 Seiten starkes Buch mit dem Titel: »Aufruf zum globalen islamischen Widerstand« schrieb. Al-Suri empfiehlt ebenfalls einen gnadenlosen Vernichtungskrieg, besonders gegen die Schiiten.

Im Juni 2006 ist al-Zarqawi bei einem US-Luftangriff im irakischen Baquba »ausgeschaltet« worden. Die Weltanschauung all dieser Fanatiker beruht auf einem totalitären System, weil sie nur denjenigen als vollwertiges Wesen anerkennen, der die absolute Dominanz des Kalifen und seiner Führungsleute akzeptiert. Neben den patriarchalischen Vorstellungen kommt dem Begriff des »Blutes« als Bindeglied zwischen den Mitgliedern des IS große Bedeutung bei. Wie in einer mystischen Welt symbolisiert das Blut vor allem Kraft und Stärke. Durch »Blutvergießen« lässt sich ihrer Meinung nach auch die Ehre wiederherstellen oder der Tod eines Familienmitglieds wiedergutmachen. Hier kommt die archaische Vorstellung zum Tragen, dass man im Kampf gegen den Feind mit Entschlossenheit und Glauben mehr erreichen kann als mit guten Waffen.

Der IS verlangt von jedem Einzelnen Hörigkeit bis in den Tod gegenüber seiner Führung. Völlige Unterwürfigkeit führt jedoch zur Perversion des eigenen Lebensgefühls. Durch Selbsterniedrigung und Selbstverleugnung begibt sich ein Mensch auf eine Stufe, die ihm deutlich macht, dass er seines eigenen Lebens nicht würdig ist. Dieses Gefühl der Wertlosigkeit ist für einen IS-Anhänger zwingende Voraussetzung, um überhaupt Teil der Organisation werden zu dürfen. Die Verbindung wiederum ermöglicht ihm ein größeres Selbstbewusstsein und Machtgefühl.

Der IS setzt aber nicht nur auf Verbundenheit durch Religion, sondern auch auf die Blutsbande. So war das Terrorregime von Anbeginn seines Wirkens im Irak und in Syrien bemüht, sunnitische Stämme und ihre Familien für sich zu gewinnen. Personen, die aus Sicht des IS geeignet waren, wurden in den Status sogenannter »Sheikhs« erhoben. Weiterhin ist die Mörderbande bemüht, treue IS-Kämpfer mit Frauen aus diesen mächtigen Stämmen zu verheiraten, damit eine »Blutsverbindung« entsteht. Diese Form von Heirat zum Machtausbau setzt der IS auch in Libyen oder anderen Ländern ein, in denen er aktiv ist.

Alte und neue Konflikte: Auf der Suche nach Selbstverständnis

Nicht nur durch Kriege und Konflikte waren die verschiedenen Gesellschaften im Nahen Osten zeitlebens mit erheblichen Belastungen konfrontiert. Umweltzerstörungen wie Rodungen oder Naturkatastrophen wie Erdbeben führen bis heute immer wieder zu wirtschaftlicher Not, Lebensmittelknappheit und zahlreichen Krankheiten. Aberglaube im Zusammenspiel mit gesellschaftlichen Ritualen führt zu tief sitzenden Ängsten und Unsicherheiten bei den Menschen.

Die alten wie die neuen Herrschaftssysteme, die allein auf materielle Ausbeutung ausgerichtet waren, boten den indigenen Kulturen keine Möglichkeit, eine widerstandsfähige Zivilisation langfristig auszubauen. Die wegen der primitiven Art der Bewirtschaftung völlig ungesicherten Erträge führten unter ihnen immer wieder zu extremen Existenzängsten. Zu den äußeren Feinden zählten nicht nur fremde Besatzer, sondern auch Truppen von Großgrundbesitzern und Stammesheeren, die um verschiedene Ressourcen und mit verschiedenen Interessen kämpften. Zwischen 80 und 90 Prozent der Gesamtbevölkerung lebte beispielsweise im 1. Jahrhundert n. Chr. am Rande der Unterernährung, wie aus verschiedenen historischen Quellen hervorgeht. Wegen hoher Abgaben blieb der einfachen Landbevölkerung nur ein kleiner Teil der Aussaat übrig. Berichte über Hunger und Elend sind bis heute in verschiedenen Liedern, Gedichten und mündlichen Überlieferungen aufbewahrt.

Unterschwellig herrschte eine tiefe Existenzangst in der islamischen Gesellschaft. Diese Angst äußerte sich paradoxerweise in einer Todessehnsucht. Das Verstümmeln der Feinde, das Mitschleppen ihrer Köpfe oder Körperteile, wie Ohren und Nasen, sind nur einige Beispiele dieser krankhaften Morbidität aus dem 7. Jahrhundert. Der Tod war im Leben stets gegenwärtig. Wie der Friedhof, der in unmittelbarer Nähe des Dorfes lag.

Da der Staat nicht in der Lage war, all seine Bürger zu schützen, vor allem, wenn sie einer bestimmten ethnischen oder religiösen Gruppe angehörten, schlossen sich die Menschen in ihrer Umgebung eng zusammen. Bis heute existieren daher im Nahen Osten starke Stammesstrukturen.

Die Spaltung zwischen Staat und seinen Bürgern, vor allem der neuen Generation, lässt sich als Ergebnis eines wenig erfolgreichen Transformationsprozesses in der arabischen Welt deuten. Das hat zu einem Bruch in der Gesellschaft geführt und erzeugt Irritationen, Frustrationen sowie Entfremdungsgefühle. Vor allem viele Jugendliche suchen nach neuen Formen eines sinnstiftenden Selbstverständnisses. Frustriert, reizbar und aggressiv sind sie auf der Suche nach Identität und Selbstwert.

Ungläubige als geistiges Vorbild: Auftragskiller, Drogen, Jungfrauen – der IS als die neuen Assassinen

»*Und tötet sie (die Ungläubigen), wo immer ihr sie trefft* ...« (Sure 2, Vers 191). Mord und Totschlag erscheinen dem IS als gerecht. Aus diesen Erfahrungen ist der Terrorstaat geboren. Und damit setzt er die Methoden der Assassinen fort, obwohl sie als Schiiten ebenfalls »Ungläubige« sind. Im 11. Jahrhundert haben jene Auftragskiller im Namen des ismailitischen Anführers Hasan-i Sabbah lange Zeit im Nahen Osten Angst und Schrecken verbreitet, um ihre Macht zu festigen.

Der Urvater der Terroristen als Vorbild des IS? Durch einen listigen Streich war es dem Perser gelungen, die Bergfestung Alamut im Norden des Iran an sich zu reißen. Dort soll er junge Männer in Fragen der Religion und an der Waffe so trainiert haben, dass sie kaltblütig und hoch professionell in der Lage waren, jeden Menschen an jedem Ort ausfindig zu machen und zu ermorden. Der Dolch oder der Strick waren die Waffen dieser gedungenen Mörder, mit denen sie als Sklaven verkleidet auf eine günstige Gelegenheit warteten, um dann leise und brutal zuzuschlagen. Sie töteten ohne Furcht, da sie bereits für sich selbst entschieden hatten zu sterben. Zu jener Zeit fand man keinen Fürsten, religiösen Würdenträger, Feldherrn, Wesir oder Herrscher, der vor den Assassinen keine Todesangst hatte. Sie waren wie unsichtbar, und die Menschen sprachen über sie, als seien sie Geister oder besäßen magische Kräfte. Es gab kein Entrinnen, wenn es ihr Oberhaupt so wünschte.

Insbesondere mithilfe von Drogen gelang es Hasan-i Sabbah, das Bewusstsein seiner Anhänger zu manipulieren und sie entsprechend zu instrumentalisieren. Unter Einwirkung von Haschisch ließ er seine Männer meditieren und versprach ihnen, für Momente das echte Paradies betreten zu dürfen. Hinter der Bergburg hatte der Anführer eine Gartenanlage mit allen erdenklichen Früchten und Blumen anlegen lassen, durch die Bäche von Honig und Wasser flossen und in denen junge, leicht bekleidete Frauen, auf Teppichen und Kissen wartend, sich allen Wünschen beugten. Durch einen dunklen Gang gelangten die von Drogen Umnebelten in die Gartenanlage und waren verzaubert und überzeugt, tatsächlich im Paradies gelandet zu sein.

Nachdem die Kämpfer wieder zurückbegleitet worden und benommen auf ihren Kissen in der Burg aufgewacht waren, erblickten sie als Erstes das Gesicht Hassan-i Sabbahs, der ihnen zulächelte. Die Kämpfer wollten nichts anderes als sofort wieder ins Paradies zurück. Der listige Führer versprach ihnen, dass sie wieder dorthin dürften, wenn sie seine Befehle ausführten. Das bedeutete, ausgewählte Menschen zu töten und sich anschließend selbst umzubringen, damit niemand in die Geheimnisse ihres Meisters eingeweiht werden konnte. Der Religionsgelehrte hatte seinen Anhängern streng verboten, mit anderen über die islamischen Regeln zu sprechen, die er sie lehrte. Er begründete das damit, dass dieser besondere Glauben nur von besonderen Menschen verstanden werde. Und dass diese Helden durch ihre Taten danach direkt ins Paradies gelangten.

Selbst wenn sich solche Geschichten wie viele orientalische Märchen anhören, ist gesichert, dass eine Geheimgesellschaft der Assassinen unter der Führung von Hasan-i Sabbah existierte, seine Gefolgsleute Haschisch konsumierten und deswegen auch »Haschaschiten« genannt wurden. Die Täter nannten sich Fedayî, die »Geweihten«, die bereit waren, sich für ihren Glauben und Führer uneingeschränkt zu opfern. Diese Aufopferungsidentität ist im Islam sehr alt und beruft sich dabei auf das Vorbild der leidenden Imame, die von anderen muslimischen Gruppen verfolgt und oftmals ermordet wurden.

Die schiitischen Ismailiten erlebten die Sunniten als eine ungerechte Macht, die niedrgerungen werden musste. Mit diesen politischen Morden wollten sie ihre Gegner in die Enge treiben und hofften, dass der »wahre Islam« in Zukunft durch einen ihrer Imame angeführt werde. Der gezielte Terror machte der Bevölkerung die Schwäche ihrer eigenen Führer deutlich. Von der Bergburg Alamut aus sandte Hasan Missionare und Agenten aus, um weitere Anhänger und Burgen zu gewinnen. Schnell fanden die Assassinen Unterstützung in der breiten Bevölkerung, die die Gewalt als sehr erfolgreich und deshalb als attraktiv erlebte. Bald verfügte die Gemeinschaft über Dutzende Festungen in Persien, auch im syrisch-libanesischen Bergland. In Syrien herrschte im 12. Jahrhundert Raschid ad-Din Sinan von der Festung Masyaf aus, der unter den Kreuzfahrern als »Der Alte vom Berge« berüchtigt war.

Mit zunehmendem Machteinfluss wurden die Assassinen auch anerkannte regionale Herrscher, die Allianzen eingingen, Kriege führten, Tribut forderten oder auch zahlten. Erst die Invasion der Mongolen im 13. Jahrhundert machte der ismailitischen Bewegung ein Ende. Ihr Oberhaupt ergab sich den neuen Herrschern, die meisten Bergfesten wurden kampflos übergeben. Bei den heutigen knapp 20 Millionen Ismailiten auf der Welt handelt es sich allerdings eher um liberale Muslime.

Das Kalifat hat das Wissen um religiöse Verführung, Manipulation zum Massenmörder, auch unter dem Einsatz von Drogen, in die heutige Zeit der Globalisierung übertragen. Trotz Fortschritt und Technik ist eines bis ins 21. Jahrhundert leider unverändert geblieben: die Faszination der Menschen, den Tod und das Leid anderer zu beobachten. Eine Form des pathologischen Voyeurismus.

Politische Perspektive: Wie kann man helfen, wenn einer von innen die Tür zuhält?

Wie soll man jemandem helfen, der sich einsperrt und von innen die Tür zuhält? Es ist nicht einfach, Lösungsvorschläge anzubieten, wenn Menschen in einer geschlossenen Gesellschaft leben und äußere Einflüsse als Angriff auf ihre Normen und Werte verstehen. Der radikale Islam vermittelt seinen Gläubigen, dass die westliche Welt vor allem Schlechtes im Sinn hat. Sie beliefert den Nahen Osten mit Waffen, beutet die Region wirtschaftlich aus und kontrolliert über deren »Vertreter« in Diktaturen die Menschen. Sie glauben, dass die Menschen im Westen überheblich sind, von sich selbst annehmen, einer »höheren Kultur« anzugehören, und die islamische Welt als minderwertig, rückschrittlich und ungebildet betrachten. Die eigene politische Führung wird als »Handlanger der westlichen Welt« als genauso unfähig verachtet.

Viele arabische Intellektuelle lassen diese Haltung westlichen Vertretern gegenüber nicht immer direkt spüren und sind vorsichtig im Kontakt mit ihnen. Natürlich haben sie eine bessere soziale Kompetenz und Kommunikationsfähigkeit als gewalttätige Radikale, sind aber in derselben Welt sozialisiert, in der Wut und das Gefühl der Erniedrigung vorherrschen. Immer wieder habe ich das erfahren, wenn ich auf meinen Reisen als »einer von ihnen« über diese Themen sprach. Was aber genau löst bei den Menschen diesen Zorn und diese Scham aus? Wut geht immer auch mit einem Gefühl der Schwäche und der Ohnmacht einher. Das eigene aggressive Vorgehen, auch gegen Schwächere, wird dagegen oft ausgeblendet oder damit gerechtfertigt, selbst herabgewürdigt worden zu sein.

Die eigene Bevölkerung zeigt oft Verständnis für die Anwendung von Gewalt, auch für die Gräueltaten des IS. Wenn aber die Umgebung stillschweigend den Terror toleriert und diesen als Kampf gegen reale Missstände einordnet, beginnen sich die Trennlinien zwischen Geboten und Verboten, Moral und Verbrechen zunehmend zu vermischen. Der Einzelne, der sich terroristischen Gruppierungen anschließt, erfährt Bewunderung von der Mehrheit. Sein gesellschaftlicher Status erhöht sich, sodass er zum Vorbild aufsteigt. So entsteht eine Beziehung zwischen der radikalen Gruppe, die eigentlich als Abspaltung von der friedlichen Mehrheit entstanden ist, und der übergeordneten Gesellschaft, die die Aktionen dieser Gruppe billigt.

Da der IS seine Verbrechen islamisch-religiös begründet, müssen wir uns mit dem Islam beschäftigen. Eine Analyse der religiösen Inhalte und politisch-gesellschaftlichen Gegebenheiten ist nötig, da sie in ihrer Gesamtheit die Weltanschauungen verschiedenster Gesellschaften massiv und langfristig beeinflussen. Eine Vermischung verschiedener Gründe führt sonst zu neuen Vorurteilen und größerer Distanz unter allen beteiligten Parteien. Zudem stärkt sie den Totalitarismus und Machterhalt der radikalen Islamisten.

Unabhängig von subjektiven Einstellungen und Vorurteilen ist eine politische und gesellschaftliche Veränderung notwendig. Ausgrenzen, Verurteilen und Ablehnen sind auf allen Seiten schlechte Lösungen und können jeweils als eigene Unfähigkeit verstanden werden.

Der Nahe und der Mittlere Osten mit ihren verschiedenen Staaten, ihren unterschiedlichen Ethnien und Religionen sind noch sehr weit von einer Demokratisierung entfernt. Insofern ist die Existenz des IS auch ein Produkt ihrer unverarbeiteten Vergangenheit. Dazu kommt, dass die Mehrheit der Staaten und der dort lebenden Menschen wenig überzeugt ist vom System der Demokratie. Externe und interne politische Interessen und

Machtkämpfe der Eliten verhindern mindestens seit dem Zweiten Weltkrieg eine positive Entwicklung in diese Richtung.

Universale Menschenrechte sind jedoch durchaus für alle Gruppen, Ethnien und Religionen annehmbar und können im Einklang mit der jeweiligen Lebensweise stehen. Sollte dies jedoch nicht möglich sein, müssen die entsprechenden Gruppen zumindest ihre Normen und Werte auf ihre Gültigkeit hin neu überprüfen. Dazu sind großer Mut, Ehrlichkeit und der wirkliche Wunsch notwendig, die eigene Gesellschaft für das Leben in einer guten und würdigen Zukunft vorzubereiten.

Auf meinen Reisen in fast alle Staaten des Nahen und Mittleren Ostens und in andere arabische Länder hatte ich nie das Gefühl, selbst in den entlegensten Dörfern in der Steppe oder im Hochgebirge nicht, dass die Menschen dort »rückschrittlich und wild« sind. Stets handelte es sich um warme, herzliche Persönlichkeiten, ausgestattet mit einer logischen und humanen Vernunft. Den Menschen dort müssen wir eine Alternative aufzeigen, unter Berücksichtigung politischer, kultureller wie auch religiöser Gesichtspunkte. Das kann und muss die Gesellschaft sowohl im Herkunfts- als auch im Migrationsland leisten.

Die Gewalt wird noch einige Generationen anhalten

Alleine ein Dialog unter Muslimen wird das Morden des IS sicher nicht beenden. Das Terrorregime wird weiterhin versuchen, einen Islamischen Staat von Bagdad bis nach Damaskus zu gründen beziehungsweise zu stabilisieren. Und weiter werden diese Mörderbanden danach trachten, in den arabischen Ländern Einfluss zu gewinnen und diese langfristig zu untergraben, um ihre angestrebte »paradiesische« Vorstellung der Weltscharia durchzusetzen.

Doch damit werden sie nicht erfolgreich sein, weil die Regression nur eine Übergangsphase sein wird, in der die Muslime auf der Suche nach Reformation und Anpassung des Islams an die reale Umwelt sind. Es wird vermutlich noch zwei bis drei Generationen andauern, bis es möglich sein wird, diese finstere Zeit des Grauens zu überwinden. Der IS und andere radikale islamisierte Terroris-ten werden alles daransetzen, um nicht nur den Islam und die Muslime, sondern die gesamte Menschheit 1400 Jahre zurück nach Medina zu befördern, ins Zeitalter, als der Krieg im Namen des Islams entfacht wurde.

Der Konflikt im Mittleren Osten wird die Welt weiter beschäftigen und die Diskussion über Islam, Menschenrechte, Demokratie bis hin zur Islamophobie und einer Atmosphäre der Gewalt schüren. Zwar ist der Terrorismus eine Geißel unserer Zeit und wird es auch bleiben, aber unabhängig davon ist der IS mit Vernunft, Logik sowie nachhaltigem und konzertiertem Handeln besiegbar.

Parallel zur Bekämpfung dieses Terrorregimes ist eine neue Form der Annäherung zwischen Westen und Nahem Osten notwendig. Es ist wichtig, den Kontakt zu Muslimen und ihren demokratischen Gruppen und Institutionen – wenn auch sehr spärlich vorhanden – zu verstärken. Eine Verinnerlichung demokratischer Prozesse auf individueller und gesellschaftlicher Ebene wird die einzige Chance sein, Konflikte friedlich auszutragen und zu lösen. Die Fixierung auf Militärschläge und eine apokalyptische Endlösung als Mittel gegen islamisch-faschistische Ideologien ist kurzsichtig.

Der Anspruch der patriarchalisch-islamisch strukturierten Gesellschaft, dass sich die Jüngeren den Vorgaben der Älteren anzupassen haben, darf nicht dazu führen, dass die neue Generation erneut in eine Regression zurückfällt und vom Ungeheuer des Terrors verschlungen wird. Wenn die Jugend aber den Mut findet, neue Wege zu beschreiten, wird eine Transformation von Religion und Tradition sowie ein Leben in Selbstbestimmung und Selbstachtung im 21. Jahrhundert möglich.

Verweigert die westliche Welt ihre Unterstützung bei einem solchen Prozess der Wandlung und vergibt damit die Gelegenheit, im Mittleren Osten einen politisch und gesellschaftlich emanzipierten und gleichberechtigten Partner an der Seite zu gewinnen, dürfen wir uns nicht wundern, wenn die Hölle in Syrien und im Irak immer näher an uns heranrückt. Dann kann auch bei uns der Terrorismus, wie in Israel oder anderen Regionen, zum Alltag werden – mit verletzten Familienangehörigen, Freunden und Toten.

Umgekehrt müssen die Führer und Eliten im Mittleren Osten sich und ihre Gesellschaft verändern, damit sie wieder als Stimmen des Volkes wahrgenommen werden. Die beste Prävention gegen Gewalt besteht darin, unser aller Vernunft und Moral zu fördern und aufzuzeigen, dass man auf friedliche Weise Konflikte viel erfolgreicher lösen kann. Das beginnt bei den politischen und religiösen Führern und endet bei den kleinsten Kindern.

Der IS lockt: Die Kinder sind unsere Zukunft

Wenn es nicht gelingt, die Zukunftshoffnungen der Kinder im Diesseits zu stärken, wird das Verschieben dieser Hoffnung auf das Jenseits bei ihnen an Attraktivität nicht verlieren. Eine der wichtigsten Herausforderungen dieses Jahrhunderts im Mittleren Osten wird es sein, die Kluft zwischen Armut und Reichtum zu verkleinern und verbesserte Lebens- und Wachstumsbedingungen zu schaffen.

Neben dem Versuch, die Netzwerke terroristischer Vereinigungen zu zerschlagen, müssten Bedingungen geschaffen werden, die das Leben attraktiver machen, sodass der Terrorismus keine Alternative mehr darstellt. Im Westen heißt das vor allem, Kinder und Jugendliche in allen Altersphasen in ihrer Individualität und Selbstständigkeit zu stärken und sie entsprechend in soziale Verantwortung mit einzubeziehen, zum Beispiel in Vereinen. Zudem sollten wir ihren Respekt vor Andersartigkeit stärken. Das öffnet viele Türen, erlaubt ihnen Verständnis und eine Zusammenarbeit mit Menschen anderer Kulturen, unabhängig davon, ob diese in einer Demokratie leben oder nicht.

Bisher gibt es nur wenig Erfolg in den westlichen Industriegesellschaften, terroristische, rechts- oder linksradikale Gewaltformen in den Griff zu bekommen. Kein Politiker kann vernünftig erklären, warum es bis heute in solchen Krisensituationen nicht gelungen ist, friedensfördernde Bedingungen in den Vordergrund zu stellen und zu schaffen. Und das, obwohl der Kreislauf aus Armut und Unterdrückung, wirtschaftlicher Depression und Gewalt als Auslöser für Kriege altbekannt ist. Egoistisch motivierte Interessen haben offenbar Vorrang, selbst wenn jeder weiß, dass sich letztlich alle Beteiligten damit schaden.

Besonders in den kriegszerrütteten Ländern tragen wir die Verantwortung für Kinder und Jugendliche. Sie müssen geschützt und geschätzt werden, auch damit sie selbst nicht zu Tätern werden. Der IS hat seine Chancen dort längst gewittert. In türkischen Grenzstädten, beispielsweise in Gaziantep, locken IS-Plakate verarmte und oftmals verwaiste Flüchtlingskinder mit Taschengeld, Nahrung und Gemeinschaftsgefühl. Die Straßen sind voll von diesen heimat- und perspektivlosen Jugendlichen.

Im Sinn des US-amerikanischen Psychologen Robert Sternberg bleibt für unsere Gesellschaft zu hoffen, dass Weisheit als angewendete Intelligenz, Kreativität und Wissen zum Wohl der Allgemeinheit verstanden wird. Dass wir im Geist humaner Werte die eigenen Interessen mit denen anderer abwägen, dass wir in der Lage sind, die Perspektive anderer einzunehmen, eine vorausschauende Haltung zu entwickeln und bestimmte Werte als Grundlage unseres Handelns zu verinnerlichen: Aufrichtigkeit, Integrität, Empathie, Toleranz, Respekt.

Mithilfe der Psychotherapie aus Europa betreiben wir auch Friedenspolitik in Ländern wie dem Irak und Syrien. Wir bringen den Leuten bei, sich mit ihren eigenen Ängsten, ihrer Wut und ihren Aggressionen auseinanderzusetzen und dabei keine Rachegefühle mehr zu empfinden. Sie lernen eine neue Sprache des Friedens, die sie auch in ihre Länder tragen werden. Menschen lernen, mit der Gewalt in der Vergangenheit zurechtzukommen – und Versöhnung zu finden. Sie lernen Vielfältigkeit zu schätzen, Unterschiede anzuerkennen und Gemeinsamkeiten zu entdecken.

Einmischen, jetzt erst recht!

Schweigen ist verhängnisvoll. Einmischung auf Augenhöhe dagegen notwendig. Selbst beim hochsensiblen Thema Islam. Solange die Terrormiliz im Namen des Islams mordet, vergewaltigt und versklavt, müssen Muslime klären, ob das mit dem Islam zu vereinbaren ist. Wir alle haben das Recht, dieses Morden und diese Brutalität abzulehnen, ganz gleich, welche Gründe auch immer dafür angegeben werden.

Ideen, wie der IS sie vertritt, dienen als kollektive Legitimationsversuche. Dabei übernimmt Religion eine ideologische Funktion, um ein Handeln anzuerkennen, das im Widerspruch zu den ethischen Zielen des Glaubens steht, in denen Barmherzigkeit und Gnade, Frieden und politische Vernunft als Gottes obere Prinzipien gelten. Wenn die islamische Welt dazu nicht offen Stellung bezieht, zeigt sie Schwäche, Unwissenheit oder Billigung.

Es darf nicht sein, dass Nicht-Muslime zum Schweigen verurteilt werden, wenn der IS und andere Terroristen im Namen des

Islams Völkermord begehen und die Welt terrorisieren. Aktive Einmischung und klare Stellungnahmen gegen den Terror sind von großer Bedeutung, besonders seitens der islamischen Führer, Intellektuellen, aber auch der breiten Masse. Einmischen hat nichts mit Respektlosigkeit gegenüber dem Islam oder gar mit dem Versuch einer Belehrung zu tun, sondern muss als ein Dialog verstanden werden, wenn auch die Muslime dabei möglicherweise unter Argumentationsschwierigkeiten geraten. Religiöse Gewalt ist nichts anderes als jegliche andere Form von Gewalt und durch keinen Glauben der Welt zu legitimieren. Die Muslime sind in der Pflicht, sich und ihren Glauben zu klären und sich vom Terrorismus, Fanatismus und von Menschenrechtsverletzungen im »Namen der Religion« zu distanzieren.

Als Millionen von Muslimen weltweit gegen die »Mohammed-Karikaturen« auf die Straßen zogen, da konnte die Welt dank der Pressefreiheit nachvollziehen, dass die Gläubigen diese Form der Darstellung als Beleidigung ihrer Religion empfinden. Wie viele Millionen Muslime aber sind bisher gegen den IS auf die Straße gegangen? Wie viele Millionen haben sich öffentlich empört über die fürchterlichen Massenhinrichtungen, Vergewaltigungen von Frauen sowie den Verkauf von Kindern auf den Sklavenmärkten? Wo ist der große Aufstand der islamischen Welt gegen diese Barbarei und Pervertierung ihrer eigenen Religion? Diese und andere Fragen müssen sich die Muslime gefallen lassen, auch wenn die Mehrheit unter ihnen privat den IS ablehnt. Solange sie sich nicht an die Spitze des Widerstandes stellen und dieser Prozess nicht von innen herrührt, bleibt unser Bemühen nur Stückwerk.

Diese Terrormiliz löscht nicht nur das Leben Tausender Menschen aus, sondern zersetzt auch den Islam selbst. Die nachfolgenden Generationen der Muslime werden noch sehr lange Zeit benötigen, um diese Schandtaten zu verarbeiten, da es ein Teil ihres kollektiven muslimischen Gedächtnisses geworden ist. Ob sie das wollen oder nicht. In diesen Tagen beobachten wir bereits, wie sich Millionen von jugendlichen Muslimen schweigend vom Islam abwenden. Aufgrund ihrer kulturellen Erziehung sind sie leise, beschweren sich nicht gegenüber ihren Eltern oder religiösen Vertretern. Sie scheuen den Konflikt, damit sie und ihre Eltern keinen Gesichtsverlust erleiden, und haben sich damit für die innere Isolation entschieden. Dies kommt den Terroristen entgegen und bestärkt sie in ihrer Ansicht, den Islam zu vertreten.

Die muslimische Jugend erkennt zum großen Teil die vielen Paradoxien, ohne jedoch eine befriedigende Erklärung dafür von den Eltern oder politischen Führern zu erhalten. Die jungen Leute versuchen, das Unbehagen zu verdrängen, projizieren es auf andere Dinge oder verkehren diese Gefühle. Nichts von dem, was wir aufnehmen, bleibt aber völlig spurlos. Und je stärker uns etwas berührt, desto tiefer graben sich seine Spuren ein. Bei unerträglichen Gefühlen, wie junge Menschen das teils durch den IS-Terror am eigenen Leibe erfahren haben, introjizieren sie ihre Gefühle. Das heißt, sie verinnerlichen die Gefühle von Gewalt, ohne selbst gewalttätig zu werden.

Ein gefährlicher Prozess. Zunächst scheint es, als wäre die wehrlos machende Gewalt gebannt, doch es passiert etwas viel Schlimmeres: Von nun an wirkt dieses Gewalttätige in ihrem Unbewussten. Ein sogenanntes »Introjekt«, das ein Teil von ihnen ist und doch wie ein Fremdkörper erlebt wird,. Meist sind es gezeichnete Menschen, die zur Abwehr von Gewalt unbewusst auf diese »Introjektion« zurückgreifen, weil sie von nun an mit dieser inneren Gewalttätigkeit zu kämpfen haben.

Wenn Menschen mit schwierigen, unangenehmen oder lebensbedrohlichen inneren Gefühlen zu kämpfen haben, gibt es grundsätzlich zwei Möglichkeiten, mit ihnen umzugehen. Entweder sie richten sie nach außen gegen andere Personen und Sachen, oder sie richten sie gegen sich selbst, vor allem gegen den eigenen Körper. Manche Menschen beginnen beispielsweise, sich zu ritzen, wollen sich umbringen oder werden magersüchtig; andere fangen an, selbst andere zu missbrauchen und bösartig zu werden. Psychologisch gesehen, wird die Gewalt auf diese Weise im Opfer wiedergeboren. So wird das Opfer zum Täter. Und so werden Beobachter zu traumatisierten Menschen.

Aus diesen und vielen anderen bereits aufgezeigten Gründen ist eine Einmischung, mit langfristig angelegten Konzepten unabdingbar. Auf terroristische Gewalt nicht mit Gegengewalt zu reagieren stellt eine große Herausforderung für alle Politiker dar. Nicht nur im Mittleren Osten. Sie ist aber auch eine Herausforderung für den Islam, weil der Islam sonst zur Rechtfertigung von Gewalt missbraucht wird, und zwar von allen Seiten. In allen Gotteshäusern der Welt sollte deshalb eine Sprache des Friedens, nur des Friedens, gesprochen werden.

»Am Krieg ist nur eine Sache gut. Der Friede, der ihm folgt«, heißt ein Sprichwort. Im Laufe der Jahrtausende hat die Menschheit reichlich Erfahrungen in Bezug auf Zusammenhalt und Zerfall gesammelt. Als bislang erfolgreichstes Ergebnis sind daraus Demokratien hervorgegangen, die ihren Gesellschaften Platz für Verschiedenheit, Entfaltungsmöglichkeiten und Freiheit bieten. Gewappnet mit Recht und Ordnung, sind sie stark genug, Gewalt und Grausamkeit die Stirn zu bieten. Was nicht heißt, dass man sie nicht noch sehr verbessern könnte. In diesem Zusammenhang ermutigen die Worte des Lyrikers Friedrich Hölderlin: »Wo aber Gefahr ist, wächst auch das Rettende.«

ANMERKUNGEN

1 Jessica Stern und J.M. Berger: ISIS. The State of Terror. Harper Collins Pub., London 2016
2 Baberowski, J.: Räume der Gewalt. S. Fischer, Frankfurt am Main 2015
3 Reuter, Ch.: Die schwarze Macht. Der »Islamische Staat« und die Strategen des Terrors. DVA, München 2015
4 Baberowski, J.: Räume der Gewalt. S. Fischer, Frankfurt am Main 2015
5 Menzel 1997, S. 416ff.
6 Sever 1996, S. 108
7 Guest, John: Survival Among the Kurds. A History of the Yezidis. London 1993, S. 171
8 Reuter, Ch.: Die schwarze Macht. Der »Islamische Staat« und die Strategie des Terrors. DVA, München 2015
9 Bar-On, D.: Der Holocaust. Familiäre und gesellschaftliche Folgen – Aufarbeitung in Wissenschaft und Erziehung? Ergebnisse eines Internationalen Forschungs-Kolloquiums an der Bergischen Universität – Gesamthochschule Wuppertal. Campus, Frankfurt am Main 1988
10 Ebd.
11 Pennebaker, J. W.: Writing to Heal: A Guided Journal for Recovering from Trauma and Emotional Upheaval. New Harbinger Press, Oakland 2004.
12 Faimberg, H.: Die Ineinanderrückung (Telescoping) der Generationen. Zur Genealogie gewisser Identifizierungen. Jahrbuch der Psychoanalyse 21, (1985) 8–17
13 Ebd.
14 Krystal, H.: Psychische Widerständigkeit. Anpassung und Restitution bei Holocaust-Überlebenden. In: Psyche 9/10. 54. Jahrgang September/Oktober 2000. Klett-Cotta, Stuttgart
15 Solomon, Z./Mikulincer, M./Flum, H.: Negative life events, coping responses, and combat-related psychopathology: a prospective study. Journal of Abnormal Pychology, 97, (1988) 302–307. Springer, New York
16 Bar-On, D.: Der Holocaust. Familiäre und gesellschaftliche Folgen – Aufarbeitung in Wissenschaft und Erziehung? Ergebnisse eines Internationalen Forschungs-Kolloquiums an der Bergischen Universität – Gesamthochschule Wuppertal. Campus, Frankfurt am Main 1988
17 Hermann, Rainer: Endstation Islamischer Staat? dtv, München 2015
18 Avenanti, A./Sirgu, A/Aglioti, S. M.: Racial Bias Reduces Empathic Sensorimotor Resonance with Other-Race Pain. Journal of Current Biology: 20:11 (2010), 018-1022
19 Timothy R. Furnish, »Beheading in the Name of Islam«, Middle East Quarterly, Spring 2005, p. 51–57

20 Ayse Hür, Radikal, 12.10.2014

21 Ebd.

22 Ebd.

23 Baberowski, J.: Räume der Gewalt. S. Fischer, Frankfurt am Main 2015

24 Greenberg, J./Solomon, S./Pyszczynski, T.: Why do people need self-esteem? Converging evidence that self-esteem serves an anxiety-buffering function. Journal of Personality and Social Psychology, 63, 6, 9, (1992), 913–922

25 Der Koran. Goldmann, München 1959

26 Kizilhan, J. und Ramazan, S. (2015). Die Psychologie des islamistischen Terrors. Zeitschrift Trauma und Gewalt. Stuttgart: Klett Cotta.

27 Sofsky, W.: Zeiten des Schreckens. Amok, Terror, Krieg. S. Fischer, Frankfurt am Main 2002

28 McFarlane, A. C./Policansky, S. K./ Irwin, C.: A longitudinal study of the psychological morbidity in children due to natural disaster. Psychological Medicine, 17, (1987) 727–38

29 Bar-Tal, D.: Shared beliefs in a society: Social psychological analysis. Sage, Thousand Oaks, CA 2000

30 Huntington, S.P.: The Clash of Civilizations and the Remaking of World Order. Simon & Schuster, New York 1996

31 Becker, E.: Dynamik des Todes. Die Überwindung der Todesfurcht. Goldmann, München 1975

32 Ebd.

33 Bar-On, D. (1988). Der Holocaust. Familiäre und gesellschaftliche Folgen – Aufarbeitung in Wissenschaft und Erziehung? Ergebnisse eines Internationalen Forschungs-Kolloquiums an der Bergischen Universität - Gesamthochschule Wuppertal. Campus, Frankfurt am Main

34 Grubrich-Simitis, Ilse: Extremtraumatisierung als kumulatives Trauma. Psyche – Zeitschrift für Psychoanalyse 33 (1979), 991–1023

35 Kempf, W.: Konflikt und Gewalt, Ursachen – Entwicklungstendenzen – Perspektiven. Schriftenreihe des Österreichischen Studienzentrums für Frieden und Konfliktlösung – ÖSFK (Hrsg.), Münster: agenda 2000

36 Preiser, S.: Kontrolle, Geborgenheit und Gewalt, in: Kempf, W./Frindte, W./ Sommer, G./Spreiter, M. (Hrsg.). Gewaltfreie Konfliktlösungen. Asanger, Heidelberg 1993

37 Bandura, A./Ross, D./Ross, S. A.: A Comparative Test of the Status Envy, Social Power, and Secondary Reinforcement Theories of Identificatory Learning. Journal of Abnormal and Social Psychology, 67 (1963), 527-534

38 Bandura, A.: Sozial-kognitive Lerntheorie. Klett, Stuttgart 1979

39 Cole, J.: Al-Quaeda's Doomsday Document and psychological manipulation(2003). Retrieved July 17, 2005, from http://www.juancole.com/essays/qaeda.htm.

40 Petermann, F./Petermann, U.: Training mit aggressiven Kindern. Urban & Schwarzenberg, München 1984

41 Krueger, A. B./Maleèkova, J.: Education, poverty and terrorism: Is there a causal connection? Journal of Economic Perspectives; 17 (2003), 119–144

42 Tajfel, H./Turner, J. C.: The social identity theory of intergroup behavior. In: Worchel, S./ Austin, L. W. (Hrsg.): Psychology of intergroup relations (S. 7–24). Nelson-Hall, Chicago 1986

43 Erikson, E. H.: Identity: Youth and Crisis. New York 1968

44 Egitim ve Kültür Vakfı (2015). http://www.akabe.com/

ZEITTAFEL

569/570	Geburt Mohammeds
610	Erste Koranoffenbarung
622	Flucht (Hidschra) Mohammeds nach Yithrab (später Medina); Beginn der islamischen Zeitrechnung (n. H. = nach der Hidschra)
632	Tod Mohammeds in Medina
632–634	Abu Bakr, Schwiegervater Mohammeds, 1. Kalif
634–644	Umar ibn al-Chattāb, 2. Kalif, Eroberung von Palästina, Israel, Syrien, Irak und Teilen Persiens
655	Sieg über die Byzantiner in der Seeschlacht bei Phönix
644–656	Uthmān ibn Affān, 3. Kalif, Eroberung von Armenien, Oberägypten und der ehemaligen römischen Provinz Africa
656–661	Ali ibn Abu Tālib, Mohammeds Vetter und Schwiegersohn, 4. Kalif
661–750	Dynastie der Umayyaden (Residenz: Damaskus)
674–678	1. Belagerung von Byzanz
680	Schlacht von Kerbela, Tod Husseins: Spaltung in Sunniten und Schiiten
711	Arabische Heere landen auf der Iberischen Halbinsel
732	Schlacht bei Tours und Poitiers, Niederlage gegen die Franken unter Karl Martell
750–1258	Dynastie der Abbassiden (Residenz: Bagdad seit 762), Umayyaden ziehen sich nach Spanien zurück
786–809	Harun al-Raschid, Kalif von Bagdad
9. Jh.	Entstehung der wichtigsten Traditionssammlungen (Sunna)
831–1091	Eroberung von Sizilien und Unteritalien
873	Verschwinden des 12. Imams der Schia in die Verborgenheit
10.–13. Jh.	Hochblüte des Sufismus
910–1171	Kalifat der Fatimiden in Nordafrika
929	Spanien wird unabhängiges Kalifat; Abd ar-Rachman III. nimmt den Kalifentitel an
969	Die Fatimiden erobern Ägypten (Gründung von Kairo)
973–1071	Dynastie der Fatimiden in Ägypten
997	Al-Mansur erobert große Teile Nordspaniens
1055	Türkische Seldschuken übernehmen die Herrschaft in Bagdad, der Kalif wird entmachtet und untersteht fortan dem seldschukischen Herrscher («Sultan«)
1071	Sieg über Byzanz, Beginn der Islamisierung Anatoliens
1095–1099	Erster Kreuzzug in Syrien und Palästina, Eroberung Jerusalems
1102	Almoraviden erobern Valencia
1143	Erste westliche Koranübersetzung durch Robert von Ketton

1145–1147	Almohaden nehmen das islamische Spanien ein
1147–1148	Zweiter Kreuzzug in Syrien und Palästina
1171	Salah ad-Din erobert Ägypten und beseitigt das Kalifat der Fatimiden
1187	Salah ad-Din schlägt das Kreuzfahrerheer bei Hattin und erobert Jerusalem
1204	Eroberung Konstantinopels durch die Kreuzfahrer
seit 1219	Die Mongolen dringen in islamische Gebiete vor
1229	Vertrag Kaiser Friedrich II. mit dem Nachfolger Salah ad-Dins; Jerusalem wird wieder christlich
1250–1317	Mameluken in Ägypten
1252	Bekehrung der Mongolen zum Islam
1258	Eroberung Bagdads durch die Mongolen
1291	Fall von Akkon, Ende der Kreuzfahrerstaaten in Palästina
1301–1918	Herrschaft der Osmanen, anfangs in Anatolien, später von Arabien bis nach Zentralasien;
1381	Einfall Timurs (Tamerlan) in islamische Länder
1389	Sieg der Osmanen über die Serben (Schlacht auf dem Amselfeld)
1453	Osmanen unter Sultan Mehmet II. erobern Konstantinopel; Ende des Oströmischen Reiches
1492	Sieg der »Reconquista« und Ende der islamischen Herrschaft in Spanien
1529	1. Belagerung Wiens durch die Osmanen (Sultan Suleiman)
ab 1556	Mogulreich in Indien (Akbar der Große)
1571	Seeschlacht von Lepanto: das Osmanische Reich verliert seine Vormachtstellung zur See
1669	Osmanen erobern Kreta
1683	2. Belagerung Wiens durch die Osmanen
1699	Friede von Karlowitz: Die Osmanen ziehen sich aus Ungarn zurück
1791	Vertrag von Swischtow: türkischer Rückzug aus Europa
1798–1801	Napoleons Ägyptenexpedition
1803	Ägypten löst sich unter Muhammad Ali vom Osmanischen Reich ab
1853–1856	Krimkrieg; Vertrag von Paris öffnet türkische Häfen
1881–1883	Mahdi-Aufstand im Sudan
1914	Das Osmanische Reich wird Verbündeter der Mittelmächte im Ersten Weltkrieg
1916	England und Frankreich teilen arabisches Gebiet des Osmanischen Reiches unter sich auf ·
1924	Abschaffung des Kalifats in der 1922 entstandenen Türkischen Republik
1926	Proklamation der Republik Libanon unter französischem Mandat
1928	Gründung der Muslimbrüderschaft in Ägpten
1941	Gründung der Republik Syrien

1948	Proklamation des Staates Israel
seit 1960	Verstärkte Einwanderung von Muslimen nach Mittel- und Westeuropa
1962	Gründung der Liga der islamischen Welt
1967	Sechs-Tage-Krieg, Israel annektiert Jerusalem
1972	Entstehung der Islamischen Konferenz (OIC)
1979	Islamische Revolution im Iran unter Khomeini
1980–1988	1. Golfkrieg: Irak – Iran
1990/1991	2. Golfkrieg = 1. Irakkrieg: Irakische Besetzung Kuweits, Eingreifen der USA
11.09.2001	Attentat auf das World Trade Center in New York und das Pentagon in Washington
2004	3. Golfkrieg = 2. Irakkrieg: Allianz unter Führung der USA gegen den Irak, Sturz Saddam Husseins
2004	Der IS tritt erstmals als Teil der Al-Qaida auf
2006	ISI (Islamischer Staat im Irak)
2010	Abu Bakr al-Baghdadi übernimmt Führung des ISI
29.06.2014	Ausrufung des Islamischen Kalifats durch al-Baghdadi; die Organisation nennt sich von nun an Islamischer Staat (IS)